Yuichi Osumi   Die Kompositionsgeschichte
des Bundesbuches Exodus 20,22b–23,33

ORBIS BIBLICUS ET ORIENTALIS

Im Auftrag des Biblischen Instituts
der Universität Freiburg Schweiz,
des Seminars für Biblische Zeitgeschichte
der Universität Münster i. W.
und der Schweizerischen Gesellschaft
für orientalische Altertumswissenschaft
herausgegeben von
Othmar Keel
unter Mitarbeit von Erich Zenger und Albert de Pury

Zum Autor:

Yuichi Osumi (geboren 1955 in Tokyo, Japan) studierte Jura an der Universität
Tokyo und Theologie am «Tokyo Union Theological Seminary». Nach
zweijährigem Vikariat in Japan arbeitete er von 1985–1989 als Doktorand bei
Prof.Dr.Frank Crüsemann an der Kirchlichen Hochschule Bethel in Bielefeld.
Seit 1990 ist er Dozent für Altes Testament am «Tokyo Union Theological
Seminary» und gleichzeitig Pfarrer der «Yohga»-Kirchengemeinde («United
Church of Christ in Japan») in Tokyo.

Orbis Biblicus et Orientalis   105

Yuichi Osumi

Die Kompositionsgeschichte des Bundesbuches Exodus 20,22b–23,33

Universitätsverlag Freiburg Schweiz
Vandenhoeck & Ruprecht Göttingen

CIP-Titelaufnahme der Deutschen Bibliothek

Osumi, Yuichi:
Die Kompositionsgeschichte des Bundesbuches Exodus 20,22b–23,33 /
Yuichi Osumi. – Freiburg, Schweiz: Univ.-Verl.;
Göttingen: Vandenhoeck und Ruprecht, 1991
    (Orbis biblicus et orientalis; 105)
    (ISBN 3-7278-0744-X (Univ.-Verl.)
    (ISBN 3-525-53738-7 (Vandenhoeck und Ruprecht)
NE: GT

Die Druckvorlagen wurden vom Herausgeber
als reprofertige Dokumente zur Verfügung gestellt

© 1991 by Universitätsverlag Freiburg Schweiz
    Vandenhoeck & Ruprecht Göttingen

Paulusdruckerei Freiburg Schweiz

ISBN 3-7278-0744-X (Universitätsverlag)
ISBN 3-525-53738-7 (Vandenhoeck & Ruprecht)

Meiner Frau Mari Osumi

Inhalt

Vorwort

Die vorliegende Arbeit stellt die überarbeitete Fassung meiner Dissertation dar, die im Sommersemester 1989 von der Kirchlichen Hochschule Bethel angenommen wurde.

An dieser Stelle möchte ich gern meine Dankbarkeit zum Ausdruck bringen:

Zunächst danke ich Herrn Professor Frank Crüsemann, meinem Lehrer und dem Erstreferenten meiner Dissertation, für seine freundliche Hilfe, die mein Studium in Bethel sehr fruchtbar gemacht hat. Wenn meine Argumentation als eine verständliche und das Wesentliche des Themas treffende gelten kann, ist dies nicht zuletzt das Verdienst seiner strikten Kritik an meinen Ausführungen.

Ich danke auch Herrn Dr. Christof Hardmeier, dem Koreferenten, der vor allem die methodischen Entscheidungen meiner Arbeit mitbeeinflußte. Ich danke ferner Magdalene L. Frettlöh und Andreas Ruwe, der Freundin und dem Freund. Ohne die Auseinandersetzung mit ihnen und ohne ihre Hilfe bei der sprachlichen Korrektur an Erst- und Druckfassung der Arbeit hätte ich meine Studien in Deutschland nicht abschließen können; beide haben auch beim Korrekturlesen der Druckvorlage und bei der Erstellung des Registers mitgearbeitet.

Ebenso danke ich Herrn Professor Kiyoshi K. Sacon, Tokio, für die Anregung und Ermutigung, die biblischen Rechtstexte zu untersuchen.

Für finanzielle Unterstützung bin ich der Kirchlichen Hochschule Bethel und dem Tokyo Union Theological Seminary dankbar, ohne die mein Vater mein Studium in Bethel allein hätte finanzieren müssen - meine Dankbarkeit gilt also auch meinem Vater. Für die Gewährung eines Druckkostenzuschußes danke ich der Kirchlichen Hochschule Bethel und der Evangelischen Kirche von Westfalen.

Ich darf meine Arbeit "ökumenisch" nennen, denn Herr Professor Karl-Heinz Walkenhorst S.J., Tokio, regte mein Studium in Bethel an, Herr Professor Othmar Keel, Fribourg, und Herr Professor Erich Zenger, Münster, nahmen meine Arbeit in die Reihe "Orbis Biblicus et Orientalis" auf. Ihnen allen bin ich zu Dank verpflichtet.

Nicht zuletzt danke ich meiner Frau, die mich vom Anfang meines Studiums in Bethel an unermüdlich unterstützt, ermutigt und von den alltäglichen Sorgen entlastet hat. Sie hat darüber hinaus den größten Teil der Arbeit an Schreibmaschine und Computer geleistet. Ihr sei deshalb diese Arbeit gewidmet.

August 1989
Yuichi Osumi

Vorbemerkungen

(1) Für die sprachliche Korrektur bin ich Magdalene L. Frettlöh und Andreas Ruwe dankbar. Ich bin aber selbstverständlich für die Formulierung und den Inhalt dieser Arbeit verantwortlich.

(2) Für die Drucklegung habe ich meine Dissertation durchgesehen und sprachliche sowie einige sachliche Fehler korrigiert. Nach der Fertigstellung der Dissertation stieß ich auf die drei neuesten Aufsätze E.Ottos, deren Veröffentlichung schon vorher angekündigt war:
Interdependenzen zwischen Geschichte und Rechtsgeschichte des antiken Israels, Rechtshistorisches Journal 7 (1988), S.347-368.
Die rechtshistorische Entwicklung des Depositenrechts in altorientalischen und altisraelitischen Rechtskorpora, ZSRG-R 105 (1988), S.1-31.
Rechtsgeschichte der Redaktionen im Kodex Ešnunna und im «Bundesbuch». Eine redaktionsgeschichtliche und rechtsvergleichende Studie zu altbabylonischen und altisraelitischen Rechtsüberlieferungen, OBO 85, Fribourg/ Göttingen, 1989.
Als Auseinandersetzung mit diesen Arbeiten habe ich Exkurs 3 neu eingefügt.

(3) Die Abkürzungen folgen dem Verzeichnis von S.Schwertner, TRE Abkürzungs-verzeichnis, Berlin/ New York, 1976.
Die Titel der altorientalischen Gesetze werden folgendermaßen abgekürzt:
HG: Die hethitischen Gesetze
KE: Kodex Eschnunna
KH: Kodex Hammurapi
KL: Kodex Lipit Ischtar
MAR: Das mittelassyrische Recht
Sumer.Gesetz YBC 2177: Das sumerische Gesetz YBC 2177.

(4) Zur Verseinteilung des Textes s.u. die Übersetzung.

Einleitung

In dieser Untersuchung versuchen wir die Kompositionsgeschichte des Textbereiches Ex 20,22b-23,33 zu beschreiben, der im allgemeinen "Bundesbuch" genannt wird. Wie schon auf den ersten Blick zu erkennen ist, handelt es sich bei diesem Textkomplex um einen Rechtstext. Sowohl inhaltlich als auch stilistisch gesehen, hat er aber eine nicht einfach zu erfassende Gestalt. Rechtssätze verschiedenen Stils, verschiedenen Inhalts und auch nicht rechtliche Sätze sind zu einem Ganzen zusammengestellt. Unsere Beschreibung der "Kompositions"-geschichte geht von der Anfangsvermutung aus, daß es sich bei dieser etwas komplizierten Zusammenstellung um eine (oder mehrere) planvolle Komposition(en) handelt.

Als A.Alt auf die Untersuchung des israelitischen Rechts die gattungsgeschichtliche Methode anwandte, galt als sichere und nicht eigens noch zu überprüfende Voraussetzung in der Forschung, daß die Rechtssätze in ihrer älteren Traditionsphase - wie die alten Gedichte oder Epen - mündlich gestaltet und überliefert worden sind. A.Alt vermutete, daß sie nicht aus einem "literarischen Schaffen", sondern aus dem "gelebten Leben" stammen, und daß "in jeder einzelnen Literaturgattung, solange sie ihr eigenes Leben führt, bestimmte Inhalte mit bestimmten Ausdrucksformen fest verbunden" sind[1]. Mittels dieser Hypothese versuchte A.Alt über die einzelnen literarischen Mischgebilde hinaus zu den Ursprüngen des israelitischen Rechts vorzudringen[2].
Die Voraussetzung der mündlichen Gestaltung und Überlieferung hat - dem Gedeihen der formgeschichtlichen Exegese entsprechend - der nachfolgenden Forschung das Gepräge gegeben und charakterisiert die Untersuchung der Rechtssätze in zwei Richtungen:
(1) Die ursprüngliche Einheit der Rechtssätze bzw. des Rechtssatzes muß eine gattungsmäßig reine Form darstellen. Insofern diese reine Form mit einer bestimmten Redesituation verbunden ist, wird sie als die inhaltlich und stilistisch einfachste kleinste Redeform betrachtet[3]. Das erste Ziel dieser Methode war es also, den literarischen Komplex in die kleinsten Einheiten aufzuteilen. Entscheidend war

---

[1] A.Alt, Ursprünge, S.284.
[2] A.Alt, aaO, S.285.
[3] O.Eißfeldt, Einleitung, S.11f. Unter "Rechtstext" wurde von A.Alt und in der nachfolgenden formgeschichtlichen Forschung nicht die Redeeinheit aus mehreren Sätzen, die zu einer bestimmten Redegelegenheit gesprochen wurde, sondern ein(e) grammatisch abgegrenzte(r) Satz(reihe) als Grundeinheit der Form verstanden. Siehe A.Alts Bestimmung einzelner Rechtssatzformen aaO, S.286f.308. 314.315. Vgl. R.Knierim, Form Criticism, S.452.

dabei die Festlegung der typischen Form, von der es abhängt, welche Einheit die
kleinste ist. Dabei wurde das im Blick auf die typische Form fremde Element eines
Satzes oder einer Reihe beseitigt oder umformuliert, um die "ursprüngliche" Einheit
zu "rekonstruieren"[4].

Oft wurde auch die Reihenbildung gleichförmiger Sätze in einer bestimmten
Anzahl (z.B. *Deka*log) als ein Merkmal für die Gattungsdefinition betrachtet[5]. Da
in den atl. Rechtskorpora gleichförmige Sätze jedoch nur selten in der für "Deka-
loge", "Dodekaloge" usw. signifikanten Anzahl vorkommen, sah man sich vor die
Notwendigkeit gestellt, aus einer Rechtssatzreihe diejenigen Sätze zu streichen, die,
gemessen an der gattungsmäßig vorgegebenen Zahl, überflüssig schienen, oder
diejenigen gleichförmigen Sätze zusammenzudenken, die sich im heutigen Text an
verschiedenen literarischen Orten finden, um jeweils die "ursprüngliche" Rechtssatzreihe zu "rekonstruieren"[6].

Durch diese Art der Rechtssatzanalyse wird der einzelne Rechtssatz von seinem
sprachlichen bzw. literarischen Kontext getrennt und in einen "sozio-kulturellen"
Kontext ("Sitz im Leben") gestellt.

(2) Die Entwicklung zu einer größeren, komplexeren Einheit sei - so die Annahme
der formgeschichtlich orientierten Forschung - in der mündlichen Überlieferungs-
phase kein systematischer, sondern ein allmählicher, möglicherweise zufälliger Vorgang, der durch den historisch-sozialen Wandel der Gesellschaft aufgenötigt worden
sei[7]. Die schon gebildete Reihenfolge der Satzteile oder Sätze sei dabei kaum
geändert worden, und die Entwicklung beinhalte deshalb die Erweiterung der
Rechtssätze nach vorn oder hinten bzw. Einschübe[8] und bestehe meistens in nichts
mehr als in der Mischung der gattungsmäßig reineren Einheiten[9].

Daraus ergibt sich: die schriftliche Phase der Überlieferung ist nicht mehr als die
Erweiterung der mündlichen Überlieferung. Auf die Verschriftung des Gesetzes
oder die Kodifikation wird in der formgeschichtlichen Forschung also kein Gewicht
gelegt[10].

Schon in der formgeschichtlichen Forschung ist sehr strittig, welcher Rechtssatzstil
eigentlich eine Gattung für sich bildet[11]. Die von A.Alt herausgearbeitete Gattung

---

[4] Siehe nur den Rekonstruktionsversuch der ursprünglichen Sätze von A.Alt, aaO, S.291.311f.314.
      318.

[5] A.Alt, aaO, S.311f.313.319-321. Er betrachtet die Zwölfzahl als die Normalzahl der Rechtssätze
      (aaO, S.320). Vgl. auch V.Wagner, Rechtssätze, S.6.17f.33ff.42-44, O.Eißfeldt, aaO, S.93f.

[6] A.Alt, aaO, S.311f, V.Wagner, aaO, S.17ff.33.40ff. Vgl. die Kritik von J.Halbe, Privilegrecht,
      S.34-43 an dieser Tendenz der Forschung.

[7] A.Alt, aaO, S.284 und passim.

[8] Diese Entwicklung hält D.Daube, Studies, S.76f, demgegenüber für einen Vorgang, der der
      schriftlichen Rechtstradierung der Antike eigentümlich sei.

[9] Siehe die Abwertung der "sekundären" Entwicklung der Überlieferung von A.Alt, aaO, S.284.

[10] Vgl. die Kritik an dieser Tendenz der formgeschichtlichen Forschung von R.Knierim, aaO,
      S.457f.

[11] Vgl. W.Richter, Exegese, S.72-79, R.Knierim, aaO, S.436ff. Unter der formgeschichtlichen For-
      schung bietet V.Wagner, aaO, S.51ff in dieser Hinsicht eine grundsätzliche Kritik an der These

"apodiktisch formulierte Rechtssätze" vor allem gilt heute kaum mehr als *eine* Gattung[12]. Der "Sitz im Leben" der apodiktisch formulierten Rechtssätze kann folglich nicht mehr wesentlich von dem der kasuistisch formulierten Rechtssätze unterschieden werden[13].

Die durch die Linguistik und die Literaturwissenschaft angeregte und die Ergebnisse der formgeschichtlich orientierten Phase überprüfende gegenwärtige Erforschung atl. Literatur nun beurteilt diesen Streitpunkt über die Definition der Gattung und über ihre Beziehung zum Sitz im Leben als den grundsätzlichen Mangel der formgeschichtlichen Methode[14]. Die neue literaturwissenschaftliche Tendenz in der Forschung hält die Verbindung der Gattung mit dem Sitz im Leben nicht für so eindeutig, wie es sich die formgeschichtliche Exegese vorstellt[15], und legt demgegenüber auf textimmanente Strukturen das entscheidende Gewicht[16]. Im Vordergrund steht dabei die Untersuchung der synchronischen Struktur einzelner Texte[17], und zwar als der von Literaturwerken[18].

Diese Verlagerung des Forschungsinteresses nun bietet u.E. in der folgenden Hinsicht einen methodisch sicheren Zugang zu atl. Rechtstexten, obwohl die literaturwissenschaftliche Interpretation des ATs an sich methodologisch noch der Präzisierung des Begriffs und einer weiteren Diskussion der Anwendungsmöglichkeit auf den atl. Text bedarf und die formgeschichtliche Exegese noch nicht ersetzen kann[19].

(1) Zunächst darf der Forscher schlicht von der Tatsache ausgehen, daß alle Rechtstexte im AT nur in der schriftlichen Form vorliegen, selbst wenn sie ihre mündliche Vorgeschichte haben mögen[20].

(2) Die einzelnen Rechtssätze sind in Bezug auf die Systematik des Rechtskorpus, in den sie eingebettet sind, auszulegen.

A.Alts (so R.Knierim, aaO, S.452f, Anm.75).

[12] Die Zusammengehörigkeit der Partizipial-/ Relativsatzkonstruktion mit dem Prohibitiv zu der gleichen Gattung wurde bestritten, und die Erhellung des Wesens des Prohibitivs stellte gleichzeitig eines der wichtigsten Themen der Forschung dar: z.B. W.Kornfeld, Heiligkeitsgesetz, S.40ff.53ff, zusammenfassend S.66-68, R.Kilian, Recht, bes. S.188-194, E.Gerstenberger, Wesen, S.19f.23-26, R.Hentschke, Rechtsgeschichte, S.111-113, G.Liedke, Gestalt, S.101ff, ferner V.Wagner, aaO, S.1f und passim und H.W.Gilmer, If-You Form, S.80f.

[13] Siehe bes. E.Gerstenberger, aaO, S.89ff, V.Wagner aaO, S.60ff.

[14] Stellenangabe von W.Richter und R.Knierim in Anm.11. Dies betrifft nicht nur die Erforschung der atl. Rechtstexte, sondern auch die atl. Exegese überhaupt.

[15] W.Richter, aaO, S.145-148, R.Knierim, aaO, S.448f.463f, D.A.Knight, "Sitz im Leben", S.112f. Siehe auch E.Güttgemanns, Offene Fragen, S.44ff.

[16] W.Richter, aaO, S.79ff, R.Knierim, aaO, S.459-462, M.Weiß, From Within, S.62f.65-67.

[17] W.Richter, aaO, S.35.37. Dabei wird auf die Erhellung der Diachronie nicht verzichtet.

[18] R.Knierim, aaO, S.457, E.Güttgemanns, aaO, S.44ff und passim.

[19] H.Barth/ O.H.Steck, Exegese, S.9.74-76. Siehe auch den sorgfältigen Überblick R.Knierims über die neueren Ansätze: aaO, S.458ff.

[20] R.Knierim, aaO, S.457f: "The literary versions are the only ones we possess". R.Knierim kritisiert darüber hinaus an der formgeschichtlichen Voraussetzung, daß die typischen Redeformen aus den mündlichen Überlieferungen stammten und die literarischen Texte also von den mündlichen Überlieferungen abhängig seien: "For not only do we possess our texts in written form, we also possess the typicalities only in individual manifestations" (aaO, S.458).

Für die Auslegung einer Bestimmung spielt ihr Kontext eine entscheidende Rolle. Als Kontext ist zuerst die Systematik des Rechtskorpus zu nennen, in den die betreffende Bestimmung eingebettet ist[21]. Heranzuziehen ist sodann der außertextliche Kontext, z.B. der allgemeine oder der technische Gebrauch der in der Bestimmung verwendeten Lexeme. Dieser Kontextbezug ist selbstverständlich schon in der lexikalisch-grammatischen Auslegung des Textes unentbehrlich. Hier ist aber darüber hinaus die Erklärung der lexikalisch nicht eindeutig erklärbaren speziellen Verwendung des Wortes gemeint, die für die Zeit der betreffenden Gesetzgebung oder für den Gesetzgeber eigentümlich ist[22]. Weiter sind zu erwägen die Absicht des Gesetzgebers[23], die historische, politische und soziale Situation der Gesetzgebung[24], die parallele(n) (ältere) Rechtsbestimmung(en)[25] usw.

Bei der Texterklärung auf der Grundlage eines solchen vielschichtigen Kontextes sind die oben beispielsweise angeführten Elemente voneinander untrennbar. Uns scheint aber der Systematik des jeweiligen Rechtskorpus für die Interpretation eines Rechtssatzes eine besonders große Bedeutung zuzukommen. Ein Ausleger modernen Rechts darf voraussetzen, daß alle geltenden Bestimmungen systematisch untereinander widerspruchsfrei formuliert worden sind. Gefordert ist also dabei, die betreffende Bestimmung in der Systematik des ganzen Rechtskorpus (nicht nur des betreffenden Gesetzbuches, sondern des ganzen Rechtssystems) widerspruchsfrei auszulegen. Die Systematik des Rechtskorpus gehört also nach modernem Verständnis eindeutig zum "sprachlichen" Kontext[26].

Bei der Auslegung des atl. Rechts aber gilt dies nicht. Welcher Textbereich ein einheitliches System darstellt, ist keineswegs eindeutig. Hier besteht ein Anlaß zur formgeschichtlichen Analyse. Die formgeschichtliche Analyse ihrerseits aber berücksichtigt das System des Rechts kaum, sondern löst die zusammengestellten verschiedenen Bestimmungen in Typen von Rechtssätzen auf und verbindet jeden Typ mit einem bestimmten "Sitz im Leben". Der "Sitz im Leben" bedenkt hier aber nicht die historische oder soziale Situation einzelner Gesetzgebung, sondern die Redesituation, mit der eine bestimmte Redeform verbunden sei. Die "Redesituation" bezieht sich im allgemeinen nicht auf eine besondere historische Situation[27]. Die Herausarbeitung der Typen von Rechtssätzen und ihres "Sitz im Leben" läßt also nicht nur die Systematik des gesamten Rechtstextes in jeder redaktionellen Schicht unberücksich-

---

21 In der modernen Gesetzesauslegung gilt die Systematik eines Gesetzbuches oder weiter des ganzen Rechtssystems als ein sprachlicher, also innertextlicher Kontext, weil das Gesetzbuch, in den die auszulegende Bestimmung eingebettet ist, als "System" dem Ausleger vorliegt. Die außertextlichen Elemente spielen nur eine ergänzende Rolle. Vgl. S.Strömholm, Rechtslehre, S.29-31. 190f.206.208. Siehe auch E.Lämmert, Auslegungsspielraum, S.97ff.
22 Vgl. S.Strömholm, aaO, S.30.177-184.
23 S.Strömholm, aaO, S.177f.206f. Jedenfalls stellt eine "Gesetzgeberabsicht" eine Fiktion dar (aaO, S.207).
24 S.Strömholm, aaO, S.179.
25 S.Strömholm, ebd, E.Lämmert, aaO, S.98ff.
26 S.o. Anm.21.
27 H.Barth/ O.H.Steck, aaO, S.67.

tigt, darüberhinaus erklärt auch der "Sitz im Leben" im allgemeinen nicht die historische oder soziale Situation der Gesetzgebung.

Daß sich die Systematik von Rechtskorpora schwer herausarbeiten läßt, bedeutet aber keineswegs, daß sie nicht vorhanden ist. Wir müssen zuerst nach der Systematik des vorliegenden Textes fragen, nämlich danach, ob es eine Systematik gibt, welcher Textbereich nach dieser Systematik formuliert wird, ob es (eine) redaktionelle Vorstufe(n) gibt, die nach einer anderen Systematik formuliert wurde(n) und ob die Einzelbestimmungen von vornherein der Systematik entsprechend formuliert worden sind oder nicht. Daß ein Rechtssatz eine vom heutigen Kontext unabhängige Phase der (mündlichen) Überlieferung hat, kann nicht unbedingt vorausgesetzt werden.

(3) Auch wenn ein Rechtssatz ursprünglich mündlich formuliert und überliefert worden ist, ist seine Verschriftung als ein neuer Gesetzgebungsakt zu verstehen[28]. Daß die literaturwissenschaftliche Forschung auf den wesentlichen Unterschied zwischen dem mündlichen und dem schriftlichen Text aufmerksam macht[29], ist vor allem für die Auslegung von Rechtstexten sinnvoll.

Die formgeschichtliche Analyse behauptet z.B. häufig den nicht rechtlichen Charakter des Prohibitivs[30]. Dies ist natürlich für die Erklärung des Inhalts des Prohibitivs von Nutzen. Wichtiger ist aber festzustellen, ob der Prohibitiv als Gesetz aufgestellt oder - handelt es sich um einen schon bestehenden - in ein Gesetz(korpus) übernommen worden ist. Wenn der Prohibitiv uns als ein Gesetz vorliegt, ist er als Gesetz auszulegen, auch dann, wenn er seinen Ursprung in einer nicht rechtlichen Tradition hat. Ob der betreffende Satz überhaupt als Gesetz gilt, wird oft nur durch seine Stellung in einem Rechtskorpus zu entscheiden sein. Diesen Zusammenhang wollen wir anhand eines modernen Rechtssatzes verdeutlichen.

Im Ehegesetz der Bundesrepublik Deutschland z.B. findet sich ein "Prohibitiv". In §4 (1)[1] heißt es:

"Eine Ehe darf nicht geschlossen werden zwischen Verwandten in gerader Linie, zwischen vollbürtigen und halbbürtigen Geschwistern sowie zwischen Verschwägerten in gerader Linie"[31].

---

[28] M.Gagarin, Greek Law, S.136f und passim. Nach ihm wurden die Gesetze in den griechischen "Poleis" von vornherein geschrieben und öffentlich bekanntgemacht (aaO, S.81ff). M.Gagarin denkt dabei, daß die Verschriftung einer Regel den Übergang "from the prelegal to the legal" darstellte (aaO, S.2f und passim). Die schriftliche Gesetzgebung in den griechischen "Poleis" im 8.Jh. - so M.Gagarin - zielte auf die Regulierung der Angelegenheiten der Bewohner ab, deren Anzahl in dieser Zeit entsprechend der Entwicklung der "Poleis" schnell zugenommen hatte, so daß die Konflikte zwischen den Bewohnern, die aus verschiedenen Ländern stammen, nicht mehr in den bisherigen privaten Gerichtsverfahren behandelt werden konnten (aaO, S.135ff). Die Frage, ob die israelitischen Gesetze von vornherein geschrieben worden sind, oder warum sie geschrieben worden sind, müssen wir unberücksichtigt lassen.

[29] S.o. Anm.18.

[30] W.Kornfeld, aaO, S.60f, R.Kilian, aaO, S.195, E.Gerstenberger, aaO, S.110ff, G.Fohrer, Dekalog, S.52, R.Hentschke, aaO, S.111.

[31] Zitat aus H.Schönfelder, Deutsche Gesetze, ad loc.

Diese Aussage scheint wie eine ärztliche oder auch wie eine ethische Mahnung
(besonders der letzte Punkt "das Verbot der Ehe zwischen Verschwägerten" bezieht
sich auf reine Sittlichkeit). Dieser Satz ist aber als ein Paragraph des Gesetzes aufgestellt worden, und der Adressat wird schon dadurch zur Befolgung gezwungen, daß
der Satz ein Gesetz ist (siehe die Überschrift "Ehegesetz"). Die gesetzliche Kraft
dieses "Verbots" wird natürlich zugefügt, aber durch andere Bestimmungen: Nach
dem Ehe G §11 wird die Ehe nur vor dem Standesbeamten geschlossen, die gegen
das Verbot verstoßende Ehe wird von dem Beamten nicht angenommen, und es wird
kein Rechtsverhältnis hergestellt[32]. Der Ehe G §4 (1)[1] wird also ohne den gesetzli-
chen Kontext nicht als Gesetz wahrgenommen.

Einen Zugang zur Erklärung der Systematik von antiken Rechtskorpora hat schon
D.Daube in seiner Untersuchung zum römischen Recht dargestellt[33]. Er stellt einen
funktionellen Unterschied zwischen Relativsatzkonstruktionen und kasuistischen
Rechtssätzen fest. Diese nämlich erzählten den Fall, während jene die Erzählung
durch eine kategorische Bestimmung ersetzten. Diese beiden Formen werden dabei
nicht als unaustauschbare Gattungen betrachtet, von denen jede mit ihrem eigenen
Themenbereich verbunden ist, sondern beide können durchaus auch dasselbe Thema
behandeln. Nur sei in einer Rechtskultur bei den älteren Gesetzen die kasuistische
Form überwiegend, während in neueren Gesetzen die Relativsatzform vorherrsche.
Die Relativsatzform stelle eine entwickeltere Konzeption als die kasuistische Form
dar, diese nämlich vertrete "folklaw", jene spiegele die Verallgemeinerung und
Systematisierung des Gesetzes wider. Diese Entwicklung des Rechtsdenkens und die
dementsprechend zunehmende Verwendung der Relativsatzform seien ein universa-
les Phänomen. Wenn die Relativsatzform in die Rechtssatzformulierung aufgenommen worden sei, könne der Gesetzgeber zwischen dieser oder der kasuistischen
Form nach Bedarf wählen. Die Relativsatzkonstruktion werde für den Hauptfall und
die kasuistische Form für die Unterfälle verwendet. Es gebe kaum den umgekehrten
Fall. Diese Wahl der Form vollziehe sich beim Gesetzgeber meistens unbewußt.
Von dieser These her muß man damit rechnen, daß die Zusammenstellung der
kasuistischen Rechtssätze und der Relativsatzkonstruktion, auch wenn es sich um
eine sekundäre redaktionelle Zusammenstellung handelt, keine zufällige, oft Spannung hervorrufende Mischung ist, sondern daß dabei jeder Form gleichsam die ihrer
Funktion entsprechende Rolle zugeteilt wurde, damit die Systematik des Gesetzes
zum Ausdruck gebracht wird. Die sogenannten מות יומת-Sätze im Bundesbuch also
haben z.B. ihre eigene Funktion in ihrem literarischen Kontext (Ex 21,12.15-17;
22,18), obwohl hier offen bleiben muß, ob diese Sätze den von D.Daube diskutierten
Relativsatzkonstruktionen gleich behandelt werden können[34]. Es ist nicht ohne

---

[32]   Personenstandsgesetz §5 (2).
[33]   D.Daube, Roman Legislation, S.6-8. Siehe auch ders, Jewish Law, S.71-74. Für die Analyse des
       altorientalischen Rechts wird diese These von H.Petschow übernommen: Stilformen, S.24f und
       passim.
[34]   Nach R.Hentschke, aaO, S.111f, G.Liedke, aaO, S.125.138-140 kann der מות יומת-Satz mit der
       Relativsatzkonstruktion zusammengehören. Von der kategorisch sprechenden Funktion der

weiteres anzunehmen, daß diese Sätze unabhängig von ihrer Zusammenstellung mit den kasuistischen Rechtssätzen auf mündliche Überlieferung zurückgehen, und daß die Einfügung dieser Sätze in die kasuistische Rechtssammlung einen stilistischen und inhaltlichen Bruch darstellt, wie angenommen wird[35].

D.Daube selbst begrüßt die Textanalyse nach der formgeschichtlichen Methode. Er aber geht davon aus, daß diese Methode die Spannung der in einem Text zusammengestellten verschiedenen Redeweisen in den Unterschied ihrer Herkunft auflösen und somit die Zergliederung einer literarischen Einheit vermeiden könne[36]. In Wirklichkeit aber zergliederte die formgeschichtliche Analyse den Text bis auf die kleinsten Einheiten und vernachlässigte die Untersuchung, nach welcher Systematik die Rechtssätze verschiedener Herkunft zusammengestellt worden sind.

Seitens der formgeschichtlichen Forschung gibt es allerdings einen neuen Ansatz, der die Erklärung der Systematik des aus verschiedenen Bestimmungen zusammengestellten Rechtskorpus ermöglicht.

R.Hentschke faßt die Partizipial- und Relativsatzkonstruktion, die der durch Protasis und Apodosis gegliederte Stil und "die unpersönlich referierende Stilisierung in 3.Pers." kennzeichnen, als eine Gattung zusammen[37] und vermutet als Situation der Verwendung dieser Formen "eine oft wiederkehrende typische Situation, in der ein König, Heerführer, wohl auch ein Priester, oder eine andere Amtsperson, aber auch ein Privatmann rechtliche Willenserklärung vor der Öffentlichkeit abgab". Diese Willensäußerung sei wahrscheinlich mündlich geschehen[38]. Bemerkenswert ist, daß R.Hentschke den Sitz im Leben nicht in dem fixen Rahmen einer volkstümlichen oder sozialen Gruppe sucht, sondern eine bestimmte Funktion der Form feststellt, die gewöhnlich in einer bestimmten Situation, nämlich in der "(mündlichen) Rechtserklärung vor einem Publikum" Anwendung fand[39].

R.Hentschke erkennt im Edikt des Königs Ammi-ṣaduqa von Babylon Partizipial-/ Relativsatzkonstruktionen, die vor dem Publikum mündlich promulgiert worden seien, sowie deren Zusammenstellung mit den kasuistischen Rechtssätzen. Das mündlich promulgierte Edikt dieses Königs habe "aus einer planvoll angelegten Reihe" von Partizipial-/ Relativsatzkonstruktionen bestanden[40] und sei von den Juristen des Königs juristisch ausgearbeitet und schriftlich fixiert worden, und dabei seien die kasuistischen Rechtssätze eingefügt worden[41]. Daß sich die schriftliche Fixierung einer solchen rechtspolitischen Aussage mit einer ihren Inhalt nach Bedarf präzisierenden Bearbeitung verbindet, ist leicht denkbar. Es liegt schon deshalb nahe, daß jede Form in der Zusammenstellung ihre spezielle Rolle spielt.

---

beiden Formen her gesehen ist ihre Zusammengehörigkeit durchaus vorstellbar. S.u. 3. 3. 2. 2 bes. Anm.130.

[35] Z.B. V.Wagner, Systematik, S.177.
[36] D.Daube, Roman Legislation, S.1-3.
[37] R.Hentschke, aaO, S.111f.
[38] R.Hentschke, aaO, S.128. Siehe auch ders, S.122.
[39] R.Hentschke, aaO, S.129.
[40] R.Hentschke, aaO, S.122.
[41] R.Hentschke, aaO, S.122f.

Bevor wir die neueren Ansätze zur Erklärung der Systematik israelitischen Rechts überblicken, wollen wir noch eine ältere Reaktion gegen die formgeschichtliche Methode erwähnen, nämlich die Meinung M.Greenbergs. Er stellt der historisch-kritischen Auslegung des Rechtstextes eine kommentatorische Auslegung entgegen, die zu verstehen nötige, wie der antike Jurist oder der Gesetzgeber selbst das Gesetz verstanden habe[42]. Von diesem Standpunkt aus vergleicht er das biblische Gesetz mit anderen altorientalischen Gesetzen. Zu berücksichtigen seien dabei die Hauptideen und die Werturteile, die der Kultur, in der das Gesetz existiert hat, eigentümlich sind[43]. Nach M.Greenberg sind es dem biblischen Recht eigentümliche Vorstellungen, daß Gott selbst der Urheber des Rechts sei und daß die Gesetzesübertretung also als eine Sünde gegen Gott gelte[44]. Weil etwa das menschliche Leben Gott gehöre, gelte es im AT als unverletzlich und werde von Sachwerten scharf unterschieden[45]. Die Schuld andererseits betreffe die einzelne Person, und es gebe keine Kollektivbestrafung[46].

Diese These widerlegte die strenge Kritik B.S.Jacksons bis in Einzelheiten hinein[47]. Im Blick auf die bisherige Diskussion hat M.Greenberg als nahezu einzigen Kontext des Rechtstextes die Hauptideen und die Werturteile in jeder Kultur herangezogen. Diese Faktoren müssen zwar als ein Kontext gelten, lassen sich, wie B.S.Jackson mit Recht kritisiert, aber sehr schwer feststellen[48]. M.Greenberg verbindet Einzelbestimmungen direkt mit den Hauptideen, die der Kultur, in der die Bestimmung existieren, eigentümlich sind, und macht dabei einen Gedankensprung. Daß das Menschenleben Gott gehört und Gott selbst den Verbrecher bestraft, schließt z.B. nicht unbedingt die finanzielle Lösung im Tötungsfall aus[49].

S.M.Paul versucht die These M.Greenbergs dadurch zu untermauern, daß er auf den Rahmen des Rechtskorpus, Prolog und Epilog, aufmerksam macht. Die altorientalischen Rechtskorpora überhaupt weisen eine Rahmung durch Prolog und Epilog auf, die den Anspruch des Königs als "šar mešarim" enthält, damit das ganze Rechtskorpus als eine Inschrift des Königs fungiere[50]. In den biblischen Rechtskorpora sei

---

42 M.Greenberg, Some Postulates, S.7.
43 M.Greenberg, aaO, S.8.
44 M.Greenberg, aaO, S.11.
45 M.Greenberg, aaO, S.13-20. Als Ausdruck für den kulturellen Grundsatz zieht er den nicht rechtlichen Text Gen 9,3ff heran.
46 M.Greenberg, aaO, S.20ff.
47 B.S.Jackson, Reflektions, meint, daß die "Auslegung des Kommentators" weder den altorientalischen Gesetzen noch dem biblischen Recht von ihrem Charakter her gesehen gerecht werde (S.26-30), daß die kulturellen Grundsätze einer Gesellschaft kaum fixierbar seien (S. 30-32), und daß der Rechtsvergleich ohne Berücksichtigung der Verschiedenheit einzelner Rechtskorpora nach den verschiedenen sozio-ökonomischen Situationen sehr fragwürdig sei (S.32-34). Zum Problem der Unterscheidung zwischen dem Menschenleben und dem Eigentum s.u. 3. 4. 1 Anm.221. M.Greenbergs Antwort, More Reflections, S.1ff, aber konzentriert sich auf die Verteidigung seiner Einzelauslegung der als Beispiele herangezogenen Texte, bezieht sich aber u.E. nicht auf die drei obengenannten Punkte der Kritik B.S.Jacksons.
48 B.S.Jackson, aaO, S.30-32.
49 Gegen M.Greenberg, Some Postulates, S.13ff.
50 S.M.Paul, Studies, S.11-26.

Gott selbst die Hauptperson von Prolog und Epilog[51]. Daraus ergäben sich die Grundsätze des israelitischen Rechts als Recht Gottes[52].
Diese Position sucht in einem Bestandteil des Rechtskorpus (Prolog und Epilog) den Grundgedanken des israelitischen Rechts und führt damit die These M. Greenbergs ein Stück weiter. Allerdings denkt S.M.Paul, daß sich dieser Grundgedanke aus dem Rahmen und nicht aus der Systematik des Rechtstextes selbst ergebe. S.M.Paul hält ferner den Text der Sinaierzählung für den Prolog und Epilog des Bundesbuches[53]. Es bleibt aber fraglich, in welcher Phase der Komposition das Rechtskorpus in den Erzähltext einbezogen worden ist. Die Beziehung zwischen der Sinaierzählung und dem Rechtstext ist also keineswegs eindeutig[54]. Im heutigen Buch Exodus ist das Bundesbuch tatsächlich in den Erzähltext eingebettet. Von dieser Stellung her könnte man den Charakter des Bundesbuches als eines göttlichen Rechts hervorheben. Wir müssen jedoch fragen, wieweit von diesem Kontextbezug her der Sinn einzelner Bestimmungen erklärt werden kann. Die obengenannte Kritik an der These M.Greenbergs, die die Hauptideen der Gesellschaft mit den Einzelbestimmungen direkt verknüpft, gilt auch hier. Der Rahmen von Prolog und Epilog dient zwar als ein wichtiger Kontext des Rechtstextes, jedoch nur als *ein* Kontext neben anderen. Auffällig ist, daß S.M.Paul, ohne andere Kontextbezüge zu berücksichtigen - z.B. die Systematik des ganzen Bundesbuches, ihren sozialgeschichtlichen Hintergrund usw. -, Einzelbestimmungen auf die gesellschaftlichen Hauptideen bezieht und aus dieser Perspektive diese mit anderen altorientalischen Gesetzen vergleicht[55]. Sowohl für die Hervorhebung des Prinzips des biblischen Rechts als auch für den Vergleich des biblischen Rechts mit anderen altorientalischen Gesetzen werden die Bestimmungen des Bundesbuches u.E. bei S.M.Paul nicht hinreichend erklärt.
Wir wollen nun die neueren Ansätze der Untersuchung über die innere Struktur des Rechtskorpus selbst überblicken. Zuerst ist der Aufsatz von V. Wagner über die Systematik des "Kodex" Ex 21,1 - 22,16* zu nennen[56]. Schon A.Alt hat angenommen, daß die kasuistisch formulierten Rechtssätze von Israel als ein schon geschriebenes Rechtsbuch übernommen worden sein könnten[57]. In Mesopotamien und Kleinasien bilden die kasuistisch formulierten Rechtssätze, die auch inhaltlich mit israelitischen kasuistischen Rechtssätzen verwandt zu sein scheinen, Rechts"korpora". Die Systematik eines Rechtskorpus wurde zuerst im Bereich der Altorientalistik untersucht[58]. Das Ergebnis dieser Untersuchung hat V.Wagner auf Ex 21,1 - 22,16* angewendet. Um die innere Struktur des "Kodex" zu erklären, wurden aber

---

51 S.M.Paul, aaO, S.27-42.
52 S.M.Paul, aaO, S.36-40.
53 S.M.Paul, aaO, S.27f.
54 S.u. 5. 1. 2, 5. 2. 1. 1.
55 S.M.Paul, aaO, S.43ff.
56 V.Wagner, aaO, Zusammenfassung S.181f.
57 A.Alt, aaO, S.298. Erst H.J.Boecker, Redeformen, S.143, und G.Liedke, aaO, S.53-59, nahmen eine mündliche Gestaltung der kasuistischen Rechtssätze in der israelitischen Rechtskultur, und zwar in der Torgerichtsbarkeit an.
58 H.Petschow, Codex Hammurabi, ders, Eschnunna.

dabei nur die mit dem altorientalischen Gesetz vergleichbaren Elemente extrahiert. Die Möglichkeit einer dem biblischen Recht eigenen Systematik war damit ausgeschlossen[59].

Die Systematik des Bundesbuches im Ganzen und seine Entwicklung wurden erst in der umfangreichen Arbeit von J.Halbe über das Privilegrecht JHWHs ausführlich diskutiert[60]. J.Halbe beschreibt zuerst die Forschungsgeschichte bez. Ex 34,11-26 und zeigt auf, daß die Forschung hinsichtlich Ex 34,11-26 auf die Bezeichnung "Zehn Worte" (vgl. Ex 34,28) fixiert und dementsprechend vornehmlich mit der Rekonstruktion von "Zehn" Worten befaßt war[61]. Er kritisiert diese Rekonstruktionsversuche der Zehn Worte, die die vorliegende literarische Einheitlichkeit ignorierten, und verzichtet in seiner eigenen Untersuchung auf eine Aufgliederung dieses Rechtskorpus nach den unterschiedlichen Satzstilen[62]. Mit Gliederungsmerkmalen, wie z.b. chiastische Struktur, Stichwortbezug usw, arbeitet er die innere Struktur von Ex 34,11-26 und dann auch des Bundesbuches heraus[63]. Die Erklärung der Einheitlichkeit und der inneren Struktur der Rechtskorpora ermöglicht es J.Halbe, die Datierung der Entstehung der Rechtskorpora vorzunehmen und das Verhältnis zwischen ihnen zu bestimmen. Die Grundschicht des Bundesbuches z.b. umfasse alle Elemente der entwickelten Phase von Ex 34,11-26, sei also später als Ex 34,11-26 zu datieren[64]. Dieses Verhältnis zwischen den beiden Rechtskorpora würde sich nicht aus dem Vergleich einzelner Bestimmungen ergeben.

Im Hinblick auf die Beschreibung der inneren Struktur des Bundesbuches erschien u.e. bisher noch keine mit J.Halbes Arbeit vergleichbare Untersuchung, außer was die Datierungsfrage betrifft[65]. Die hier vorliegende Arbeit beruht hauptsächlich auf der Auseinandersetzung mit der These J.Halbes. Kritik an J.Halbe in Detailfragen wird jeweils an der betreffenden Stelle eingebracht. Hier wollen wir zunächst nur eine prinzipielle Kritik an seiner These entfalten.

J.Halbe verzichtet auf eine Aufgliederung des Textes in die kleinsten Einheiten nach unterschiedlichen Satzstilen und wertet den Satzstil nur als eines von mehreren Merkmalen für die Gliederung des Textes und für redaktionelle Schichtung. Der Vorteil seiner These besteht eben darin, daß er möglichst verschiedene Indizien oder Merkmale heranzieht. Das Prinzip seiner Behandlung des Satzstils aber ist nicht durchsichtig. In Ex 23,1-8 einerseits nimmt er z.b. eine organische Zusammenstel-

---

[59] V.Wagner streicht den Text Ex 21,12-17 (aaO, S.177) und Ex 22,8 (aaO, S.180). Siehe auch seine negative Haltung zur Bedeutung von Ex 20,23-26; 22,17ff als Rechtssätze: ders, Rechtssätze, S.62.

[60] J.Halbe, aaO, S.391ff.

[61] J.Halbe, aaO, S.13-43. J.Halbe behandelt den Text Ex 34,10-26 und weist V.10aβ.b dem Grundbestand des Rechtsbuches zu (aaO, S.55ff). Wir wollen in dieser Untersuchung schlicht den Textbereich V.11-26, den der Text selbst als Gebot JHWHs (V.11a) bezeichnet, "Rechtsbuch" nennen.

[62] J.Halbe, aaO, S.53-55. Siehe auch aaO, S.422; er betrachtet hier den Wechsel des Satzstils nur als ein Hilfsindiz für die formalen Gliederungsmerkmale.

[63] J.Halbe, aaO, S.55ff.413ff.

[64] J.Halbe, aaO, S.447-450.

[65] Vgl. F.Crüsemann, Recht und Theologie, S.56-70. Zur Datierung R.Albertz, Religionsgeschichte, S.342, F.Crüsemann, Bundesbuch, S.28-35.

lung von Prohibitiv, Vetitiv, "Wenn-du"-Form und Begründungssatz an[66]. Dagegen
benutzt er zur Analyse etwa von Ex 20,24-26 und Ex 22,20 die Gattungskritik, auf die
er für die Analyse von Ex 23,1-8 verzichtet hat, und schließt damit den letzten Satz
des Doppelverbots (Ex 20,24aβ; 22,20aβ) und den Begründungssatz (Ex 20,24b.26b)
aus dem ursprünglichen Text aus. Er arbeitet nämlich in Ex 20,24-26 als Grundschicht des *literarischen* Komplexes die Sätze V.24aα und V.26a heraus, da diese
Sätze einer gemeinsamen Gattungsform von Rechtssätzen angehören und eine
chiastische Struktur darstellen[67], und isoliert in Ex 22,20 den in Ex 23,9 keine
Entsprechung habenden Satz V.20aα als Grundschicht dadurch, daß er den gattungskritisch "überflüssigen" Satz V.20aβ streicht[68]. Die Methodik seiner Analyse ist also,
wie die Beispiele Ex 23,1-8 und Ex 20,24-26 oder Ex 22,20 zeigen, nicht konsequent.
J.Halbe zieht zwar möglichst verschiedene Indizien und Merkmale heran, erörtert
jedoch noch nicht hinreichend, was jedes Merkmal für die Gliederung des Textes
oder für die Schichtung der Redaktion bedeutet.

Der Satzstil spielt u.E. im Aufbau des Rechtskorpus eine große Rolle - eine größere, als J.Halbe vermutet. Die innere Struktur des Rechtskorpus ist u.E. in erster
Linie im Anordnungsprinzip der Rechtssätze verschiedenen Stils erkennbar.

Kürzlich hat nun E.Otto für die Erklärung der Systematik des Bundesbuches ein
neues Prinzip entwickelt. Er setzt voraus: "Eine Gesetzgebung, die justitiable Kriterien für den Rechtsentscheid fixiert, kürzt insgesamt das Verfahren ab, vermeidet
Konflikte im Verfahren und gibt größere Rechtssicherheit. Nicht die Systematik
antiker Rechtsgelehrsamkeit spiegelt sich darin wider, sondern die Notwendigkeit
der Rechtspraxis"[69]. Dies schließe aber keineswegs aus - so E.Otto weiter - , daß die
Zusammenstellung von Rechtssätzen "auch Ausdruck eines hohen Maßes an Gelehr-
samkeit antiker Rechtssystematik" sei[70]. Das Bundesbuch sei der Entwicklung der
Rechtspraxis entsprechend erweitert oder bearbeitet worden, nämlich gemäß der
Entwicklung vom innergentalen zum intergentalen Recht[71], gemäß der Ausdifferenzierung des Sanktionsrechts aus dem reinen Ersatzleistungsrecht[72] und der Entstehung des sozialen Schutzrechts[73]. Die Bearbeitung habe zugleich die Systematisierung und Rationalisierung der zusammengestellten verschiedenen Rechtssätze und
ferner die Theologisierung des Rechts hervorgerufen[74].

Es wäre schön, wenn die überlieferungs-/ redaktionsgeschichtliche Entwicklung
des Bundesbuches so genau der Entwicklungsgeschichte des Rechtsdenkens und der

---

[66] J.Halbe, aaO, S.430-434, bes. S.434. Zur Definition des Satzstils s.u. 1. 2. 2.
[67] J.Halbe, aaO, S.441f. Siehe auch D.Conrad, Altargesetz, S.8-20, dessen Ergebnisse J.Halbe
      voraussetzt.
[68] J.Halbe, aaO, S.419.
[69] E.Otto, Aspekte, S.139.
[70] E.Otto, aaO, S.141.
[71] E.Otto, Begründungen, S.32-34.61. Er stellt die Ausdifferenzierung des intergentalen Rechts aus
      dem familiaren Recht an den Ausgangspunkt der Rechtsgeschichte.
[72] E.Otto, aaO, S.61f und passim.
[73] E.Otto, aaO, S.62f und passim.
[74] E.Otto, aaO, S.66-75 und passim.

Rechtspraxis entspräche. Abgesehen davon, ob E.Ottos rechtsgeschichtliche Theorie
überhaupt zutrifft - sie darf hier unberücksichtigt bleiben -, ist es durchaus unwahrscheinlich, daß man den theoretischen Entwicklungsphasen der Rechtspraxis entsprechend einen Rechtstext in die redaktionellen Schichten aufgliedern kann. E.Otto
versucht zwar durch andere Indizien eine überlieferungs-/ redaktionsgeschichtliche
Schichtung im Text nachzuweisen. Die Argumentation ist u.E. jedoch nicht hinreichend[75]. Ferner - und das ist entscheidend - stimmt die inhaltliche Bestimmung der
rechtsgeschichtlichen Phasen nicht mit dem Inhalt der ihr jeweils zugewiesenen
Rechtssätze überein. Daß z.B. Ex 21,18f.22* oder Ex 21,33-36; 22,4f*.6.7aα.9a.11-14a
wirklich als reines Restitutionsrecht zu verstehen sind[76], ist unwahrscheinlich. In
diesen Rechtssätzen können wir ebensogut sanktionsrechtliche Elemente herausarbeiten[77]. Sie setzen schon die "Ausdifferenzierung des Sanktionsrechts aus dem
Ersatzleistungsrecht" voraus. An diesem Punkt scheitert es also, daß dieser Ausdiffe-
renzierungsvorgang im Bundesbuch erkennbar ist. Die Theorie der Entwicklung des
Rechtsdenkens oder der Rechtspraxis kann nicht als Merkmal für die redaktionelle
Schichtung des Rechtskorpus dienen, sondern nur den kompositions- oder redak-
tionsgeschichtlich analysierten Textbefund interpretieren.

Um die Kompositionsgeschichte des Bundesbuches zu beschreiben, wollen wir
möglichst verschiedene Merkmale für die Gliederung des Textes anführen und
untersuchen, ob der so gegliederte Text eine einheitliche Struktur zu erkennen gibt
oder ob er auf eine redaktionelle Schichtung hinweist.

Als Merkmale stellen wir uns in erster Linie die formal fixierbaren Strukturele-
mente bzw. -regeln des Textes vor, wie z.B. Satzstil, Stichwort, Chiasmus, Numerus
und Person der Anrede, obwohl sie unabhängig vom Inhalt des Textes nicht auszu-
werten sind[78]. Wir müssen nämlich die Vieldeutigkeit eines Rechtssatzes voraussetzen[79]. Um diese Vieldeutigkeit aufzulösen, ist es erforderlich, durch mehrere
Merkmale, und zwar durch formal fixierbare Merkmale, die innere Struktur des
Rechtskorpus und die Stellung des betreffenden Rechtssatzes in dieser Struktur
festzustellen.

Bei der Auslegung eines modernen Gesetzes kann man außertextliche Elemente
("Kontext" - im weiteren Sinne -) für die Auflösung der Vieldeutigkeit eines Textes
heranziehen[80]. Für das biblische Recht aber ist der Kontext in diesem Sinne keineswegs eindeutig, weil es nicht deutlich ist, in welcher Zeit, an welchem Ort oder in
welcher Institution der jeweilige Rechtssatz fungierte. Um den Kontext des Rechts
festzustellen, ist die innertextliche, also die auf die Erklärung der literarischen Struktur des Rechtstextes konzentrierte Auslegung unentbehrlich.

---

[75] S.u. Kap.III.
[76] E.Otto, aaO, S.13.16.22-24.25.30f.
[77] Vgl. 3. 3. 2. 2, dort Anm.133 und 3. 3. 3. 1.
[78] Zur Beziehung der formalen Elemente zum Inhalt siehe die Kritik an W.Richter von H.Barth/
      O.H.Steck, aaO, S.74-76, bes. S.75f.
[79] S.Strömholm, aaO, S.28f, E.Lämmert, aaO, S.90.
[80] S.Strömholm, aaO, S.29-31.177ff.

Dabei ist besonders zu beachten, daß aus einer bestimmten Rechtsentscheidung oder aus einer Rechtssystematik nicht ohne weiteres eine bestimmte historisch-soziale Situation der Gesetzgebung erschlossen werden kann. Eine Rechtsentscheidung oder die Systematisierung eines Rechtskorpus hängt nicht nur von der historisch-sozialen Situation, sondern noch von vielen anderen variablen Elementen ab, wie z.b. die Institution, in der das Recht fungierte, oder die Intention des Gesetzgebers. Ohne die Vielschichtigkeit dieses "Kontextes" zu berücksichtigen, können wir nicht den sozialgeschichtlichen Hintergrund einer Bestimmung oder eines Rechtssystems ermitteln[81]. In dieser Hinsicht ist der Vergleich mit altorientalischen Gesetzen besonders vorsichtig durchzuführen. H.J.Boecker z.b. hat in seiner rechtsvergleichenden Arbeit darauf aufmerksam gemacht, daß das Bundesbuch im Vergleich mit z.b. KH kaum familienrechtliche Bestimmungen enthält. Daraus schließt er, daß das Bundesbuch in einer Gesellschaft fungierte, die in einem hohen Maße durch die Institution des pater familias bestimmt wurde[82]. Es ist aber ebenso gut denkbar, daß der Gesetzgeber die familienrechtlichen Angelegenheiten nicht für eine Aufgabe des Bundesbuches hielt[83].

Eine unserer Aufgaben ist es also, diesen vielschichtigen "Kontext" möglichst vom Inneren des Textes her zu erklären. In dieser innertextlichen Auslegung wird auf den Vergleich mit altorientalischen Gesetzen kaum Gewicht gelegt. Damit soll keineswegs die Berechtigung rechtsvergleichender Forschung bestritten werden. Wir wollen vielmehr das Verfahren zu erklären versuchen, das der rechtsvergleichenden Forschung vorangehen muß.

---

[81] Nur kann man durch das in der Bestimmung behandelte Problem jene Zeit erschließen, in der die Bestimmung nicht entstanden sein kann. Die Bestimmung der Ersatzleistung durch "Silber" z.B. ist in einer Zeit unvorstellbar, in der die Geldwirtschaft noch nicht entwickelt ist, siehe F.Crüsemann, Bundesbuch, S.32.

[82] H.J.Boecker, Recht und Gesetz, S.94.120.

[83] H.J.Boecker, aaO, S.120 erwähnt einen Auswahlcharakter des Bundesbuches sowie der altorientalischen Gesetze. Wenn aber das Prinzip der Auswahl erklärt würde, könnte die Voraussetzung "pater familias" ausgeschlossen werden. S.u. 3. 4. 1.

Kapitel I

Das Bundesbuch in
seiner heutigen Gestalt

Wir gehen von einem Überblick über das Bundesbuch in seiner heutigen Gestalt aus. Die Fragestellung untergliedert sich zunächst in zwei Bereiche: in die Frage nach dem Umfang des Bundesbuches als eines Rechtsbuches einerseits und in die Frage nach seiner inneren Struktur andererseits. Der Aufbau der einzelnen Abschnitte wird in den folgenden Kapiteln aus kompositionsgeschichtlicher Perspektive untersucht.

1.1   *Der Umfang des Bundesbuches*

Wir dürfen es in dieser Untersuchung unberücksichtigt lassen, was das in Ex 24,7 sogenannte "Buch des Bundes" ist, was כל דברי יהוה und was כל המשפטים sind (Ex 24,3), und wie sich in dieser Hinsicht das Rechtsbuch in Ex 20,22b - 23,33 auf den Dekalog in Ex 20,1-17 bezieht[1]. Unsere Diskussion beschränkt sich auf das Rechtsbuch in Ex 20,22b - 23,33, das in der Sinaitradition selbst vom Dekalog getrennt behandelt wird.

Es gibt heute kaum einen Forscher, der bezweifelt, daß in Ex 20,22b - 23,33 ein unabhängig vom erzählerischen Kontext entstandenes Rechtsbuch überliefert worden ist[2]. Strittig ist aber, welcher Teil dieses Textes das ursprüngliche Rechtsbuch

---

[1] Nur im Hinblick auf die Beziehung der Einführungsverse Ex 20,22b.23 zum erzählerischen Kontext wird die Frage nach dem Verhältnis dieser Verse zur Einfügung des Dekalogs (Ex 20,1-17) in die Sinaiperikope erwähnt, s.u. 5. 2. 1.

[2] Schon W.M.L.de Wette, Beiträge II, S.255-259, bes. S.257, B.Baentsch, Bundesbuch, S.59-91, bes. S.86ff. B.S.Childs, OTL, S.452, sagt: "From the time of Baentsch's monograph of 1892 a growing consensus had emerged that the Book of the Covenant was an older collection of laws which was independent of the usual critical sources". B.S.Childs selbst hält zwar die "משפטים" in Ex 21,1 - 22,16 für eine literarische Einheit, die unabhängig von der Sinaitradition entstand, meint

darstellt, und in welcher Phase seiner Entwicklung es mit der Sinaitradition verbunden wurde. Seine äußerste Grenze ist klar; die die Rechtssätze enthaltende Gottesrede beginnt mit Ex 20,22b und endet mit Ex 23,33[3]. Die meisten Forscher halten aber Ex 23,20-33 nicht für Rechtssätze und schließen sie deshalb vom eigentlichen Rechtsbuch aus[4]. Dieser Teil gehöre zu der literarischen Entwicklung der Sinaitradition[5].

Zu berücksichtigen ist auch die Überschrift Ex 21,1, die oft als Anfang des ursprünglichen Rechtsbuches angesehen wird[6]. Die meisten Forscher denken weiter, daß der Textbereich Ex 21,1 - 22,16(19), der durch seinen Satzstil und durch seinen "profanen" Inhalt gegenüber dem übrigen Teil auffalle, als ein selbständiges Rechtsbuch zu betrachten sei[7], und daß sich auf dieses Rechtsbuch die Bezeichnung משפטים in Ex 21,1 beziehe[8]. Dabei wird der übrige Teil Ex 20,22-26; 22,17(20) - 23,19 nicht generell von der Entwicklungsgeschichte des "Rechts"-buches ausgeschlossen[9]. Der rechtliche Charakter des "Rechts"-satzes in diesem Teil aber ist sehr strittig[10].

---

jedoch, daß der übrige Teil (Ex 20,22-26; 21,12-17; 22,20 - 23,19) in seiner mündlichen Überlieferung - abgesehen von der späteren, literarischen Bearbeitung - aus der Wüstenzeit stammen und in irgendeinem Bezug zur Sinaierzählung stehen soll (aaO, S.453-458). Vgl. H.Cazelles, Études, S.169ff, der die "משפטים" für mosaisch hält (aaO, S.178ff).

[3] JHWH fängt zwar schon in Ex 20,22aβ an, zu Mose zu sprechen (Weitergabebefehl). Seine eigentliche Rede, die die Rechtsbestimmungen enthält, beginnt aber erst mit V.22b.

[4] W.M.L.de Wette, Lehrbuch I, S.281.285. A.Jepsen, Untersuchungen, S.22, schließt Ex 23,20ff von vornherein vom Gegenstand der Untersuchung aus. Vgl. M.Noth, ATD 5, S.156, B.S.Childs, aaO, S.461, H.J.Boecker, Recht und Gesetz, S.117. O.Eißfeldt, Einleitung, S.285ff und E.Sellin/ G.Fohrer, Einleitung, S.146, behaupten darüber hinaus mit Bezug auf den "jahwistischen Dekalog" in Ex 34, daß auch Ex 23,13-19 (so O.Eißfeldt) oder Ex 23,10-19 (so E.Sellin/ G.Fohrer) zur Erzählung (J) gehören. E.Otto, Mazzotfest, S.238ff, rechnet Ex 23,13(14)-33 im Vergleich mit Ex 34 und Dtn 7 als dtr. Epilog zum Bundesbuch.

[5] Vgl. die in Anm.4 genannten Stellen. L.Perlitt, Bundestheologie, S.157 Anm.6, dagegen betrachtet Ex 23,20ff als Zuwachs des Rechtsbuches, der eigentlich mit der Sinaierzählung nichts zu tun habe.

[6] M.Noth, aaO, S.142, B.S.Childs, aaO, S.454.467. Die gegenteilige Ansicht von F.-L.Hossfeld, Dekalog, S.180-183: Ex 21,1 sei dtr. Einschub, um den Adressaten des mit der dtr. Kultuszentralisation konkurrierenden Altargesetzes (Ex 20,24-26) auf Mose zu beschränken, wurde übernommen von Ch.Dohmen, Bilderverbot, S.154f und E.Otto, Begründungen, S.4.

[7] U.a. A.Alt, Ursprünge, S.285-289.

[8] B.Baentsch, aaO, S.28-36. A.Jepsen, aaO, S.103 - aber bis zu Ex 22,19 (aaO, S.55). Die משפטים mit den kasuistischen Rechtssätzen gleichzusetzen (z.B. A.Alt, aaO, S.289, bes. G.Liedke. Gestalt, S.94-98), ist fragwürdig, vgl. F.Crüsemann, Recht und Theologie, S.37. Über die Verwendung des Wortes משפטים in Dtn siehe G.Braulik, Ausdrücke, S.61. Auf welchen Textbereich sich der Titel משפטים bezieht, ist u.E. zwischen den kompositionellen Schichten unterschiedlich.

[9] B.Baentsch, aaO, S.119ff, A.Jepsen, aaO, S.96ff, H.J.Boecker, aaO, S.117. Zwar halten O.Eißfeldt, aaO, S.285ff, E.Sellin/ G.Fohrer, aaO, S.146, E.Otto, Mazzotfest, S.238ff (s.o. Anm.4) Ex 23,10- oder 14-19 für "Rechtssätze", jedoch im Vergleich mit Ex 34 (und auch Dtn 7), wie gesagt, nicht für einen Zuwachs des Rechts-"Buches". Als Rechts-"Buch" betrachten sie Ex 20,22 - 23,9(13).

[10] S.o. Einl, Anm.30. Weiter V.Wagner, Rechtssätze, S.60-62, ders, Systematik, bes. S.181. Über die Beurteilung hinaus, daß die Einheit Ex 20,22 - 23,19 kein reines "Rechts"-buch sei, behauptet er ferner, daß Ex 21,2 - 22,16* einen selbständigen "Rechtskodex" darstelle (ders, Rechtssätze, S.62).

Was aber ist im alten Israel eigentlich ein Rechtsbuch? Können wir mit unserem modernen Verständnis des Rechts die Grenzen eines altisraelitischen Rechts-"Buches" bestimmen? Nach unserer Definition wären ja die Sätze in Ex 20,22 - 23,19 durchaus als "Rechtssätze" zu bezeichnen, nicht aber die Sätze in Ex 23,20-33, abgesehen von Ex 23,24.25aα.32.33aα (die als Rechtssätze betrachtet werden sollen, insofern die übrigen Prohibitive sowie Gebote im Bundesbuch "Rechtssätze" genannt werden)[11]. Daraus wäre jedoch nicht zu schließen, daß Ex 23,20-33 kein (oder mindestens kein ursprünglicher) Bestandteil des Rechts-"Buches" ist. Wir müssen vielmehr zuerst nach dem Verständnis des Erzählers, der Ex 20,22b - 23,33 als eine einheitliche Gottesrede hier eingefügt hat, diese Gottesrede, die größtenteils als Recht an Israel gesprochen wird, als ein Rechts-"Buch" betrachten[12] und ihre Kompositionsgeschichte untersuchen. Erst danach dürfen wir fragen, was eigentlich die Elemente des altisraelitischen "Rechtsbuches" sind. Wir nennen in der folgenden Diskussion entsprechend dem allgemeinen Konsens den im Bundesbuch eine bestimmte Tat fordernden oder verbietenden Satz einen "Rechtssatz".

1.2   Innere Struktur

1.2.1   Überschrift und Schlußwort

Beim Überblick über die innere Struktur des Bundesbuches ist zunächst die Überschrift Ex 21,1 auffällig:

"Und dies sind die מֹשׁפֹּטִים, die du vor ihnen aufstellen sollst".

---

[11] Die "Rechts"-sätze in Ex 23,24.32.33aα sind durch das Pronomen mit den vorangehenden Aussagesätzen verbunden und setzen diese voraus. In dieser Hinsicht unterscheiden sie sich von anderen Prohibitiven oder Geboten. Die vorangehenden Aussagesätze beschreiben einen historischen Vorgang, bilden also keinen Vordersatz im Sinne des kasuistischen Rechtssatzes oder der direkt anredenden Konditionalform. Vgl. N.Lohfink, Hauptgebot, S.113ff.
Wenn trotz dieses Unterschiedes von anderen Prohibitiven/ Geboten die Sätze in Ex 23,24.32.33aα als Rechtssätze betrachtet werden, und wenn die Vetitivform in Ex 23,1b.7bα als Rechtssatzform gerechnet wird (s.u. 1. 2. 2), so müssen wir fragen, warum die Vetitivform in Ex 23,21a für eine Rechtssatzform gehalten wurde. Diese Sätze, die durch die Aussage von der Sendung des Boten (Ex 23,20-23) umrahmt sind, sind aber als ein Bestandteil dieser Aussage zu behandeln. Die Vetitiv- und Imperativform sind an sich von Prohibitiven/ Geboten zu unterscheiden. Nur Ex 23,1b.7bα werden in bezug auf die mit ihm zusammengestellten Verbote als Rechtssätze betrachtet. S.u. Anm.27 und 2. 1. 4, unter (1).
[12] Ob Ex 20,22a als Einleitungswort schon zum Rechtsbuch gehört, oder ob er die literarische Brücke, die das Bundesbuch mit der Sinaiperikope verbindet, bildet, ist zunächst auch fraglich. Dies wird aber im Laufe der kompositionsgeschichtlichen Analyse klar werden. S.u. 5. 2. 1.

Ex 23,13a andererseits scheint als Schlußwort zu dienen:

"Und in allem, was ich zu euch gesagt habe, sollt ihr euch in acht nehmen".

Obwohl auf Ex 23,13a noch weitere Vorschriften direkt folgen und es nicht eindeutig ist, ob אמרתי in diesem Vers perfektisch oder präsentisch zu übersetzen ist[13], ist er zweifelsfrei mit dem vorangehenden Teil verbunden und schließt ihn ab. Diese Sicht wird durch den Ex 23,13 parallel formulierten Vers Ex 22,30 begründet. Auf diese Parallelität hat J.Halbe aufmerksam gemacht[14]. Die beiden Verse heben sich durch ihre Formulierung in der 2.Pers.Pl.[15] vom Kontext ab. Syndetisch werde ein prinzipielles Gebot eingeführt (Ex 22,30a; 23,13a), und ein darauf bezogener Prohibitiv folge ebenfalls syndetisch (Ex 22,30ba; 23,13ba). An den Prohibitiv schließe sich ein dem vorangehenden Prohibitiv gleichbedeutendes Gebot (in Ex 23,13b Verbot in der 2.Pers.Sg.) asyndetisch an. Diese Formulierung bilde einen Einschnitt[16]:

Ex 22,30:
"Und heilige Männer sollt ihr mir sein,
   und Fleisch, auf dem Feld gerissen, sollt ihr nicht essen,
      dem Hund sollt ihr es hinwerfen".
Ex 23,13:
"Und in allem, was ich zu euch gesagt habe, sollt ihr euch in acht nehmen,
   und den Namen anderer Götter sollt ihr nicht nennen,
      er soll in deinem Mund nicht gehört werden".

Ob die Anrede in der 2.Pers.Pl. tatsächlich der Anrede in der 2. Pers.Sg. gegenüber eine Betonung darstellt, wird in Kap.II diskutiert[17]. Die Formulierung, die das letzte Gebot, das dem vorangehenden Prohibitiv gleichbedeutend ist, asyndetisch einfügt, stellt eine Akzentuierung dar und unterbricht damit die Abfolge der Rechtssätze. Sie bildet, wie J.Halbe sagt, einen Schlußsatz. Ex 22,30 verbindet sich auch inhaltlich eindeutig mit den vorangehenden Versen, denn in Ex 22,28b-30 ist das "Ich-JHWHs" explizit (תתן לי :V.28b, תתנו לי :V.29 und לי חהיון:V.30), es geht dabei um die Beziehung der Menschen zu JHWH, die in den nachfolgenden Versen nicht explizit ge-

---

13   J.Halbe, Privilegrecht, S.419. Aus dem ambivalenten Charakter dieses Verses gewinnt er einen Schlüssel für die Redaktionsgeschichte. Zur Bildung der heutigen Struktur sei der dem vorangehenden Vers Ex 23,9b parallele Vers 12b eingefügt worden, so daß V.13 von seinem ursprünglichen Bezug auf den vorangehenden Abschnitt getrennt worden sei (aaO, S.420).
14   J.Halbe, aaO, 423ff.
15   Mit Ausnahme von Ex 23,13b*. S.u. 2. 2. 2, unter (2).
16   Soweit J.Halbes Analyse, aaO, S.423f. Ferner betont J.Halbe, aaO, S.424, eine antithetische Verbindung des letzten Gliedes dieser Formulierung (Ex 22.30bβ; 23,13bβ) mit den sich an es anschließenden Bestimmungen (Ex 23,1a; 23,14). Ex 22,30bβ sei nämlich positiv, Ex 23,1a demgegenüber negativ formuliert. Ex 23,13bβ sei negativ, Ex 23,14 positiv formuliert. Wir denken aber, daß Ex 23,13bβ* - schon mit V.14 verbunden - dem Bearbeiter, der Ex 22,30//23,13 formuliert hat, vorgegeben war. S.u. 2. 2. 2, unter (2).
17   S.u. Exkurs 1 in Kap.II.

nannt ist. Auch die Verbindung von Ex 23,13 mit den vorangehenden Versen ist im Hinblick auf die Parallelität zu Ex 22,30 deutlich. J.Halbe denkt aber, daß Ex 23,13 nur in der früheren Redaktionsschicht als Schlußsatz, im heutigen Text aber vielmehr als Überschrift für die nachfolgenden Verse diene. Ex 23,9 und der V.9bα parallel formulierte Vers 12b - so J.Halbe - seien nachträglich eingefügt worden und bildeten neue Schlußsätze[18]. Aber auch wenn Ex 23,9.12b als neue Schlußsätze eingefügt worden wären, würde die Verbindung von Ex 23,13 mit den vorangehenden Versen nicht geändert[19]. Im Vergleich mit Ex 22,30 ist weiter zu sagen: Nicht nur Ex 23,13a, sondern die Struktur von Ex 23,13 im Ganzen bildet einen Einschnitt.

Was ist aber "alles", was JHWH gesagt hat (Ex 23,13a)? In der heutigen Struktur des Bundesbuches gibt es zwei Möglichkeiten, nämlich die Bestimmungen von Ex 20,(22)23 - 23,12 oder die von Ex 21,(1)2 - 23,12.

Sind Ex 20,22b-23 parallel zu Ex 23,13 formuliert worden, um eine Rahmung für die Rechtssammlung zu bilden, müßte Ex 20,(22)23 - 23,12 die in Ex 23,13 genannte Rede JHWHs sein. Die parallele Formulierung will man in der Anrede in der 2.Pers.Pl, in dem Rückverweis auf die Rede JHWHs: דברתי עמכם (Ex 20,22b) / אמרתי אליכם (Ex 23,13a) und in dem Verbot, andere Götter zu verehren (Ex 20,23a; 23,13b), erkennen[20]. Diese Entsprechung ist aber zu hinterfragen. Es geht erstens in Ex 20,22b um einen Offenbarungsakt JHWHs, darum, daß er *"mit euch"* geredet hat, während in Ex 23,13a gefragt wird, *was* JHWH gesagt hat[21]. Zweitens soll mit der Bestimmung von Ex 20,23, wie Ex 20,22b zeigt, die Transzendenz JHWHs bewahrt werden[22], während es sich in Ex 23,13b um ein Fremdgötterverbot im eigentlichen Sinne handelt. Ex 20,22b-23 und 23,13, die in der 2.Pers.Pl. formuliert sind, stimmen zwar stilistisch überein, inhaltlich gesehen findet sich zwischen ihnen jedoch keine Entsprechung.

Als Schlußwort entspricht Ex 23,13 vielmehr der Überschrift Ex 21,1. Die sich an Ex 21,1 anschließenden Sklavenbestimmungen (Ex 21,2-11) sind mit den Ex 23,13 direkt vorangehenden Brachjahr-Sabbattag-Bestimmungen (Ex 23,10-12) durch den Sechs-Sieben-Rhythmus (sechs Jahre / im siebenten Jahr: Ex 21,2; 23,10f) verknüpft. Die bäuerliche Brachjahrregel und das Gebot der Freilassung der Sklaven im siebenten Jahr können denselben Grund haben[23]. Die Ex 21,1 vorangehenden Bestimmungen (Ex 20,23-26) entsprechen andererseits den Ex 23,13 nachfolgenden

---

[18]   J.Halbe, aaO, S.418-421. Siehe auch ders, S.423-426.

[19]   Auch E.Otto, Begründungen, S.6, erkennt in Ex 22,30 und 23,13 die "Verklammerungsfunktion". Er schreibt diese beiden Verse der dtr. Redaktion zu und betrachtet sie deshalb als nachträglichen Einschub (aaO, S.7). Die Zuweisung zu Dtr begründet jedoch für sich nicht die Nachträglichkeit dieser Verse. Aber selbst diese Zuweisung zu Dtr ist schon fragwürdig. S.u. 5. 2. 3, 5. 2. 6.

[20]   H.Cazelles, aaO, S.108, E.Otto, aaO, S.6.

[21]   Dieses Verständnis entspricht der Verwendung der Worte דבר und אמר. דבר pi bezeichne im allgemeinen "die Tätigkeit des Sprechens" - so G.Gerlemann, THAT I, Sp.435 - , während אמר fordere, "daß der Inhalt des Gesagten (in direkter Rede) angegeben oder durch den Zusammenhang genügend charakterisiert wird". Siehe auch E.Jenni, Pi'el, S.164-170, bes. S.165 Anm.192, W.H.Schmidt, ThWAT II, Sp.105-107.

[22]   S.u. 5. 2. 1. 2.

[23]   J.Halbe, aaO, S.421f. Siehe auch unten 4. 1. 1.

Bestimmungen (Ex 23,14-19 oder -33), insofern es sich in beiden Fällen um kultische Regeln handelt[24].
Wenn "alles", was JHWH gesagt hat, also die Bestimmungen in Ex 21,2 - 23,12 bezeichnet, scheinen diese Bestimmungen in der heutigen Struktur als der Hauptteil des Bundesbuches zusammengefaßt zu sein[25]. Wir nennen in der folgenden Diskussion diesen Teil inklusive der Überschrift und des Schlußwortes: Ex 21,1 - 23,13 "Hauptteil". Ex 20,22b-26 und 23,14-33 umrahmen den Hauptteil. Wir nennen Ex 20,22b-26 "Einführungsteil" und Ex 23,14-33 "Schlußteil".

1.2.2   Die Einteilung des Bundesbuches aus stilistischer Perspektive

Im Bundesbuch werden Sätze verschiedenen Stils zusammengestellt. Abgesehen davon, wie sie gattungsmäßig eingeteilt werden[26], können wir im Bundesbuch folgende Rechtssatzformen unterscheiden:
(1) Prohibitiv. Mit der Negation לא und dem Verb in der 2.Pers. der Langform der Präformativkonjugation (PK) ohne Konditionalsatz[27]: Ex 20,23a.b.26a; 22,20aaβ.

---

24   Zur Rahmenstruktur von Ex 20,22-26/ Ex 23,(13)14ff; Ex 21,2-11/ Ex 23,10-12 siehe J.Halbe, aaO, S.421f.

25   Auch F.-L.Hossfeld, aaO, S.185, bestimmt Ex 21,1 - 23,13 als "Zentrum". Daß Ex 20,24-26; 23,14-19, wie er sagt, eine "Peripherie" darstellen, ist sehr fragwürdig. S.u. 5. 1. 1, 5. 2. 6.

26   Seit A.Alt, aaO, S.285-332, der die israelitischen Rechtssätze in zwei Gattungen, nämlich in die kasuistisch formulierten und die apodiktisch formulierten Rechtssätze eingeteilt hat, ist strittig, welche Gattungseinteilung für das israelitische Recht gilt. S.o. Einl. bes. dort Anm.12.

27   Zur Formdefinition siehe A.Alt, aaO, S.315: "mit der Negation לא und dem Indikativ des Imperfekts". Da die Verbformbezeichnung "Ind. Imperf." nach den neueren Forschung der semitischen Sprache nicht dem Bedeutungsumfang dieser Form entspricht, definieren wir die Verbform des Prohibitivs "Langform der Präformativkonjugation", vgl. R.Meyer, Grammatik III, S.39-49, bes. S.39f (er aber nennt "Langform" dem "Jussiv" gegenüber "Imperf"), W.Richter, Grammatik 1, S.93-101 (anstelle "Präformativ-" "Präfixkonjugation"). Ob die Form in der 2.Pers.Pl. von der Singularform zu unterscheiden ist, muß hier unberührt bleiben. E.Gerstenberger, Wesen, S.72f, betrachtet die Pluralform mit der Form in der 3.Pers. als "Fortbildungen oder Ableitungen von echten Prohibitiven", da die eigentliche Prohibitive die einzelnen ansprächen (aaO, S.71f). Obwohl die Anrede im Plural eine Gruppe als Adressaten annimmt, verpflichtet sie den einzelnen in der Gruppe. Es bleibt zweifelhaft, ob die pluralische Form von der singularischen erst sekundär abgeleitet wurde.
Gattungsmäßig sind der Prohibitiv und das Gebot (ohne Negation) nicht zu unterscheiden. Sie werden oft zusammengestellt. Vgl. E.Gerstenberger, aaO, S.43-50, auch H.Cazelles, aaO, S.112f, der die beiden Formen als "les formules en style direct" zusammenfaßt.
Fraglich ist die Unterscheidung zwischen לא + PK und אל + Juss. E.Gerstenberger, aaO, S.50-54, leugnet den Unterschied der beiden Formen. Dagegen spricht jedoch die statistische Untersuchung beider Formen von J.Bright, Prohibition, S.187-189, zusammenfassend S.199ff. Vgl. auch H.Cazelles, aaO, S.113. Die literarische Funktion der אל + Juss-Form in Ex 23,1b.7b wird erklärt bei J.Halbe, aaO, S.431-433. S.u. 2. 1. 4, (1). Fraglich ist ferner, ob die sogenannte "Lex Rössler" (vgl. O.Rössler, Präfixkonjugation, S.135ff) die W.Richter (Recht und Ethos, S.72f.90) und G.Liedke (aaO, S.35-39, bes. S.36 Anm.1) für die atl. Rechtssatzanalyse übernommen haben, für die Unterscheidung zwischen Prohibitiv und Vetitiv gilt. W.Richter betrachtet sowohl לא als auch אל als Modalwort. Im Hinblick auf die Modalität des Satzes seien sowohl der Prohibitiv als auch

21.27a.b.28a.30ba; 23,1a.2a.b.3.6.8a.9a.13ba.18a.19b.24aaβγ.32.
Variante 1): mit dem Verb in der 3.Pers: Ex 23,13bβ*.15b.18b.33aa. Der Adressat
kann jedoch, wie in Ex 23,13bβ*.33aa, in der 2.Pers. angeredet, oder das "Ich-
JHWHs" kann, wie in Ex 23,15b.18b, durchaus genannt werden.
Variante 2): Partizip + לא + PK. 2.Pers.: Ex 22,17.
(2) Gebot. Mit der Langform der PK in der 2.Pers. oder mit dem "waw-Konsekuti-
vum" und dem Verb in der 2.Pers. der Afformativkonjugation (AK) ohne Konditionalsatz[28]: Ex 20,24aaβ; 22,28b.29a.bβ.30a.bβ; 23,7a.10a.b.11aaβ.11b.12aaβ. 13a.
14. 15a(a-δ). (16 verknüpft mit 15a).19a.24baβ.25aa.
Variante mit dem Verb in der 3.Pers: Ex 23,17. Der Adressat wird in der 2. Pers.
angeredet (Ausnahme: Ex 22,29ba. Dieser Satz kann aber ohne V.29a.bβ nicht verstanden werden).
(3) Vetitiv. Mit der Negation לא und dem Verb in der 2.Pers. der Jussivform: Ex
23,1b.7ba[29].
(4) Direkt anredende Konditionalform. Mit dem Konditionalsatz und der Anrede in
der 2.Pers[30].
1) Der Konditionalsatz wird in der 2.Pers. gebildet: Ex 20,25a; 22,24.25; 23,4.5.
Variante: der Hauptsatz in der 3.Pers. gebildet: Ex 21,2.
2) Der Konditionalsatz wird in der 3.Pers. gebildet: Ex 21,14.23.

---

der Vetitiv als "merkmalhafter Satz" zu verstehen (Grammatik 3, S.172. 214f). Er unterscheidet
aber die beiden Satzformen folgendermaßen: Die "yiqtol"-Form des Prohibitivs nämlich stelle eine
"positionsgebundene" Verbform dar, die nicht an die Satzspitze gestellt werden könne (aaO,
S.213-215). Die Voranstellung von לא entspreche dieser Positionsgebundenheit des Verbs (aaO,
S.215, vgl. auch G.Liedke, aaO, S.43). Demgegenüber stelle der Jussivform des Vetitivs eine
"positionsfreie" Verbform dar, stehe aber meistens am Satzanfang (W.Richter, ebd) Diese
Unterscheidung erscheint uns als Widerspruch. O.Rössler selbst betrachtet im obengenannten
Aufsatz nicht die Stellungsregel des Verbs, sondern des Prädikatsyntagmas. Die Kurzform der
PK mit der Negation לא stelle also trotz der Voranstellung der Negation לא eine Erststellung dar:
O.Rössler, aaO, S. 138, siehe bes. Ps 78,7b als Beleg für "yiqtol x". Die Stellung des Prädikatsyn-
tagmas "lo' yiqtol x" und "'al yiqtol x" wird in Ex 23,1-8 genau parallel abgewechselt. Es entspricht
nämlich "lo' yiqtol x" "'al yiqtol x" und "x lo' yiqtol x" "x 'al yiqtol" (s.u. 2. 1. 4, unter (1), bes. dort
Anm.26). Daß nur לא die "Nicht-Erststellung" des Verbs gestaltet und אל demgegenüber mit dem
Verb zusammen ein "positionsfreies" Prädikatsyntagma bildet, entspricht dem Befund von Ex
23,1-8 nicht. Es gibt also mindestens in diesem Text keinen Grund, "lo' yiqtol x" als eine "positionsgebundene", gegenüber "'al yiqtol" als eine "positionsfreie" Form zu betrachten.
Im Bundesbuch nun gibt es keinen Prohibitiv in der 3.Pers, welcher als "Amtsspiegel" gilt; vgl.
E.Gerstenberger, aaO, S.66-70.

28 Zur Satzform siehe W.Richter, Recht und Ethos, S.88ff. Er betrachtet allerdings das Gebot als
eine selbständige Gattung. Im Bundesbuch kommt die Gebotsform mit Inf. abs. nicht vor (vgl.
W.Richter, aaO, S.90).
Auch hier zieht W.Richter als ein Merkmal für die Formdefinition die Lex Rössler heran (ebd).
Zur Problematik dieser Regel, s.o. Anm.27. Wenn es sich bei dieser Regel um die Stellung des
Prädikatsyntagmas handelt, trifft die Regel für Ex 22,29a ken ta‘aśeh (Langform!) nicht zu.
29 W.Richter, ebd. S.o. Anm.27. Vgl. auch H.Cazelles, aaO, S.86.89.
30 H.Cazelles, aaO, S.113f: "les formules conditionelles en style direct". H.W.Gilmer, If-You Form,
S.45ff. Zur Differenzierung der direkt anredenden Konditionalform nach der Person des Vordersatzes siehe unten in diesem Abschnitt 1. 2. 2.

Variante: Das Subjekt des Satzes ist nicht der Adressat, sondern tritt in der 1.Pers.
auf: Ex 21,13. Der Adressat wird jedoch mit dem Pronomen in der 2. Pers. genannt.
(5) Kasuistische Form. Mit dem durch כי, אם oder auch או eingeleiteten, in der
3.Pers. gebildeten Konditionalsatz[31]: Ex 21,(2)3-11.18-22(23); 21,26 - 22,16 (Ausnahme Ex 22,8: durch על כל דבר eingeleitet).
(6) Partizipialform. Das Subjekt des Satzes, das den Täter bezeichnet, wird im
Partizip des Verbs formuliert, das den Tatbestand definiert[32]: Ex 21,12.15.16.17;
22,19.
Variante: mit כל + Part. Ex 22,18.
(7) Talionsformel. x תחת x[33]: Ex 21,24.25.

(8) Außerdem finden sich im Bundesbuch Aussagesätze, die meistens die Forderung
des vorangehenden aber auch des nachfolgenden Rechtssatzes begründen, nämlich
die sogenannten "Begründungssätze"[34]: Ex 20,22b.24b.25b.26b; 21,8bβ.21bβ; 22,20b.
22.23.26; 23,7bβ.8b.9b.11aγδ.12b.15aε; sowie die die Beachtung des Rechts überhaupt begründenden Sätze: Ex 23,20-23.25aβ-31[35].

Die so verschiedenartig formulierten Sätze sind aber nicht planlos über das
Rechtsbuch verstreut. In Ex 20,22b-26; 22,20 - 23,33 inklusive der Aussagesätze
finden sich nur die den Adressaten in der 2.Pers. direkt anredenden Formen, während im übrigen Teil Ex 21,1 - 22,19 die Anrede in der 2.Pers. fast fehlt[36]. Ausnahmsweise sind Ex 21,1.2.13.14.23; 22,17 in der 2.Pers. gebildete Sätze. Abgesehen
zunächst von der Überschrift Ex 21,1 gehören Ex 21,2.13.14.23 zur direkt anredenden
Konditionalform, und Ex 22,17 ist eine Variante des Prohibitivs. Die direkt anredende Konditionalform ist entsprechend der Person im Konditionalsatz noch in zwei
Formen zu unterteilen. Wenn der Konditionalsatz in der 2.Pers. gebildet wird, ist der
Angeredete gleichzeitig die betreffende Person der verbotenen oder gebotenen Tat
oder des Falls, den das Recht regeln will. Wenn andererseits der Konditionalsatz in

---

31   A.Alt, aaO, S.285ff (die stilistische Definition S.286f) und G.Liedke, aaO, S.31-39.
32   H.Cazelles, aaO, S.110-112, betrachtet bereits diese Form als eine Gattung unabhängig vom
     Prohibitiv/ Gebot. Eine nähere stilistische Analyse findet sich bei R.Hentschke, Rechtsgeschichte,
     S.111f, G.Liedke, aaO, S.117-120. Die letzten beiden Forscher stellen die Partizipialform mit der
     Relativsatzform zusammen als eine Gattung dar.
33   V.Wagner, Rechtssätze, S.3ff, definiert die Talionsformel als eine elliptische Form. Ob sie ur-
     sprünglich eine Reihe von fünf Gliedern war, ist fragwürdig. S.u. 3. 3. 2. 2, 3. 3. 2. 3.
34   Zur formalen Definition siehe B.Gemser, Motive Clause, S.50-56, R.Sonsino, Motive Clauses,
     S.65ff.
35   Ex 23,21aαβ stellen die Imperativform dar und Ex 23,21aγ die אל + Juss-Form. S.o. Anm.11.
36   B.Baentsch, aaO, S.27ff. Obwohl in Ex 23,15b.18b (eine Variante des Prohibitivs) und in Ex
     22,23aα.26bβγδ; 23,7bβ (Begründungssätze) die Anrede in der 2.Pers. nicht vorkommt, findet sich
     gleichwohl die 1.Pers. (=JHWH). Die direkte Beziehung JHWHs zum Adressaten ist deutlich.
     Die Begründungssätze Ex 22,26a.bα; 23,8b.11aδ werden in der 3.Pers. formuliert, ohne den
     Adressaten zu nennen. Ex 22,26a.bα; 23,11aδ werden durch das Pronomen mit dem vorangehenden
     Satz in der 2.Pers. verbunden. Nur Ex 23,8b könnte ein selbständiger Spruch sein. Wenn er aber
     ursprünglich selbständig gewesen ist, sollte dieser Begründungssatz als ein in der direkten Anrede
     zitiertes Wort betrachtet werden.

der 3.Pers. formuliert wird, ist der Angeredete grundsätzlich von der betreffenden Person des Rechtsfalls zu unterscheiden. Der Personwechsel in Ex 21,23 könnte zwar nur die rhetorische Funktion haben, die Rechtsfolge zu betonen, der Angeredete müßte dabei jedoch der Träger der Gerichtsbarkeit sein[37]. In Ex 21,13f wird eindeutig der Träger der Gerichtsbarkeit angesprochen. In diesen Zusammenhang gehört auch Ex 22,17. Bei dieser Vorschrift handelt es sich um Ausschließung von Zauberei; der Angeredete ist aber - ihm selbst ist es ja möglich, Zauberei zu treiben - im Zusammenhang dieses Prohibitivs kein(e) Zaubereitreibende(r), sondern z.B. die Rechtsgemeinde, der Träger ihrer Gerichtsbarkeit o.ä. Selbst in Ex 21,1 ist der mit "du" Angeredete der Träger der Rechtsentscheidungen. Diese Form der Anrede kommt nur im Teil Ex 21,1 - 22,19 vor, und die Form mit dem in der 2.Pers. gebildeten Konditionalsatz findet sich meistens im übrigen Teil, in dem auch alle anderen Sätze die betreffende Person in der 2.Pers. anreden. Dazu gehört auch Ex 21,2: in diesem Fall ist der Angeredete gleichzeitig als Sklavenbesitzer die betreffende Person. Daraus ergibt sich, daß Ex 21,2-11, die mit Ex 21,2 eingeleitet sind, nicht nur inhaltlich insbesondere durch den Sechs-Sieben-Rhythmus, sondern auch stilistisch mit Ex 23,10-12 verbunden sind[38].

Die Rechtssätze in Ex 21,2 - 22,19 bestehen immer aus Tatbestandsdefinition und Rechtsfolgebestimmung[39]. In der kasuistischen Form beinhaltet der Konditionalsatz (Vordersatz) die Tatbestandsdefinition, und der Hauptsatz (Nachsatz) bietet die Rechtsfolgebestimmung. Im Partizipialsatz stellt das Partizip, das das Subjekt des Satzes bildet, oft in Verbindung mit dem Objekt den Tatbestand dar (auch in Ex 22,17)[40]. In der Talionsformel bezeichnet das erste Objekt die Rechtsfolge und "תחת x" den Tatbestand[41]. In Ex 21,13f aber, wo der Nachsatz den Adressaten in der 2.Pers. anredet, wird die Rechtsfolge, die Bewahrung des Täters vor Rache durch Flucht an die Asylstätte (V.13) und die Todesstrafe für absichtliche Tötung (V.14) nur mittelbar dargestellt.

Demgegenüber enthalten die Rechtssätze im übrigen Teil Ex 20,22b-26; 22, 20 - 23,33 diese zwei Elemente des Rechts nicht. Die direkt anredenden Konditionalsatzreihen in Ex 22,24f; 23,4f scheinen zwar je eine Tatbestandsdefinition und eine Rechtsfolgebestimmung zu enthalten. Die Vordersätze (Ex 22,24aa.25a; 23,4a.5aa) stellen jedoch keinen notwendigen Bestandteil des Rechtssatzes dar. Ex 21,2-11 erweisen sich in diesem Zusammenhang als Ausnahme: Sie bestehen zwar aus diesen beiden Elementen, ihre Rechtsfolgebestimmungen beinhalten jedoch - von den

---

[37] Vgl. R.Westbrook, Lex Talionis, S.66. Seine Meinung, daß es in Ex 21,22f um den Fall, in dem der verantwortliche Täter nicht bekannt ist, gehe, und daß die Gemeinde dabei den Ersatz leisten solle, ist fragwürdig. S.u. Kap.III Anm.127. Aber es ist wahrscheinlich, daß in Ex 21,23 die Gemeinde - genauer gesagt die Rechtsgemeinde - angeredet wird. Vgl. H.W.Gilmer, aaO, S.75f.
[38] Vgl. J.Halbe, aaO, S.421f.
[39] E.Gerstenberger, aaO, S.25f, G.Liedke, aaO, S.19f.
[40] G.Liedke, aaO, S.119f.
[41] V.Wagner, aaO, S.13, D.Daube, Studies, S.115ff.

Sätzen in Ex 21,12ff abweichend - keine wiederherstellenden Rechtsmittel, sondern grundrechtliche Aussagen[42].
Nach der bisherigen Diskussion sind Ex 21,1 - 22,19 von Ex 20,22b-26; 22,20 - 23,33 zu unterscheiden[43]. Wir nennen den ersten Teil "Mischpatimteil" und den letzteren "Weisungsteil"[44].

1.2.3   Der Aufbau des Bundesbuches

Der Einführungsteil und der Schlußteil, die ausnahmslos aus direkt anredenden Formen bestehen, umrahmen den Hauptteil, der in zwei Teile untergliedert ist, und zwar in den Mischpatimteil und den zum Weisungsteil gehörenden. J.Halbe macht auf eine Rahmung von Ex 22,20 - 23,9 durch die "Gerschutzbestimmungen" (Ex 22,20; 23,9) aufmerksam und hält die stilistische Übereinstimmung von Ex 22,17-19 mit Ex 21,12-17 für eine Ex 22,20; 23,9 entsprechend gebildete Rahmung. Ex 23,9 diene als Schlußsatz für den Abschnitt von Ex 22,20 - 23,9. Der Abschnitt Ex 23,10-12a entspreche durch den Zahlenrhythmus "Sechs-Sieben" dem Abschnitt Ex 21,2-11, der sich seinerseits im Hinblick auf den Inhalt und auf die Stellung vor der Todesrechtsreihe (Ex 21,12-17) von anderen kasuistischen Sätzen unterscheide. Ex 21,2-11 und 23,10-12a umrahmten damit die beiden großen Rahmenstrukturen Ex 21,12 - 22,18(19) und 22,20 - 23,9. Ex 23,12b diene dabei als Schlußsatz für Ex 21,(1)2 - 23,12a. Die seltene Formulierung von Ex 22,19 betone den Einzigartigkeitsanspruch JHWHs, sei durch das Stichwort זבח mit dem Einführungs- und Schlußteil verbunden (זבח Ex 20,24; 23,18) und fungiere als Mitte des Bundesbuches im Ganzen[45]. J.Halbe kann den Aufbau des Bundesbuches wie folgt beschreiben[46].

---

42 D.Patrick, Primary Rights, S.181, J.Halbe, aaO, S.414.
43 Entsprechend der Zuordnung von Ex 22,17-19 zum apodiktischen Recht will man die Grenze der beiden Teile zwischen Ex 22,16 und 17 ziehen. Vgl. H.J.Boecker, aaO, S.119.121, M.Noth, aaO, S.150, B.S.Childs, aaO, S.477. G.Liedke aaO, S.120.125.138ff, betrachtet die Partizipialform mit der Relativsatzform zusammen als eine selbständige Gattung und nennt sie "apodiktisches Recht". Ob sie eine selbständige Gattung darstellen, können wir hier unbeantwortet lassen, nur sind wir in der Strukturanalyse des Bundesbuches zu der Überzeugung gelangt, daß Ex 22,17-19 zum vorangehenden Teil gehören.
44 Diese Definition bedeutet nicht, daß die Sätze im "Weisungs"-teil z.B. keine Rechtssätze sind und daß in Ex 21,1 משפטים nur die Bestimmungen in Ex 21,2 - 22,19 bezeichnen will.
45 J.Halbe, aaO, S.413-423. Um die Rahmenstruktur in Ex 21,12 - 22,19 zu begründen, versucht er, die thematische Übereinstimmung von Ex 22,15f mit Ex 21,18-32 als Bestimmungen für Körperverletzungen herauszustreichen (aaO, S.415f). Es ist aber fragwürdig, Körperverletzungen als das Thema von Ex 22,15f zu betrachten (auch V.Wagner, Systematik, S.176, E.Otto, aaO, S.9). S.u. 3. 3. 3. 5.
46 J.Halbe, aaO, S.421f.

Ex 20,22-26	Kultus	זבח
21,1-11	Freilassung	"Sechs-Sieben"
21,12-17		
21,12 - 22,18(19)		
22,17-18(19)		
	Mitte 22,19	זבח
22,20		
22,20 - 23,9		
23,9		
23,10-12	Brachjahr-Sabbattag	"Sechs-Sieben"
Ex 23,13-19	Kultus	זבח

Auch J.Halbe behandelt Ex 23,20ff als Anhang unabhängig vom übrigen Teil, obwohl er die Entwicklung von Ex 23,20ff auf derselben Ebene wie die Entwicklung der ganzen "Rechtssammlung" ansiedelt[47]. Er hält, wie gesagt, Ex 23,13 im heutigen Text für die Überschrift des nachfolgenden Teils. Aber auch wenn in der heutigen Strukter Ex 23,13 als Schlußsatz betrachtet[48] und der Textbereich der Analyse bis zu Ex 23,33 ausgedehnt wird, bleibt diese Tabelle J.Halbes gültig. Im Hauptteil umrahmen Ex 21,2-11; 23,10-12, die stilistisch sowie inhaltlich eng verbunden sind, zwei Rechtsreihen, die jeweils in einer Rahmung durch Ex 21,12-17; 22,17-19 einerseits und durch Ex 22,20; 23,9 andererseits zusammengefaßt werden. Die erste Reihe gehört zum Mischpatimteil und die letztere zum Weisungsteil. Die Übereinstimmung der Gliederung mit der Einteilung der Rechtssatzform ist deutlich.

Allerdings hat auch Ex 22,19 die Funktion eines Schlußsatzes. V.19a stellt eine prinzipielle Bestimmung dar. Eine Ellipse V.19b ist asyndetisch hinzugefügt worden:

Ex 22,19a:"Wer den Göttern opfert, soll mit Bann belegt werden",
19b: "außer JHWH allein".

Wenn wir aber die Funktion des Schlußakzents in Ex 22,19 berücksichtigen und trotz des stilistischen Unterschieds diesen Satz als Parallele zu Ex 22,30; 23,13 werten[49], ergibt sich noch eine andere Gliederungsmöglichkeit des Hauptteils: außer dem Schlußsatz Ex 23,13 gibt es im Hauptteil noch zwei Einschnitte, nämlich Ex 22,19.30. Im Bundesbuch werden das Recht, das in erster Linie zwischenmenschliche Probleme behandelt, und das Recht, das die Beziehung der Menschen zu JHWH bestimmt, zusammengestellt. Der Einführungsteil und der Schlußteil enthalten eindeutig das letztere. Ex 21,2 - 22,16; 22,20-26; 23,1-9 umfassen die zwischenmenschlichen Bestimmungen, auch wenn dabei das göttliche Urteil eine Rolle spielt

---

[47]   J.Halbe, aaO, S.483ff.
[48]   S.o. 1. 2. 1.
[49]   Zum Schlußakzent in Ex 22,19 siehe J.Halbe, aaO, S.417. E.Otto, aaO, S.5.6, behauptet die Zusammengehörigkeit von Ex 22,19b und Ex 22,30; 23,13. Sie Dtr zuzuschreiben, ist aber fragwürdig. S.o. Anm.19.

oder ihre Aussage durch das Verhältnis zu JHWH begründet wird. Ex 22,17-19.27-30 bieten eindeutig religiöse Bestimmungen, also das Recht des Verhältnisses zu JHWH. Ob es in Ex 23,10-12 um zwischenmenschliche oder um religiöse Probleme geht, ist angesichts ihrer Begründung nicht eindeutig:

Ex 23,11a$\gamma\delta$: "so daß die Armen deines Volkes (übrigbleibende Früchte) essen
können, und was sie übrig lassen, soll das Getier des Feldes
fressen".
12b: "damit dein Rind, auch dein Esel ausruhen kann,
und der Sohn deiner Sklavin, auch der Flüchtling sich erholen
kann".

Aber das behandelte Thema ist an sich ein religiöses[50]. Wir können damit folgende dreifach dreigliedrige Struktur darstellen; dieser Aufbau entspricht in Ex 22,20 - 23,13 ungefähr dem, den J.Halbe als die Struktur in der "Ausbaustufe I" herausgearbeitet hat[51]:

Überschrift Ex 21,1	(I)	(II)	(III)
Zwischenmenschliche Bestimmungen	Ex 21,2 - 22,16	22,20-26	23,1-9
Religiöse Bestimmungen	22,17-18	22,27-29	23,10-12
Schlußsatz	22,19	22,30	23,13
	"Mischpatim"	"Weisungen"	

Die Schlußsätze selbst gehören dabei zu den religiösen Bestimmungen. Diese Struktur entspricht auch der stilistischen Einteilung. Nur die spezifische Stellung von Ex 21,2-11 und ihre Entsprechung zu Ex 23,10-12 bleiben unklar, insofern Ex 21,2-11 nicht als ein selbständiges Glied sichtbar ist, dagegen ist aber die Einheitlichkeit des Mischpatimteils deutlich. Das Verhältnis dieser beiden Gliederungsmöglichkeiten zueinander wird in Kap.II diskutiert.

Ein stilistischer Unterschied beweist nicht immer den Unterschied von Entstehungszeit bzw. -ort der Rechtssätze, insofern die Zusammenstellung der verschiedenen Formen keinen syntaktischen oder inhaltlichen Widerspruch darstellt. Einen Satz, in dem die betreffende Person eines Rechtsfalls in der 3. Pers. thematisiert wird, z.B. mit einem in der 2.Pers. gebildeten Satz, in dem die Gemeinde oder das einzelne Mitglied im allgemeinen angeredet wird, zusammenzusetzen, ist keineswegs unmöglich. Deshalb wird selbst die Frage, ob die Überlieferungs- bzw. Redaktionsgeschichte des Bundesbuches sich über einen größeren Zeitraum erstreckt hat, wie immer vermutet wird, erst nach der literarischen Untersuchung einzelner Sätze zu beantworten sein. Jedoch ist der Stil des Rechtssatzes mit dessen Funktion eng

---

[50] N.P.Lemche, Manumission, S.42 Anm.14. Siehe weiter unten 2. 4. 2. 2.
[51] J.Halbe, aaO, S.423-440.451-459, bes. S.423-426.436. Dabei nimmt er Ex 22,20aβ.b.21.22a.23;
23,9.12b als spätere Zusätze weg.

verbunden. Wir wollen in den folgenden zwei Kapiteln (II, III) den Weisungsteil und den Mischpatimteil, die sich sowohl stilistisch als auch in ihrer Stellung im Aufbau des Bundesbuches unterscheiden, unabhängig voneinander und dann in Kap.IV hinsichtlich ihrer Zusammenstellung untersuchen.

Kapitel II

Der Aufbau des Weisungsteils

2.1   *Gliederungsmerkmale des Weisungsteils*

Um den Aufbau des Weisungsteils zu erklären, wollen wir seine sämtlichen Gliederungsmerkmale erfassen. Diese dienen sowohl zur Strukturbeschreibung des heutigen Textes als auch zur Abgrenzung und Aufbaubeschreibung seiner diachronischen Schichten. Es ist im Einzelfall zu prüfen, ob ein Gliederungsmerkmal die synchronische Struktur des Textes kennzeichnet, oder ob es ein Indiz für diachronische Schichtung darstellt.

2.1.1   *Beziehung zum Mischpatimteil*

Als erste Bezugsgröße des Weisungsteils ist der Mischpatimteil zu nennen. Vor den Mischpatimteil sind Bestimmungen (Ex 20,23-26), deren größter Teil sich auf den Altarbau bezieht (Ex 20,24-26), gestellt, die sonstigen Bestimmungen des Weisungsteils sind ihm aber nachgeordnet (Ex 22,20 - 23,33). Zu erfragen ist deshalb sowohl die Beziehung des Weisungs- zum Mischpatimteil als auch der Zusammenhang zwischen Ex 20,22-26 und Ex 22,20 - 23,33.

J.Halbe teilt die Forschungsgeschichte zu dieser Frage in drei Lösungstypen ein[1]:

Lösungstyp A sehe den Mischpatimteil als den Kern der Entwicklung des Bundesbuches an. Ex 20,22-26 und Ex 22,20 - 23,19(33) erschienen ohne "durchgehende Ordnung" und würden als sekundärer zufälliger Zuwachs betrachtet[2].

Lösungstyp B betrachte umgekehrt den Mischpatimteil als sekundäre Einschaltung, die die kultisch-rituellen Bestimmungen unterbreche. Die kultisch-rituellen Bestimmungen gölten ihrerseits als durch die ethisch-humanitäre Thematik erweitert[3].

---

[1]   J.Halbe, Privilegrecht, S.394-413.
[2]   J.Halbe, aaO, S.394-396.
[3]   J.Halbe, aaO, S.397f.

Lösungstypen A und B beruhten auf der sogenannten Wachstumshypothese, erklärten aber nicht, wie und warum dieses "Wachstum" geschah[4].

Lösungstyp C, der durch die religions-, traditions- und gattungsgeschichtliche Forschung vertreten werde, suche die Einheitlichkeit der "Lebenswirklichkeit, aus der heraus und auf die hin aus verschiedenen Rechten verschiedenen Ursprungs ein Ganzes erwächst"[5]. Die textimmanente kompositorische Absicht werde aber dabei ignoriert[6]. Auch die Versuche von A.Jepsen, P.Heinisch und H.Cazelles, die Rechtssätze nach Stil und Inhalt zu klassifizieren und ihren Ursprung und Zusammenhang zu suchen, blieben im Hinblick auf die Gestaltung des heutigen Textes auf dem alten Wachstumsgedanken stehen[7].

Unabhängig von der Wachstumshypothese, die der Forschungsgeschichte das Gepräge gegeben hat, können u.E. drei Entwicklungsmöglichkeiten erwogen werden:
(1) Der Mischpatimteil stellte ursprünglich eine selbständige Einheit dar. Der Weisungsteil wurde sekundär hinzugesetzt.
(2) Der Weisungsteil wurde zuerst - mindestens in seinem größten Teil - gestaltet, und erst dann wurde der Mischpatimteil gebildet oder gesammelt. Als eine Variante kommt auch die Möglichkeit in Frage, daß der schon unabhängig vom Weisungsteil gebildete Mischpatimteil in denselben eingefügt worden ist.
(3) Der Weisungsteil und der Mischpatimteil sind von Anfang an als eine Einheit gestaltet worden.

J.Halbe selbst geht von der zweiten Möglichkeit aus in der Meinung, daß die Bestimmungen des Mischpatimteils nach der Maßgabe der Struktur des Weisungsteils gesammelt worden seien[8]. In Kap.I wurde die Stellung von Ex 20,22-26 als Einführungsteil des Bundesbuches in der heutigen Gestalt betrachtet. Es ist hier nun zu erwägen, ob diese Bestimmungen schon bei ihrer anfänglichen Gestaltung (oder Sammlung) als eine Einführung gedacht waren, oder ob sie erst sekundär von den übrigen Bestimmungen des Weisungsteils getrennt wurden und ihre Voranstellung also eine Folge nachträglicher Bearbeitung ist[9].

2.1.2   Numeruswechsel

Schon beim ersten Vers des Bundesbuches stoßen wir auf das Problem des Numeruswechsels. Die Gottesrede in Ex 20,22 beginnt mit einer Anrede in der 2.Pers.Pl.

---

[4] J.Halbe, aaO, S.397.399.
[5] J.Halbe, aaO, S.403.
[6] J.Halbe, aaO, S.400-404.
[7] J.Halbe, aaO, S.405-408.
[8] J.Halbe schließt sich in dieser Hinsicht wesentlich W.Beyerlin, Paränese, bes. S.20, an; J.Halbe, aaO, S.412f.439.459-482. Zum Standpunkt J.Halbes in der Forschungsgeschichte vgl. H.J.Boecker, Recht und Gesetz, S.120f.
[9] S.u. 2. 5 und 4. 1. 2. 2. E.Otto, Begründungen, bes. S.9-11, sieht vom Unterschied der Satzform zwischen dem Mischpatim- und dem Weisungsteil ab und beschreibt eine andere Redaktionsstruktur. Dies soll am Ende dieses Kapitels 2. 5. 2 und in Kap.III diskutiert werden.

Die Anrede wechselt in Ex 20,24 plötzlich in die 2.Pers. Sg. Dieser Numeruswechsel begegnet in Ex 22,20-26 häufig. Auch in dem Ex 22,20 parallelen Vers Ex 23,9 entspricht der Numeruswechsel zwischen dem Prohibitiv (Sg) und der Begründung (Pl) dem Numeruswechsel in Ex 22,20. Bemerkenswert ist, daß die Schlußsätze der zweiten und dritten Abschnitte der in Kap.I genannten dreimal dreigliedrigen Struktur[10] dem Kontext zuwider in der 2.Pers.Pl. gebildet sind (Ex 22,30; 23,13, Ausnahme: Ex 23,13bβ). Unter den meistens in der 2.Pers.Sg. gebildeten Bestimmungen kommt die Anrede in der 2.Pers.Pl. sonst nur noch in Ex 23,21ba.25aa.31ba vor.

Andererseits gibt es im Epilog Ex 23,20-33 ein "Numeruswechsel in der 3.Pers." zu nennendes Phänomen, und zwar wechseln sich hier Sätze, in denen die Urbevölkerung des Landes in der 3.Pers.Sg. thematisiert wird (Ex 23,23b.29f), mit solchen ab, die sie in der 3.Pers.Pl. bezeichnen (Ex 23,24.27.31b-33).

2.1.2.1   Numeruswechsel in der Anrede

Die Anrede wird grammatisch gesehen durch bestimmte Formen des Verbs und des Pronomens realisiert. Die Abgrenzung zwischen der Anrede in der 2.Pers.Sg. und in der 2.Pers.Pl. ist, bezogen auf die hier interessierenden Fälle, nicht immer eindeutig. Im Prinzip muß ein Satz als Grundeinheit der Abgrenzung angenommen werden, weil der Satz als kleinste Einheit eines in sich abgeschlossenen Sinnzusammenhangs zu betrachten ist. Wenn nun ein Satz ein anderes Wort bzw. Morphem - ein in der 2.Pers. konjugiertes Verb oder ein Pronomen in der 2.Pers. (z.B. in der 2.Pers.Sg.) - enthält und keine weitere mit diesem konkurrierende Anrede, muß das Satzganze als in der 2.Pers.Sg. anredender Satz beurteilt werden[11]. Nur wenn sich innerhalb eines Satzes verschieden flektierte Anredeformen finden, kommt eine Abgrenzung nach Satzteilen oder sogar nach Worten in Frage. Die Einzelfälle sind aber zu überprüfen. Die in der 2.Pers.Pl. gebildeten anredenden Sätze und ihre Abgrenzung stellen sich - was den Weisungsteil betrifft - wie folgt dar:

---

[10] S.o.1. 2. 3.

[11] Y.Suzuki betont in seiner Analyse des Deuteronomiums die Rolle des Satzes als Grundeinheit für den Numeruswechsel (und Personenwechsel), sieht hinsichtlich des Verbalsatzes die Personbezeichnung des finiten Verbs und hinsichtlich des Nominalsatzes das Subjekt als entscheidendes Kriterium der Abgrenzung und klassifiziert nach Numerus und Person alle Sätze des Deuteronomiums in die in der 3.Pers. gebildeten, die in der 2.Pers.Sg. gebildeten, die in der 2.Pers. Pl. gebildeten und die in der 1.Pers.Pl. gebildeten Sätze: ders, Numeruswechsel, S.29-37. Wir halten es aber im Hinblick auf das Bundesbuch für entscheidend, ob der Adressat als betreffende Person der jeweiligen Bestimmung angeredet wird oder nicht. U.E. besteht in dieser Hinsicht zwischen Mischpatim- und Weisungsteil (s.o. 1. 2. 2) ein erheblicher Unterschied. Wir halten deshalb die stilistische Klassifizierung der Sätze, wie Y.Suzuki sie vorgenommen hat, nicht für notwendig, sondern nur eine solche, die die Kommunikationsverhältnisse berücksichtigt. In einem Satz z.B, der ein finites Verb in der 3.Pers. und ein Pronomen in der 2.Pers. aufweist, wertet Y.Suzuki die Personbezeichnung des Verbs als "dominant" und die Person des Pronomens als "subordinated" (aaO, S.29f). U.E. ist dieser Satz schlicht als ein in der 2.Pers. Sg. anredender Satz zu betrachten. Zur Definition und der Bedeutung des Satzes vgl. F.I.Andersen, Sentence, S.22-24. Siehe die weitere Diskussion in Exkurs 1.

Ex 20,22bα   "Ihr habt selbst gesehen",
    22bβ   "daß ich vom Himmel her mit euch geredet habe".

Der Satz V.22bα bietet nach Pronomen und Verb die 2.Pers.Pl. V.22bβ ist als Nebensatz von V.22bα von dessen Anrede abhängig, obwohl das Verb in der 1. Pers. gebildet wurde. Dafür spricht das Pronomen im Plural עמכם.

Ex 20,23a   "Ihr sollt neben mir nicht machen",
    23b   "silberne Götter und goldene Götter sollt ihr für euch nicht
             machen".

In den beiden Sätzen ist das Verb in der 2.Pers.Pl.gebildet, und andere Satzteile sind vom Verb untrennbar. An diesen Vers schließt sich jedoch ein Satz an (V.24aα), der von einem Verb in der 2.Pers.Sg. abhängig ist. Die Grenze der in der 2.Pers.Pl. gebildeten Sätze liegt also zwischen V.23 und V.24.

Ex 22,20b   "Denn ihr seid im Land Ägypten Flüchtlinge (גרים Pl!) gewesen".
    21   "Keine Witwe noch Waise sollt ihr bedrücken".

Ex 22,22b enthält keine explizite Anrede, stellt jedoch die Fortsetzung von V.22a dar, ist also als ein in der 2.Pers.Sg. gebildeter Satz zu betrachten. Ob Ex 22,23aα zum Vorangehenden oder zum Nachfolgenden gehört, ist vom Numerus her gesehen nicht eindeutig. Die Frage der Zugehörigkeit dieses Satzes ist aber wichtig, wenn der Numeruswechsel als ein Merkmal für diachronische Schichtung betrachtet werden soll. Die Vorstellung des göttlichen Zorns paßt aber besser zur Androhung von Strafe (V.23aβ.b) als zu der Vorstellung des das Schreien der Schwachen erhörenden Gottes (V.22). Die Grenze liegt also wahrscheinlich zwischen V.22 und V.23[12].

---

12   J.Halbe, aaO, S.427f, unterscheidet V.23 als Ganzes von V.22 und zwar von der Parallelstellung
      von V.22 und V.26 her. Angesichts der genaueren Parallele von V.22baβ zu V.26bβγ scheint aber
      V.23aα, der, wie V.26bδ, das "Ich-JHWHs" enthält, anders als J.Halbe meint, eine Parallele zu
      V.26bδ darzustellen:

V.22bα:	כי אם צעק יצעק אלי	V.26bβ:	והיה כי יצעק אלי
β:	שמע אשמע צעקתו	γ:	ושמעתי
V.23aα:	וחרה אפי	δ:	כי חנון אני

      Von der Parallelstellung der Begründungssätze her gesehen kann V.23aα also die Fortsetzung von
      V.22b sein. Es ist aber inhaltlich gesehen wahrscheinlicher, V.23aα von V.22b getrennt zu verste-
      hen. Ferner stellt der JHWH vorstellende Nominalsatz V.26bδ in den Begründungssätzen des
      Bundesbuches u.E. eine Ausnahme dar. Siehe dazu unten 2.3.1.2.
      E.Otto, aaO, S.5, Anm.21 (S.81), hält den Satz חרה אפי für deuteronomistisch und gibt folgende
      dtr. Parallelen an: Dtn 7,4; 11,17; 31,17; Ex 32,10; Jos 23,16. Ferner führt er die Belege "zur dtr.
      Motivverbindung von Gotteszorn und Vernichtung" an: Dtn 29,26; 31,17; Jos 23,16; Jdc 2,14.20;
      3,8; II Reg 13,3; 23,26. All diese Belege aber sind u.E. nicht mit Ex 22, 23aα vergleichbar, denn sie
      beziehen sich immer auf die Götzenverehrung, während es in Ex 22,23aα um die Bedrückung der
      sozial Schwachen geht. Ferner fehlt in Ex 22,23aα die im dtr. Text typische präpositionale Wen-

In V.23aβ.b gibt das Subjekt des Satzes nicht den Adressaten an; dieser wird nur durch Personalpronomina bezeichnet. Die Elimination des Elements in der 2.Pers.Pl. macht jedoch den Satz als Ganzen sinnlos. Der Satz als Ganzes ist also als ein in der 2.Pers.Pl. anredender Satz zu betrachten. Mit V.24 beginnt die Singularanrede erneut. Zwischen V.23 und V.24 geht die Anrede vom Plural in den Singular über. Die folgenden Sätze können also als in der 2.Pers.Pl. gebildete Sätze bestimmt werden:

Ex 22,23aa "Und mein Zorn wird entbrennen",
    23aβ "und ich werde euch mit (dem) Schwert töten";
    23ba "und eure Frauen werden zu Witwen werden",
    23bβ "und eure Kinder zu Waisen".

Im gleichen Verfahren können wir weitere in der 2.Pers.Pl. gebildete Sätze herausarbeiten:

Ex 22,24b   "Ihr sollt ihm keinen Zins auferlegen".

Ex 22,30a   "Und heilige Männer sollt ihr mir sein";
    30ba "und Fleisch, auf dem Feld gerissen, sollt ihr nicht essen",
    30bβ "dem Hund sollt ihr es hinwerfen".

Ex 23, 9ba "Ihr kennt eben selbst die Stimmung des Flüchtlings (הגר)",
    9bβ "denn ihr seid im Land Ägypten Flüchtlinge (גרים) gewesen".

Ex 23,13a   "Und in allem, was ich zu euch gesagt habe, sollt ihr euch in acht nehmen";
    13ba "und den Namen anderer Götter sollt ihr nicht nennen".

In Ex 23,13b bezieht sich die Sequenz ושם אלהים אחרים auf zwei Sätze, als Objekt einerseits auf V.13ba, als Subjekt andererseits auf V.13bβ. Sollte V.13b durch eine redaktionelle Entwicklung seine vorliegende Gestalt erhalten haben, gehört dieser Satzteil zum ursprünglichen Satz, der entweder

ושם אלהים אחרים לא תזכירו oder aber

ושם אלהים אחרים לא ישמע על פיך lautete[13].

Ex 23,21ba "Denn er will euer Verbrechen nicht vergeben".

---

dung ב + Obj, die bezeichnet, wen der Zorn JHWHs jeweils trifft: וחרה אף יהוה בכם (Dtn 7,4; 11,17; Jos 23,16); וחרה אפי בו (Dtn 31,17); ויחר אפי בהם (Ex 32,10); ויחר אף יהוה בארץ (Dtn 29,26); auch in Jdc 2,14.20; 3,8; II Reg 13,3: בישראל und in IIReg 23,26: ביהודה.

[13] S.u. 2. 2. 2, bes. unter (2).

Ob Ex 23,21bβ zu den in der 2.Pers.Pl. anredenden Sätzen gehört, muß hier offen bleiben. Das soll unten von der Struktur des Abschnittes Ex 23,20-23 her beurteilt werden[14].

Ex 23,25aα "Und ihr sollt JHWH, eurem Gott, dienen".

Ex 23,31ba "Sicher will ich in eure Hand die Bewohner des Landes geben".

Die Auflistung gibt zu erkennen: Es ist unmöglich, aus diesen in der 2.Pers.Pl. gebildeten Sätzen eine ursprüngliche, selbständige Sammlung von Rechtssätzen zu erschließen. Ex 22,20b.23.24b; 23,9b.21ba setzen zudem deutlich die ihnen vorangehenden, in der 2.Pers.Sg. gebildeten Sätze voraus. Daraus folgt, daß die in der 2.Pers.Pl. gebildeten Sätze entweder schon ursprünglich zusammen mit den die 2.Pers.Sg. enthaltenden Sätzen gestaltet wurden oder aber erst nachträglich eingefügt worden sind. Da sich die in der 2.Pers.Pl. gebildeten Sätze bereits schon im Einführungsteil finden und im Mischpatimteil jedoch nicht erscheinen, ist auch zu untersuchen, ob und wie sich der Numeruswechsel auf das Problem der Voranstellung von Ex 20,22-26 bzw. die Einfügung des Mischpatimteils in den Weisungsteil bezieht[15].

Über die Möglichkeit der Abgrenzung zwischen den in der 2.Pers.Pl. und den in der 2.Pers.Sg. gebildeten Sätzen und über die Bedeutung des Numeruswechsels für synchronische Textstrukturierung ist eine Auseinandersetzung mit der These N.Lohfinks, die schon 1963 aufgestellt wurde[16], noch heute sinnvoll. Dem wird ein Exkurs (Exkurs 1) gewidmet sein.

Im folgenden werden "die in der 2.Pers.Pl. gebildeten Sätze" "die 2.P.Pl.Sätze" und "die in der 2.Pers.Sg. gebildeten Sätze" "die 2.P.Sg.Sätze" genannt.

2.1.2.2   Numeruswechsel in der 3.Person

Während das Pronomen oder die Personbezeichnung des finiten Verbs in der 2.Pers. auf kein vorangehendes oder nachfolgendes Substantiv im Text hinweist - es sei denn, dies werde vokativisch beigefügt - , bezieht sich das Pronomen oder die Personbezeichnung des finiten Verbs in der 3.Pers. im allgemeinen auf ein - ihm meistens vorangehendes, oft aber auch nachfolgendes - Substantiv. Welches Substantiv aber gemeint ist, ist in vielen Fällen fraglich. So ist z.B. in Ex 22,22 der Bezug des Pronomens אתו, in Ex 23,33bβ der Bezug des Verbs יהיה nicht sofort eindeutig auszumachen[17].

Die im Epilog Ex 23,20-33 vorkommenden beiden Formen des Personalpronomens in der 3.Pers.Sg. (Ex 23,23b.29a.30a) und Pl. (Ex 23,24.27a.32f:הם, V.31bβ:מו) nun beziehen sich auf denselben Gegenstand. Dieses Phänomen kann also "Numerus-

---

14   S.u. 2. 3. 2. 1.
15   S.u. 2. 2. 2.
16   N.Lohfink, Hauptgebot, bes. S.239-258.
17   Die Schwierigkeit bez. des Pronominalbezugs in Ex 22,22 wird mit dem Problem der 2.P.Pl.Sätze zusammen diskutiert. S.u. 2. 2. 2, bes. unter (1).

wechsel in der 3.Pers." genannt werden. Die in der Völkerliste von Ex 23,23a genannten Völker werden in V.23b durch das Pronomen im Singular, in V.24 durch das Pronomen im Plural bezeichnet. In V.27a wird כל העם durch das Pronomen im Plural (בהם) wiederaufgenommen und auch die Feinde in der Pluralform bezeichnet. Die Völker werden in der Völkerliste von V.28 einzeln aufgeführt, in V.29f ist aber nur noch singularisch von "ihm" die Rede. In V.31b-33 werden die Bewohner des Landes im Plural durch die Pluralform des Substantivs (V.31ba), der Pronominalsuffixe (V.31bβ.32.33) und der Personbezeichnung des Verbs (V.33a) genannt. Ob das Verb יהיה in V.33bβ die Bewohner des Landes im Singular bezeichnet oder einen anderen Gegenstand, bleibt hier offen[18].

2.1.3   Die "Schlußakzente" der Abschnitte

In bezug auf den Numeruswechsel führen wir die "Schlußakzente" auch im Weisungsteil als ein Gliederungsmerkmal an (Ex 22,30; 23,13)[19].

2.1.4   Rahmenstruktur

In Kap.I wurde auf die Rolle von Ex 22,20 und Ex 23,9 als Rahmen um den Komplex Ex 22,20 - 23,9 hingewiesen. Diese Rahmenstruktur tritt durch Entsprechung im Satzstil, durch Stichwortbezüge und auch durch inhaltliche Übereinstimmung deutlich zutage. Allgemein gilt: Sätze innerhalb ihrer Umrahmung werden oft chiastisch angeordnet. Der Chiasmus selbst ist als eine vielschichtige Rahmenstruktur wie A-B-B-A, A-B-C-B-A usw. zu betrachten, was ebenfalls an der stilistischen, wörtlichen und inhaltlichen Entsprechung der Sätze erkennbar ist.
In der Untersuchung werden weitere Rahmenstrukturen jeweils herausgearbeitet. Hier wollen wir nur exemplarisch zwei im heutigen Text deutlich sichtbare Rahmenstrukturen betrachten, nämlich Ex 23,1-8 und Ex 23,14-17, deren chiastische Struktur schon J.Halbe herausstellte[20].
(1) Ex 23,1-8: Auffällig sind zunächst zwei parallele, jeweils mit כי eingeleitete und direkt anredende Konditionalsatzreihen (V.4.5), die durch die inhaltlich parallelen und durch das Stichwort בריבו verbundenen Prohibitive (V.3.6) umrahmt werden[21]. An dieses Gefüge V.3-6 schließt sich ein Gebot an (V.7a), dem ein Vetitiv (V.7ba) folgt. V.7a nun, der den Befehl enthält, sich von betrügerischem Wort (דבר שקר) fern zu halten, entspricht V.1a, der das Verbot beinhaltet, üble Nachrede (שמע שוא) zu üben, und an den sich ebenfalls ein Vetitiv (V.1ba) anschließt[22]. Weiter weist

---

[18]   S.u. 2. 3. 2. 2.
[19]   S.o. 1. 2. 3.
[20]   J.Halbe, aaO, S.430-435.446.
[21]   J.Halbe, aaO, S.430f.
[22]   J.Halbe, aaO, S.432. Nach W.Richter, Recht und Ethos, S.61.62.86f, handelt es sich hier um einen Interpretationszusatz. Demgegenüber behandelt J.Bright, Prohibition, S.195f, das Vorkommen des

J.Halbe auf die Korrelation zwischen רשע im Vetitiv von V.1ba und im Begründungssatz von V.7bβ und zwischen חמס im Finalsatz von V.1bβ und הרג im Vetitiv
von V.7ba hin[23]. V.2, V.3.6 und V.8 sind durch den inhaltlichen Bezug, nämlich
durch die Themen "Rechtsbeugung durch die Macht der Menge" (V.2), "Bevorzugung wegen des sozialen Status" (V.3.6) und "Bestechung" (V.8) verbunden[24]. J.Hal-
be erwägt, daß V.8 ursprünglich V.7 vorangestellt war - wenn es so wäre, kann eine
eindeutige chiastische Struktur hergestellt werden. Diese Rekonstruktion aber ist
unnötig[25].

Ferner ist die chiastische Entsprechung auf der syntaktischen Ebene festzustellen[26]:

V.1a	לא + PK + Obj	(yiqtol x)
	V.1ba אל + Juss + Obj	(yiqtol x)
V.2a	לא + PK + Ergänzung	(yiqtol x)
V.2b	ולא + PK + Ergänzung	(yiqtol x)
V.3	Obj + לא + PK + בריבו	(x yiqtol)
V.6	לא + PK + Obj + בריבו	(yiqtol x)
V.7a	Obj + PK	(x yiqtol)
	V.7ba Obj + אל + Juss	(x yiqtol)
V.8a	Obj + לא + PK	(x yiqtol)

Zusammenfassend läßt sich die Struktur von Ex 23,1-8 folgendermaßen darstellen[27]:

V.1a	שמע שוא		Prohibitiv	(yiqtol x)
V.1ba	רשע		Vetitiv	(yiqtol x)
V.1bβ	חמס		Finalsatz	
V.2a		Mehrheit	Prohibitiv	(yiqtol x)
V.2b			Prohibitiv	(yiqtol x)
V.3		Sozialer Stand	Prohibitiv	(x yiqtol)
V.4			Direkt anredende Konditionalsatzreihe	
V.5			Direkt anredende Konditionalsatzreihe	
V.6		Sozialer Stand	Prohibitiv	(yiqtol x)

Vetitivs in Ex 23,1.7 als textkritisches Problem. Der Gebrauch des Vetitivs ist u.E. hier als rhetori-
sches Stilmittel zu betrachten.

23 J.Halbe, aaO, S.431-433. Um die Korrelation von חמס und הרג zu begründen, zieht J.Halbe, aaO,
    S.433 Anm.46, als Belege Gen 49,5/6 und Jdc 9,24a/b heran.

24 J.Halbe, aaO, S.431.

25 Vgl. J.Halbe, aaO, S.434f. U.E. ist aufgrund der Entsprechung der Begründungssätze Ex 23,7bβ.
    8b// Ex 22,22.26a.baβγ mit einer Beziehung zwischen Ex 22,20-26 und Ex 23,7f als Ganzen zu
    rechnen. S.u. 2. 3. 1. 2.

26 Diesen Punkt berührt J.Halbe nicht. Der Satzbau wechselt zwischen den sich in der Rahmen-
    struktur entsprechenden Versen V.1-2/7-8. V.3/6. Im Hinblick auf die Satzbetonung unterschei-
    den sich V.1-2 und V.7-8, V.3 und V.6 nicht. Die "Lex Rössler" (s. Kap.I Anm.27) zeigt sich hier
    nicht als Satzbauregel, sondern löst sich in Rhetorik auf.

27 Weitere Erwägungen s.u. 2. 3. 1. 2.

V.7a	דבר שקר		Gebot	(x yiqtol)
V.7bα	הרג		Vetitiv	(x yiqtol)
V.7bβ	רשע		Prohibitiv	(x yiqtol)
V.8a		Bestechung	Prohibitiv	(x yiqtol)
V.8b			Begründung	

(2) Ex 23,14-17

Der Befehl, dreimal im Jahr Wallfahrtsfeste zu begehen (V.14.17), umrahmt den Abschnitt[28], in V.17 lediglich ergänzt durch den Schlußsatz, daß die Männer vor JHWH erscheinen sollen. In der Mitte der Struktur befindet sich die Bestimmung über die kultischen Gaben (V.15b), die durch Bestimmungen der drei Wallfahrtsfeste, nämlich durch die vorangestellte Massotfestbestimmung (V.15a) und die nachgestellten Bestimmungen über die anderen beiden Feste (V.16), umrahmt wird[29]. Die Mitte der Struktur (V.15b) und der Schlußsatz (V.17) entsprechen sich durch Stichwortbezug (ראה פני / אל פני האדן)[30]. J.Halbe beschreibt die Struktur dieses Abschnittes zusammenfassend wie folgt[31]. Wir fügen den Stichwortbezug hinzu:

Rahmensatz	V.14	שלש רגלים ... בשנה
Massotanordnung	V.15a	
Kultische Gaben	V.15b	יראו פני
Ernte- und Lesefest	V.16	
Rahmensatz	V.17	שלש פעמים בשנה ... אל פני האדן

2.1.5   Kleine Gebotsumrahmung

N.Lohfink hat aus den Gesetzen des Pentateuch eine Redeform herausgearbeitet, welche die Gebote mit der Landnahmesituation verknüpft[32]. Das Grundmuster dieser Redeform besteht aus einem konditionalen Vordersatz, der das Inkrafttreten der Gebote an das Ereignis der Landnahme bindet, und aus einem aus mehreren einzelnen Geboten zusammengesetzten Nachsatz. Diese Redeform nennt er "kleine

---

28   J.Halbe, aaO, S.446.
29   Ebd. V.16 stellt keinen vollständigen Satz dar und scheint die Fortsetzung von V.15aα zu sein.
30   Diesen Punkt erwähnt J.Halbe nicht. In V.15b gibt es bez. der Form des Verbs eine textkritische Schwierigkeit. Der MT überliefert יראו (jera'û), also r'h niph. 3.Pers.Pl, dementsprechend wird פני als Lokativ oder als Subjekt verstanden. Tg liest statt pnj קדמי (=לפני). In Syr: "teth^anûn q^edomaj" wird das Verb in der 2.Pers.Pl. gebildet. BHK schlägt nach der Lesart von LXX und Vg vor, das Verb in der 2.Pers.Sg. und statt פני לפני zu lesen: לא תראה לפני ריקם. A.Dillmann, KEH 12, S.246f und A.Jepsen, Untersuchungen, S.11.49, lesen das Verb als Qal. Vgl. B.S.Childs, OTL, S.451. Die Lesart des MTs ist aber im Bezug auf den Paralleltext in Ex 34,20b zu verstehen; s.u. 2. 4. 1. 1, 2. 4. 2. 1, 2. 4. 2. 2.
31   J.Halbe, aaO, S.446.
32   N.Lohfink, aaO, S.113-124, bes. S.113f.

Gebotsumrahmung"[33]. Als Belege nennt N.Lohfink die mit folgenden Versen beginnenden Einheiten[34]:

Ex 12,25-; Ex 13,5-; Ex 13,11-; Ex 23,23-; Lev 25,2-; Num 33,51-; Num 34,2-; Num 35,10-; Dtn 6,10-; Dtn 7,1-; Dtn 8,7-; Dtn 11,29-; Dtn 11,31-; Dtn 12,29-; Dtn 18,9-; Dtn 19,1-; Dtn 27,2-.

In dieser Liste wird Ex 23,31- zwar nicht erwähnt, doch in der Analyse von Dtn 7 gleichwohl als Beispiel einer kleinen Gebotsumrahmung behandelt[35]. Allgemein wird diese Form durch כי oder והיה כי eingeleitet (nur in Dtn 27,2 findet sich והיה ביום). J.Halbe erkennt darüber hinaus noch in der Einheit Ex 34,11bff, die durch הנני statt כי eingeleitet wird, den Fall einer kleinen Gebotsumrahmung wieder[36]. Nach N.Lohfink lassen sich diese Texte "aus der kasuistischen Gesetzestradition nicht befriedigend erklären. Die Nachsätze regeln den einmaligen Vorgang der Landnahme und Einrichtung des Landes, enthalten grundlegende Gebote für die Sakralordnung im Land oder schärfen das Hauptgebot bzw. die Gesetzesbeobachtung überhaupt ein. Von Haus aus 'apodiktisches' Recht tritt also hier in konditionalem Gewand auf. Der Vordersatz wird auch nicht zu einem eigentlichen 'Kasus' ausgebaut. Das kî scheint eher ein kî-temporale zu sein"[37].

Diese These ermöglicht es ihm, Ex 23,23 und Ex 23,24 einerseits und Ex 23,31 und Ex 23,32 andererseits, wo er im Bereich des Bundesbuches die Form "kleine Gebotsumrahmung" findet, als ursprünglich zusammengehörig zu verstehen. In Ex 23,31ff aber liegt das Problem des Numeruswechsels vor. In Bezug auf Ex 23,23ff ist zu fragen, ob die Form erst mit dem כי von V.23 beginnt oder V.20-22 einschließt (vgl. das הנה in V.20!). Auch ist fraglich, ob die Nachsätze eigentlich "den einmaligen Vorgang der Landnahme und Einrichtung des Landes" regeln[38]. Die Differenzierung der Form unter den Belegen der kleinen Gebotsumrahmung und ihre Entwicklung werden im Exkurs 2 diskutiert.

Exkurs 1   Numeruswechsel

Der Numeruswechsel zwischen der Anrede in der 2.Pers.Sg. und in der 2. Pers.Pl. stellt für die Forschung am Deuteronomium nach wie vor ein nur schwer zu lösendes Problem dar[39]. N.Lohfink fragt, ob sich aus dem Numeruswechsel eine diachroni-

---

33 N.Lohfink, aaO, S.113f.
34 Ebd.
35 N.Lohfink, aaO, S.175.
36 J.Halbe, aaO, S.98.178.184.
37 N.Lohfink, aaO, S.114.
38 Ebd.
39 Bevor M.Noth (Ü-Studien, 1943, [2]1957, S.14-18) im Deuteronomium eine allmähliche Entwicklung der Überlieferung und eine Rahmung durch das dtr. Geschichtswerk annahm und G.von Rad

sche Schichtung ergeben muß, und falls nicht, was er sonst bedeutet[40]. Da N.Loh-
fink präzise behauptet, daß der Numeruswechsel kein Merkmal für redaktionelle
Schichtung sein *muß*, ist es recht schwierig, seiner These zu widersprechen. Denn um
genau *diese* These zu widerlegen, sind wir nämlich gezwungen zu erweisen, daß für
alle Fälle von Numeruswechsel redaktionelle Schichtung die plausibelste Erklärung
ist[41]. Das ist nicht die Aufgabe dieser Arbeit. Wir wollen nur auf die Bedeutung und
die Schwierigkeit der These N.Lohfinks bezüglich der Abgrenzung zwischen den
2.P.Sg.Sätzen und den 2. P.Pl.Sätzen sowie der Bedeutung des Numeruswechsels
hinweisen, damit die Interpretationsmöglichkeit und -grenze des Numeruswechsels
sichtbar werden.

Um die redaktionelle Schichtung von Dtn 5-11 zu beschreiben, legt N.Lohfink
folgende Merkmale vor, nämlich charakteristische Redeform (Bundesformular,
Gebotsumrahmung und Schema der Beweisführung)[42], Diktion der Bundesurkun-
den, des Dekalogs und des "Gilgalbundestextes"[43] und chiastische Struktur[44]. Der
Numeruswechsel aber entspreche nicht der durch die obengenannten Merkmale
beschriebenen Schichtung, und die Ausscheidung der Elemente, die in der 2.Pers.Pl.
gebildet sind, zerstöre die Einheitlichkeit jeder Schicht, die durch die anderen
Merkmale zu erheben sei[45]. N.Lohfink behandelt daher den Numeruswechsel
vielmehr als eine stilistische Frage; sein Ausgangsbegriff ist "Numerusmischung"[46].

Während bei den erzählenden Texten (Dtn 5; 9) die Singularanrede nur an den
Rändern stehe und sonst durchgängig die Pluralanrede vorkomme, sei die Nume-
rusmischung in den paränetischen Texten viel häufiger zu erkennen, der tragende
Numerus aber scheine in diesem Bereich der Singular zu sein. "Den verschiedenen
Gattungen 'Erzählung' und 'Paränese' entsprechen also verschiedene Typen der
Numerusmischung. Deshalb müssen wir die Frage stellen, ob gesetzmäßige Zusam-
menhänge zwischen Gattung und Typologie der Numerusmischung bestehen"[47].
N.Lohfink bietet dafür folgende Erklärung:
Die Numerusmischung in der Paränese habe einen "hörpsychologischen" Effekt.
"Jeder Wechsel der Anrede erzeugt notwendig im Zuhörer ein Neuangesprochen-

---

andererseits die Form der Gesetzespredigt herausarbeitete (Deuteronomium-Studien, [2]1948, bes.
S.9f), konzentrierte sich das Interesse der Forschung bez. des Numeruswechsels darauf, das
Urdeuteronomium dadurch herauszuarbeiten: C.Steuernagel, HK[1], S.III-X und passim, vertritt die
Tendenz der Forschung zu seiner Zeit. Vgl. ders, Einleitung, S.176-186 (dort ist seine These von
HK[1] modifiziert). Nach dem Erscheinen der Ansätze M.Noths und G.von Rads trat das Problem
des Numeruswechsels in den Hintergrund der Forschung, vgl. aber nur z.B. G. Minette de Tillesse,
Sections, 1962; seine These wird zusammengefaßt aaO, S.33f.87. Zur Forschungsgeschichte vgl.
Y.Suzuki, aaO, S.1-26 und O.Kaiser, Einleitung, S.125-129.

[40] N.Lohfink, aaO, S.240-243.
[41] Die Arbeit von Y.Suzuki, aaO, stellt einen solchen Versuch dar.
[42] N.Lohfink, aaO, S.107-136.
[43] N.Lohfink, aaO, S.176-181.
[44] N.Lohfink, aaO, S.181-183 und passim.
[45] N.Lohfink, aaO, S.240f und in der Einzelanalyse S.252ff.
[46] N.Lohfink, aaO, S.242f.
[47] N.Lohfink, aaO, S.242.

sein, eine Umschaltung, ein Aufwachen und Neuhinhören"[48]. Der Übergang vom
Singular zum Plural stelle eine Steigerung zwecks Betonung dar, und der Rücktritt in
den Singular diene entsprechend dem Abklingen. Die Steigerung, die im Übergang
vom Singular zum Plural liegt, erklärt er als eine Steigerung von der für die Kultgemeinde bei der Gesetzesverkündigung gewöhnlichen Singularanrede zur ungewöhn-
lichen Pluralanrede, die den Höhepunkt der Gesetzespredigt darstelle, und als Steigerung von der Anrede an das Kollektiv zur Anrede an den Einzelnen[49].

Im erzählenden Text würden die Zuhörer (Kultgemeinde) kollektiv angeredet,
aber in der Erzählung sei die "materialistische" und "mathematische" Regel vorherr-
schend, so daß die Zuhörer, die gleichzeitig in der Erzählung die auftretenden
Personen sind, ihrer größeren Zahl entsprechend im Plural bezeichnet würden. Die
Zuhörer werden also am Rand des Textes im Singular, aber in der Erzählung im
Plural angeredet[50].

Bedeutung und Schwierigkeit dieser These liegen auf der Hand:
(1) Der Numeruswechsel bringt sicher, wie N.Lohfink es sich vorstellt, in den Text
einen "hörpsychologischen" Effekt ein. Das gilt selbst dann, wenn der Numeruswechsel erwiesenermaßen sekundär in den Text eingefügt wurde. Wenn der Numeruswechsel sekundär gebildet wurde, wäre darin eine redaktionelle Absicht zu suchen.

Fragwürdig ist jedoch, ob die Pluralanrede eine auf die einzelnen Zuhörer eindrin-
gende Emphase darstellt, während es in der Singularanrede nur um die kollektiv und
abgeschwächt angeredete Kultgemeinde geht. In der deuteronomischen Gesetzesverkündigung werden zwar das ganze Volk und sein Einzelglied nicht scharf unterschieden, meist jedoch scheint das Einzelglied in erster Linie angeredet zu sein[51].
Wenn nun plötzlich im Rahmen der auf die Einzelnen bezogenen Anrede eine Pluralanrede auftritt, wird keine den Einzelnen drängende Emphase erzeugt, sondern
vielmehr z.B. ein Kollektivbewußtsein hervorgerufen[52]. Wenn ein Rechtstext mit
der Pluralanrede beginnt - eben im Bundesbuch und im Gesetzesteil des Deuteronomiums (Dtn 12-26) ist das der Fall - stellt die Pluralanrede inhaltlich gesehen zwar
einen emphatischen Anfang des Rechtstextes dar, der einen prinzipiellen Anspruch
enthält. Das bedeutet jedoch kein Steigerungselement zu einem Höhepunkt, denn
gerade der Übergang in die Singularanrede bringt eine Spannung ein und ruft eben-

---

[48] N.Lohfink, aaO, S.247.
[49] N.Lohfink, aaO, S.247f.
[50] N.Lohfink, aaO, S.249f.
[51] Y.Suzuki teilt die 2.P.Sg.Texte im Hinblick auf den Adressaten in drei Gruppen ein, und zwar in
      die Anrede an den Einzelnen ("individual"), an die (Einzel-)Verwalter ("institutional") und an
      Israel als Ganzes ("national"): aaO, S.54, und rechnet sie den redaktionellen Schichten zu: aaO,
      S.279ff. Diese Differenzierung scheint mir aber nicht eindeutig. Z.B. sieht er Dtn 6,4-9* als
      "national". Der Anruf ישראל שמע (V.4) ist zwar auf Israel als Ganzes gerichtet, die geforderte Tat
      jedoch ist mit den Einzelnen verbunden.
[52] Es ist überhaupt zu fragen, ob als Anrede an die Kultgemeinde die Singularanrede "gewöhnlich"
      war (N.Lohfink, aaO, S.248). Die Pluralanrede der Einleitung in den Dekalog (Dtn 5,1a𝛾-5) und
      die am Anfang des Gesetzesteils (Dtn 12,1-12) könnten es als gewöhnlich zeigen, daß die ganze
      Kultgemeinde im Plural angeredet wurde.

falls eine spezielle Aufmerksamkeit auf die nachfolgenden Bestimmungen hervor[53]. Vielmehr: am Anfang wird ein prinzipieller Anspruch in der Pluralanrede gegenüber der ganzen Gemeinde oder Gruppe erhoben, und dann werden die Einzelbestimmungen in der Singularanrede gegenüber der Einzelperson gesprochen[54].

(2) Die Interpretation N.Lohfinks zu Einzeltexten ist oft unverständlich und verrät die Schwierigkeit seiner These, den Text trotz des Numeruswechsels für einheitlich zu halten. In Dtn 6,12-19[55] z.B. sieht er: "6,12 hat zwar schon gebietende Form ('hüte dich'), doch liegt der Ton noch auf der Nennung des Jahwenamens, an den sich zunächst die 'Vorgeschichte' des Bundesformulars in der Form der Dekalogformulierung anschließt". In V.13 bleibe der Ton auf JHWH, dementsprechend bleibe die Anrede im Singular. "Erst in 6,14 richtet sich der Blick voll auf die angeredete Gemeinde". Die Anrede sei also durch die Pluralform betont worden[56]. Die Anrede an den Einzelnen beginnt jedoch schon in V.12, und ein Bezug auf die Dekalogformulierung besteht auch für V.14. In dieser Hinsicht ist V.14 nicht von V.12f zu unterscheiden. Im Zusammenhang mit der Situationsbeschreibung in V.10f ist vielmehr V.12, wo der Auszug aus Ägypten der Vollendung der Gnade in Kanaan gegenüber hervorgehoben wird, eigentlich zu betonen. Daß V.15 wieder den Blick auf JHWH richte, also der stereotype Ausdruck יהוה אלהיך benutzt (und das Abklingen dargestellt) werde, weil es hier um einen Motivsatz gehe[57], ist unverständlich. Es heißt präzise: JHWH ist "in der Mitte", die Verbindung des einzelnen Adressaten mit JHWH soll also betont werden. Die Betonung, die auf der Bezeichnung JHWH als des אל קנא liegt, welche außer im Dekalog (Ex 20,5; Dtn 5,9) nur in Ex 34,14; Dtn 4,24 und hier vorkommt, erlaubt nicht, die Nennung יהוה אלהיך als einen stereotypen Ausdruck abzuwerten. Abgesehen von der Beziehung zu anderen dtn. Abschnitten kann der Numeruswechsel in Dtn 6,10-19 also durchaus als Merkmal für redaktionelle Schichtung betrachtet werden. V.14.16 (Pl) scheinen nachträglich eingefügt worden zu sein. Nur in bezug auf V.17, wo der im Singular anredende Satz (V.17b) den im Plural anredenden Satz vorauszusetzen scheint, muß mit einer komplizierteren Bearbeitung gerechnet werden. Diese Analyse stößt sich nicht mit dem Verständnis von V.10-19 als einer Einheit (die von N. Lohfink sogenannte kleine Gebotsumrahmung), sondern gibt sogar besser zu erkennen, daß in V.10-19 der grundsätzliche Anspruch, daß Israel im fruchtbaren Land ausschließlich JHWH verbunden sein soll, betont wird. V.14 (Pl) klagt dasselbe aus einer anderen Perspektive ein. V.16 (Pl) schließlich bietet gegenüber dem Singulartext einen anderen Inhalt (das Verbot, JHWH zu versuchen).

---

[53] In Dtn 12,1-12 z.B. stellt die Singularanrede von V.1aγ.9bβ kein Abklingen dar.
[54] Vgl. auch Lev 18 (V.2-6:Pl, V.7-23:Sg, V.24ff:Pl). Selbst wenn Lev 18,2-6.24ff als redaktioneller Rahmen zu verstehen sind (vgl. K.Elliger, HAT I/4, S.233f; H.Graf Reventlow, Heiligkeitsgesetz, S.57-64; R.Kilian, Untersuchung, S.33-35, A.Cholewinski, Heiligkeitsgesetz, S.32-43), ist mit einer bestimmten redaktionellen Absicht, diesen Rahmen in der 2.Pers.Pl. zu bilden, zu rechnen.
[55] Dieser Text stellt die sogenannte kleine Gebotsumrahmung dar. N.Lohfink, aaO, S.253.
[56] Ebd.
[57] Ebd.

(3) Die größte Schwierigkeit der These N.Lohfinks besteht in der Abgrenzung
zwischen den im Plural und den im Singular anredenden Textteilen. Bei seiner Unterscheidung von Textteilen, die von der Pluralanrede beherrscht werden, von solchen, wo die Singularanrede vorherrscht[58], setzt er voraus, daß der Numeruswechsel
erst mit dem Vorkommen des Wortes im anderen Numerus geschieht. In Dtn 11,10-
12 z.B. herrsche die Singularanrede von אתה (V.10) bis vor יצאתם, nämlich bis אשר
(V.10), die Pluralanrede von יצאתם bis vor תזרע (V.10), die Singularanrede bis vor
אתם(V.11!), die Pluralanrede bis vor אלהיך (יהוה und אלהיך sind getrennt!) und die
Singularanrede bis zum Ende von V.12[59]. Der "hörpsychologische" Effekt kann zwar
mit dem Vorkommen der Anrede verbunden sein, und diese Teilung scheint auch
deshalb zuzutreffen, weil der Text von N.Lohfink als einheitlich behandelt wird. Das
Vorkommen der Anrede im anderen Numerus ruft jedoch eine Rückblende auf den
vorangehenden Teil des Satzes, der mit dem anredenden Wort eine Gedankenein-
heit bildet, hervor, so daß zuerst der Satz als Grundeinheit der Aufteilung der Textstücke betrachtet werden soll. In der Einzelinterpretation sieht N.Lohfink meistens
die Grenze der Sätze als Grenze der Textstücke in beiden Numeri, also z.B. den Text
von Dtn 11,11 bis לרשתה als Pluraltext und von ארץ an als Singulartext[60]. Zu Dtn
8,1 sagt er aber, daß "der Plural erst mit dem Verb kommt. Solange vorher das
Stichwort kol-hammiṣwā erläutert wird, steht Singular"[61]. Wenn er meint, daß die
Singularanrede, mit der der Satz beginnt, erst mit dem Verb in die Pluralanrede
übergeht, trifft das nicht zu. Das Verb תשמרון beinhaltet eine Rückblende auf das
Objekt כל המצוה. Im heutigen Text also konkurrieren die Anrede im Plural und im
Singular in einem Wort, כל המצוה. In bezug auf diesen Text ist es deshalb viel plausibler anzunehmen, daß in diesem Satz zwischen Objekt und Verb ein fremdes Element eingefügt worden ist, sei es ursprünglich, sei es sekundär. V.19f können demgegenüber in einen Vordersatz im Singular und in einen Nachsatz im Plural aufge-
teilt werden. N.Lohfink weist weiter auf den folgenden Stichwortbezug zwischen V.1
und V.11b, V.19 und V.11a hin:

Dtn 8, 1	כל המצוה אשר אנכי מצוך היום תשמרון
11b	שמר מצותיו... אשר אנכי מצוך היום
11a	תשכח את יהוה אלהיך
19	שכח תשכח את יהוה אלהיך

Daraus schließt er, daß die 2.P.Pl.Sätze nicht als sekundäre Zusätze zu betrachten
seien[62]. Aber die Entsprechung im vollen Satz findet sich nur im Singulartext
(V.11a/19aα; אשר-Satz in V.1/11b). כל המצוה – תשמרון (V.1) erfährt schon eine

---

58 N.Lohfink, aaO, S.243f, auch Tabelle IX in ders, S.312.
59 Ebd.
60 N.Lohfink, aaO, S.257.
61 N.Lohfink, aaO, S.254.
62 N.Lohfink, aaO, S.195.254f.

Abweichung durch שמר מצותיו usw.(V.11). Dtn 8,1 ist vom Anfang des Verses an im Plural gebildet, nur der כל המצוה erläuternde אשר-Satz ist im Singular gebildet. Die 2.P.Pl.Sätze in V.1.19f scheinen nachträglich eingeführt worden zu sein mit einer Zitierung der 2.P.Sg.Sätze, um durch die chiastische Struktur eine einheitliche Aussage des Kapitels zu schaffen[63].

Wir wenden uns noch einmal Dtn 11,10-12 zu. Wenn N.Lohfink in seiner Einzelinterpretation meint, daß der Numeruswechsel zwischen לרשתה und לא כארץ (V.10a, vom Sg. zum Pl), משם und אשר (V.10a.b, vom Pl. zum Sg), zwischen V.10 und V.11 (vom Sg. zum Pl), לרשתה und ארץ (V.11a, vom Pl. zum Sg) geschieht[64], ignoriert er damit auch die Einheitlichkeit des Satzes. In V.10 sind das Land Kanaan und das Land Ägypten, wie N.Lohfink mit Recht sagt[65], gegenübergestellt. An jedes der beiden Nomen schließt sich ein אשר-Satz an, bez. Kanaan im Singular, bez. Ägypten im Plural. Durch diese Nebensätze wird die Entsprechung zwischen dem Einzug in das Land Kanaan und dem Auszug aus Ägypten betont. N.Lohfinks Interpretation trifft insofern zu. Der Numeruswechsel findet sich aber erst im zweiten Nebensatz: אשר יצאתם משם (Pl: V.10aβ). Der Einfluß der Singularanrede im ersten Nebensatz aber erstreckt sich bis zum Ende des Hauptsatzes: לא כארץ מצרים הוא (V.10aα). Im heutigen Text beziehen sich also zwei Nebensätze konkurrierend auf den Hauptsatz: כי הארץ ¯ לא כארץ מצרים הוא. Der eigentlich zu betonende Unterschied besteht jedenfalls nicht zwischen dem Auszug aus Ägypten und dem Einzug ins verheißene Land, sondern zwischen dem Guten im verheißenen Land und der Schwerarbeit in Ägypten (vgl. V.11ff)[66]. Die Schwerpunktverlagerung, die der Text in der Deutung N.Lohfinks erfährt, ist dadurch verursacht, daß er - ganz an der Numerusmischung orientiert - die Grundstruktur des Hauptsatzes übersieht. In V.11 muß andererseits nur der אשר-Satz im Plural ausgesondert oder der Vers als Ganzes als Pluraltext betrachtet werden. Denkbar ist auch die Möglichkeit, die 2.P.Pl.Sätze, inklusive der in V.13-17, als redaktionelle Zusätze zu betrachten (V.10aβ, V.11 oder nur der אשר-Satz. V.13-14a V.16f). Die 2.P.Sg.Sätze in V.10-17 aber beinhalten eine Verheißung der Fruchtbarkeit des Landes:

"10aα.bDas Land, in das du kommst, es einzunehmen, ist nicht wie das Land Ägypten, wo du deinen Samen säen und mit deinem Fuß bewässern mußtest wie einen Gemüsegarten. (11a*.bSondern das Land ist ein Land mit Bergen und Tälern, vom Regen des Himmels trinkt es Wasser.) 12(Es ist) ein Land, auf das JHWH, dein Gott, acht hat, die Augen JHWHs, deines Gottes, immer sehen vom Anfang des Jahres bis zum Ende des Jahres, 14bdaß du dein Getreide, deinen Wein und dein Öl einsammelst, 15und ich will Gras deinem Vieh auf deinem Feld geben, und du ißt und wirst satt".

---

63 Die 2.P.Sg.Sätze in V.19a sind auch ohne die 2.P.Pl.Sätze (V.19b) unvollständig.
64 N.Lohfink, aaO, S.257.
65 Ebd.
66 G.von Rad, ATD 8, S.60f, hält mit Recht die Landbeschreibung für das Thema, und zwar mit Bezug auf Dtn 6,10f; 8,7-10 (Lobpreis auf den Wasserreichtum des Landes). Hier ist u.E. eigentlich der dritte אשר-Satz (V.10b) zu betonen.

Erst die Ergänzung des Pluraltextes schafft die Konstruktion einer Paränese mit
Segen und Fluch. Zusammenfassend läßt sich sagen, daß als die Grundeinheit für die Abgrenzung
von Texten mit Pluralanrede gegenüber solchen mit Singularanrede der ganze Satz
zu gelten hat. N.Lohfinks Theorie einer Numerusmischung schafft größere Schwierigkeiten, als sich ergeben, wenn man den Numeruswechsel als ein Merkmal für
diachronische Schichtung begreift. Besonders die Vermutung, daß die 2.P.Pl.Sätze
gegenüber den 2.P.Sg.Sätzen einen betonten Höhepunkt bilden, trifft nicht zu. Selbst
wenn aber der Numeruswechsel sekundär in den Text eingeführt wurde, muß die
Absicht, weshalb der Zusatz im anderen Numerus erfolgte, je eigens erschlossen
werden.

Exkurs 2   *"Kleine Gebotsumrahmung"*

Die Existenz einer Redeform, die die Gebote mit der Landnahmesituation verknüpft, scheint uns aufgrund der von N.Lohfink genannten Belege nicht zweifelhaft.
Über N.Lohfink hinausgehend ist es aber nötig, im Blick auf alle Belege den Charakter dieser Redeform und ihre Texterstreckung genauer zu bestimmen.
(1) Unter den 18 von N.Lohfink genannten Belegen[67] setzen zwei Texte, nämlich
Ex 12,25; 13,5, angezeigt durch das Demonstrativpronomen הזאת, syntaktisch die
kultischen Anweisungen von Ex 12,14-24 und 13,6-10 voraus, während die übrigen 16
Texte für sich ohne andere Bestimmungen stehen. Wir betrachten Ex 13,5 und 13,6-
10 getrennt, denn im Paralleltext in Ex 12,14-25 ist die Reihenfolge der Anweisungen
(Ex 12,14-24) und der kleinen Form (Ex 12,25) umgekehrt. In diesen Texten scheint
der Nachsatz (Ex 12,25b; 13,5b) keine andere Rolle zu spielen, als die Anweisungen
knapp zu repräsentieren, um sie mit dem die Landnahmesituation beschreibenden
Vordersatz zu verknüpfen. Diese kleine zweigliedrige Form bringt damit die Gültig-
keit der in der Exodussituation eingebetteten kultischen Bräuche im verheißenen
Land zum Ausdruck. Es ist denkbar, daß diese kultischen Bestimmungen unabhängig
von einer "kleinen Form" wie Ex 12,25; 13,5 tradiert und gebraucht wurden oder
ursprünglich ohne "kleine Form" formuliert worden sind. Sie haben schon ihre eigene
- und zwar Ex 12,25; 13,5 parallele - Paränese (Ex 12,14.24; 13,10).
Noch bei zwei weiteren Belegen müssen wir trotz ihrer syntaktischen Selbständigkeit nach der Abhängigkeit von vorausgehenden Gesetzen fragen. Dtn 11,31f setzt
auf jeden Fall das gesamte dtn. Gesetz voraus und bildet den literarischen Schluß
von Dtn 5-11. החקים und המשפטים repräsentieren den Inhalt des gesamten Gesetzes.
Im zweiten Fall, Dtn 18,9ff, ist die "kleine Form" V.9 gegenüber dem Prohibitiv von
18,10f sekundär, denn V.10f, in der 3.Pers. gestaltet, könnte eine eigenständige
Bestimmung sein (vgl. Ex 22,17-19), die durch die dtn. Paränese (V.9.12ff) umrahmt

---

[67] S.o. 2. 1. 5.

wird[68]. Auch hier repräsentiert aber das Wort כתועבת den Inhalt der Vorschrift von V.10f im Vordersatz.

Von diesen vier Texten her können wir folgendes sagen: Es ist wahrscheinlich, daß es eine literarische Technik gibt, die den historisierenden Vordersatz mit den vorhandenen Vorschriften nicht direkt verknüpft, sondern den den Inhalt der Vorschriften repräsentierenden Nachsatz neu gestaltet. Bei diesem Typ der "kleinen Gebotsumrahmung" wird die "Historisierung" der Gebote also nicht innerhalb der Form erzielt, sondern die Form "kleine Gebotsumrahmung" als Ganze weist den schon existierenden Geboten, die vor oder hinter der Gebotsumrahmung plaziert sind, einen neuen historischen Zusammenhang zu.

N.Lohfink vermutet, daß Ex 13,12f in die kleine Gebotsumrahmung verwobene Zitate einer älteren Formel seien[69]. Wir sind dagegen der Meinung, daß V.12b.13 eine ältere Überlieferung bez. des Opfers der Erstgeburt und der Auslösung bestimmter Tiere darstellen. V.12a scheint andererseits den prinzipiellen Anspruch JHWHs in V.2 zu repräsentieren, und zwar um mit V.2 eine Rahmung zu bilden. V.11.12a eigentlich bilden also die "kleine Gebotsumrahmung" und weisen der älteren Überlieferung V.12b.13 den historischen Zusammenhang zu.

(2) Die Vordersätze der kleinen Form in Dtn 5-11 werden - abgesehen von dem den Abschlußsatz von Dtn 5-11 einführenden Vers Dtn 11,31 - mit einer stereotypen Formulierung

יביאך יהוה אלהיך אל הארץ אשר ...	[והיה] כי	(Dtn 6,10; 7,1; 11,29)
יהוה אלהיך מביאך אל ארץ טובה ארץ ...	כי	(Dtn 8,7)

eingeleitet, an die sich verschiedene Beschreibungen des Landes anschließen. Dieser Aufbau des Vordersatzes deutet darauf hin, daß diese Texte die direkten Nachkommen der Formulierung von Ex 12,25; 13,5.11-12a sind. Daß die Texte in Ex 12 und 13 denen von Dtn 5-11 vorausgehen, begründet N.Lohfink ausführlich[70].

Dtn 11,31 bietet nicht nur die Vorstellung der Landnahme, sondern auch der Überschreitung des Jordan, um die Situation der Gesetzgebung unmittelbar vor die Jordanüberschreitung zu fixieren. Die grundsätzliche Struktur dieses Satzes ist aber nicht anders als die der sonstigen Texte in Dtn 5-11 und Ex 12-13. Die Grundstruktur ist im wesentlichen auch bei den Texten von Dtn 12-26 beibehalten (Dtn 12,29-; 18,9-; 19,1-).

Dtn 27,2ff wurde Dtn 11,31f entsprechend (zugleich oder später?) gebildet und umrahmt zusammen mit Dtn 11,31f das Rechtskorpus Dtn 12-26.

(3) Die Vordersätze der "kleinen Gebotsumrahmung" in P (Lev 25,2-; Num 33,51-; 34,2-; 35,10-) sind stärker typisiert und beschreiben die Landnahmesituation nur

---

68 J.L'Hour, Toʻeba, S.489-493, bes. S.489f, betrachtet Dtn 18,10-12a* als Vorlage und V.9.12b als der dem Dtn typische Rahmen. Vgl. auch R.P.Merendino, Gesetz, S.192-195; G.Seitz, Deuteronomium, S.235-243.
69 N.Lohfink, aaO, S.124.
70 N.Lohfink, aaO, S.121-124.

kurz. Selbst wenn den priesterlichen Gesetzen die schon in die kleine Gebotsumrahmung verwobenen Gebote überliefert wären, ist gut vorstellbar, daß den Autoren
von P diese Form gelegen kam. So nämlich konnten sie die Gebote fest mit ihrer
eigenen Geschichtsschreibung verknüpfen. Dies ergibt sich daraus, daß vor die
"kleine Form" durchweg folgende Einleitungsformel gefügt wurde:

וידבר יהוה אל משה [בהר סיני/בערבת מואב ...] לאמר
דבר אל [צו את] בני ישראל ואמרת אלהם

(4) In der "kleinen Gebotsumrahmung" von Ex 23,23f; 23,31b-33; Dtn 7,1ff; 12,29ff
setzen die Gebote (Ex 23,24; 23,32f; Dtn 7,2bff; 12,30) syntaktisch und sachlich den
Vordersatz voraus. Mit dem Pronomen הם־ (ם־) erhält das jeweilige Gebot seine
inhaltliche Bestimmung durch den entsprechenden Bestandteil des Vordersatzes[71].
Ohne den Vordersatz ist das im Nachsatz gestaltete Gebot unverständlich. Es geht
nicht um die Landnahme selbst, sondern um die Behandlung der Urbevölkerung des
Landes. Die Gebote dieses Typs beziehen sich eigentlich weder auf die Einrichtung
im Land noch auf den einmaligen Vorgang der Landnahme, sondern thematisieren
religiöse Probleme, die sich im alltäglichen Zusammenleben stellen[72].
In Ex 34,11b.12 gibt es einen Vorgänger dieser Form, in welchem das Bündnisverbot, das sogenannte Hauptgebot, mit einer Völkerliste verknüpft ist. Das Gebot und
die Völkerliste stehen hier aber nur in einer losen Verbindung, denn zum einen wird
die Völkerliste nicht mit כי (והיה כי), sondern mit הנני eingeleitet, zum anderen
bietet das Gebot in V.12.15 nicht mit einem Pronomen, sondern nur mit der Bezeichnung יושב הארץ ein kontextabhängiges Element. Weiter ist wichtig, daß Ex
34,11b innerhalb des Vordersatzes kein Element des Einzugs in das Land enthält.
Dtn 7,1ff übernehmen wohl diesen sachlichen Zusammenhang. Dabei wird jedoch,
stilistisch von Ex 34,11b.12 abweichend, der Vordersatz mit כי eingeleitet, und im
Nachsatz werden mit dem Pronomen die im Vordersatz angegebenen Völker bezeichnet. Die Verbindung zwischen dem Vordersatz und dem Nachsatz ist viel stärker als in Ex 34,11f. Der Vordersatz enthält das Einzugselement (יביאך). Zusammenfassend ist zu sagen, daß Dtn 7,1ff Ex 34,11ff voraussetzt, da dieser Text offensichtlich die Vorstellungen von Ex 34,11ff übernimmt, sie aber vollkommen mit der in Ex
12 und 13 vorhandenen Form verbindet.
Der gesamte Zusammenhang wird in Dtn 7 um ein militantes Element erweitert,
nämlich um ונשל גוים רבים ־ ועצומים (V.1) und um ונתנם ־ והכיתם החרם תחרים (V.2).
Die inhaltliche Verwandtschaft zwischen Ex 34,11ff, Ex 23,20-33 und Dtn 7,1ff ist
oft diskutiert worden[73]. Diese drei Texte gehören auch im Hinblick auf den Typ der

---

[71] In Dtn 18,9 dagegen handelt es sich nicht um das Personal-, sondern um das Demonstrativpronomen (ההם), und der Vordersatz enthält keine Entsprechung zum Pronomen.
[72] Gegen N.Lohfink, aaO, S.114. Die Themen dieser Belege, nämlich das Bündnisverbot, der Befehl
zur Zerstörung der Kultstätte sowie der kultischen Bräuche anderer Götter sind wohl im Leben
der einzelnen Israeliten immer wieder zu Problemen geworden. Diese sind andere als z.B. die
Probleme um die Einrichtung des Festes (Ex 12,25; 13,5) oder der Asylstätte (Dtn 19,1ff).
[73] Außer J.Halbe, aaO, S.487-494.260-266 und passim, vgl. z.B. G.Schmitt, Keinen Frieden, S.13-30,

"kleinen Gebotsumrahmung" zusammen. Die "kleine Form" in Ex 23,20-33 weist aber gegenüber Ex 34,11ff und Dtn 7,1ff eine Abweichung auf. Abgesehen vom Numeruswechsel in der 3.Pers. zwischen V.23b und V.24, scheinen Ex 23,23-24 (25aα) die reine "kleine Gebotsumrahmung" zu bilden. Das unter den Belegen der "kleinen Form" einmalige Vorkommen der Vorstellung eines מלאך (V.23) ist jedoch ohne seine Einführung in V.20f überraschend. Die הנני in Ex 34,11b entsprechende Einleitung findet sich in Ex 23,20 (הנה אנכי), und das Element des Einzugs in das Land, das im Vordersatz in Ex 34,11b nicht vorkommt, aber im Vordersatz in Dtn 7,1 steht, ist in Ex 23,20 enthalten (והביאך אל המקום אשר הכנתי). Bezogen auf das Formelement "Nachsatz (Gebote)" behandelt zwar Ex 23,24aγ.b das Thema, das in Ex 34,13 eine Parallele hat. Die Formulierung von Ex 23,24aγ.b ist aber sowohl inhaltlich als auch stilistisch anders als die von Ex 34,13, während Dtn 7,5 Ex 34,13 fast wörtlich übernimmt. Das Bündnisverbot (parallel Ex 34,12.15a; Dtn 7,2bβ) kommt erst in Ex 23,32 vor. In der "kleinen Form" von V.31bff stößt man aber zunächst auf das Problem des Numeruswechsels. Der Numeruswechsel zwischen Vorder- und Nachsatz der "kleinen Form" begegnet sonst nur zweimal, nämlich in Lev 25,2ff und in Dtn 27,2ff. In Lev 25,2ff ist der erste Nachsatz, der das prinzipielle Gebot des Sabbatjahrs bietet, in der 3.Pers. gebildet (V.2b), und erst im zweiten Nachsatz (V.3) wechselt der Numerus. Es ist denkbar, daß V.3f ursprünglich unabhängig von V.2 überliefert worden sind[74]. In Dtn 27,2 findet sich der Numeruswechsel innerhalb des Vordersatzes, mit einer redaktionellen Schichtung ist hier zu rechnen[75]. Es ist auch bez. Ex 23,31bff zu fragen, ob nicht die "kleine Gebotsumrahmung" hier sekundär gebildet worden ist.

Die Struktur von Ex 23,20-33 und der Vergleich mit Ex 34,11ff und Dtn 7,1ff werden nachher dargelegt[76]. Ex 23,20-33 weisen aber Ex 34,11ff; Dtn 7,1ff gegenüber eine eigene Entwicklung auf, und der mit Ex 34,11ff und Dtn 7,1ff zu vergleichende Textbereich ist nicht auf Ex 23,23f.31bff zu beschränken.

2.2   *Zugang zur Redaktionsgeschichte des Weisungsteils*

In Kap.I wurden zwei Gliederungsmöglichkeiten des Hauptteils vorgelegt: die eine Möglichkeit beruht auf der Rahmenstruktur von Ex 21,12-17/ 22,17-19; Ex 22,20/ 23,9 und Ex 21,1-11/ 23,10-12, demgegenüber wurde die andere aufgrund des Schlußakzentes von Ex 22,19.30; 23,13 herausgearbeitet[77]. Die Rekonstruktion der

---

P.H.Horn, Traditionsschichten, S.217-222, E.Otto, Mazzotfest, S.199ff, bes. S.238-294.

[74] K.Elliger, HAT I/4, S.343, hält V.1.2 für die Überschrift, die durch den von ihm sogenannten Ph¹ ("Initiator der Sammlung": vgl. aaO, S.16f) eingeführt wurde, und V.3-5 für die Vorlage.

[75] Zu Dtn 27,1-8 vgl. R.P.Merendino, Dt 27,1-8, M.Anbar, The Story. Beide übersehen das Problem des Numerus.

[76] S.u. 2. 3. 2, 2. 4. 1. 1, 2. 4. 2. 1.

[77] S.o. 1. 2. 3.

Redaktionsgeschichte geht von der Frage aus, ob diese beiden möglichen Beschreibungen der Struktur zwei gleichrangige Interpretationsmöglichkeiten des heutigen Textes darstellen, oder ob sie im heutigen Text auf einen Widerspruch bzw. eine Spannung hindeuten und dementsprechend auf eine redaktionelle Schichtung des Bundesbuches.

2.2.1   Der Ausgangspunkt der Redaktionsanalyse bei J.Halbe

J.Halbe erkennt im Mischpatimteil nicht die mit dem Schlußakzent von Ex 22,19 abgeschlossene dreigliedrige Struktur, nämlich mit einem sozialen Bestimmungsteil (Ex 21,2 - 22,16), einem religiösen Bestimmungsteil (Ex 22,17-18) und dem Schlußsatz (Ex 22,19), und betrachtet den sich aus der Gliederung nach der Rahmenstruktur von Ex 21,12-17/ 22,17-19; 22,20/ 23,9 und Ex 21,1-11/ 23,10-12 ergebenden Text als die Endgestalt des Bundesbuches im Ganzen[78]. Im Weisungsteil sieht er, daß die Gliederung nach dem Schlußakzent von Ex 22,30; 23,13 zu der nach der Rahmenstruktur von Ex 22,20/ 23,9 eine Alternative darstellt[79]. Beide Möglichkeiten weisen für J.Halbe auf redaktionelle Schichtung hin.

Diese Einsicht stellt die Grundlage für seine Rekonstruktion der Redaktionsgeschichte des Weisungsteils dar, die ferner durch die folgenden Annahmen gekennzeichnet ist[80]:

(1) Die Rahmung durch Ex 22,20/ 23,9 scheine absichtlich erst sekundär durch die Erweiterung einer ursprünglichen Gerschutzbestimmung von Ex 22,20aα und die Einfügung des der Erweiterung in Ex 22,20aβ.b entsprechenden Verses Ex 23,9 gebildet worden zu sein. Die Erweiterung in Ex 22,20 und die damit beabsichtigte Bildung der Rahmung Ex 22,20/ 23,9 werden von J.Halbe wie folgt beschrieben[81]:

Ex 22,20		Ex 23,9
וגר לא תונה	A	
ולא תלחצנו	B	וגר לא תלחץ
	C	ואתם ידעתם את נפש הגר
כי גרים הייתם בארץ מצרים	D	כי גרים הייתם בארץ מצרים

Der Prohibitiv A sei gattungskritisch gesehen sekundär durch das Verb des Prohibitivs 23,9a erweitert worden (B). "Das zum schlichten Prohibitiv ergänzte Verb zielt über den Satz hinaus und trifft sein Ziel in 23,9, das durch die identische Motivierung D aufs deutlichste als Bezugselement zu 22,20 ausgezeichnet ist"[82].

---

[78] J.Halbe, aaO, S.413-423.
[79] J.Halbe, aaO, S.423-426.
[80] Ebd. bes. S.423.
[81] J.Halbe, aaO, S.418.
[82] J.Halbe, aaO, s.418f.

(2) Im Vergleich von Ex 22,20 und Ex 23,9 fehlt das Element C (Ex 23,9bα) in Ex 22,20. Warum das Element C nur in Ex 23,9 vorkomme, werde klar, wenn man mitberücksichtigt, daß es in Ex 23,12 seine Parallele erhalte.

Ex 23, 9bα: הגר   את נפש   ואתם ידעתם

       12b: למען ינוח שורך וחמרך וינפש בן אמתך והגר

Die Parallelisierung der Verben נוח und נפש niph in V.12b, die Trennung Vieh und Mensch und die Abwesenheit der Erwähnung der angeredeten freien Männer stellten die Besonderheiten von V.12b dar. J.Halbe erklärt diese Besonderheiten vom Bezug auf V.9bα her. Ex 23,9 und Ex 23,12b bildeten den doppelten Abschluß des vorangehenden Teils des Bundesbuches[83].

(3) Der ambivalente Charakter von Ex 23,13 - dieser Vers fungiere im heutigen Text als die Überschrift der nachfolgenden kultischen Bestimmungen, scheine aber auch der Schlußsatz des vorangehenden Abschnittes zu sein - sei somit als die Folge der sekundären Einfügung der Schlußsätze Ex 23,9.12b zu verstehen, und zwar schloß Ex 23,13 ursprünglich den vorangehenden Abschnitt ab, verlor diese Funktion aber durch die Einfügung von Ex 23,9.12b[84].

J.Halbe arbeitet in Ex 22,20 - 23,13 die zweimal dreigliedrige Struktur mit den sozialen (Ex 22,20-26*//23,1-8) und den religiösen Bestimmungen (Ex 22,27-29// 23,10-12a) und dem Schlußsatz (Ex 22,30//23,13) heraus und gibt zu bedenken, daß die neu gebildete Rahmenstruktur Ex 22,20/ 23,9 die vorherige dreigliedrige Struktur unterbreche[85]. Die Einfügung des Mischpatimteils entspreche aber der Bildung der Rahmenstruktur im Weisungsteil, denn die Rahmung durch Ex 21,12-17/ 22,17-19 entspreche der Rahmung Ex 22,20/ 23,9. Dem doppelten Abschluß durch Ex 23,9.12b entsprechend gingen Ex 21,1-11 zudem den Versen Ex 21,12-17 voran[86].

Die Rahmenstruktur in Ex 23,1-8 stelle den sozialen Bestimmungsteil der letzten dreigliedrigen Struktur dar. V.8 müsse von seiner Entsprechung mit V.2 her eigentlich zwischen V.6 und V.7 stehen. J.Halbe vermutet eine Umstellung von V.7 und V.8 wegen der Einfügung von V.9[87]. Die in sich vollendete Struktur in V.1-8 sei somit in dem heutigen Text abgeändert worden.

Dieser Versuch J.Halbes, eine Redaktionsgeschichte des Weisungsteils zu rekonstruieren, scheitert jedoch schon daran, daß Ex 23,13 durchaus nicht den ambivalenten Charakter trägt, den J.Halbe erkannt haben will[88]. Ex 23,13 dient auch im

---

83   J.Halbe, aaO, S.418.420. Ferner sei bemerkenswert, daß Ex 23,10-12 durch einen Zahlenrhythmus ("Sechs-Sieben") auf Ex 21,2-11 zu beziehen sei (aaO, S.421f).

84   J.Halbe, aaO, S.419f. S.o. Kap.I Anm.13.

85   J.Halbe, aaO, S.423.439.

86   J.Halbe, aaO, S.413ff.439, auch s.o. 2. 1. 1 und Anm.8.

87   S.o. 2. 1. 4, (1). Vgl. J.Halbe, aaO, S.435.

88   S.o. 1. 2. 1.

heutigen Text als ein Schlußsatz. Zu beachten ist, daß die dreigliedrige Struktur auch im Mischpatimteil wahrzunehmen ist[89], auch dies hat J.Halbe übersehen. Er behandelt Ex 23,9 als sekundär, weil Ex 22,20aβ.b nachträglich hinzugefügt zu sein scheint, um mit Ex 23,9 eine Rahmung zu bilden. Er beurteilt Ex 22,20aβ "gattungskritisch" als eine sekundäre Erweiterung[90]. Die gattungsmäßig gesehen sekundär erweiterte Form stellt jedoch für sich keine literarische Erweiterung dar[91]. Es gibt u.E. keinen Grund, Ex 22,20aβ als Erweiterung zu beurteilen. J.Halbes Vermutung, daß Ex 23,9 als Ganzes sekundär sei, kann sich nur auf seine "gattungskritische" Einschätzung von Ex 22,20aβ stützen und scheint uns sehr fragwürdig. Wenn es hier tatsächlich einen stilistischen Sprung gäbe, müßte er sich im Numeruswechsel zwischen Prohibitiv (Ex 22,20a; 23,9a) und Begründungssatz (Ex 22,20b; 23,9b) zeigen. Mindestens bezüglich des Prohibitivs von Ex 22,20a und von 23,9a können wir ihre Nachträglichkeit nicht beweisen.

Um die Parallelstellung von Ex 23,9 und Ex 23,12b zu betonen, hätte ja auch das Element C (Ex 23,9ba), das im heutigen Text ohne Entsprechung bleibt, in Ex 22,20 eingefügt werden können. Wenn aber Ex 23,9 und Ex 23,12b einen doppelten Abschluß bilden und also parallel formuliert sein sollen, warum kam V.9ba nicht ans Ende des Verses, sondern vor V.9bβ zu stehen? Die Formulierung כי גרים הייתם בארץ מצרים ואתם ידעתם את נפש הגר wäre nicht nur möglich, sondern zeigte auch besser die Parallelität Ex 22,20aβ.b//23,9a.bβ und Ex 23,9ba//12b. Die Sachparallele zwischen Ex 23,9b und Ex 23,12b ist zwar gleichwohl gegeben, die Aussage von V.12b entspricht jedoch nur teilweise der von V.9b und kann nicht auf eine V.9b parallele Funktion als Schlußsatz festgelegt werden. V.12b scheint vielmehr ein ursprünglicher Bestandteil des Abschnittes V.11f zu sein, allenfalls V.9ba könnte V.12b nachgebildet worden sein.

Wir wenden uns nun der Stellung von Ex 22,30 und Ex 23,13 zu, die wir anders als J.Halbe verstehen. Es geht dabei besonders um die Bedeutung der 2.P.Pl.Sätze.

2.2.2 Die Bedeutung der 2.Pers.Pl.Sätze

Unter den drei Schlußsätzen der dreimal dreigliedrigen Struktur liegt in den beiden letzten ein Numeruswechsel vor. Ex 22,30 und Ex 23,13* werden anders als der Kontext in der 2.Pers.Pl. gebildet. Diese beiden Verse sind, wie J.Halbe es dargestellt hat, stilistisch parallel formuliert[92]. J.Halbe zieht die These N.Lohfinks der "Numerusmischung" heran und behauptet, daß hier das Vorkommen der 2.P.Pl.Sätze keine redaktionelle Schichtung verrate, sondern daß dahinter lediglich die rhetorische Absicht stehe, den prinzipiellen Anspruch dieser Sätze zu betonen[93]. Dieses

---

[89] S.o. 1. 2. 3.
[90] J.Halbe, aaO, S.419.
[91] J.Halbe, ebd, vermischt die literarische Ebene der Analyse mit der gattungsgeschichtlichen und ruft somit gegen seine Methode Widerspruch hervor. Vgl. aaO, S.43.413.
[92] S.o. 1. 2. 1. J.Halbe, aaO, S.423.425.
[93] J.Halbe, ebd.

Verständnis schließt die Möglichkeit redaktioneller Schichtung aber nicht aus. In der Tat denkt J.Halbe selbst, allerdings aus einem anderen Grund, daß Ex 22,30; 23,13 nicht zur Grundschicht des Bundesbuches gehören[94].

Es gibt demgegenüber nun aber auch in den Rahmensätzen Ex 22,20/ 23,9 einen Numeruswechsel zwischen dem Prohibitiv und dem Begründungssatz. Während in Ex 22,30/ 23,13 ohne die 2.P.Pl.Sätze die Funktion dieser Verse als "Schlußakzent" verloren geht, verbleibt in Ex 22,20/ 23,9 eine Rahmung (nämlich durch die parallelen Prohibitive Ex 22,20a/ 23,9a), auch wenn man die 2.P.Pl.Sätze als sekundäre Zusätze unberücksichtigt läßt. Was bedeutet dieser Befund?

Um die synchronische und diachronische Bedeutung der 2.P.Pl.Sätze zu erklären, wollen wir zunächst ihre Verbreitung betrachten. Zuerst Ex 20,22b.23. Das Bundesbuch beginnt mit 2.P.Pl.Sätzen. Demgegenüber kommen sie im "Epilog"(Ex 23,20-33) dreimal vor (Ex 23,21bα.β?.25aα.31bα) und auch in den Angelpunkten der Gliederung (Ex 22,20//23,9 und Ex 22,30//23,13). Sonst finden sie sich nur noch in dem Abschnitt über die sozialen Bestimmungen Ex 22,20-26. Diese Verbreitung widerspricht zwar kaum der ersten Gliederungsmöglichkeit nach der Rahmenstruktur, denn die 2.P.Pl.Sätze gibt es sowohl im Einführungsteil als auch im "Epilog" und im Schlußsatz des Hauptteils (Ex 23,13). Alle anderen werden in die durch Ex 22,20/ 23,9 umrahmte Struktur eingeschlossen. Nur Ex 22,30 unterbricht mit seiner Parallelität zu Ex 23,13 die Rahmenstruktur. Daß die 2.P.Pl.Sätze in der zweiten Hälfte der Rahmenstruktur (außer dem Rahmenelement Ex 23,9 selbst) fehlen, ist auch auffällig. Dieser Befund paßt eigentlich zu der dreimal dreigliedrigen Struktur. Die 2.P.Pl.Sätze konzentrieren sich nicht auf den ganzen Komplex von Ex 22,20 - 23,9, sondern auf das erste Glied der zweiten dreigliedrigen Struktur (Ex 22,20-26) und auf die Schlußsätze (Ex 22,30; 23,13*). Nur Ex 23,9 ist auffällig. Die 2.P.Pl.Sätze in Ex 23,9 sind jedoch Ex 22,20 entsprechend formuliert und stellen keinen Gegensatz zur Konzentration der 2.P.Pl.Sätze in Ex 22,20-26 dar. Der Numeruswechsel ist also mit der dreimal dreigliedrigen Struktur stark verbunden.

Angesichts dieser unverkennbar planmäßigen Anordnung der 2.Pers.Pl.Sätze müssen wir zunächst fragen, ob der Numeruswechsel (mindestens im Bundesbuch) ein Merkmal für diachronische Schichtung ist und nicht von vornherein planvoll angeordnet worden ist, um das ganze Bundesbuch als Einheit in einer dreigliedrigen Struktur zu bilden. Näher betrachtet finden sich aber einige syntaktische Unvereinbarkeiten, die sich nicht in rhetorische Intentionen auflösen lassen.
(1) An den in der 2.Pers.Pl. formulierten Begründungssatz der Gerschutzbestimmung (Ex 22,20b) schließt sich der Prohibitiv, Witwe und Waise zu bedrücken, an (V.21). Deren erste Begründungssatzreihe (V.22) ist nun aber in der 2.Pers.Sg. gebildet, die zweite (V.23) demgegenüber in der 2.Pers.Pl.[95]. Wie J.Halbe mit Recht gezeigt hat, steht das Pronomen in der 3.Pers.Sg. von V.22 nicht mit V.21 im Einklang, sondern bezieht sich vielmehr auf V.20a[96]. Es wäre freilich zu überlegen, ob

---

94   J.Halbe, aaO, S.440f. Siehe auch unten 2. 3. 3.
95   Zu Ex 22,23, s.o. 2. 1. 2. 1.
96   J.Halbe, aaO, S.426f. Er weist aber auf die Möglichkeit hin, daß sich V.22a an V.21 anschließt.

das Pronomen im Singular nicht kollektivisch auf Witwe und Waise hinweist. Die
zweite Begründungssatzreihe (V.23) erwähnt nun nur Witwe und Waise, nicht den
גר, bezieht sich also über V.22 hinaus auf V.21. Die Beziehung von V.22 auf V.20a
ist also eindeutig. Die Abwechslung der 2.P.Sg.Sätze bez. der Gerbestimmung mit
den 2.P.Pl.Sätzen bez. der Witwe-Waise-Bestimmung bestätigt für sich eine diachronische Schichtung nicht, es ist aber syntaktisch unmöglich, daß das Pronomen über
das vorangehende mögliche Substantiv hinaus auf das Substantiv eines ferneren
Satzes hinweist. In diesem Fall hätte der Gegenstand noch einmal durch das Substantiv bezeichnet werden müssen. V.23 (Pl) ist andererseits ohne Pronominalbezug
mit V.21 verbunden und weist als solcher, trotz der Abwechselung mit dem Zusammenhang der Gerbestimmung, keine syntaktische Spannung auf. Daher liegt es nahe,
daß sich die Begründungssatzreihe V.22 ursprünglich an den Prohibitiv in V.20a
anschloß und nachträglich durch den Zusammenhang der Witwe-Waise-Bestimmung
(V.21.23) und durch die neue Begründung (V.20b) vom Prohibitiv getrennt worden
ist[97].

(2) In Ex 23,13b beziehen sich zwei Sätze auf das Substantiv אלהים אחרים ושם. Obwohl eine solche Zusammenstellung grammatisch nicht unmöglich ist, ist eine Spannung zwischen den beiden Sätzen nicht zu übersehen. J.Halbes Versuch, das unver-
mittelte Vorkommen des 2.P.Sg.Satzes in V.13bβ damit zu erklären, daß "der durch
den kurzen Umsprung zum Plural V.13abα erreichte Hauptton" abklinge und damit
die Bewegung in V.14-19 in der Singularanrede einmünde[98], trifft nicht zu, denn
auch an Ex 22,30 schließen sich die 2.P.Sg.Sätze an, der dritte Satz in Ex 22,30 bleibt
jedoch in der Pluralanrede. Aufgrund der Parallele in Ex 22,30 ist eine nachträgliche
Einfügung des in der 2.Pers.Sg. gebildeten dritten Satzes unwahrscheinlich. Sehr viel
wahrscheinlicher ist es, daß die 2.P.Pl.Sätze erst sekundär eingeschoben worden sind.
Die ursprüngliche Gestalt von Ex 23,13b ist also wahrscheinlich:

ושם אלהים אחרים לא ישמע על פיך

Wegen ihres offenkundig planmäßigen Vorkommens, das stark mit einem Gliede-
rungsprinzip verbunden ist, ist damit zu rechnen, daß die 2.P.Pl.Sätze aus einer Hand
stammen. Wenn es sich in Ex 22,20-23 und Ex 23,13b tatsächlich um eine Bearbeitung mit 2.P.Pl.Sätzen handelt, liegt es nahe, daß die 2.P.Pl.Sätze insgesamt eine
redaktionelle Schicht darstellen. Das wird bestätigt, wenn durch die Streichung der
2.P.Pl.Sätze eine andere, nämlich frühere Struktur des Bundesbuches im Ganzen
deutlicher wird[99].

Eine Bearbeitung mit den 2.P.Pl.Sätzen kommt im Mischpatimteil nicht (mindestens nicht explizit) vor, obwohl die Anrede in der 2.Person auch im Mischpatimteil
geläufig ist. Daher wäre es durchaus möglich, daß der Mischpatimteil erst nach der

---

97   Ebd. J.Halbe schließt aber direkt aus dem Pronominalbezug zwischen V.20 und V.22 auf dieselbe
      Folge. Siehe aber zur Stellung von V.22a oben Anm.96.
98   J.Halbe, aaO, S.454.
99   S.u. 2. 3.

Erweiterung des Weisungsteils durch die 2.P.Pl.Sätze eingefügt worden ist[100]. Aber nicht nur der Mischpatimteil, sondern auch Ex 23,1-8.10-12.14-19 enthalten keine 2.P.Pl.Sätze. Das deutet nicht darauf hin, daß der Bearbeiter der 2.P.Pl.Sätze den Mischpatimteil nicht kannte, sondern daß er die 2.P.Pl.Sätze planvoll auf den Abschnitt Ex 22,20-26 konzentriert hat. Dieser Abschnitt - der erste Abschnitt der zweiten dreigliedrigen Struktur - stellt ferner die Mitte des Bundesbuches inklusive des Mischpatimteils dar! Ohne den Mischpatimteil scheint das Vorkommen der 2.P.Pl.Sätze am Anfang und im Epilog des Bundesbuches auch die Balance zu verlieren. Die Bearbeitung durch die 2.P.Pl.Sätze setzt deshalb sehr wahrscheinlich den Mischpatimteil voraus[101]. Die Verbreitung der 2.P.Pl.Sätze kann wie folgt zusammengefaßt werden:

			Die 2.P.Pl.Sätze
Einführungsteil			Ex 20,22b.23
Hauptteil			
I	1	"Soziale" Bestimmungen	
	2	"Religiöse" Bestimmungen	
	3	Schlußsatz	
II	1	"Soziale" Bestimmungen	Ex 22,20b.21.23.24b
	2	"Religiöse" Bestimmungen	
	3	Schlußsatz	Ex 22,30
III	1	"Soziale" Bestimmungen	*Ex23,9b//Ex 22,20b*
	2	"Religiöse" Bestimmungen	
	3	Schlußsatz	Ex 23,13*
Schlußteil			
	"Epilog"(Ex 23,20-33)		Ex 23,21ba.25aa.31ba

2.3   *Die Grundschicht des Weisungsteils*

Wir kommen nun dazu, die Kompositionsgeschichte des Weisungsteils zurückzuverfolgen, und gehen dabei gemäß der vorangehenden Überlegungen von einer Textgestalt des Weisungsteils aus, die die 2.P.Pl.Sätze nicht enthält.

---

[100]   W.Beyerlin, aaO, bes. S.20, macht darauf aufmerksam, daß nicht nur die 2.P.Pl.Sätze, sondern die paränetische "Bearbeitung" überhaupt im Mischpatimteil nicht zu finden ist und folgert somit, daß der Mischpatimteil nachträglich in den Weisungsteil eingeschoben worden sei.

[101]   Ob die Bearbeitung durch die 2.P.Pl.Sätze zugleich den Mischpatimteil eingeführt hat, oder ob dieser Bearbeitung die Zusammenstellung des Mischpatimteils mit dem Weisungsteil vorangeht, bleibt hier vorerst offen. S.u. Kap.IV Anm.19.

2.3.1   Die Struktur des Weisungsteils ohne die 2.P.Pl.Sätze

Wenn die 2.P.Pl.Sätze als Nachtrag weggenommen werden, verschwindet zuerst die
dreimal dreigliedrige Struktur, da auch die Gliederungssätze Ex 22,30; 23,13* in der
2.Pers.Pl. gebildet sind. Es bleibt nur die Abwechslung zweier Themenbereiche,
nämlich die zwischen sozialen und religiösen Bestimmungen. Auch der Zusammenhang von Ex 21,1 - 23,13 als Hauptteil des Bundesbuches verschwindet. Die Einteilung der Abschnitte wird in dieser Hinsicht anders als beim heutigen Text vorzunehmen sein.

2.3.1.1   Altargesetz
Wenn die das Bundesbuch einleitenden 2.P.Pl.Sätze (Ex 20,22b-23) weggenommen
werden, bleiben im Einführungsteil die Bestimmungen über den Altarbau übrig. Es
gibt drei Bestimmungen, und zwar ein Gebot, einen Altar aus Erde zu machen
(V.24aα), an das sich ein davon syntaktisch und inhaltlich abhängiges Gebot anschließt (V.24aβ), sowie eine Bestimmung in der direkt anredenden Konditionalform
über den Steinaltar (V.25a) und einen Prohibitiv, auf Stufen auf den Altar hinaufzusteigen (V.26a). Jede Bestimmung führt je eine(n) Begründungssatz(reihe) (V.24b.
25b.26b) mit sich. Bei der ersten Bestimmung handelt es sich um einen prinzipiellen
positiven Befehl. Demgegenüber behandeln die zweite und dritte Bestimmung die
Sonderfälle, die genauere Grenzlinien des Prinzips ziehen. Die Absicht der Satzord-
nung ist deutlich. Gleichwohl hat die Forschung hinsichtlich dieses Abschnittes
weitere literarkritische Fragen vorgelegt. Diese sollen unten diskutiert werden[102].

2.3.1.2   Die Struktur von Ex 22,20 - 23,9
Ohne die 2.P.Pl.Sätze ergibt sich eine klare Entsprechung zwischen Ex 22,20a und
Ex 23,9a:

Ex 22,20a: וגר לא תונה ולא תלחצנו
   23, 9a: וגר   לא תלחץ

Nur der zweite Satz in Ex 22,20aβ hat eine Entsprechung in Ex 23,9. Der erste Satz
(Ex 22,20aα) scheint die Überschrift des Abschnittes zu sein.
Auffällig ist ferner die Entsprechung zwischen den je zwei direkt anredenden
Konditionalsatzreihen (Ex 22,24f/ 23,4f). Ex 22,24 und 25 werden jeweils mit אם
eingeleitet und beziehen sich (anders das Zinsverbot V.24b im Plural) auf die Eintreibung der Schulden (V.24a) und die Pfandnahme (V.25). Zwar wird das Verbot,
"wie ein Wucherer zu sein", meistens als Umschreibung des Zinsverbotes verstanden[103], der Terminus נשה aber tritt nicht im allgemeinen Problemzusammenhang der

---

102   S.u. 2. 5. 1. Nennenswert ist vor allem D.Conrad, Altargesetz, S.8-20, dem sich im wesentlichen
      J.Halbe, aaO, S.441-444, E.Otto, Begründungen, S.54-56 anschließen. Vgl. auch Ch.Dohmen,
      Bilderverbot, S.169-176.
103   E.Neufeld, Loans, S.365f, E.Klingenberg, Zinsverbot, S.28f, J.Halbe, aaO, S.427: Er sieht V.24a

Schuldverzinsung auf, sondern bezeichnet nur eine übertriebene Härte in der Schuldeintreibung, wie etwa vollständige Enteignung oder Schuldversklavung der Kinder oder des Schuldners selbst. Alle Belege im Alten Testament - wenn sie auch nicht zahlreich sind - verdeutlichen diesen Zusammenhang (ISam 22,2; IIReg 4,1; Jes 50,1; Ps 109,11). Auch der Gebrauch des Verbs נשא (נשה) bezieht sich meistens auf die Eintreibung oder die Pfandnahme (Dtn 24,10f; Neh 5,1ff) und auch auf den Erlaß der Schulden (Dtn 15,2), nicht aber auf Zinsnahme[104]. Die beiden Bestimmungen (Ex 22,24a.25) behandeln also die Enteignung des Vermögens oder die personale Schuldhaftung im Falle finanzieller Schuld.

An die Gerschutzbestimmung und an die Eintreibe- und Pfandbestimmungen schließt sich jeweils eine Begründungssatzreihe an, und zwar Ex 22,22 an die Gerschutzbestimmung und Ex 22,26 an die Eintreibe-/ Pfandbestimmungen. In den beiden Begründungen findet sich eine parallele Formulierung:

Ex 22,22b: כי אם צעק יצעק אלי שמע אשמע צעקתו

26bβγ: והיה כי   יצעק אלי ושמעתי

In V.26 findet sich zudem noch ein paränetischer Satz, der um Verständnis für die Situation des Bedrückten wirbt, in dem aber der Anspruch JHWHs in der 1.Pers. nicht explizit erscheint (vgl. V.22.26bβγδ): "Denn er (der gepfändete Mantel) ist sein einziges Obergewand, er ist seine Bedeckung für seine Haut. Womit soll er schlafen?" Erst am Ende des Verses (V.26bδ) steht die Selbstvorstellung JHWHs: "Denn gnädig bin ich"[105]. J.Halbe bestimmt von der Parallelstellung von V.22 und V.26a.ba-γ her V.20a(a).22 und V.26a.ba-γ als Rahmensatz[106]. Diese Rahmenstruktur entspreche somit der Rahmenstruktur von Ex 23,1-8, deren Mitte ebenfalls durch direkt anredende Konditionalsatzreihen gestaltet ist[107]. Das ist ein mögliches Verständnis der Komposition von Ex 22,20 - 23,8(9). Die Begründung in Ex 22,22 aber bezieht sich recht besehen nicht auf V.24f*, sondern auf V.20a. V.22 und V.26 scheinen zwar parallel gebildet worden zu sein, ihre Beziehung zu V.24f* aber, die die Mitte der Rahmenstruktur bilden, ist ganz anders. Ferner hat der Prohibitiv V.20a in V.26 keine Entsprechung, wodurch Prohibitive wie V.20a die Struktur von V.22-26bγ umrahmt hätten. In dieser Hinsicht unterscheidet sich diese Rahmenstruktur von der in Ex 23,1-8. Viel wahrscheinlicher ist, daß hier zwei Bestimmungen (Ex

---

[104]   und V.24b als tautologisch an. Weiter M.Noth, aaO, S.151. B.S.Childs, aaO, S.479.
        E.Otto, aaO, S.38 und Anm.140, betrachtet schon Ex 22,24a als Pfandrechtsbestimmung. Ob es aber um das Verbot geht, "Geld nur gegen ein Faustpfand" zu verleihen, ist fragwürdig. Es geht zwar hier ums Pfänden, jedoch nicht um die Pfandnahme als solche, sondern um die Eintreibung des Pfandes. Aus Jer 15,10 wird ersichtlich, daß solch ein Darlehen häufig einen Rechtsstreit hervorrief.

[105]   Nur V.26bδ stellt "an internal motive clause" dar und begründet nicht die Bestimmung in V.25, sondern das Verb ושמעתי im vorangehenden Begründungssatz. So R.Sonsino, Motive Clauses, S.75.235. S.u. Anm.118.

[106]   J.Halbe, aaO, S.428.436. Die Schlußbegründung, die bei uns "V.26bδ" bezeichnet wird, bezeichnen J.Halbe und E.Otto "V.26bγ".

[107]   J.Halbe, aaO, S.436.

22,20a und 22,24a.25) mit je einer einigermaßen parallelen Begründungssatzreihe (Ex 22,22.26) nebeneinandergefügt worden sind. Der Begründungssatz V.26b$\beta\gamma$, welcher dem die Gerschutzbestimmung abschließenden V.22b parallel formuliert ist, scheint die Eintreibe-/ Pfandbestimmungen abzuschließen. Daran schließt sich noch eine Begründung (Ex 22,26bδ) an, die auf das Wesen JHWHs rekurriert. Die Absicht, die Aussage von V.26bδ hervorzuheben, ist deutlich[108].

Ex 22,24f* entsprechen zunächst stilistisch Ex 23,4f, die wie Ex 22,24f* aus zwei direkt anredenden Konditionalsatzreihen bestehen, allerdings werden Ex 23,4f mit כי eingeleitet. Auch thematisch gesehen sind Ex 22,24f* und Ex 23,4f vergleichbar, da sie beide einen Aufruf zur Solidarität darstellen[109]. Daß Ex 23,4f die Mitte der Rahmenstruktur in Ex 23,1-8 bilden, haben wir schon gesehen[110]. איב und שנא bezeichnen in diesem Kontext den Gegner im Rechtsstreit[111]. Die Doppelbezeichnung hat nur rhetorische Gründe; ein und derselbe Gegenstand ist gemeint. Beide Bestimmungen mahnen zur Solidarität im alltäglichen Leben, auch wenn eine Gegnerschaft im Gerichtsverfahren besteht. Diese Solidarität hat mit der Bevorzugung im Gerichtsverfahren nichts zu tun. Die Feindschaft vor Gericht nicht in das alltägliche Leben einzubringen, ist vielmehr eine Voraussetzung der Gerechtigkeit im Gericht[112].

Der Vetitiv in V.1ba und V.7ba zerstört die Einheitlichkeit des Abschnittes nicht, weil er einen Bestandteil der Rahmung durch V.1 und V.7 bildet[113]. Weshalb aber hier der Vetitiv verwendet wurde, ist eine schwierige Frage. Setzt man bei der allgemeinen linguistischen Bestimmung des Vetitivs an, nämlich daß es sich dabei um eine den konkreten Gegebenheiten entsprechende, zeitlich befristete und nicht bedingungslose Befehlsform handelt[114], könnten V.1ba und V.7ba eine mit dem vorangehenden Gebot verbundene Warnung sein, welche mit Betonung lehrt, was im vorliegenden Verfahren zu verbieten ist, oder was im konkreten Fall die durch die Prohibitive verbotenen Handlungen bedeuten. V.1 und V.7 sind wie folgt zu verstehen, obwohl die folgenden Sätze nicht als Übersetzung gelten: "Du sollst keine

---

108   Die Betonung von Ex 22,26bδ sieht J.Halbe, aaO, S.433f, in der Parallelstellung von Ex 22,26bδ/ 23,7bβ gegeben, die die beiden Abschnitte Ex 22,20-26*/ 23,1-(8)7 abschließen. E.Otto, aaO, S.43, andererseits erkennt in Ex 22,26bδ den Schlußakzent der von ihm herausgearbeiteten Redaktionsstruktur Ex 21,2 - 22,26.

109   Als Thema von Ex 22,24f "Solidarität" anzugeben, ist dadurch begründet, daß V.24 die vor Schuldeintreibung zu schützenden Menschen als עמי = meinen (JHWHs) Volksgenossen" und "העני עמך = den Armen bei dir" bezeichnet. Dieser Vers hält also die zu Schützenden für mit den Adressaten nah Verwandte, vgl. auch die Bezeichnung רעך in V.25a. Dafür spricht auch die Begründung in V.26a.ba. Vgl. E.Otto, aaO, S.39.69. E.Otto erkennt in עני עמך einen Aufruf zur Solidarität, betrachtet aber עמי als "überlieferungsgeschichtliche Erweiterung", die die Theologisierung der Rechtsbegründung darstelle. Diese vermutliche Entwicklung ist aber fragwürdig.

110   S.o. 2. 1. 4, (1).

111   M.Noth, aaO, S.153. J.Halbe, aaO, S.431.

112   M.Noth, ebd, J.Halbe, ebd. Die spezielle Bedeutung von איב und שנא, die als Bezeichnung des Gegners im Rechtsstreit ungewöhnlich sind, diskutiert H.B.Huffmon, Exodus 23:4-5, bes. S.273. 276.

113   S.o. 2. 1. 4, (1).

114   G-K[28], §152,f. Vgl. auch W.Richter, aaO, S.71.

üble Nachrede üben, das bedeutet (eben) im vorliegenden Fall, nicht mit einem
Übeltäter gemeinsame Sache zu machen"; "Vom betrügerischen Wort sollst du entfernt sein, das bedeutet, einen Schuldlosen nicht zu töten (töte ihn nicht!)."
Der inhaltliche Bezug von V.2.3.6.8 ist andererseits deutlich[115]. Weil aber V.1 und
V.2 sowie V.7 und V.8 nicht voneinander zu trennen sind, müssen auch V.1f und V.7f
als Unterabschnitte von Ex 23,1-8 gelten. Dies wird durch den Wechsel des Satzbaus
von "yiqtol x" in V.1f zu "x yiqtol" in V.3, von "yiqtol x " in V.6 zu "x yiqtol" in V.7f und
durch den V.3 und V.6 verbindenden Stichwortbezug בריבו bestätigt. Die von J.Hal-
be angenommene Umstellung von V.7 und V.8 hat keinen Grund mehr. Nach J.Hal-
be würde die Begründung V.7bβ, die vor der Umstellung von V.7 und V.8 den
Schlußsatz der Rahmenstruktur Ex 23,1-8 dargestellt haben soll, der Begründung Ex
22,26bδ entsprechen. Die beiden je den Abschnitt abschließenden Begründungssätze böten eine Motivierung, die im Wesen JHWHs wurzele, und seien mit dem
"Ich-JHWHs" formuliert[116]. Die zwei Begründungssatzreihen in Ex 23,7bβ.8b entsprechen zwar den ebenfalls zweifachen Begründungssatzreihen in Ex 22,22.26. Ex
23,7bβ stimmt jedoch nicht mit Ex 22,26bδ, sondern mit Ex 22,22//26bβγ überein,
Ex 22,26bδ (der JHWH direkt mit einem Charakter bzw. Wesen verbindende Nominalsatz) dagegen findet keine Entsprechung in Ex 23,1-8. In Ex 22,22.26bβγ stellt sich
JHWH als der Barmherzige, der den Schrei des Bedrückten erhört, mit dem "Ich-
JHWHs" vor, demgegenüber enthält die Gottesprädikation von Ex 23,7bβ die Aussage, daß JHWH keinen Schuldigen ungestraft läßt. Daß es in V.7bβ nicht um den
Schutz des gefährdeten Schuldlosen, sondern um die Androhung sicherer Vergeltung
für den Schuldigen geht, erzeugt eine gewisse Spannung zwischen der Vorschrift von
V.7ba und der Begründung von V.7bβ[117]. Die Androhung aber gilt dem Schuldigen,
der durch ein falsches Gerichtsverfahren seine Schuld auf den Schuldlosen abwälzt.
Es geht also in Ex 22,22//26bβγ und Ex 23,7bβ um JHWH als den wahren Richter,
der in das Verborgene sieht.
Die Begründung in Ex 23,8b ist eine weisheitlich-sprichwörtliche Aussage, die vor
Augen stellt, was sich aus Bestechung ergibt[118]. In dieser Hinsicht stimmen Ex 23,8b
und Ex 22,26a.ba überein. Insofern sind drei verschiedene Arten der Begründung in
Ex 22,20 - 23,9 vorhanden, und zwar eine Begründung (1), die davon ausgeht, daß
JHWH ins Verborgene sieht, eine Begründung (2), die allgemein an die Einsicht
appelliert, und eine Begründung (3), die mit dem Wesen JHWHs argumentiert. Ein
Überblick zeigt folgende Streuung dieser Begründungssatztypen in Ex 22,20 - 23,9:

---

[115]   J.Halbe, aaO, S.431, ders, Gemeinschaft, S.69.
[116]   J.Halbe, Privilegrecht, S.433-435.
[117]   Von der extratemporalen Bedeutung der Verbform her erwägt W.Richter, aaO, S.62, daß V.7bβ
        ursprünglich ein Prohibitiv (לא תצדיק) gewesen sei. Vgl. die Lesart von LXX, M.Noth, aaO, S.153.
        J.Halbe betont die Entsprechung von V.7bβ als Begründung zum Finalsatz V.1bβ (aaO, S.432)
        und zur Begründung in Ex 20,26bδ (aaO, S.433f).
[118]   B.Gemser, Motive Clause, S.57, sieht Ex 23,8b mit Ex 22,26a.ba als eine "ethical" Begründung an.
        Nach ihm gehört Ex 23,7bβ zur "religious" Begründung: aaO, S.59. Er weist weiter (aaO, S.65) auf
        die Beziehung von Ex 23,7bβ.8b zur weisheitlichen Tradition hin. Vgl. R.Sonsino, aaO, S.112.

Ex 22,20a		Gerschutzbestimmung	Ex 23,7a.	bα	Gerechte Worte im Gericht
22		Begründung 1	7	bβ	Begründung 1
24a. 25		Eintreibe-/Pfandbestimmung	8a		Bestechungsverbot
26a.	bα	Begründung 2	8	b	Begründung 2
26	bβγ	Begründung 1//V.22			
26	bδ	Begründung 3			

Ex 22,20a/23,9a und Ex 22,24f*/23,4f bilden je eine Rahmung. In der Rahmenstruktur Ex 23,1-8 entsprechen V.7f V.1f, die Begründungen in V.7f haben jedoch keine Entsprechung in V.1f, sondern vielmehr in Ex 22,20-26*. Die beiden Strukturen Ex 22,20-26* und Ex 23,1-8 müssen somit aber als von vornherein planvoll und miteinander verbunden formuliert gelten. Zwischen ihnen stehen Ex 22,27-29 als Mitte des Abschnittes Ex 22,20 - 23,9.

Dieser Teil (Ex 22,27-29) besteht aus drei Prohibitiven, die in der "Obj + לא + PK"-Form gebildet wurden (V.27a.b.28a), einem Gebot (V.28b) und näheren Bestimmungen zu diesem Gebot (V.29). Stilistisch gesehen haben die Prohibitive (V.27.28a) und das Gebot (V.28b) eine kurze "x yiqtol"-Form und erinnern an den Anfang des Abschnittes (V.20a//Ex 23,9a). Inhaltlich gesehen legen diese kleinen Sätze sehr schwierige Fragen vor. Insbesondere ist die Amtsbezeichnung נשיא (V.27b) in Verbindung mit der Amphiktyonie-Hypothese als ein entscheidendes Kennzeichen für die Datierung des Bundesbuches betrachtet worden[119]. U.E. ist dieses Vorgehen sehr problematisch. Es ist zunächst schon fragwürdig, ob ohne Kontextbezug, von einem bloßen Lexem her, das zudem in einer breiten Zeitspanne vorkommt, Datierung und Entstehungsort des Bundesbuches geklärt werden können[120]. Und es ist ferner fraglich, was אלהים (V.27a) bedeutet[121]. מלאה und דמע sind im Alten Testament sehr selten[122]. Was aber bedeutet schließlich der unbedingte Befehl, daß das Erstgeborene zu JHWH gehören soll, ohne die Bestimmung zur Auslösung (vgl. Ex 13,13; 34,20)[123]? Diese Fragen sind nur in Verbindung mit dem Kontext zu beantworten.

J.Halbe betrachtet in der dreigliedrigen Struktur in Ex 22,20-30* bis Ex 23,1-13* nur die "religiösen" Bestimmungen (Ex 22,27-29: 23,10-12a) als Grundschicht[124] und arbeitet zwei Parallelen zwischen Ex 22,27-29 und Ex 23,10-12a heraus, nämlich die parallele Formulierung von Ex 22,29a und Ex 23,11b:

Ex 22,29a: כן תעשה לשרך לצאנך
   23,11b: כן תעשה לכרמך לזיתך

---

[119] M.Noth, System, S.97f.151-162, ders, ATD 5, S.152.
[120] F.Crüsemann, Bundesbuch, S.34, verzichtet für die Datierung auf dieses Lexem als Indiz.
[121] H.Cazelles, Études, S.81, F.C.Fensham, Rôle, S.265.
[122] מלאה kommt im AT dreimal (Ex 22,28; Num 18,27; Dtn 22,9) vor. Wenn דמעה in Jes 16,9 ein Wortspiel darstellt, ist dieser Vers ein Beleg, sonst ist דמע in Ex 22,28 hapaxlegomenon. Vgl. H.Cazelles, aaO, S.82, B.S.Childs, aaO, S.450.
[123] M.Noth, ATD 5, S.152.
[124] J.Halbe, aaO, S.440ff.

und die Entsprechung im Zahlenrhythmus X/X + 1 (Ex 22,29b/23,12a)[125]. Der Sinn dieser religiösen Bestimmungen ist nach J.Halbe der privilegrechtliche Anspruch JHWHs[126]. Selbst wenn Ex 22,20-26.30; 23,1-9.13 sekundär eingeführt worden wären, müßte er aber nicht nur erklären, welche Lebensbereiche der Privileganspruch JHWHs umfaßte[127], sondern auch welche Bedeutung die Einzelbestimmungen im neuen Kontext gewonnen haben[128].

Sollten Ex 22,27-29 mit Ex 22,20-26* und 23,1-9 eine Einheit gebildet haben, ist der Sinn dieses Gefüges deutlich. Es handelt sich um Verbote, die Machtlosen zu bedrücken, ihr Vermögen und ihre Freiheit wegzunehmen, um Verbote, im Gericht falscher Zeuge zu sein, ein ungerechtes Urteil zu sprechen. In diesem Zusammenhang paßt der Begründungssatz, daß JHWH solches verborgene Unrecht sieht[129], und auch die folgende Formulierung ist sinnvoll:

"Gott sollst du nicht als verflucht bezeichnen.
und keinen נשׂיא in deinem Volk sollst du mit einem Fluch belegen"
(Ex 22,27).

Gott zu verfluchen, meint nichts anderes als gegen JHWH, der das verborgene Unrecht sieht, widerspenstig zu sein oder ihn als machtlos oder als blind zu verachten. Die Bezeichnung "Gott (אלהים) ist dem "Ich-JHWHs" im Kontext gegenüber überraschend, hängt aber wahrscheinlich mit der göttlichen Befragung im Gerichtsverfahren zusammen (vgl. Ex 22,8b)[130]. JHWH, der im Gerichtsverfahren nach dem Urteil befragt wird, sieht alles, auch das Verborgene. "Du sollst ihn nicht verfluchen". Was eigentlich נשׂיא meint, und welche Funktion dieses Amt hat, dürfen wir unbeantwortet lassen. Daß es eine richterliche Funktion hatte, ist wahrscheinlich, obwohl es nicht deutlich ist, ob das mit נשׂיא bezeichnete Amt in jeder Zeit diese Funktion behielt (vgl. Ez 45,9)[131]. In Ex 22,27b geht es um seinen richterlichen Aspekt, also um die Ordnung des Gerichts.

---

[125] J.Halbe, aaO, S.444. E.Otto, aaO, S.45-51, übernimmt diese Betrachtung über die Entsprechung von Ex 22,28-29/ 23,10-12a und arbeitet eine Rahmenstruktur heraus; Ex 22,28-29/ 23,10-12a; Ex 23,1f/7f; Ex 23,3/6. Ex 23,4f bilden die Mitte dieser Rahmenstruktur. Siehe die Kritik zu dieser These von E.Otto unten 2. 5. 2.

[126] J.Halbe, aaO, S.449 und passim.

[127] J.Halbe, aaO, S.450.457-459, auch S.464-466.

[128] J.Halbe (ebd. und passim) erklärt zwar die Aussageabsicht der Grundschicht und die Absicht der Erweiterung jeder Schicht, diskutiert jedoch nicht, ob und wie sich durch die Erweiterung die Bedeutung der Bestimmungen der älteren Schicht geändert hat. Ex 22,27-29 z.B. müssen nach ihm in ihrer Bedeutung für die Grundschicht ohne Bezug auf die sie umrahmenden sozialen Bestimmungen bleiben (vgl. aaO, S.429.445f.451).

[129] S.o. 2. 3. 1. 2.

[130] H.Cazelles, aaO, S.81, sagt: "Le Targum et le Syr. ont exagéré en traduisant par 'juges'. Mais 'Elôhîm' a un rôle judiciaire en Ex., XXII, 7 et 8 et il est dans notre verset en parallélisme avec nâsi' qui parait bien avoir cette valeur". In bezug auf die sozialen Bestimmungen, in denen JHWH als wahrer Richter auftritt, soll אלהים in V.27 aber schlicht als Gott, JHWH aber als Richter verstanden werden.

[131] Vgl. H.Niehr, Rechtsprechung, S.112f, C.Schäfer-Lichtenberger, Stadt, S.355-367.

Der dritte Prohibitiv und das Gebot lauten (Ex 22,28a.b):

"Deinen vollen Ertrag und deinen Saft sollst du nicht zögernd geben.
Den Erstgeborenen deiner Söhne sollst du mir geben".

Diese Formulierung vermittelt den eigentlichen Privileganspruch JHWHs[132], scheint aber keinen Zusammenhang mit dem Gerichtsverfahren oder mit dem Schutz der sozial Schwachen zu haben. Und doch bezieht sich der Anspruch, daß das reiche Produkt (des Landes)[133] und der Erstling zu JHWH gehören, auf das Verbot, die Schwachen auszubeuten, oder auf das Verbot, im Gerichtsverfahren Unrecht zu tun[134]. Angesichts dieses Anspruchs JHWHs kann nämlich niemand das Vermögen für sich selbst in Anspruch nehmen[135]. JHWH erhebt hier Anspruch auf das Eigentum und auch auf die Kinder des Adressaten und besteht auf seinem Privilegrecht nicht gegenüber anderen Göttern, sondern gegenüber dem Adressaten dieser Rechtssätze. Daß JHWH den Armen "meinen Volksgenossen" nennt (Ex 22,24a), ist auch in Verbindung mit seinem privilegrechtlichen Anspruch zu verstehen. Für diesen Zusammenhang ist es hinreichend, wenn die Zugehörigkeit des Erstlings und des Produkts zu JHWH ausgesagt wird, deshalb ist die sonst häufig angefügte Auslösung hier ausgelassen. Das Gebot Ex 22,28b aber ist an sich ein kultischer Anspruch JHWHs. Es führt die näheren Bestimmungen an, um den Anspruch zu verwirklichen (V.29). Mit dem Ausdruck: "Ebenso sollst du tun" (V.29a) ist die Erweiterung der Grenze des Gebots gemeint. Die Darbringung des Rindes oder des Kleinviehs aber ist der eigentliche Sinn der Opferung des Erstlings gewesen (vgl. Ex 13,12f; 34,19f). Der Schwerpunkt hat sich vom eigentlichen kultischen Sinn zum unbedingten Anspruch JHWHs auf den Besitz verlagert. Eine genaue Parallele findet sich, wie J.Halbe mit Recht gezeigt hat, in Ex 23,11b. Auch die Übereinstimmung zwischen Ex 22,29 und Ex 23,10-12 im Hinblick auf den Zahlenrhythmus "X/X+1" ist bemerkenswert[136]. Von der vorherigen Diskussion her wird die Struktur von Ex 22,20 - 23,9a* folgendermaßen zusammengefaßt:

---

[132] J.Halbe, aaO, S.448f.
[133] Zu דמע מלאה vgl. H.Cazelles, aaO, S.82. Beide Begriffe können als "reiches Produkt" zusammengefaßt werden.
[134] Durch ein unrechtes Urteil konnte ein Kläger ein Vermögen machen. Vgl. Am 2,6.8; 5,10-12.
[135] Im H findet sich die Einschränkung des Besitzrechts aufgrund des Anspruchs, daß die Volksgenossen und das Land in JHWHs Besitz sind (Lev 25,23: das Land; Lev 25,42.55: Sklaven).
[136] J.Halbe, aaO, S.444. Siehe auch unten 2. 3. 1. 3.

Gerschutzbestimmung 1	וגר לא תונה	Überschrift	Ex 22,20aα	x yiqtol
Gerschutzbestimmung 2	ולא תלחצנו		20aβ	
Begründung 1			22	
Eintreibe-/Pfandbestimmungen 1			24a	אם
Eintreibe-/Pfandbestimmungen 2			25	אם
Begründung 2			26a.bα	
Begründung 1			26bβγ	
Begründung 3	כי חנון אני		26bδ	
Privileganspruch JHWHs	Gott nicht zu verfluchen		27a	x yiqtol
	נשיא nicht zu verfluchen		27b	x yiqtol
	Zugehörig. des Produkts zu JHWH		28a	x yiqtol
	Zugehörig. des Erstlings zu JHWH		28b.29	
			(Gebot x yiqtol)	

Üble Nachrede		Ex 23, 1a	yiqtol x
Mit einem Übeltäter gemeinsame Sache zu machen		1bα	
		(Vetitiv yiqtol x)	
Falscher Zeuge	Finalsatz	1bβ	
Anschluß an die Mehrheit		2a	yiqtol x
Aussage zusammen mit der Mehrheit		2b	yiqtol x
Bevorzugung eines Machtlosen	בריבו	3	x yiqtol
Solidarität im alltäglichen Leben 1		4	כי
Solidarität im alltäglichen Leben 2		5	כי
Recht des Armen	בריבו	6	yiqtol x
Betrügerisches Wort		7a	x yiqtol
Einen Schuldlosen zu töten		7bα	
		(Vetitiv x yiqtol)	
Begründung 1		7bβ	
Bestechung		8a	x yiqtol
Begründung 2		8b	
Gerschutzbestimmung 2	וגר לא תלחץ	9a	x yiqtol

2.3.1.3   Die Struktur von Ex 23,10-17

Die meisten Kommentare fassen Ex 23,10-19 als einen einheitlichen Abschnitt kultischer Bestimmungen zusammen[137]. In der heutigen Gestalt des Bundesbuches aber müssen Ex 23,10-12 aufgrund des Schlußsatzes Ex 23,13 als von Ex 23,14-17 getrennt betrachtet werden[138]. Angesichts ihrer Rahmenstruktur sind Ex 23,14-17

---

[137]   Z.B. H.Strack, KK AI, S.236ff, H.Holzinger, KHC II, S.95f, G.Beer, HAT I/3, S.119f, B.S.Childs, aaO, S.482ff, U.Cassuto, Exodus, S.300ff.
[138]   S.o. 1. 2. 1.

ihrerseits einheitlich zu behandeln[139]. Nur die 2.P.Pl.Sätze in Ex 23,13 sind fraglich. Reduziert man Ex 23,13 um die 2.P.Pl.Sätze, bleibt noch der Prohibitiv übrig:

"Und der Name anderer Götter soll in deinem Mund nicht gehört werden".

Dieser Prohibitiv stellt wegen seiner Abfassung in der 3.Pers. eine Variante unter den Prohibitiven des Bundesbuches dar und scheint, Ex 22,27-29 funktionell analog, die Mitte des Abschnittes Ex 23,10-17 zu gestalten. Wird V.13 auf den in der 2.Pers.Sg. anredenden Prohibitiv von V.13b reduziert, handelt es sich aber kaum mehr um einen Schlußsatz des Abschnittes.

Wie die zweite Hälfte des vorangehenden Abschnittes (Ex 23,1-8 im Abschnitt Ex 22,20 - 23,9) eine Rahmenstruktur bietet, so hat auch die zweite Hälfte dieses Abschnittes (Ex 23,14-17) eine Rahmenstruktur[140]. In der ersten Hälfte des Abschnittes (Ex 23,10-12) handelt es sich, wie in Ex 22,20-26*, um zwei Bestimmungen (V.10-11aβ.12) mit je einer Begründung (V.11aγδ.12b). Überschüssig ist nur ein Ex 22,29 paralleles Gebot (Ex 23,11b), das sich an das erste Gefüge aus Bestimmung und Begründung anschließt. Die parallele Bestimmung in Ex 22,29 könnte die Verschiebung des Schwerpunktes zeigen. Ex 23,11b macht anders als Ex 22,29 nur den Umfang des prinzipiellen Gebots in V.10-11a deutlich[141]. Wichtig ist jedoch seine Stellung, denn auffälligerweise führt das prinzipielle Gebot seine Begründung gleich mit sich (V.10-11a). Dann erst folgt die die Grenze des Gebots genauer kennzeichnende Bestimmung V.11b. Gemeint ist, daß um der Armen und der Tiere des Feldes willen das Land im siebenten Jahr brachliegen soll, und daß auch bez. des Weinbergs und der Olivenpflanzung an die Armen und an die Tiere des Feldes gedacht werden soll.

Weil der Numeruswechsel als Merkmal für redaktionelle Schichtung - wie gezeigt - sinnvoll ist, ist es unwahrscheinlich, V.12b dem V.9b einfügenden Bearbeiter zuzuschreiben[142]. Es gibt keinen Grund, V.12b für sekundär zu halten. Auffällig ist, daß die Tiere und die Menschen, die in V.12b genannt sind, zum Haushalt des im Gebot angeredeten freien Mannes gehören, während die Tiere und die Menschen in V.11aγδ mit seinem Haushalt nichts zu tun haben[143]. Der Ausdruck: "der Sohn

---

[139] S.o. 2. 1. 4, (2).

[140] Ebd.

[141] N.P.Lemche, Manumission, S.43, meint, daß in Ex 23,11b ein älterer bäuerlicher Brauch beibehalten sei. Die Erweiterung um den sozialen Themenbereich besteht aber anders als Ex 22,28b nicht in der zugefügten Bestimmung Ex 23,10.11aαβ. S.u. 4. 1. 1.

[142] Gegen J.Halbe, aaO, S.418-420.

[143] Es ist lediglich fraglich, ob הגר (V.12bβ) zum Haushalt des im Gebot angeredeten freien Mannes gehört. U.E. ist damit zu rechnen, daß der גר bei einem freien Mann eine Bleibe findet. Lev 25,35 etwa gebietet: "Wenn dein Bruder verarmt und neben dir nicht bestehen kann, sollst du ihn, (wie) einen גר oder Beisassen unterstützen, damit er neben dir leben kann". Wenn mit LXX "wie einen גר" zu lesen wäre, könnte das darauf hindeuten, daß die Unterstützung des גר als eine Selbstverständlichkeit galt. Aber auch wenn der ursprüngliche Text die Vergleichspartikel nicht enthielt und der גר nur einfach neben dem "Bruder" genannt wäre, dürfen wir damit rechnen, daß der Gerschutz eine Angelegenheit der privaten Haushalte gewesen ist.

deiner Sklavin" und das Fehlen der einfacheren Bezeichnung "Sklave" in V.11aγδ
sind auffällig[144].
Zusammenfassend gesagt hat der Abschnitt Ex 23,10-17 eine dem Abschnitt Ex
22,20 - 23,9 ähnliche Struktur. Es fehlt lediglich eine Ex 22,20a/ 23,9a analoge Rahmung. Die Mitte der Struktur Ex 23,13b* entspricht der Mitte des vorangehenden
Abschnittes (Ex 22,27-29) stilistisch (kleine Prohibitive in "x yiqtol") und inhaltlich,
sofern in beiden Fällen der Privilegianspruch JHWHs erhoben ist. Andererseits sind
aber auch Ex 23,10-12 durch ihren Gedankengang mit Ex 22,27-29 verbunden[145].
Thematisch beinhaltet dieser Abschnitt einen religiösen Kalender[146].

Brachjahr	Ex 23,10-11aβ
Begründung	11aγδ
Das die Grenze des Prinzips bestimmende Gebot	11b
Sabbattag	12a
Begründung	12b
Privilegianspruch JHWHs	13b*
Dreimalige Erscheinung vor JHWH	14
Massotfest	15a
Kultische Gaben	15b
Ernte- und Lesefest	16
Dreimalige Erscheinung vor JHWH	17

2.3.1.4   Ex 23,18f
Es handelt sich in Ex 23,18f zwar um ziemlich selbständige Bestimmungen[147].
Welche Stellung sie im Bundesbuch haben, ob sie eine bestimmte Rolle zwischen
den Gliedern Ex 23,10-17 und Ex 23,20ff spielen, oder ob sie an dieser Stelle einigermaßen überflüssige Bestimmungen sind, muß jedoch eigens gefragt werden. Erst
nach der Erklärung von Ex 23,20ff werden diese Fragen ihre Antwort finden.

2.3.2   Literarkritische Probleme im Epilog (Ex 23,20-33)

Im Epilog können wir die Bearbeitung durch die 2.P.Pl.Sätze finden, jedoch liegen
hier noch weitere literarkritische Probleme, z.B. der Numeruswechsel in der 3.Pers.
und inhaltliche Widersprüche vor. Eine spezielle Untersuchung ist deshalb nötig.

---

[144] Siehe die weitere Diskussion in 4. 1. 1.
[145] Der Gedankengang geht vom prinzipiellen Gebot zu der den Umfang des Gebots erklärenden
        Bestimmung כן תעשה ל und bez. der Zahl "X/X + 1". S.o. 2. 3. 1. 2.
[146] Z.B. B.S.Childs, aaO, S.482.
[147] So J.Halbe, aaO, S.446.

2.3.2.1 *Die Struktur von Ex 23,20-24*

Ex 23,20-24 können zunächst von V.25ff getrennt betrachtet werden. V.21bα bietet die 2.Pers.Pl. Fraglich ist, ob auch V.21bβ zu diesem 2.P.Pl.Satz gehört. Wenn V.21 trotz des Numeruswechsels von vornherein einheitlich wäre, wäre die Pluralanrede auch noch in V.21bβ vorherrschend. Ist V.21bα jedoch ein Nachtrag, könnte V.21bβ ursprünglich zum 2.P.Pl.Satz oder auch zum 2.P.Sg.Satz gehört haben. Inhaltlich gesehen ist der Übergang des Subjektes des Satzes vom Boten zum "Ich-JHWHs" in V.22 durch die Aussage der Verbindung zwischen dem Boten und JHWH in V.21bβ besser vorstellbar. Obwohl ein eindeutiger Beweis nicht geliefert werden kann, ist es deshalb wahrscheinlicher, daß V.21bβ nicht zum 2.P.Pl.Satz, sondern zum 2.P.Sg.Satz gehört.

Ex 23,23 führt eine Völkerliste ein, auf die sich die Bestimmungen in V.24 durch das Pronomen beziehen. Der Bote, der das Volk Israel in die Völkerwelt hineinführt, wird in V.20 durch JHWH selbst vorgestellt. Aus V.20 geht hervor, daß der Einzug in das Land das Ziel der Sendung des Boten ist, aus V.23 aber, daß der Einzug in die Völkerwelt die Situation darstellt, in der die Bestimmungen in Kraft treten. Das כי in V.23 kann zwar als "כי-temporalis", sollte aber vielmehr als "כי-emphaticus" verstanden werden[148]. V.20 und V.23 sind parallel formuliert:

Ex 23,20	הנה אנכי שלח מלאך לפניך
	לשמרך בדרך
	ולהביאך אל המקום אשר הכנתי
23,23	כי ילך מלאכי לפניך
	והביאך אל האמרי ...

Es handelt sich auch hier um eine Rahmenstruktur. In deren Mitte steht V.21bβ. Zwischen V.20 und V.21bβ erfolgt die Ermahnung, dem Boten zu folgen (V.21a). In V.22 findet sich die der Ermahnung in V.21a entsprechende Verheißung JHWHs. Die Ermahnung und die Verheißung sind durch den Stichwortbezug שמע בקלו verbunden. Die Struktur von Ex 23,20-23 ist also wie folgt zusammenzufassen:

Die Vorstellung des Boten		Ex 23,20
Ermahnung	ושמע בקלו	21a
Begründung	כי שמי בקרבו	21bβ
Verheißung	כי אם שמע תשמע בקלו	22
Eintritt in die Völkerwelt unter Führung des Boten		23

Die Mitte der Struktur: "denn mein Name steht in seiner Mitte" scheint der Mitte des vorangehenden Abschnittes (Ex 23,13b*): "und der Name anderer Götter soll in deinem Mund nicht gehört werden" zu entsprechen.

An die Völkerliste schließt sich ein kleiner Satz an (Ex 23,23b): "und ich will ihn vertilgen (והכחדתיו)."

---

[148] Vgl. N.Lohfink, aaO, S.114. Er betrachtet es als "כי-temporalis".

Dieser Satz weist durch das Pronomen im Singular auf die Völker hin, während die
nachfolgenden Bestimmungen sie im Plural nennen. Zu fragen ist, ob der Numeruswechsel in der 3.Pers. hier ausschließlich eine rhetorische Funktion hat, oder, sofern
er sich als Indiz für diachronische Schichtung erweisen sollte, zu welcher Schicht die
vorangehenden Verse (V.20-23a*) gehören, zur Schicht in der 3.Pers.Sg. (V.23b)
oder zur Schicht in der 3.Pers.Pl. (V.24). Das Pronomen im Singular jedenfalls hat
kollektive Bedeutung. Die Völker bez. ihrer Vertilgung und Vertreibung (V.29f)
kollektiv zu bezeichnen, deutet vielleicht auf die Vorstellung einer totalen Vertreibung hin. Es gibt jedoch im Hinblick auf das exkludierende Verhältnis zu den Völkern kaum einen Grund, es von anderen Aussagen in V.24.27.31ff zu unterscheiden.
V.28-31a, in denen die Völker ebenfalls singularisch bezeichnet sind (V.29f), bilden
wahrscheinlich eine redaktionelle Schicht[149]. V.23b müßte also mit V.28-31a zusammen dieselbe Schicht ausmachen. Andererseits ist V.24 wegen des Pronomen-
bezugs ohne den "Vordersatz" (V.20-23) sinnlos, so daß es unwahrscheinlich ist, daß
V.20-23a* zur 3.Pers.Sg.Schicht gehören. Handelt es sich hier um eine "kleine Gebotsumrahmung"[150], wird man ihren Bestand in V.20-23a*.24 erkennen müssen.
V.20-21a.21bβ.22-23a.24 bilden also den ursprünglichen Text, und V.23b wurde
nachträglich eingefügt.

Wurde der Text aber ursprünglich ohne V.23b abgefaßt, findet sich in ihm kein
Element mehr, das die Vorstellung einer militärischen Aktion beinhaltet[151]. In Dtn 7
folgt dem Vordersatz bez. des Einzugs ins Land der Befehl, die Völker zu vernichten.
In Ex 23,20-23a*.24 fehlt demgegenüber die Aussage von der Vernichtung der Völker. Die Vorstellung vom Einzug ins Land und vom Einzug in die Völkerwelt sind
andererseits parallel gestellt (V.20.23a). Vorausgesetzt ist hier also nicht die Vernichtung der Völker, sondern die Koexistenz mit ihnen. Daß JHWH die Feinde
seines Volkes befeindet und dessen Bedränger bedrängt (V.22b), will nur besagen,
daß JHWH für sein Volk eintritt. Es handelt sich hier nicht um Freund und Feind im
kriegerischen Sinne. In V.24 ist nicht gemeint, andere Völker anzugreifen, um ihre
Götter zu vernichten, sondern eindeutig, die bei der Landnahme nach Israel mitge-
brachte, oder die von den Landesbewohnern übernommene Götterverehrung zu
beseitigen.

2.3.2.2   *Die Probleme in Ex 23,25-33*
Ex 23,25aα und 31bα werden in der 2.Pers.Pl. gebildet und sind als sekundäre
Einfügung zu betrachten. An jeden 2.P.Pl.Satz schließt sich je ein 2.P.Sg.Satz an, der
den vorangehenden 2.P.Pl.Satz voraussetzt (V.25aβ.31bβ). V.25aβ nennt JHWH
V.25aα entsprechend in der 3.Pers. Es ist kaum denkbar, daß V.25aβ in der 3.Pers.
ursprünglich - ohne V.25aα - über die Gebote (V.24) hinaus auf den Boten in V.20.
23a hingewiesen hätte. V.25aβ folgt syntaktisch und inhaltlich eindeutig V.25aα.

---

[149] S.u. 2. 3. 2. 2.
[150] S.o. Exkurs 2, unter (4).
[151] In Ex 23,20-24 die Vorstellung vom "Heiligen Krieg" herauszuarbeiten (vgl. M.Noth, aaO, S.156.
       H.P.Horn, aaO, S.217f.), hat keinen Anhaltspunkt.

V.31bβ ist schlicht gesehen nur mit V.31bα verknüpft. Entfernt man einmal V.31bα
als sekundären Einschub, so bleibt V.31bβ ohne Kontext, da das Thema "Völker" in
V.31a in den Hintergrund tritt. Auch der Bezug auf V.29f ist wegen des Numeruswechsels in der 3.Pers. (V.29f: Sg; V.31bβ: Pl) unwahrscheinlich. Streicht
man aber auch V.28-31a als einen Nachtrag, kann V.31bβ mit V.27 verknüpft werden[152].

Auffällig in V.29f sind zunächst die Pronomina in der 3.Pers.Sg, die auf die Völker
in V.28 hinweisen. V.29f setzen eindeutig V.28 voraus, und V.31a schließt wahrscheinlich den Zusammenhang von V.28ff ab. J.Halbe ist der Meinung, daß wegen
der Konkurrenz mit V.27, des plötzlichen Vorkommens von גרש pi und der thematischen Besonderheit, daß nur hier "die 'Sorge um das Land der Verheißung' selber
zum Thema" werde, V.28-31a dem Kontext gegenüber eine Einheit darstellen, die
wahrscheinlich sekundär eingefügt worden sind[153]. Dafür spricht die Bezeichnung
der Völker in der 3.Pers.Sg. gegenüber ihrer Bezeichnung in der 3.Pers.Pl. in V.27.

Wenn V.28-31a eine Schicht bilden, gehören V.32f wegen des Numeruswechsels in
der 3.Pers. nicht dazu. Weist das Pronomen in der 3.Pers.Pl. in V.32 dann auf "das
ganze Volk" und "die Feinde" in V.27 hin? Dies müssen wir verneinen. Die Prohibitive in V.32f gehören u.E. vielmehr mit der "kleinen Gebotsumrahmung" (V.20-23a*.
24) zusammen (vgl. Ex 34,12-15a)[154]. V.27 stellt - anders als V.20-23a*.24 - "das
Volk" und "die Feinde" parallel. Daß nach diesem Vers die Urbevölkerung als "Feinde" gilt, ergibt sich aus der Parallelstellung der entsprechenden Bezeichnungen[155]:

את אימתי אשלח לפניך

והמתי את כל העם אשר תבא בהם

ונתתי את כל איביך אליך ערף

Die Urbevölkerung als "Feinde" zu bezeichnen, paßt nicht zu der Aussage von V.22-
23a, die keine Feindschaft mit der Urbevölkerung voraussetzt. Die Urbevölkerung ist
nach V.22-23a an sich weder Feind noch Bedränger. Das Bündnisverbot (V.32)
könnte vielleicht deshalb sinnvoll sein, weil Israel im Land noch mit anderen Völkern wohnen muß[156]. In der Situation des Zusammenseins mit anderen Völkern
durfte Israel deren Götter nicht verehren (V.24). V.27 fällt also im Zusammenhang

---

152　Siehe aber unten. Auch V.27 ist als ein Nachtrag zu betrachten.
153　J.Halbe, aaO, S.483, im Anschluß an L.Perlitt, Bundestheologie, S.157. Vgl. G.Schmitt, aaO,
　　　S.18-20. S.u. 5. 3. 1.
154　Die Abhängigkeit des Bundesbuches von Ex 34,11-26 wird unten diskutiert werden: 2. 4. Wir
　　　dürfen aber schon hier in Bezug auf Ex 34,12-15a die Zusammengehörigkeit von Ex 23,20-24* und
　　　Ex 23,32f annehmen. Nur V.33a.bα sind als sekundäre Einfügung zu betrachten. Siehe dazu unten
　　　2. 3. 2. 2.
155　איב und עם אשר תבא בהם sind meistens nicht unterschieden worden. A.Dillmann hebt eine kleinen
　　　Unterschied hervor: KEH 12, S.253, "alle seine Feinde (die sich ihm widersetzenden Völker)".
156　G.Schmitt, aaO, S.23 sagt: "Eben weil Jahwe es ist, der die Kanaanäer vertreibt, haben die Israeli-
　　　ten es nicht nötig, mit ihnen zu paktieren", betrachtet somit V.31b-33 als Einheit. Das Verbot, mit
　　　ihnen zu paktieren, wird aber unnötig, wenn vorausgesetzt wird, daß JHWH die Kanaanäer
　　　vertreibt.

von V.20-23a*.24 auf und stellt wahrscheinlich V.20-23a*.24 gegenüber einen Nachtrag dar. Wenn V.27 als ein Nachtrag zu betrachten ist, verliert das Pronomen in
V.31bβ - ohne V.28-31a.31ba - sein Bezugswort. Auch V.31bβ ist also für einen
nachträglichen Einschub zu halten. Wenn V.25aaβ V.27.28-31a.31ba.31bβ Nachträge
sind, ist auch der Segen in V.25b.26 als sekundärer Einschub anzunehmen. Dieser
Segen ist im "Ich-JHWHs" formuliert und setzt also nicht wie V.25aβ die Bestimmung in V.25aa voraus, so daß er ohne V.25aa verständlich ist. Es gibt aber kaum
eine Notwendigkeit, warum dieser Segen zwischen V.24 und V.32 die Reihe der
Prohibitive/ Gebote V.24.32f, die durch den Pronomenbezug miteinander und mit
V.23 verbunden sind, unterbricht[157].

Auch die Bestimmung, daß die Urbevölkerung nicht im Land wohnen darf
(V.33aa), und die beiden sich an diese Bestimmung anschließenden Begründungssätze (V.33aβ.ba) könnten sekundärer Einschub sein. In V.33bβ lesen Sam. LXX. Syr.
Tg. Tg[J] statt יהיה (Sg) יהיו (Pl)[158]. Diese Lesart beruht auf der Einsicht, daß sich
dieses Verb auf das vorangehende Nomen אלהיהם - ihre Götter (Pl) - beziehen
sollte. Wenn אלהים als singularische oder als kollektive Bezeichnung zu verstehen
wäre, oder wenn sich das Verb יהיה nicht auf אלהיהם, sondern auf das Zusammensein mit anderen Völkern bezöge, löste sich die Schwierigkeit auf, die die Versionen
empfunden haben. Wahrscheinlicher ist aber, daß als das Subjekt des Satzes ursprünglich ברית gemeint war. ברית ist zwar Substantiv femininum, nicht selten
jedoch kann auch das Pronomen oder die Personbezeichnung masculinum auf ein
Substantiv femininum hinweisen[159]. Im Parallelvers Ex 34,12 geht es in der entsprechenden Sequenz יהיה למוקש - grammatisch gesehen - um die Bewohner des Landes
יושב הארץ. Die Gefahr, daß die Landesbewohner für Israel zu einem Fallstrick
werden, ist jedoch davon abhängig, ob ein Bündnis geschlossen wird: wenn Israel mit
den Landesbewohnern durch ein Bündnis verbunden wäre, würden sie für Israel zu
einem Fallstrick. Wenn Ex 23,32.33bβ die ursprüngliche Einheit darstellen, thematisieren diese einen Ex 34,12 ähnlichen Zusammenhang. Nach Ex 23,33 ist im heutigen
Text demgegenüber das Zusammensein mit den Landesbewohnern überhaupt ausgeschlossen. Dieses Verhalten gegenüber den Bewohnern unterscheidet sich nicht nur
von dem von Ex 34,12, sondern auch von dem von Ex 23,20-23a*.24. Die ursprüngliche Bestimmung in V.32f bestand also wahrscheinlich aus V.32 und V.33bβ, erst
nachträglich wurden V.33a.ba eingefügt.

In V.24 stehen nun drei Prohibitive (V.24aaβγ) und zwei Gebote (V.24baβ). Pronominalsuffixe des Substantivs (הם‾), die auf die Völker hinweisen, bieten der erste
und dritte Prohibitiv sowie das letzte Gebot (V.24aaγ.bβ). Alternierend dazu haben
der zweite Prohibitiv und das erste Gebot (V.24aβ.ba) Pronominalsuffixe am Verb
(ם‾), die auf ein Substantiv der jeweils vorangehenden Bestimmung hinweisen.

---

157 Zur einheitlichen Struktur von Ex 23,20-24*.32f, siehe unten. Ferner ist es nicht geschickt - wenn
    auch grammatisch nicht unmöglich - , daß das Pronomen in V.32 über den Segen (V.25b.26)
    hinaus das Substantiv in V.23 bezeichnete.
158 Vgl. den Apparat der BHS.
159 Vgl. G-K[28], §145.o. Die Voranstellung des Prädikats in einem Satz verursache oft die unregelmä-
    ßige Masculinumform des Verbs.

V.24aaβ und V.24aγ.ba bilden also jeweils ein Satzpaar. Das letzte selbständige Gebot (V.24bβ) und der Prohibitiv mit einem kleinen Begründungssatz in V.32.33bβ bilden den Schlußakzent; das Ende (V.32) ist durch das Wort לאלהיהם mit dem Anfang (V.24) verbunden[160]. Die Zusammengehörigkeit von V.32.33bβ mit V.20-23a*.24 zu einer Schicht ist auch wahrscheinlich:

לאלהיהם	לא תשתחוה
תעבדם	ולא
תעשה כמעשיהם	ולא
הרס תהרסם	כי
ושבר תשבר מצבתיהם	
להם ולאלהיהם ברית	לא תכרת
כי יהיה לך למוקש	

Von der bisherigen Diskussion her ist als Grundschicht von Ex 23,20-33 vermutlich V.20-21a.21bβ.22-23a.24.32.33bβ anzunehmen. Das Motiv "Vertreibung anderer Völker" (V.27.28-31a.31baβ.33a.ba) gehört nicht zum ursprünglichen Element. Ex 23,18f, die nicht dem vorangehenden, durch die Rahmenstruktur in sich abgeschlossenen Abschnitt Ex 23,14-17 angehören, scheinen mit den Bestimmungen Ex 23,24. 32.33bβ zusammen eine Rahmung zu bilden. Zwischen V.18f und V.24.32.33bβ steht die Rahmenstruktur V.20-23a, deren Mitte V.21bβ darstellt, der seinerseits das Mittelglied des vorangehenden Abschnittes (Ex 23,10-17), Ex 23,13b*, entspricht[161]. Wir können also davon ausgehen, daß Ex 23,20-23a*.24.32.33bβ mit Ex 23,18f abzüglich der 2.P.Pl.Sätze zur gleichen Großstruktur von Ex 22,20 - 23,17 gehört. Dieser Befund wird im Vergleich mit Ex 34,11-26 deutlicher gemacht werden[162].

---

[160] לאלהיהם in V.32 findet in den Paralleltexten Ex 34,12a.15a; Dtn 7,2b keine Entsprechung, und die Rahmung von Ex 23,24//32 durch לאלהיהם ist somit umso deutlicher.

[161] S.o. 2. 3. 2. 1.

[162] S.u. 2. 4. 2. 1. J.Halbe, aaO, S.483ff - nachdem er Ex 23,28-31a als Nachtrag vorerst weggenommen hat (S.483f) - , beschreibt die Struktur von V.20-27.31b-33 (S.484-487). Er faßt den Befund zusammen (S.486):

A	Jahwes Beistand:	der Engel	(V.20-22)
B	Jahwes Anspruch:	gegen die Götter des Kulturlands	(V.23-24)
C	Das Heil des Jahwedienstes	(V.25-26)	
A'	Jahwes Beistand:	der Schrecken	(V.27)
B'	Jahwes Anspruch:	gegen die Verehrer der Landesgötter	(V.31b- 33)

Im Vergleich mit Ex 34,10aβ-15a* aber betrachtet J.Halbe V.20-22.25-26.27 als Sondergut von Ex 23 gegenüber Ex 34 und die Segensworte V.25-26 als Schwerpunkt der Ex 23 eigenen Redaktion (S.488-498). Ex 23,23f.31b-33 ("kleine Gebotsumrahmung") stellten also den Grundbestand von Ex 23,20-33 dar und seien nach der Verwandtschaft der Vorstellung mit der Grundschicht von Ex 20,22 - 23,19 (= "A-Schicht") zusammengehörig, wie Ex 34,10aβ-15a* (//Ex 23,23f.31b-33) mit Ex 34,18-26 (//die "A-Schicht") zusammengestellt worden seien (S.498-500). Ex 23,20-22.25f.27 seien nach ihrer Intention mit der "Ausbaustufe II" zu verknüpfen (S.499f). Für die Herausarbeitung der Grundschicht von Ex 23,20-33 und ihre Zuweisung stellt bei J.Halbe der Vergleich mit Ex 34,10aβ-15a* das entscheidende Indiz dar. Dies widerspricht u.E. schon dem methodischen Ausgangspunkt J.Halbes: "ob man ... Ex 23,20-33 von vornherein als nicht zum Korpus gehörig aus

2.3.3   *Die Grundschicht von Ex 22,20 - 23,33*

Abgesehen vom Altargesetz (Ex 20,24-26) bilden Ex 22,20a.22.24a.25f.27-29; 23,1-8.9a.10-12.13b*.14-17.18f.20-21a.21bβ.22-23a.24.32.33bβ die Grundschicht des Weisungsteils.

J.Halbe hält hinsichtlich der dreigliedrigen Struktur in Ex 22,20 - 23,13* nur die religiösen Bestimmungen (Ex 22,27-29; 23,10-12a) für die Grundschicht, denn diese Abschnitte religiöser Bestimmungen seien "frei von all den Zügen kompositorischer Arbeit" z.B. der Rahmenstruktur und der Schlußbegründung mit dem "Ich-JHWHs" von Ex 22,20aα.22b//26bβγ; 23,1//7a.bα.7bβ und des Schlußakzentes von Ex 22,30; 23,13. Die kompositorische Arbeit scheine also von den religiösen Abschnitten auszugehen[163]. Die Abwesenheit von Indizien für eine Strukturierung beweist für sich jedoch nicht, daß diese Abschnitte eine ältere Schicht bilden. In der von J.Halbe herausgearbeiteten Grundschicht des Bundesbuches - Ex 20,24aα.26a; 22,27-29; 23,10-12a.14-19.23-24.31b-33 - können wir trotz des Nachweises einer durchgehenden Aufbautechnik, nämlich der Rahmenstruktur in Ex 20,24aα.26a, Ex 23,14-19 und der Parallelformulierung von Ex 22,27-29/ 23,10-12a und trotz des Stichwortbezugs von זבח in Ex 20,24aα.26a und Ex 23,18 und von מעשה in Ex 23,12 und Ex 23,16[164] keine diese Grundschicht umfassende Struktur finden. Die Einzelelemente außer dem Altargesetz finden ihre Entsprechung in Ex 34,11-26 und weisen in ihrer Formulierung im einzelnen nur Abweichungen im Detail auf. Die gesamte Struktur wurde jedoch völlig umgebaut. J.Halbe aber erklärt die Absicht dieses Umbaus nicht zureichend[165]. Auch ist noch nicht erklärt, warum in der nachfolgenden Redaktion die Abschnitte Ex 22,27-29 und Ex 23,10-12a durch die sozialen Bestimmungen (Ex 22,20-26*; 23,1-8) und die betonten Schlußsätze (Ex 22,30; 23,13) erweitert worden sind.

Die Abschnitte der religiösen Bestimmungen Ex 22,27-29; 23,10-12 sind u.E. nicht von vornherein von den sozialen Bestimmungen Ex 22,20-26*; 23,1-8 zu trennen. Ex 22,27-29 als Mitte der Rahmenstruktur in Ex 22,20 - 23,9* verknüpfen die beiden Teile der sozialen Bestimmungen Ex 22,20-26* und Ex 23,1-8. Ex 23,10-12 entsprechen zwar im Hinblick auf die Motive "X/X+1" und " לֹ תעשה כן" Ex 22,27-29, im Hinblick auf die Struktur, bestehend aus einem zweifachen Gefüge von Bestimmung und Begründung, stimmen sie jedoch vielmehr mit Ex 22,20-26* überein und bilden mit Ex 23,13.14-17 einen Abschnitt[166].

---

dem Spiel läßt oder ... mit in Betracht zieht, das muß reflex aus der Bundesbuchkomposition *selbst* entschieden sein" (aaO, S.392f, Hervorhebung: Vf).

[163] J.Halbe, aaO, S.440.

[164] J.Halbe, aaO, S.441-449, bes. S.447.

[165] Angesichts des größeren Unterschieds betrachtet J.Halbe, aaO, S.449, das Bundesbuch und Ex 34,11-26 als "nicht literarisch abhängige Parallele zum Privilegrecht".

[166] S.o. 2. 3. 1. 3.

Der Versuch, den Text in noch kleinere Einheiten aufzugliedern und sie verschiedenen diachronischen Schichten zuzuweisen[167], scheitert an dem Befund, daß die Einzelabschnitte planvoll miteinander verbunden sind und die meisten Einzelbestimmungen der Struktur des Abschnittes entsprechend formuliert oder mindestens umformuliert wurden, selbst wenn sie ältere Überlieferungen erkennen lassen. Ob und wie sie umformuliert wurden, können wir nicht mehr beweisen[168]. Die (Um-)Formulierung der Sätze und ihre Intention kommen im Vergleich mit Ex 34,11-26 zur Sprache.

2.4   Die Intention der Grundschicht im Vergleich mit Ex 34,11-26

Um die Einheitlichkeit der Grundschicht und deren Intention zu erklären, ist der Vergleich mit Ex 34,11-26 sinnvoll. J.Halbe denkt, daß die von ihm herausgearbeitete Grundschicht des Bundesbuches mit dem heutigen Text von Ex 34,11-26, der vorausgehend eine längere Redaktionsgeschichte erfahren habe, vergleichbar sei, und daß das Bundesbuch Ex 34,11-26 gegenüber die Erweiterung in Ex 22,27.28a; 23,10-11.14 und das überschüssige Element (Ex 20,24aα.26a) aufweise, während in Ex 34,11-26 dem Bundesbuch gegenüber das überschüssige Element "nicht in der Substanz der Einzelbestimmungen" bestehe. Die Grundschicht des Bundesbuches stelle also eine Ex 34,11-26 gegenüber entwickelte jüngere Traditionsphase dar[169]. Wir müssen aber in der folgenden Diskussion gegenüber J.Halbes Schlußfolgerung aus dem Vergleich einige Vorbehalte anmelden und Momente der Abweichung der Grundschicht des Weisungsteils gegenüber Ex 34,11-26, die er übersehen hat, erklären[170].

---

167 Z.B. E.Gerstenberger, Wesen, S.81-84. J.W.Mackay, Exodus XXIII. 1-3, 6-8, bes.S.321.
168 Z.B. E.Gerstenbergers Versuch (aaO, S.82), aus Ex 22,20.21 "eine Dreier-(Vierer)gruppe von Verboten zusammen(zu)stellen", scheitert daran, daß er V.21 als einen 2.Pers.Sg.Satz lesen mußte. Angesichts der Zusammenstellung der zwei verschiedenen Prohibitive über den Gerschutz:

וגר לא תונה ולא   תלחצנו
וגר לא   תלחץ

ist es nicht mehr möglich festzustellen, welcher Satz als ursprünglicher Prohibitiv zu betrachten ist: גר לא תונה oder גר לא תלחץ. Es ist auch schwierig, aus Ex 23,1-3 und Ex 23,6-9 "zwei ehemals selbständige Prohibitivsammlungen" herauszuarbeiten (E.Gerstenberger, aaO, S.83ff), weil die beiden Texte durch den Stichwortbezug, wie J.Halbe mit Recht gezeigt hat (s.o. 2. 1. 4, (1)), verbunden sind und ferner durch die Entsprechung der Begründungssätze auch mit Ex 22,20-26* verknüpft sind (s.o. 2. 3. 1. 2). Die Elimination dieser Stichworte und der Begründungssätze macht die einzelnen Sätze sinnlos.
169 J.Halbe, aaO, S.448f.
170 Wir dürfen zunächst von der heutigen Gestalt des Rechtsbuches Ex 34,11b-26, das "ich(=JHWH)" "dir heute befehle" (so lautet V.11a), ausgehen. Die Redaktionsgeschichte dieses Rechtsbuches und die Datierung seiner Redaktion(en) müssen wir unberührt lassen.

2.4.1 Vergleich der Grundschicht des Weisungsteils mit Ex 34,11-26

2.4.1.1 Der Vergleich der Einzelelemente

Nach der Klassifizierung der Entsprechungen in wörtlich identische, kürzer formulierte, modifizierte und thematisch korrespondierende Textteile bei J.Halbe wollen
wir die mit den Sätzen in Ex 34,11-26 vergleichbaren Elemente im Bundesbuch
zusammenstellen[171].

(1) Die wörtlich identischen Elemente
Ex 23,15b//34,20bβ

ולא יראו פני ריקם

Ex 23,19a.b//34,26a.b

ראשית בכורי אדמתך תביא בית יהוה אלהיך
לא תבשל גדי בחלב אמו

(2) Kürzer formuliert
sind gegenüber Ex 34,18.23 Ex 23,15a.17.
Nur Ex 23,15aaβ ist mit 34,18aaβ identisch:

את חג המצות תשמר שבעת ימים תאכל מצות

Ex 23,15a$\gamma\delta$:	כאשר צויתך למועד חדש האביב
34,18a$\gamma\delta$:	אשר צויתך למועד חדש האביב
Ex 23,15aϵ:	כי בו יצאת ממצרים
34,18b:	כי בחדש האביב יצאת ממצרים

Ex 23,17//34,23

שלש פעמים בשנה יראה כל זכורך

Ex 23,17:	אל פני האדן יהוה
34,23:	את פני האדן יהוה אלהי ישראל

(3) Die modifizierten Elemente

Ex 23,12aa:	ששת ימים תעשה מעשיך
34,21aa:	ששת ימים תעבד
Ex 23,12aβ=34,21aβ:	וביום השביעי תשבת

Ex 23,16a.b: וחג   הקציר בכורי מעשיך אשר תזרע בשדה
וחג האסף   בצאת השנה באספך את מעשיך מן השדה
34,22a.b: וחג   שבעת תעשה לך בכורי קציר   חטים
וחג האסיף תקופת השנה

Ex 23,18a.b: לא תזבח על חמץ דם זבחי
ולא ילין חלב חגי עד בקר

34,25a.b: לא תשחט על חמץ דם זבחי
ולא ילין לבקר זבח חג הפסח

---

171   J.Halbe, aaO, S.448f.

(4) Die thematisch korrespondierenden Elemente Ex 22,28-29//34,19.20a.bα. Was mit jenem in dieser Entsprechung übereinstimmt, und was sich von ihm unterscheidet, soll später diskutiert werden[172].

Die von uns herausgearbeitete Grundschicht von Ex 22,20 - 23,19 umfaßt alle obengenannten Elemente, deren Parallele sich in Ex 34,11-26 findet. Ex 23,20-21a. 21bβ.22-23a.24.32.33bβ sind wie folgt mit Ex 34,11b-15a vergleichbar:

Ex 23		Ex 34	
20	הנה אנכי שלח מלאך לפניך ...	11b	הנני גרש מפניך
23a	כי ילך מלאכי לפניך והביאך		את האמרי והכנעני והחתי
	אל האמרי והחתי והפרזי		והפרזי והחוי והיבוסי
	והכנעני החוי והיבוסי		
24aα	לא תשתחוה לאלהיהם	14a	כי לא תשתחוה לאל אחר
24bβ	ושבר תשבר מצבתיהם	13aβ	ואת מצבתם תשברון
		12aα	השמר לך
32	לא תכרת להם ולאלהיהם ברית	12aβγ	(//15a)פן תכרת ברית ליושב הארץ
			אשר אתה בא עליה
33bβ	כי יהיה לך למוקש	12b	פן יהיה למוקש בקרבך

Neben der obengenannten Modifikation der von Ex 34 übernommenen Elemente im Bundesbuch fallen die folgenden Verse als "Sondergut" von Ex 34 aus dem gemeinsamen Bestand heraus:
1) V.13 scheint zwar Ex 23,24 zu entsprechen, das ist aber nicht der Fall. Dieses Problem wollen wir im nächsten Abschnitt (2.4.1.2) diskutieren.
2) Die Vorstellung JHWHs als des eifersüchtigen Gottes (V.14b) fehlt im Bundesbuch.
3) Die Begründung des Bündnisverbotes (V.15b.16): Dieser Text entspricht aber V.12b und erklärt, in welchem Sinn das Bündnis mit anderen Völkern zum Fallstrick wird. J.Halbe betrachtet sie als Nachinterpretation zu V.11b-15a[173].
4) V.17: Dieser Vers stellt aber in der Struktur von V.11b-16 und V.18-26 einen späten Zusatz dar[174].

---

[172] S.u. 2. 4. 2. 2. J.Halbe, ebd, betrachtet als Entsprechung zu Ex 34,19.20a.bα nicht Ex 22,28-29, sondern Ex 22,28b-29. Ex 22,28a legt den Anspruch in der V.28b entsprechenden Richtung. Ich halte also V.28 als Ganzen für eine Umformulierung von Ex 34,19.

[173] J.Halbe, aaO, S.147ff. J.Halbe hält Ex 34,15b-16 für ein sekundäres Interpretament von V.15a (S.148) und bestimmt ihre Intention: "Das Bündnisverbot V.15a wird auf die Welt von Familie und Sippe hin interpretiert (S.149). Selbst wenn aber Ex 34,15b-16 ein nachträgliches Interpretament darstellten, ergibt es sich u.E. nicht, daß ursprünglich Ex 34,15a das Problem der Ehe bzw. Verschwägerung nicht meinte.

[174] J.Halbe, aaO, S.216. Dagegen F.-E.Wilms, J-Bundesbuch, S.160. Zu beachten ist u.E. die Stellung dieses Verses als Mitte des Rechtsbuches Ex 34,11-26. Die Bezeichnung für Götzen ist hier weder פסל (vgl. das 2.Gebot des klassischen Dekalogs Ex 20,4; Dtn 5,8) noch אלהי כסף וזהב אלהי (Ex 20,23), sondern מסכה, die sich auf Ex 32,4.8 bezieht. Vgl. E.Blum, Komposition, S.54, siehe dazu unten Anm.181.

5) V.20: die Auslösung des Erstlings.

6) V.21b: die Betonung in der Sabbatbestimmung, in der Pflüge- und der Erntezeit den Sabbat zu beachten.

7) V.24: Auch dieser Vers stellt einen späten Zusatz dar[175].

Daß schließlich Ex 34,14b.20 und 21b keine Entsprechung haben, kann nicht durch die Annahme ihrer Nachträglichkeit erklärt werden und ist deshalb umso bemerkenswerter.

2.4.1.2   Das Problem von Ex 34,13

Ex 23,24b scheint zwar thematisch Ex 34,13 zu entsprechen, und besonders Ex 23,24bβ ist auf der wörtlichen Ebene Ex 34,13aβ ähnlich. Unter den drei Geboten von Ex 34,13 findet jedoch nur das zweite (V.13aβ) in Ex 23,24 seine Entsprechung; anstelle des ersten und dritten Gebots von Ex 34,13 findet sich in Ex 23,24 ein mit dem vorangehenden Prohibitiv verbundenes Gebot: "sondern du sollst sie bestimmt zerstören." Dieser Befund ist gerade angesichts der Entsprechung von Ex 34,13 und Dtn 7,5 auffällig.

Dtn 7,5, das Ex 34,13 vollständig übernimmt, stellt wahrscheinlich Ex 34,13 gegenüber eine jüngere Phase der Tradition dar, denn das Pronominalsuffix von אשרה, das in Ex 34,13 abweichend von den sonstigen Suffixen im Singular steht, wird in Dtn 7,5 den übrigen entsprechend zu Plural geändert, zudem wird der Vers nach vorn und hinten erweitert:

כי אם כה תעשו להם

Gebote // Ex 34,13

ופסיליהם תשרפון באש

Unter den von Ex 34 übernommenen Elementen in Dtn 7 behalten nur die Elemente von Ex 34,13//Dtn 7,5 ihren Stil bei. Die beiden Texte sind ferner, vom Kontext abweichend, in der 2.Pers.Pl. gebildet. Die Verwandtschaft beider ist unverkennbar.

J.Halbe arbeitet in Ex 34,12-15a trotz der Besonderheit von V.13 die folgende Rahmenstruktur heraus[176]:

---

[175]   Die meisten Forscher betrachten V.24 als deuteronomistisch, z.B. M.Noth, aaO, S.218. Dagegen, F.-E.Wilms, aaO, S.170. J.Halbe sieht nur V.24a als deuteronomisch an, in der Diskussion des Vergleichs mit dem Bundesbuch aber meint er, daß V.24 eine gegenüber Ex 34 eigene Entwicklung erfahren hat: aaO, S.161-163.203f.448.

[176]   J.Halbe, aaO, S.97.

השמר לך
פן תכרת ברית ליושב הארץ אשר אתה בא עליה   A
פן יהיה למוקש בקרבך   B
כי את מזבחתם תתצון   C
ואת מצבתם תשברון
ואת אשריו תכרתון
כי לא תשתחוה לאל אחר   C'
כי יהוה קנא שמו אל קנא הוא   B'
פן תכרת ברית ליושב הארץ   A'

Er sagt weiter:
"Auf den Inhalt gesehen ergibt sich:

A: Gebot - V.12a (פן)
B: Motivierung - V.12b (פן)
C: Gebot - V.13 (כי)
C': Gebot - V.14a (כי)
B': Motivierung - V.14b (כי)
A': Gebot - V.15a (פן)

Es kann bei dieser Struktur kein Zweifel daran bestehen, daß der Text, wie er da-
steht, als Einheit gemeint ist. Reihenbildung, in der ein Element frei und gleichran-
gig neben das andere tritt, ist nicht gesucht, sondern - in der Komplementarität der
Glieder ebenso wie in den Partikeln, die absetzen, zuordnen und so ihrerseits stilistisch als Struktursignale wirken - : geschlossene Komposition"[177].

Ex 34,12.14-15a wurden nun aber nicht nur mit der Anrede in der 2.Pers.Sg. gebildet, sondern nennen auch die Landesbewohner kollektiv in der 3.Pers.Sg. (יושב:
V.12a.15a/ פן יהיה: V.12b), während in V.13 das Volk in der 2.Pers.Pl. angeredet
wird und die Bewohner in der 3.Pers.Pl. (außer V.13b: אשריו) genannt sind. In Ex
34,12-15a bezieht sich nur V.13 durch das Personalpronomen auf den Vordersatz,
während V.12.15a mit יושב הארץ und V.14 mit אל אחר selbständig die gemeinten
Sachen (die Urbevölkerung und "einen anderen Gott") bestimmen.

Auch wenn V.13 sekundär ist, bleibt eine Rahmenstruktur in V.12-15a:

השמר לך
פן תכרת ברית ליושב הארץ אשר אתה בא עליה   A
פן יהיה למוקש בקרבך   B
כי לא תשתחוה לאל אחר   C
כי יהוה קנא שמו אל קנא הוא   B'
פן תכרת ברית ליושב הארץ   A'

Ex 23,20-23a*.24.32.33bβ setzen wahrscheinlich Ex 34,11b-15a ohne V.13 voraus
und stellen demgegenüber eine entwickelte Form dar. Ex 23,32 übernimmt das
Bündnisverbot aus Ex 34,12.15a vollständig, verwebt es aber in eine "לא + PK"-Kon-

---

[177] Ebd.

struktion, die durch das Personalpronomen (3.Pers.Pl) organisch mit dem Vordersatz verknüpft und mit ולאלהיהם erweitert wird. Ex 23,24 enthält den Satz לא תשתחוה לאלהיהם, der mit Ex 34,14a übereinstimmt und durch das Personalpronomen mit dem Vordersatz verknüpft wird, die Erweiterungssätze ולא תעבדם, ferner ולא תעשה כמעשיהם und zwei Gebote, das Mal der anderen Götter zu zerstören. Das letzte Gebot in Ex 23,24bβ gebietet zwar die Zerstörung der Massebe, hat jedoch eine andere Formulierung als Ex 34,13aβ.

Weiter müssen wir auch hier wie in Ex 23,20-24 die Elemente, die die Vorstellung einer militärischen Aktion enthalten, zur Diskussion stellen[178]. Im von uns isolierten ursprünglichen Text (Ex 34,11b-12.14-15a) bleibt nur ein Wort, das an eine militärische Aktion denken läßt, nämlich גרש in V.11b. Das Wort גרש qal begegnet aber in allen Belegen - außer Ex 34,11 - nur als Pt.Pass.fem.גרושה ("verstoßene Frau": Lev 21,7.14; 22,13; Nu 30,10; Ez 44,22; vgl. Jes 57,20). Auf diesem Hintergrund ist wohl Ex 34,11 nicht so zu verstehen, daß einer von außen einen anderen angreift und ihn von seinem Ort vertreibt, sondern gemeint ist, daß einer einen anderen, mit dem er sich vorher verbunden hatte, ausschließt. In Ex 34,11b also "verstößt" JHWH die anderen Völker und verbindet sich nur mit Israel. Das gleiche ist gemeint, wenn es in V.10 heißt, daß JHWH mit Israel allein eine ברית schließt; dies ist ein völlig anderes Motiv als הכיתם oder אתם תחרים החרם (Dtn 7,2). Daraus schließen wir, daß es in Ex 34,11b-15 keine militärischen Vorstellungen gab. Auch die Aussage von Ex 34,13 könnte ja, wie Ex 23,24, auf die Zerstörung der in Israel verbliebenen Kultstätten zu beziehen sein, Dtn 7,5 nimmt den Vers jedoch eindeutig als eine militärische Aussage auf.

2.4.2   Das Entwicklungsgefälle der Struktur von Ex 34 zur Grundschicht des Weisungsteils

Fast alle thematischen Elemente in Ex 34,11-26 finden sich in der Grundschicht des Weisungsteils trotz bestimmter Abweichungen im Detail. Demgegenüber wurde die Struktur als Ganze völlig umgebaut. Ob es sich hier um einen Umbau handelt, d.h. ob der Verfasser der Grundschicht des Weisungsteils den Text von Ex 34,11-26 umstrukturiert hat, oder um eine literarisch unabhängige Fassung derselben Tradition[179], und was dabei die Absicht der Abfassung oder des Umbaus war, werden im folgenden diskutiert. Zugleich wird die Bedeutung der Abweichung in den Einzelelementen erklärt werden.

2.4.2.1   Umstellung der Elemente

Die beiden Gebotsreihen, die Erstlingsbestimmung (Ex 22,28-29//34,19) und die Sabbatbestimmung (Ex 23,12a//34,21a) sind zunächst zu beachten. Diese Bestimmungen, die in Ex 34 in der Mitte der Wallfahrtsfestbestimmungen standen, kommen

---

[178]   S.o. 2. 3. 2. 1.
[179]   J.Halbe, aaO, S.448. S.o. Anm.165.

im Bundesbuch vor die Wallfahrtsfestbestimmungen und erfahren eine wesentliche Modifikation.

Die Erstlingsbestimmung wird im Bundesbuch um den auf die soziale Gerechtigkeit bezogenen Privileganspruch JHWHs (Ex 22,27) erweitert und dementsprechend umformuliert (Ex 22,28f). Dieser Anspruch JHWHs wird durch zwei Reihen soziale Bestimmungen (Ex 22,20-26*; 23,1-9) umrahmt. Die Bestimmung über die Auslösung des Erstlings (Ex 34,20a.bα) wird ins Bundesbuch nicht übernommen. Die Sabbatbestimmung andererseits wird mit der Brachjahrbestimmung (Ex 23,10f) verbunden, und die Sabbat-/ Brachjahrbestimmungen erhalten je eine Begründung, die die sozial Schwachen berücksichtigt (Ex 23,11a$\gamma\delta$.12b). Das Gebot, in der Zeit des Pflügens und des Erntens zu ruhen (Ex 34,21b), fehlt im Bundesbuch.

In der Mitte der Wallfahrtsfestbestimmungen verbleibt nur das Verbot, mit leeren Händen vor JHWH zu erscheinen (Ex 23,15b//Ex 34,20bβ). Die Bestimmungen über die drei Wallfahrtsfeste sind in Ex 23 durch den Befehl, dreimal im Jahr ein Wallfahrtsfest zu begehen (Ex 23,14.17), umrahmt. Dieser Befehl umrahmt in Ex 34 die Festbestimmungen nicht, sondern schließt sie nur ab (Ex 34,23).

Wir kommen zu Ex 23,20-23*.24.32.33bβ. Das in Ex 34 das Verbot der Götzenverehrung (Ex 34,14) umrahmende Bündnisverbot (Ex 34,12.15a) wird im Bundesbuch einfach dem Verbot der Götzenverehrung (Ex 23,24) nachgestellt (Ex 23,32.33bβ)[180]. Auffällig ist, daß die den Anfang von Ex 34,11-26 gestaltende Einleitung (Ex 34,11b) und die Bündnis-/ Götzenverehrungsverbote (Ex 34,12-15a*) das Ende des Bundesbuches darstellen (Ex 23,20-23*.24.32.33bβ). Vor diese Bestimmungen (Ex 23,24.32.33bβ) mit der Einleitung (Ex 23,20-23*) werden die Opferregeln gestellt (Ex 23,18f), die das Ende von Ex 34,11-26 bilden (Ex 34,25f). Die Wallfahrtbestimmungen, die in Ex 34 zwischen den Bündnis-/ Götzenverehrungsverboten und den Opferregeln stehen, werden im Bundesbuch vor diese Bestimmungen gestellt.

Das Prinzip der Umstrukturierung von Ex 34,11-26 zum Bundesbuch ist damit deutlich. Der Anfangsteil und der Schlußteil von Ex 34,11-26 werden umgestellt, das den Anfangsteil umrahmende Bündnisverbot wird zugleich nachgestellt. Die in Ex 34 zwischen den beiden Teilen stehenden Wallfahrtsfestbestimmungen werden vor die Opferregeln gestellt und durch die Bestimmung, dreimal im Jahr Wallfahrtsfeste zu begehen, umrahmt, und die Erstlingsbestimmung und die Sabbatbestimmung werden aus der Mitte der Wallfahrtsfestbestimmungen entfernt. Diese beiden Bestimmungen werden jeweils erheblich umformuliert und erweitert.

Ex 34	Ex 22 - 23
A. "Völker" (V.11b)	Soziale Bestimmungen (22,20-26*)
B. "Bündnis" (V.12)	E. "Erstling" (22,27.28f)
C. "Götzenverehrung" (V.14)	Soziale Bestimmungen (23,1-9a)
B. "Bündnis" (V.15a)	"Brachjahr" (23,10f)
D. "Massotfest" (V.18)	G. "Sabbat" (23,12a.b)
E. "Erstling" (V.19)	"Der Name anderer Götter" (23,13b*)

---

[180] J.Halbe, aaO, S.490.

F. "Leere Hände" (V.20bβ)
G. "Sabbat" (V.21a)
H. "Ernte-/ Lesefeste" (V.22)
I. "Dreimal im Jahr" (V.23)
J. "Opfer" (V.25f)

I. "Dreimal im Jahr" (23,14)
D. "Massotfest" (23,15a)
F. "Leere Hände" (23,15b)
H. "Ernte-/ Lesefeste" (23,16)
I. "Dreimal im Jahr" (23,17)
J. "Opfer" (23,18ff)
A. "Völker" (23,20-23a*)
C. "Götzenverehrung" (23,24)
B. "Bündnis" (23,32.33bβ)

Von diesem Zusammenhang her wird zunächst die Vermutung, daß Ex 23,18f mit Ex 23,24.32.33bβ eine Rahmung bilden und diese Rahmenstruktur mit den Abschnitten von Ex 22,20 - 23,17* zur Grundschicht des Weisungsteils zusammengehört, bestätigt. Der Verfasser der Grundschicht des Weisungsteils andererseits kennt sehr wahrscheinlich Ex 34,11-26 und hat ihre Struktur planvoll umgebaut. Zu bemerken ist, daß die aus der Mitte der gesamten Struktur Ex 34,11-26 entfernten Erstlings-/ Sabbatbestimmungen verglichen mit den anderen Bestimmungen eine erhebliche Bearbeitung und Erweiterung erfahren. Der Verfasser hat die Struktur von Ex 34,11-26 wie eine russische Puppe abgebaut und die Erstlings-/ Sabbatbestimmungen herausgezogen, um diesen beiden Bestimmungen eine neue Rolle zu verleihen und überhaupt die Tradition von Ex 34,11-26 mit einem neuen Zusammenhang zu verweben[181].

---

[181] E.Blum (aaO, S.293ff) hält die gesamte Struktur von Ex 34,11-27 für eine Erweiterung der von ihm sogenannten D-Komposition in Ex 34, "welche hier, bei der 'Erneuerung' des Gottesverhältnisses durch entsprechende 'Platzhalter' (im Falle des 'Bundesbuches' eine Rekapitulation von dessen Schlußabschnitt) noch einmal die gesamte vorausgehende Gebotsüberlieferung (von Ex 12 an) revoziert und in V.27 (vgl. 24,4a.8b!) als Grundlage auch des 'erneuerten Bundes' deklariert" (aaO, S.293f). Als den dieses Verständnis begründenden "kompositorischen Zusammenhang" nennt er (aaO, S.54) die Wiederkehr der vorher in der Komposition vorkommenden Elemente in Ex 34: Ex 34,18-20//Ex 13; Ex 34,17, der Ex 32,4.8 berücksichtige//Ex 20,23, der die Eröffnung des Bundesbuches darstelle; Ex 34,21-24// Ex 23,12.16-19. "Das Stück 34,11-16 schließlich ist neben den sog. 'Anhang' zum Bundesbuch (23,20-33) zu stellen, nur daß es hier, interpretiert man 34,11-26 als 'Zitat', in chiastischem Rückbezug vorangestellt ist". Dieser Zusammenhang der gesamten Komposition des Exodusbuches aber bestätigt u.E. nicht, daß das Gesetzbuch Ex 34,11-26 der Struktur der gesamten D-Komposition entsprechend formuliert wurde. Alle Elemente von Ex 34,11-26 stellen zwar eine "Wiederkehr" der schon in der Komposition vorkommenden Bestimmungen dar, wiederholen jedoch - abgesehen von Ex 13 - nur den religiösen Rahmen des Bundesbuches. Ferner ist auffällig, daß sich dieses Rechtsbuch nur in einem Punkt auf die Erzählung von Ex 32-34 bezieht, und zwar V.17, der als Mitte der gesamten Struktur zwischen den zwei locker verbundenen Teilen des Rechtsbuches (V.11-16 und V.18-26) steht. Auch die Spannung zwischen V.10 und V.11 (so E.Blum selbst, ebd) ist bemerkenswert. Die kompositorische Absicht der Stellung von Ex 34,11-26 könnte zwar die Beschreibung der Erneuerung des Gottesverhältnisses sein, das Problem der Entstehung des Rechtsbuches ist jedoch ein anderes.

2.4.2.2 *Die der Umstrukturierung zugrundeliegende Absicht*

Die Entfernung der Erstlings-/ Sabbatbestimmungen aus der Mitte der Wallfahrtsfestbestimmungen und ihre Umformulierung bzw. Erweiterung zeigen schon für sich
die Absicht der Umstrukturierung von Ex 34,11-26 zum Bundesbuch. Durch diese
literarische Technik werden aus rein kultischen Bestimmungen soziale Rechtssätze.
Die Erstlingsbestimmung in Ex 22,28.29 gilt zwar weiterhin als eine kultische
Bestimmung, insofern sie die Regel der Darbringung enthält (V.29), das erstgeborene Rind oder Lamm am achten Tag zu opfern. Im Hauptteil der Bestimmung (V.28)
geht es jedoch um den totalen privilegrechtlichen Anspruch JHWHs, und zwar um
seinen Anspruch auf die Fülle der landwirtschaftlichen Produktion und auf den
erstgeborenen Sohn des Adressaten selbst. Ex 34,19f beziehen sich demgegenüber in
erster Linie auf die Tiere. Die Formulierung von Ex 34,19a: כל פטר רחם לי stellt
keinen totalen Anspruch dar, sondern eine Überschrift, an die sich das eigentliche
Gebot V.19b anschließt. Das V.19b einleitende ו ist wahrscheinlich ein "waw-explica-
tivum"[182]. Im Hinblick auf die Kultpraxis regelt Ex 34,20 die Auslösung der Tiere
und der Menschen, die nicht geschlachtet werden können. Hier kommt zuerst die
Auslösung des Esels durch das Lamm zur Sprache (V.20a). Erst danach findet sich
die zusätzliche Bestimmung, den erstgeborenen Sohn des Adressaten auszulösen
(V.20ba).

Die Erweiterung auf der Seite des Bundesbuches durch V.27 macht die Tendenz
zum totalen Anspruch deutlich. V.27 wird mit V.28f als "religiöse" Bestimmungen
zusammengefaßt, sie sind jedoch nicht durchgehend als kultische Bestimmungen zu
betrachten. Daß diese Reihe des totalen Anspruchs JHWHs (Ex 22,27-29) im Kontext sozialer Bestimmungen eine spezielle Bedeutung erhält, haben wir schon gezeigt[183].

Auch die Sabbatbestimmung erhält im Bundesbuch die Bedeutung einer sozialen
Bestimmung. Dafür spricht nicht nur die Begründung (V.12b), sondern auch die
Erweiterung um die Brachjahrbestimmung (V.10-11). Die Bedeutung dieser Erwei-
terung wird in Kap.IV diskutiert[184].

Weiter ist bemerkenswert, daß die Erstlings-/ Sabbatbestimmungen in Ex 34 den
Festkalender unterbrechen und daß im Bezug auf die Feste besonders das Massot-
fest behandelt wird[185]. Während es sich in Ex 34 um eine gegen die kanaanäische
Religion gerichtete, problematisierende Polemik darüber handelt, wer der wahre
Gott und was dessen wahrer Kult ist[186], wird im Bundesbuch die Antwort auf diese
Fragen zweifellos vorausgesetzt. Im Kern geht es in diesen Bestimmungen um das
alltägliche Leben als einer Existenz vor JHWH.

Das Interesse an Opferregeln in Ex 34,18-26 konzentriert sich auf das Massotfest,
demgegenüber sind die Opferregeln in Ex 23 verallgemeinert. Das Verbot, mit

---

[182] B.S.Childs, aaO, S.604.
[183] S.o. 2. 3. 1. 2.
[184] S.u. 4. 1. 1.
[185] H.Kosmala, Ritual Decalogue, S.43f.
[186] H.Kosmala, aaO, S.49f, J.Halbe, aaO, S.225-227.

leeren Händen vor JHWH zu erscheinen, scheint sich in Ex 34 nur auf das Massotfest zu beziehen (Ex 34,20bβ), weil der Befehl, die anderen zwei Feste zu begehen
(Ex 34,22), durch einen weiteren selbständigen Satz gestaltet ist, und die zwischen
dem Befehl zur Feier des Massotfestes und dem für die anderen Feste stehenden
Bestimmungen (Ex 34,19-21) mit dem Massotfest verbunden sind[187], demgegenüber
gilt das Ex 34,20bβ entsprechend formulierte Verbot von Ex 23,15b allen drei Wall-
fahrtsfesten gleichermaßen, was sich daraus ergibt, daß die Bestimmung der beiden
letzten Feste (Ex 23,16) syntaktisch von der Bestimmung des Massotfestes (Ex
23,15a) abhängig ist und V.15b die Mitte der Bestimmungen der drei Wallfahrtsfeste
darstellt. Die Ex 23,18b ("Opferfett") entsprechende Bestimmung (Ex 34,25b) andererseits bezieht sich auf das Passafest (חג הפסח); in Ex 23 wird es verallgemeinert
(V.18b: חגי). Die Verschiebung des Schwerpunktes zeigt sich auch in Ex 23,20ff. In
der Fassung des Bundesbuches wird der "Vordersatz" der "kleinen Gebotsumrahmung" Ex 34,11b gegenüber um die Verheißung, den Boten zu schicken, erweitert. In
Ex 34,11b geht es aber um das ausschließliche Verhältnis JHWH-Israel[188]. Dies wird
in Ex 23 schon vorausgesetzt und tritt also in den Hintergrund, die grundsätzliche
Haltung vor JHWH steht zur Diskussion.
    Die JHWH als eifersüchtigen Gott vorstellende Begründung (Ex 34,14b) findet
sich nicht im Bundesbuch. Diese Vorstellung JHWHs ist in der Konkurrenz mit
anderen Göttern sinnvoll und entspricht dem ausschließlichen Verhältnis JHWHs zu
Israel (V.11b). Im Bundesbuch bleibt die Konkurrenz zwar nicht unberücksichtigt[189],
ihr gilt jedoch nicht mehr das Hauptaugenmerk. Hier ist mit diesem Nominalsatz,
der eine auf das Wesen JHWHs verweisende Begründung darstellt, der die Reihe
sozialer Bestimmungen in Ex 22,20-26* beschließende Begründungssatz Ex 22,26bδ
vergleichbar, der, weil er in der parallelen Reihe von Ex 23,1-9 keine Entsprechung
hat, durch seine Stellung auffällt. Nach Ex 22,26bδ ist JHWH ein gnädiger Gott, der
die Schwachen vor sozialem Unrecht schützt. Das unterschiedliche Verständnis
JHWHs im Bundesbuch gegenüber Ex 34,11-26 spiegelt die Differenz des Schwerpunktes der beiden Rechtstexte wider.
    Von dieser Eigenart der Grundschicht des Weisungsteils her, daß nämlich hier
nicht mit rein sozialen Bestimmungen auf soziale Probleme reagiert wird, sondern
unter Rezeption des kultischen Rechtsbuches von Ex 34,11-26 und seiner Einbindung
in soziale Bestimmungen, läßt sich erkennen, daß hier angesichts sozialer Probleme
die Identität Israels, JHWH einzigartig verbunden zu sein, als auf dem Spiel stehend
gesehen wird. Die Grundschicht des Weisungsteils versucht offensichtlich, die sozialen Probleme als religiöse, die Gottesbeziehung betreffende Fragen hinzustellen.
Wir vermuten als Hintergrund der Fassung von Ex 22,20 - 23,33* eine solche soziale
Situation, in der der Verfasser gezwungen war zu sagen, daß ohne Schutz der Schwachen, ohne soziale Gerechtigkeit die Identität Israels als des Volkes JHWHs verloren geht.

---

[187] H.Kosmala, aaO, S.49.
[188] S.o. 2. 4. 1. 2.
[189] Vgl. Ex 23,13b*.24.32.

Sowohl im Hinblick auf seinen literarischen Aufbau als auch auf seinen Inhalt sind die Einheitlichkeit des als die Grundschicht zu betrachtenden Textes in Ex 22,20 - 23,33 und sein Verhältnis zu Ex 34,11-26 und seine Intention im Vergleich mit Ex 34 deutlich. Wenn aber die Rahmenstruktur in Ex 22,20 - 23,9 zur Grundschicht des Weisungsteils gehört, steht der Zusammenhang mit dem Mischpatimteil, der durch seine Rahmenstruktur mit Ex 22,20 - 23,9 vergleichbar ist[190], schon für diese Schicht in Frage. Diesen Punkt wollen wir in Kap.IV nach der Analyse des Mischpatimteils behandeln, uns aber zunächst der Analyse des Altargesetzes (Ex 20,24-26) zuwenden.

2.5   Das literarkritische Problem des Altargesetzes

Die meisten Forscher stellen fest, daß das Altargesetz Ex 20,24-26 nicht aus einem Guß ist, sondern aus Sätzen verschiedener Herkunft besteht. Wie aber die Überlieferungs- und Redaktionsgeschichte zu beschreiben ist, und auf welche Schicht von Ex 21,1ff sich die herausgearbeiteten Schichten von Ex 20,24-26 beziehen, ist nach wie vor strittig[191].

2.5.1   Literarkritik zu Ex 20,24-26

Wir haben auch hier zu fragen, ob und inwieweit für die Rechtssatzforschung überlieferungsgeschichtliche Fragestellungen überhaupt geeignet sind. Die Rekonstruktion der gattungsmäßig reinen Form einzelner Sätze soll zwar nicht ausgeschlossen werden, der Zusammenhang der so rekonstruierten "ursprünglichen" Sätze bleibt so jedoch im Dunkeln. Für unseren Zusammenhang ist die Auseinandersetzung mit D.Conrad und J.Halbe, der die These D.Conrads z.t. modifiziert, notwendig[192], ihre Erwägungen scheinen uns aber - zusammenfassend gesagt - die literarische Phase, deren Endpunkt uns vorliegt, zu übergehen. Sie gliedern aufgrund gattungsmäßiger Unterschiede den Text auf. Der Unterschied in der Gattung beweist jedoch weder die literarische Schichtung, noch widerspricht er der literarischen Einheitlichkeit des Textes.

Auffällig sind zunächst die Doppelgebote in Ex 20,24a. D.Conrad betrachtet die Ausführungsbestimmung von V.24aβ als sekundär, weil die "qatal x"-Form dem priesterlichen Ritual eigentümlich sei[193]. Daß die "qatal x"-Form aus priesterlichen Kreisen stammt, oder daß die Doppelgebote keine reine Gattung darstellen, spricht

---

[190]   S.o. 1. 2. 3, J.Halbe, aaO, S.422.

[191]   S.o. Anm.102.

[192]   Ch.Dohmen, aaO (S.o. Anm.102), S.169-176, gelangt zu einem wesentlich anderen Ergebnis als D.Conrad. Siehe unten die Auseinandersetzung mit Ch.Dohmen in diesem Abschnitt 2. 5. 1.

[193]   D.Conrad, aaO, S.14f.

aber für sich noch nicht gegen die literarische Einheitlichkeit von V.24a. Die Form "waw-Konsekutiv + AK" stellt einfach die Fortsetzung des Gebots in der "x yiqtol"-Form dar. Die Häufung der Gebotssätze in Ex 23,10f, die auch D.Conrad erwähnt, kann als ein Beleg für die Möglichkeit gelten, daß Gebote in der "x yiqtol"-Form mit solchen in der "qatal x"-Form zusammenstehen können. Die Form כן תעשה ל (Ex 22,29a; 23,11b) unterscheidet sich zwar von der Form mit dem "waw-Konsekutiv", ist jedoch als "qatal x"-Form mit Ex 20,24 vergleichbar[194]. Selbst wenn man annehmen kann, daß ein Gebot wie V.24aα eine gattungsmäßig reine Form darstellt, bleibt es noch fragwürdig, daß ursprünglich ein *Altargesetz* wie V.24aα unabhängig von V.24aβ existierte. Dies gilt auch für den Zusammenhang des Gebotes/ Verbotes mit dem Begründungssatz (von V.24a mit V.24b, von V.25a mit V.25b und von V.26a mit V.26b).

Ob nun את עלתיך ואת שלמיך mit את צאנך ואת בקרך konkurriert und welcher Satzteil als sekundär betrachtet werden soll, sind schwierige Fragen. Die Formulierung זבח את עלתיך את שלמיך ist zwar singulär, daraus ist jedoch nicht zu schließen, daß dieser Versteil sekundär ist. את עלתיך ואת שלמיך für sekundär zu halten, bereitet Probleme; es ist schwer zu erklären, warum diese Sequenz den gewöhnlichen Ausdruck זבח את צאנך ואת בקרך unterbrochen und einen singulären, etwas umständlichen Satz geschaffen hat[195].

Den Begründungssatz als sekundär zu streichen[196], hat literarkritisch gesehen keinen Grund. Bemerkenswert ist die planvolle Anordnung der Begründungssätze in der Grundschicht von Ex 22,20 - 23,33 (Ex 22,22.26; 23,7bβ.8b.11aγδ.12b.15aε.33bβ). D.Conrad betrachtet die ausführliche Formulierung etwa von Ex 20,24 oder Ex 22,28b.29 als das Produkt nachträglicher Erweiterung[197]. Angesichts etwa der Belege von Ex 23,10-12.15f ist es keineswegs ungewöhnlich, daß ein Gebot "ausführlich" formuliert ist. Das inhaltlich gesehen dem Prohibitiv ähnliche Gebot von Ex 23,7 und das Gebot in Ex 23,19a sind zwar kurz formuliert, dürfen jedoch nur als Teil des Abschnittes von Ex 23,1-8 und von Ex 23,18ff verstanden werden.

Selbst wenn die direkt anredende Konditionalform (Ex 20,25a) eine Mischform darstellte[198], wäre das kein Beweis für ihre nachträgliche Einfügung in diese Bestimmungen[199]. Die Rekonstruktion eines "ursprünglichen" Prohibitivs[200] ist nicht sicher. Die beabsichtigte Zusammensetzung der direkt anredenden Konditionalkonstruktionen mit den Prohibitiven in der Grundschicht (Ex 22,24f*; 23,4f) zeigt die Möglichkeit, daß auch Ex 20,25a mit V.24 zusammen planvoll formuliert worden ist.

Der Begründungssatz V.25b hat eine grammatische Schwierigkeit, da es in V.25a kein Bezugswort für das Pronomen 3.Pers.fem.Sg. gibt. מזבח ist masculinum, אבנים ist

---

[194] S.o. Kap.I Anm.28.
[195] Gegen D.Conrad, aaO, S.12ff, bes. S.14.
[196] D.Conrad, aaO, S.11f.
[197] Ebd.
[198] Vgl. D.Conrad, aaO, S.15-17.
[199] H.W.Gilmer zeigt dagegen eine Möglichkeit, diese Form als eine selbständige Gattung zu betrachten: ders, If-You Form, S.58.99ff.
[200] D.Conrad, aaO, S.16.

zwar femininum, jedoch Plural[201]. Auch wenn man V.25b als Nachtrag streicht, löst sich die Schwierigkeit nicht auf, weil die Frage bleibt, warum der Satz mit diesem unverständlichen Pronominalbezug eingefügt wurde. Es bleibt allein die Annahme übrig, daß das Pronomen von V.25b singularisch auf "die Steine" von V.25a hinweist. Auf die einzelnen Steine könnte aufmerksam gemacht sein.

Wegen der sachlichen Konvergenz von V.24aα und V.25a streicht J.Halbe auch V.25a als sekundär und arbeitet so eine chiastische Struktur von V.24aα und V.26a heraus[202]. V.25a (nach unserer bisherigen Diskussion V.24aβ-25) unterbricht die chiastische Struktur nicht. Aus der sachlichen Konvergenz ergibt sich keineswegs die Nachträglichkeit von V.25. Es ist vielmehr vorstellbar, daß sich an das prinzipielle Gebot eine die Grenze des Prinzips aufzeigende Bestimmung anschließt (vgl. Ex 22,29; 23,11b).

Auch der Begründungssatz V.26b ist stilistisch gesehen nicht von V.26a zu trennen. Die Ansicht, daß sich zwischen den Bestimmungen und den Begründungen sachliche Inkongruenzen finden, setzt voraus, daß die Bestimmungen und die Begründungen nicht einheitlich entstanden sind und die Bestimmungen eine sehr alte Überlieferung darstellen[203]. Nach J.Halbe verstieß die Bauart des Altars im salomonischen Tempel, der ein aus behauenen Steinen gebauter Stufenaltar war, gegen die alten Verbote, den Altar aus behauenen Steinen zu bauen (V.25a) und auf Stufen auf den Altar hinaufzusteigen (V.26a). Um diese Gesetzwidrigkeit des Altarbaus im salomonischen Tempel zu mildern, schränkten die Begründungen V.25b.26b den Sinn der Bestimmungen ein. Mit dieser Einschränkung sei V.25a also nicht mehr als ein unbedingtes Verbot, den Altar aus behauenen Steinen zu bauen, zu verstehen, sondern als ein Verbot, das "das eiserne Werkzeug" am Stein ausschließt, was auf den behauenen Steinaltar des salomonischen Tempels nicht zutrifft. V.26a sei nicht mehr als Verbot, einen Stufenaltar zu bauen, zu verstehen, sondern regele nur noch die Entblößung auf dem Altar, die durch die Hose der Priesterkleidung hätte vermieden werden können[204]. Ob sich die Bestimmungen V.25a.26a auf den vorsalomonischen Altarbau beziehen und deshalb die Begründungen V.25b.26b eine die Verbote V.25a.26a und die Bauart des Altars im salomonischen Tempel harmonisierende Interpretation

---

[201] D.Conrad, aaO, S.16f. H.Cazelles, aaO, S.43.

[202] J.Halbe, aaO, S.442.

[203] D.Conrad, aaO, S.19. Seine Einsicht in die Intention des "ursprünglichen" Altargesetzes beruht auf dem Urteil, daß das Altargesetz sehr alt sei: vgl. auch aaO, S.42. Dieses Urteil ist aber unbegründet. Am ehesten kann man sagen, daß es "sehr einfache Verhältnisse voraus"setze, so M.Noth, aaO, S.142. Eine solche Einfachheit spricht nicht immer für Altertümlichkeit. Auch Kritik gegen Luxus ist eine mögliche Interpretation. Vgl. O.Eißfeldt, Einleitung, S.290. E.Sellin/ G.Fohrer, Einleitung, S.147, nehmen zwar an, daß es sehr alt sei, schließen aber die Möglichkeit nicht aus, daß es in späterer Zeit als Kritik gegen Luxus gebraucht wurde. S.u. 4. 2. 1. 1.

[204] J.Halbe, aaO, S.443. D.Conrads Behandlung konzentriert sich auf die Datierung von Ex 20,25b. 26b in die Zeit des salomonischen Tempels: aaO, S.34-37.53-56. Die Funktion, die Diskrepanz zwischen Gesetz und kultischer Praxis im Tempel zu mildern, erwägt D.Conrad nur in bezug auf V.26b, und zwar als eine mögliche Deutung dieser Begründung. In dieser Hinsicht entwickelt J.Halbe die These von D.Conrad weiter.

darstellen, ist aber nicht so eindeutig, wie J.Halbe denkt. Eine andere Möglichkeit
werden wir in Kap.IV aufzeigen.

Wir sehen also keine Möglichkeit, den Text des Altargesetzes (Ex 20,24-26) zu
zergliedern. Vielmehr handelt es sich hier wie in Ex 22,20-26*; 23,10-12 um ein
Gefüge von Bestimmung und Begründung:

Ex 20,24a	Bestimmung	Doppelgebote
24b	Begründung	
25a	Bestimmung	אם
25b	Begründung	
26a	Bestimmung	Prohibitiv
26b	Begründung	

Zum Schluß der Literarkritik soll noch die These Ch.Dohmens erwähnt werden[205].
Ch.Dohmen geht von der Schwierigkeit der masoretischen Versteilung in Ex 20,23
aus. Nach dieser Teilung fehlt im Satz von V.23a ein Objekt. Ch.Dohmen betrachtet
V.23a als Erweiterung zu V.23b, der ursprünglich in der 2.Pers.Sg. gebildet worden
sei[206]. Das Verbot, goldene Götter und silberne Götter zu machen, stelle die nomadische Polemik gegen den städtischen Kult dar[207]. Ch.Dohmen übernimmt einerseits
J.Halbes Literar-/ Formkritik zu V.24-26, versteht aber מזבח אדמה als "irdene
Schlachtstatt", und zwar als Kultstatt des nomadischen Blutritus. Thematisiert sei
nicht die Bauart des Altars, sondern eine Kultform. In dieser Hinsicht handele es
sich in V.26a, der sich auf במה bezieht, anders als J.Halbe vermutet, um eine Ergänzung. Daher bleibe als Grundschicht das Spruchpaar V.23b.24aα (in der Singularform rekonstruiert), das in bezug auf die nomadische Religion eine Einheit gestalte[208].

Die Schwierigkeit der Erörterung Ch.Dohmens besteht in der Rekonstruktion des
2.P.Pl.Satzes in die Singularform (Ex 20,23b). Wenn es eine solche Umarbeitung von
der Singular- zur Pluralform gegeben hätte, warum bleibt z.B. Ex 23,13bβ in der
Singularform? Von der Parallele in Ex 22,30bβ her gesehen hätte auch Ex 23,13bβ in
die Pluralform umstrukturiert werden müssen[209]. Ex 20,23a.b können vielmehr für
einheitlich gehalten werden. Diesen Punkt wollen wir in Kap.V behandeln. V.24-26
sind andererseits angesichts des Gefüges von Bestimmung und Begründung als eine
in sich geschlossene Einheit zu betrachten. Daher ist es unwahrscheinlich, daß V.23b
und V.24aα das ursprüngliche Spruchpaar bilden.

---

[205] Ch.Dohmen, aaO, S.154ff.
[206] Zur literarischen Analyse von V.23 Ch.Dohmen, aaO, S.155-163, vgl. B.S.Childs, aaO, S.465.
[207] Zur Bedeutung von "silbernen Göttern und goldenen Göttern" Ch.Dohmen, aaO, S.176ff. Siehe
       auch unten 5. 2. 1. 2.
[208] Ch.Dohmen, aaO, S.171ff.
[209] S.o. 1. 2. 1. F.-L.Hossfeld, Dekalog, S.183-185 erwägt die Zusammengehörigkeit von Ex 20,23 und
       22,30; 23,13. Ch.Dohmen setzt sich zwar mit F.-L.Hossfeld auseinander, erwähnt aber Ex 22,30;
       23,13 nicht.

2.5.2   Der Zusammenhang zwischen Ex 20,24-26 und Ex 22,20 - 23,33

Wenn Ex 20,24-26 als ein Gefüge von Bestimmung und Begründung Ex 22,20-26*; 23,10-12 ähnlich gebildet worden sind, liegt die Schlußfolgerung nahe, daß Ex 20,24-26 zur Grundschicht des Weisungsteils gehören. Die Zuweisung der zergliederten Textstücke in Ex 20,24-26 zu den analogen Schichten von Ex 22,20 - 23,33 wird z.B. von J.Halbe hauptsächlich mit Bezug auf den historischen Ort jeder Schicht begründet[210]. Bemerkenswert aber ist der von J.Halbe aufgewiesene Stichwortbezug von זבח in Ex 20,24aα und Ex 23,18a[211]. Dieser Stichwortbezug gilt selbstverständlich auch für den Zusammenhang von Ex 20,24-26 insgesamt zur Grundschicht in Ex 22,20 - 23,33, wie wir es sehen. Weiter ist der Bezug von Ex 20,24b auf Ex 23,21bβ durch das Stichwort שמי gegeben[212].

Die These E.Ottos bez. der Struktur des Bundesbuches und des Zusammenhangs von Ex 20,24-26 mit Ex 22,20 - 23,33 zeigt ganz andere Ergebnisse als die bisherige Diskussion[213]. Er hält die 2.P.Pl.Sätze im Bundesbuch überhaupt für deuteronomisch, also für nachträglich[214] und arbeitet in Ex 20,22 - 23,13 zwei "Redaktionsstrukturen" heraus, und zwar Ex 21,2 - 22,26 einerseits, die den durch das Stichwort ישלם zusammengefaßten Abschnitt Ex 21,33 - 22,14 als Mitte erhalten habe. Diese umrahmten Ex 21,18-32/22,15f; Ex 21,12-17/22,17-19a; Ex 21,2-11/22,20-26; andererseits Ex 22,28 - 23,12, in der Ex 22,28f/23,10-12 - deren Entsprechung wurde schon von J.Halbe gezeigt - die auch von J.Halbe herausgearbeitete Rahmenstruktur Ex 23,1-8 umrahmten[215]. Die erste Struktur (Ex 21,2 - 22,26) habe als inhaltliche Grundlage die JHWH-Königstheologie (Ex 22,26bδ), sei also durch die Jerusalemer Kulttheologie geprägt[216]. Demgegenüber werde die zweite (Ex 22,28 - 23,12) durch die "im Alleinverehrungsanspruch JHWHs begründete Aussonderungstheologie ... legitimiert", stamme aus "landpriesterlichen oder levitischen Kreisen Judas"[217]. Bei der Zusammensetzung der beiden Strukturen ("Endredaktion") sei der Begründungssatz der Jerusalemer Theologie (Ex 22,26bδ) "durch die Struktur der chiastischen Entsprechungen Ex XXI 2-11/XXIII 10-12 und Ex XXII 20-26*/XXII 28f. geradezu eingeklammert" worden. "Die Jerusalemer Theologie in Ex XXI 2 - XXII 26 wird also in der Endredaktion des Bundesbuches nicht fortgesetzt"[218]. Bez. der Literar-/ Formkritik zu Ex 20,24-26 übernimmt er andererseits die These D.Conrads und macht darauf aufmerksam, daß die die Endgestalt des Altargesetzes

---

210   J.Halbe, aaO, S.443.481f.
211   J.Halbe, aaO, S.447.
212   Zur Verwandtschaft von Ex 20,24b und Ex 23,21bβ durch die Vorstellung "Selbstkundgabe JHWHs" in der Kultstätte einerseits und im Engel andererseits siehe J.Halbe, aaO, S.375-377. Er denkt, daß diese Sätze zur sogenannten "Ausbaustufe II" gehören, aaO, S.500-502.
213   E.Otto, aaO, bes. S.9-11.54-56.
214   E.Otto, aaO, S.4-7. Siehe auch oben Anm.12.
215   E.Otto, aaO, S.9-11.
216   E.Otto, aaO, S.43f.
217   E.Otto, aaO, S.50f.
218   E.Otto, aaO, S.53.

bildenden Begründungen V.25b.26b tief durch die Jerusalemer Theologie geprägt seien. Ex 20,24-26 gehörten nur mit der Redaktionsstruktur Ex 21,2 - 22,26 zusammen[219].

Seine Beschreibung der Struktur von Ex 20,22 - 23,13 trifft aber u.E. keineswegs zu. In erster Linie ist seine Auswahl der Gliederungsmerkmale willkürlich. Er weist z.B. sowohl die Einfügung der Schlußakzente von Ex 22,30; 23,13 als auch die Bildung der parallelen Verse Ex 22,20//23,9 der Endredaktion des Bundesbuches zu[220], erklärt aber nicht die Bedeutung der Parallelstellung von Ex 22,20//23,9, die die durch Ex 22,30; 23,13 gegliederte Struktur unterbricht. Es ist ferner sehr fragwürdig, in Ex 23,9 nicht nur die 2.P.Pl.Sätze (V.9b), sondern den ganzen Vers als Nachtrag zu streichen[221]. Angesichts des nicht als Einschub zu streichenden Verses Ex 23,9a ist die Rahmenstruktur von Ex 22,28 - 23,12 unvorstellbar. In der sogenannten Redaktionsstruktur von Ex 21,2 - 22,26 entspreche der Abschnitt Ex 21,2-11 dem Abschnitt Ex 22,20-26*, denn Ex 21,2-11 werde mit der Anrede in der 2.Pers.Sg. eingeführt und das Thema "Sklavenschutz" in Ex 21,2-11 entspreche dem Thema "Schwachenschutz" in Ex 22,20-26*[222]. Die direkte Anrede, die Ex 21,2 entspricht, findet sich jedoch nicht nur in Ex 22,20-26*. E.Otto ignoriert die Entsprechung durch das "Sechs-Sieben-Rhythmus"-Motiv zwischen Ex 21,2-11 und Ex 23,10-12. Ex 21,2 - 22,26 als eine in sich geschlossene Redaktionsstruktur zu betrachten, trifft also nicht zu. Daß die Redaktionsstruktur Ex 21,2 - 22,26* durch die Jerusalemer Theologie geprägt ist und diese in der "Endredaktion" nicht aufgenommen worden sei, ist ebenfalls sehr fragwürdig.

Die Ergebnisse dieses Kapitels zusammenfassend kann gesagt werden, daß die Grundschicht des Weisungsteils, außer den sekundären 2.P.Sg.Sätzen in Ex 23,20-33, unter Absehung von den 2.P.Pl.Sätzen herausgearbeitet werden kann und aus Ex 20,24-26; 22,20a.22.24a.25f.27-29; 23,1-8.9a.10-12.13b*.14-17.18f.20-21a.21bβ.22-23a.24.32.33bβ besteht. Sie wurde durch das Gefüge von Bestimmung und Begründung (Ex 20,24-26; 22,20-26*; 23,10-12) und die Rahmenstruktur (Ex 22,20 - 23,9; 23,1-8.14-17.18-33*) planvoll komponiert. Sie hat als Vorlage das kultische Rechtsbuch Ex 34,11-26, das umstrukturiert und um die sozialen Bestimmungen erweitert wurde. Die Intention des Altargesetzes (Ex 20,24-26), seine Bedeutung und die Datierung der Komposition des Weisungsteils werden in Kap.IV erörtert.

---

[219]   E.Otto, aaO, S.54-56.
[220]   E.Otto, aaO, S.5f.
[221]   Ebd.
[222]   E.Otto, aaO, S.9.41.

Kapitel III

Der Aufbau des Mischpatimteils

3.1   Beschreibungsversuche der Systematik des Mischpatimteils

Bevor man die משפטים formgeschichtlich zu untersuchen begann, galt als die Hauptaufgabe, die Ordnung der in diesem Komplex behandelten Themen zu erklä-ren[1]. Oft wurde dabei eine "ursprüngliche" Reihe nach modernen systematischen Gesichtspunkten ermittelt[2]. Die Schwierigkeit einer Beschreibung der Systematik

---

[1] Wir wollen in der folgenden Erörterung die Bestimmungen in Ex 21,2 - 22,19 oder auch das "Gesetzbuch" von Ex 21,1 - 22,16 oder 19 provisorisch משפטים nennen.
Versuche, die Ordnung der Themen zu erklären, z.B. bei B.Baentsch, Bundesbuch, S.14-25.38 (bes.40)-43, A.Merx, Moses, S.22ff.
Im 19.Jh. wurde der Mischpatimteil nicht vom Weisungsteil getrennt behandelt, und diese Ten-denz der Forschung gilt deshalb auch für die Untersuchungen des Weisungsteils: B.Baentsch, aaO, S.25.33, A.Dillmann, KEH 12, S.225.238, H.Holzinger, KHC II, S.98 erkennen den thematischen und stilistischen Unterschied zwischen Ex 20,22-26; 22,17ff und Ex 21,1 - 22,16 und nehmen sogar an, daß sich die Bezeichnung משפטים nur auf den Teil Ex 21,2 - 22,16 bezieht, bezweifeln - abgesehen von einigen sekundären Bearbeitungen - die Einheitlichkeit des Bundesbuches als Ganzes jedoch nicht. Es war ohne Zweifel die Entdeckung des Kodex Hammurapi (1901), die die quellenmäßige - später gattungsmäßige - Trennung des Teils Ex 21,1 - 22,16 vom übrigen Teil angestoßen hat, vgl. H.Gressmann, SAT 2-1, S.221.227. A.Jepsen bemühte sich, die der Form nach zu unterscheidenden Quellen des Bundesbuches zu untersuchen (zu seiner Aufgabenstellung siehe ders, Untersuchungen, S.54). Die thematische Anordnung der Bestimmungen sowohl im heutigen Text als auch in den einzelnen Quellen aber bildet einen Bestandteil seiner Auslegung zum Bundesbuch: aaO, S.1-12.55.79 und passim. In dieser Hinsicht ist seine Untersuchung von der formgeschichtlichen Forschung zu unterscheiden, die die kleinen typischen Einheiten, die jeweils in einer bestimmten Situation gesprochen worden seien, untersucht. Zur Forschungslage im 19.Jh. ist ferner bemerkenswert, daß die Fünferreihe ("Pentade") oder die Zehnerreihe ("Dekade") des Bestimmungen oft als ein Merkmal für die Gliederung oder die literarische Schichtung herange-zogen wurde; siehe den Überblick über die damalige Forschung bei B.Baentsch, aaO, S.38-41, H.Strack, KK AI, S.243f, H.Holzinger, aaO, S.99f. Diese drei Referate werten die Gliederung des Bundesbuches durch "Pentade" und "Dekade" nicht positiv. Vgl. die positiven Meinungen von A.Dillmann, aaO, S.220f, H.Ewald, Geschichte II, S.235-237, L.B.Paton, Original Form, bes. S.79-83.90ff.

[2] Als ein typisches Beispiel wäre die häufige Umstellung der Sätze in der Übersetzung von A.Jep-

der מֹשְׁפָּטִים, an der auch die damalige Forschung scheiterte, besteht darin, daß für modernes systematisches Denken das Ordnungsprinzip der Bestimmungen nicht einheitlich zu sein scheint und die Ordnung in der heutigen Gestalt nicht durchschaubar ist, so daß die ältere Forschung meistens mehrere Umstellungen der Sätze vornehmen mußte, um die Themen nach einem Prinzip anzuordnen[3]. Die formgeschichtliche Forschung teilte demgegenüber die מֹשְׁפָּטִים in die kleinsten Überlieferungseinheiten ein und gab deshalb ihrer Zusammenstellung nur eine sekundäre Bedeutung. Die Schwierigkeit bez. der Systematik wurde also faktisch dadurch übergangen, daß das Augenmerk den "kasuistischen", also nicht systematisch angeordneten Einzelbestimmungen bzw. den Einzelthemenbereichen galt[4]. In der heutigen forschungsgeschichtlichen Situation stellt der Versuch, die Systematik der vorliegenden מֹשְׁפָּטִים zu beschreiben, eine relativ neue Tendenz dar. Dabei ist zunächst der Ansatz V.Wagners[5] zu nennen, der das Verständnis der Systematik des Kodex Hammurapi von H.Petschow[6] auf die מֹשְׁפָּטִים angewendet hat.

3.1.1   Der Ansatz V.Wagners

Durch die Anwendung der von H.Petschow herausgearbeiteten Systematik des Kodex Hammurapi hat V.Wagner einen Zugang zur Systematik der מֹשְׁפָּטִים gefunden. H.Petschow geht bei der Gliederung des Kodex Hammurapi von Themenbereichen aus[7]. Innerhalb jedes Themenbereiches werde der Rechtsstoff "nach gewissen Anordnungs-'prinzipien' gruppiert"[8]. Vom Thema des vorangehenden Abschnittes leitete(n) der/die letzte(n) Vers(e) des Abschnittes z.B. durch Einführung von Tatbeständen, die sich auf das nächste Oberthema eng bezögen, zum neuen Thema über[9]. Eine in einen anderen Abschnitt einzubettende Bestimmung sei oft durch die Gedankenassoziation eingefügt ("Attraktion")[10]. H.Petschow führt weiter aus: "Regelmäßig werden die Normen über Rechtsfälle, die im Zusammenhang mit Verträgen stehen, sauber getrennt von denjenigen, die nur außervertragliche Rechtsbeziehungen auf Grund Nachbarrechts oder unerlaubter Handlungen zum Gegen-

---

sen, aaO, S.1-12 zu nennen. Siehe auch B.Baentsch, aaO, S.41-45.

[3]   B.Baentsch, aaO, S.15f.20f.

[4]   A.Alt, Ursprünge, S.285f, bemerkt die literarische Einheitlichkeit von Ex 21,2 - 22,16, berücksichtigt jedoch den Aufbau dieses Teils nicht und läßt unbeantwortet, warum diese Einheit abrupt mit Ex 22,16 endet und ein unvollständiges Gebilde zu sein scheint. Weiter versucht G.Liedke, Gestalt, S.56, "den unsystematischen Aufbau dieser Korpora" durch die Vermutung zu begründen, die kasuistischen Bestimmungen in Ex 21,2 - 22,16 stellten eine Zusammenstellung gewohnheitsrechtlicher Präzedenzurteile dar.

[5]   V.Wagner, Systematik; die Zusammenfassung seiner Theorie auf S.181f.

[6]   H.Petschow, Codex Hammurabi, Zusammenfassung auf S.169-172. Vgl. auch ders, Eschnunna, bes. S.142f.

[7]   H.Petschow, Codex Hammurabi, S.146-148.170.

[8]   Zusammenfassend H.Petschow, aaO, S.170f. S.u. Anm.14-17.

[9]   Z.B. KH §36-41.59.121.241: H.Petschow, aaO, S.153f.155.157f.166, zusammenfassend S.171.

[10] Z.B. KH §7: H.Petschow, aaO, S.151 und passim, zusammenfassend S.171.

stande haben, wobei die Bestimmungen letzterer Art zumeist - dogmatisch geschickt - das jeweilige Thema abschließen"[11].

V.Wagner erwägt, daß auch die מָשׁפּטים des Bundesbuches nach demselben Prinzip angeordnet worden seien. Abgesehen von Ex 21,12-17.23b-25; 22,8, die stilistisch gesehen einen sekundären Einschub darstellten, und Ex 22,15f, die dem vorangehenden Abschnitt gegenüber abrupt ein neues Thema einführten, seien die מָשׁפּטים in drei Themenbereiche gegliedert[12]:

(1) "Sklave" (Ex 21,2-11)

(2) "Verletzung der körperlichen Integrität" (Ex 21,18-32)

(3) "Haftungen im Bereich der landwirtschaftlichen und handwerklichen Arbeit" (Ex 21,33 - 22,7; 22,9-14).

Der Übergang von einem Thema zum nächsten geschehe einerseits in Ex 21,28-32 (vom Thema der Körperverletzung zum Thema der landwirtschaftlichen Haftung). Die Überleitung vom Thema des Sklavenrechts zum Thema der Körperverletzung sei andererseits aber durch eine stilistisch fremde Rechtssatzreihe Ex 21,12-17 ersetzt worden[13]. Die Anordnung von Bestimmungen innerhalb eines einheitlichen Themenbereichs erfolge nach folgenden Gesichtspunkten:

- "nach der sozialen Stellung der betreffenden Personen" (Sklave-Sklavin: Ex 21,1-11; Vollfreier-Unmündiger-Sklave: Ex 21,28-32)[14],
- "nach der (...) Wertigkeit der Gegenstände" (Auge-Zahn: Ex 21,26f)[15],
- "als Gegenüberstellung von Fall und Gegenfall" (z.B. Ex 21,3a zu 3b)[16]
- "in möglichst einheitlicher Reihenfolge bei sachlich oder rechtlich gleichartigen Tatbeständen" (z.B. Ex 21,2-6)[17]
- "nach der Unterscheidung des vertraglichen Fall vom außervertraglichen" (Haftungen im Fall unerlaubter Handlungen: Ex 21,33 - 22,3; Haftungen aufgrund Nachbarrechts: Ex 22,4f; Haftungen im Zusammenhang mit vertraglichen Abmachungen: Ex 22,6-14)[18].

---

[11]   H.Petschow, aaO, S.171f.
[12]   V.Wagner, aaO, S.176.
[13]   V.Wagner, aaO, S.177f.179.
[14]   V.Wagner, aaO, S.181. Für die folgende Erklärung des Anordnungsprinzips (bis zu Anm.18) zitiert V.Wagner die Erklärung von H.Petschow zum Anordnungsprinzip des KH: H.Petschow, aaO, S.170f. Zur Anordnung nach der sozialen Stellung der betreffenden Personen vgl. z.B. KH §6.8.15f: H.Petschow, aaO, S.149-152.
[15]   V.Wagner, ebd. Vgl. KH §196ff: H.Petschow, aaO, S.170 Anm.146.
[16]   V.Wagner, ebd. Vgl. KH §142: H.Petschow, aaO, S.160.
[17]   V.Wagner, ebd. H.Petschow aber versteht unter diesem Anordnungsprinzip die Verknüpfung möglichst ähnlicher gleichartiger Tatbestände, z.B. "Pachtrecht" vor "esip-tabal-Geschäft" (KH §42-47/ 49-52; 60-65/66) oder "Vertragserfüllung" vor "Vertragsverletzung" (KH §215-220): aaO, S.171, Anm.149. In Bezug auf die מָשׁפּטים sollte nicht der einheitliche Paragraph wie der von V.Wagner als Beispiel angeführte Paragraph Ex 21,2-6, sondern die Verknüpfung z.B. der Bestimmungen der Menschentötung mit der Tiertötung (Ex 21,12-32/33-36) oder der Verwahrung des Tiers mit der Leihe des Tiers (Ex 22,9-12/13f) als entsprechender Fall gelten.
[18]   V.Wagner, ebd. Er zitiert die Erklärung von H.Petschow, aaO, S.171f. Vgl. oben Anm.11.

Den thematischen Sprung in Ex 22,1-2a, der im allgemeinen auf Textkorruption zurückgeführt wird, erklärt er als eine "Attraktion"[19].

Daraus ergebe sich, daß die משפטים keine zufällige Häufung der Rechtsmaterie, sondern einen rechtswissenschaftlich überlegten Kodex darstellten, dessen Verfasser wahrscheinlich in einer altorientalischen Schultradition juristisch gebildet sei[20].

Diese Theorie machte ein Prinzip für die Anordnung der משפטים sichtbar, das in der vorausgehenden Forschung nicht gesehen wurde. Dennoch bleiben die folgenden Schwierigkeiten:

(1) Im Anschluß an A.Alt versteht V.Wagner die משפטים als eine Reihe rein kasuistisch formulierter Rechtssätze und streicht syntaktisch anders konstruierte Elemente (Ex 21,12-17.23b-25; 22,8) als sekundäre Zusätze[21]. Ob diese Rekonstruierung des ursprünglichen משפטים-Rechtsbuches zutrifft, ist aber fraglich. Die Möglichkeit ist nicht auszuschließen, daß sich gerade in der Zusammenstellung stilistisch verschiedener Rechtssätze die dem israelitischen Recht eigentümliche Systematik zeigt.

(2) Einzelne Bestimmungen lassen sich keineswegs so eindeutig jenen Themenbereichen zuordnen, in die V.Wagner das gesamte Korpus gegliedert hat, wie er meint. Ob etwa das Thema von Ex 21,33-36 als "unerlaubte Handlung im landwirtschaftlichen Bereich" identifiziert werden kann, bleibt fraglich; diese Verse scheinen uns zum vorangehenden Abschnitt zu gehören[22]. V.Wagner läßt andererseits das Thema von Ex 22,15f offen und erwägt nur zwei mögliche Titel: Entweder liege das Thema "Ehe und Familie" vor, oder aber es handle sich noch um einen Nachtrag zum Thema "Verletzung der körperlichen Integrität"[23]. Diese Verse können aber durchaus auch als besitzrechtliche Bestimmungen verstanden werden[24]. Um die Grenze der Abschnitte festzustellen, sind deshalb noch weitere Merkmale notwendig. Denn erst dann, wenn verschiedene Indizien eine bestimmte Abgrenzung nahelegen, kann das Thema dieses Abschnittes bestimmt werden.

3.1.2   Der Zusammenhang der משפטים mit dem Weisungsteil
- die Konzeption J.Halbes -

J.Halbe folgt im wesentlichen den Ergebnissen V.Wagners, nur hält er Ex 21,12-17; 22,17-19, die nach V.Wagner als spätere Zusätze nicht zum ursprünglichen Rechtsbuch hinzugehören, für eine Rahmung, die der Rahmenstruktur von Ex 22,20/ 23,9 entspricht[25]. Der Rahmung von Ex 21,12-17/ 22,17-19 entsprechend bildeten Ex 22,15f, deren Vorkommen V.Wagner für überraschend hält, ferner mit Ex 21,18-32

---

[19] V.Wagner, ebd. Nach ihm könnten auch Ex 21,30 durch Attraktion hier eingefügt worden sein: aaO, S.178.
[20] V.Wagner, aaO, S.181f.
[21] V.Wagner, aaO, S.177.178 (Anm.3).180.
[22] S.u. 3. 3. 2. 4.
[23] V.Wagner, aaO, S.176.
[24] S.u. 3. 3. 3. 5, 3. 4. 1.
[25] J.Halbe, Privilegrecht, S.414f.

eine Rahmung als Bestimmungen über Körperverletzung[26]. Diese These J.Halbes geht von der Sonderstellung des Sklavenrechts (Ex 21,2-11) aus, das kein wiederherstellendes Rechtsmittel biete und durch die Partizipialsätze (Ex 21,12-17) von den anderen kasuistischen Sätzen getrennt sei. Dieses Sklavenrecht stimme mit den Brachjahr-/ Sabbatbestimmungen im Sechs-Sieben-Rhythmus überein; dazwischen erhöben sich zwei Rahmenstrukturen Ex 21,12-17/ 22,17-19 und Ex 22,20/ 23,9[27]. Die Schwierigkeit bei V.Wagner bez. Ex 21,12-17 und Ex 22,15f scheint hier zwar gelöst worden zu sein. Daß es in Ex 22,15f um Körperverletzung geht, ist jedoch zweifelhaft. J.Halbe vermutet ferner, daß die Bestimmungen im Mischpatimteil ausgewählt worden seien, um das Privilegrecht JHWHs, das im Weisungsteil als Prinzip über den gottesdienstlichen Bereich herrsche, im juristischen, staatsrechtlichen Bereich zu verwirklichen[28], führt jedoch im Hinblick auf die Anordnung der ausgewählten Themen nicht über den Versuch V.Wagners hinaus.

3.1.3   Die Untersuchung der Systematik bei E.Otto

E.Otto teilt die משפטים nicht nur unter Bezug auf das je behandelte Thema in Abschnitte ein, sondern auch unter Berücksichtigung weiterer Merkmale wie Stichwortbezug oder Satzstil. Ein Anhaltspunkt für die Gliederung liegt nach seiner Beobachtung in Ex 21,33 - 22,14, die "von Ersatzleistungen handeln und als Zentrum der Apodosis die Formulierung (šallem) jᵉšallem (Ex XXI 34.36.37; XXII 3.4.5.6.8.11. 13) oder lo' jᵉšallem (Ex XXII 10.12.14) verwenden"[29]. Dieser Abschnitt zeichne sich durch die wechselnde Abfolge von Ersatzleistungs- und Sanktionsgesetzen aus[30]:

Ex 21,33-36	Ersatzleistung
21,37 - 22,3	Sanktion
22,4.5	Ersatzleistung
22,6-8	Sanktion
22,9-14	Ersatzleistung

und auch durch die wechselnde Abfolge von שלם ישלם und [ולא] ישלם םלש[31]:

Ex 21,34	ישלם
21,36	שלם ישלם
21,37	ישלם
22,2bα	שלם ישלם

---

26   J.Halbe, aaO, S.415f.
27   J.Halbe, aaO, S.413f.421f.
28   J.Halbe, aaO, S.460ff, bes. S.464.
29   E.Otto, Begründungen, S.9.
30   E.Otto, aaO, S.12f.
31   Ebd.

22,4	יׁשלם	
22,5	שלם יׁשלם	
22,10		לא יׁשלם
22,11	יׁשלם	
22,12		לא יׁשלם
22,13	שלם יׁשלם	
22,14		לא יׁשלם

Diese in sich abgeschlossene Struktur "grenzt Ex XXI 33 - XXII 14 nach vorn und hinten ab und weist auf die ursprüngliche Selbständigkeit der Sammlung hin"[32]. Die Sammlung selbst aber stellt die Folge einer längeren Überlieferungsgeschichte dar[33]. In der von ihm sogenannten Redaktionsstruktur von Ex 21,2 - 22,26* stehe der Abschnitt Ex 21,33 - 22,14 in der Mitte der Rahmenstruktur, die sich wie folgt darstellen lasse[34]:

Ex 21,2-11	Gesetze zum Schutz der Sklaven
21,12-17	Reihe todeswürdiger Verbrechen
21,18-32	Gesetze bei Verletzung körperlicher Integrität
21,33 - 22,14	*j^ešallem*-Gesetze
22,15f	Gesetze bei Verletzung körperlicher Integrität
22,17-19a	Reihe todeswürdiger Verbrechen
22,20-26*	Gesetze zum Schutz der Fremdlinge und Armen.

Der den *j^ešallem*-Gesetzen vorangehende Abschnitt Ex 21,18-32 sei "durch die gemeinsame Bildung der Protasis mit Verben des Schlagens" (נכה,נגף,נפל und נגח) zusammengefaßt[35]. Auch hier handele es sich um eine wechselnde Abfolge von Ersatzleistungs- und Sanktionsgesetzen[36]. Diese Sammlung sei ursprünglich eine selbständige Einheit gewesen, die eine Folge der Überlieferungsgeschichte darstelle[37]. Auf ähnliche Weise erklärt E.Otto die Abgrenzung und innere Struktur jedes Abschnittes.

Abgesehen davon, ob die Abschnitte jeweils früher, wie es sich E.Otto vorstellt, eine selbständige Einheit darstellten, und ob sie in noch kleinere Überlieferungsstücke aufgegliedert werden können[38], ist E.Ottos Beobachtung des Stichwortbezugs zu einseitig. Um eine regelmäßige Abfolge von שלם יׁשלם und יׁשלם in Ex 21,33 - 22,8 herauszustellen, ignoriert er die in diesem Text dreimal vorkommende Wendung שנים ישלם (שלם ישלם שנים)(Ex 22,3.6.8), die u.E. für die Erklärung der Systematik

---

[32]	E.Otto, aaO, S.14.
[33]	E.Otto, aaO, S.14-19.
[34]	E.Otto, aaO, S.9f.
[35]	E.Otto, aaO, S.9.24. Zitat von S.9.
[36]	E.Otto, aaO, S.25-27.
[37]	E.Otto, aaO, S.27.28-31.
[38]	S.o. Anm.32.37, und E.Otto, aaO, passim.

eine wichtige Rolle spielt[39]. Ex 21,18-32 können andererseits zwar durchaus durch die Stichworte נכה, נגף, נפל und נגח zusammengehörig gedacht werden, נכה steht jedoch auch in V.12.15, נגף in V.35 und נגח in V.36. Diese Erstreckung des Stichwortbezugs weist darauf hin, daß die Abgrenzung des Abschnittes Ex 21,18-32 nicht so eindeutig ist, wie E.Otto meint. Er zieht das Einleitungswort כי als Merkmal für die nähere Gliederung heran[40], ignoriert jedoch den Unterschied zwischen כי und וכי[41]. Angesichts der Tatsache aber, daß auch die Erklärung E.Ottos Schwierigkeiten bereitet, obwohl er, anders als V.Wagner, zur Beschreibung der Systematik nicht nur thematische Gesichtspunkte, sondern auch formale Merkmale geltend macht, erscheint es sinnvoll, alle für die Gliederung möglichen Merkmale erst einmal überhaupt zu sichten.

3.2   Gliederungsmerkmale des Mischpatimteils

Wir wollen zunächst zu der Erkenntnis zurückkehren, daß Ex 21,1 - 22,19 aufgrund der Bezeichnung der betreffenden Person in der 3.Pers. vom Weisungsteil getrennt behandelt werden können[42], und Gliederungsmerkmale des ganzen Mischpatimteils (inklusive Ex 21,1.12-17.23b-25; 22,8.17-19) nennen.

3.2.1   Hauptfall und Unterfall

Nach der Analyse von A.Jepsen und G.Liedke[43] können wir den Mischpatimteil in Gruppen von Rechtsfällen unterteilen. A.Jepsen und G.Liedke erklären, daß כי und וכי den Hauptfall einleiten. Näher bestimmt leite כי das "Kapitel" und וכי die "Unterteile" ein[44]. אם biete die "Unterfälle", und ואם führe "den Vorangehenden entsprechende und parallele Fälle" ein[45]. Wenn aber ein ואם-Satz dem כי-Satz folge, sei ואם dem כי gleichgeordnet[46]. אם sei eventuell durch או ersetzt[47].

---

[39] S.u. 3. 3. 3. 1. E.Otto erwähnt nur kurz die Wendung שנים ישלם als Sanktion, ignoriert sie jedoch in der Strukturbeschreibung von Ex 21,33 - 22,14; aaO, S.12f.

[40] E.Otto, aaO, S.15.

[41] Vgl. A.Jepsen, aaO, S.55f, G.Liedke, aaO, S.31-34. Siehe auch unten 3. 2. 1.

[42] S.o. 1. 2. 2.

[43] S.o. Anm.41.

[44] A.Jepsen, aaO, S.55, übernommen von G.Liedke, aaO, S.31f.

[45] A.Jepsen, aaO, S.56, entwickelt von G.Liedke, aaO, S.32-34. S.u. 3. 2. 1. 2.

[46] G.Liedke, aaO, S.33.

[47] A.Jepsen, aaO, S.56, entwickelt von G.Liedke, aaO, S.34: "או kann nicht nur אם ersetzen, sondern auch ואם und כי".

3.2.1.1 כי *und* וכי
  - *Abschnitt und Paragraph* -
A.Jepsen zählt folgende Abschnitte auf[48]:

1. Sklavenrecht,   21,2-11   (2: כי; 7: וכי),
2. Totschlag und Körperverletzung,   21,12-36   "(Das wohl ursprüngliche
                                                    כי ist durch V.12 verdrängt)"[49],
3. Diebstahl,   21,37 - 22,3   (37: כי)
4. Flurschaden,   22,4.5   (4.5: כי)[50]
5. Depositen,   22,6-14   (6: כי)[51]
6. Vergewaltigung,   22,15.16   (15: וכי)[52]

Diese Abschnitteinteilung beruht auf der Gruppierung der Rechtssätze nach den
von A.Jepsen unterschiedenen Themen[53]. Die Regel, daß כי den Abschnitt einleite,
entspreche zumeist dieser Gruppierung[54]. Doch mußte A.Jepsen einige Ausnahmen
von seiner Regel (Ex 22,5.9.15) machen. Es ist zu prüfen, ob diese Abschnitteinteilung zutrifft. Wir müssen aber zunächst entsprechend der stilistischen Unterscheidung von כי und וכי den Mischpatimteil in Abschnitte einteilen und dann fragen, ob
diese Einteilung mit der Einteilung nach anderen Gliederungsmerkmalen übereinstimmt, und ob das Thema jedes damit eingeteilten Abschnittes sinnvoll zusammengefaßt werden kann. Der Regel entsprechend, daß כי den Abschnitt, וכי den Paragraphen einleite, können wir die nachstehenden Abschnitte und Paragraphen unterscheiden[55]:

(1) Sklavenrecht   Ex 21, 2-11
    1) Freilassung des Sklaven   2-6   כי
    2) Freilassung der Sklavin   7-11   וכי

---

48 A.Jepsen, aaO, S.55f. Auch der Titel des jeweiligen Abschnitts nach A.Jepsen. Er nennt den mit
    כי eingeleiteten Abschnitt "Kapitel". Die Bezeichnung "Kapitel" ist für kleinere Teile, z.B. Ex 22,4.5
    nicht geeignet. Obwohl auch die Bezeichnung "Abschnitt" völlig paßt, wollen wir den kleine-
    ren Teil "Abschnitt" nennen. Den mit וכי und כי eingeleiteten Unterteil - selbstverständlich leitet
    das כי selbst einen Unterteil ein, sofern es dem Abschnitt gegenüber um einen Unterteil geht -
    nennen wir "Paragraph", vgl. G.Liedke, aaO, S.31. In der Untersuchung von Ex 21,37 - 22,16 aber
    werden wir oft den mit כי eingeleiteten kleineren "Abschnitt" wie Ex 22,4.5 als "Paragraph" be-
    zeichnen, insofern kein Mißverständnis entstehen kann. Wir betrachten Ex 21,37 - 22,16 als einen
    "Abschnitt", s.u. 3. 3. 3.
49 Ebd.
50 A.Jepsen, ebd, hält כי in Ex 22,5 für eine Ausnahme.
51 Auch V.9 wird mit כי eingeleitet. A.Jepsen, aaO, S.67, betrachtet V.9 als eine Parallele zu V.6:
    "Ex 22,9 wird genau so eingeleitet wie V.6".
52 "Das וכי in 22,15 macht freilich diese Auffassung des כי etwas unsicher; man müsste denn anneh-
    men, auch hier hätte früher כי gestanden oder eine vorangehende Bestimmung ähnlicher Art sei
    ausgelassen, die mit כי eingeleitet war": A.Jepsen, aaO, S.56.
53 A.Jepsen, aaO, S.55. Vgl. ders, S.1-8.
54 Ebd.
55 Nur provisorisch füge ich hier den Titel jedes Abschnittes und jedes Paragraphen hinzu.

(2) Bestimmungen über die Tötung	Ex 21,12-36	
1) Totschlag	12	Pt
2) Unbeabsichtigte Tötung; Asyl	13	ואשר
3) Mord; Wegholen von der Asylstätte	14	וכי
4) Schlag gegen die Eltern	15	Pt+ו
5) Menschenraub	16	Pt+ו
6) Verfluchung der Eltern	17	Pt+ו
7) Beim Versuch bleibender Totschlag	18-19	וכי
8) Totschlag bei Sklaven	20-21	וכי
9) Fehlgeburt	22-23	וכי
10)Talion	24-25	Talion
11)Körperverletzung an Sklaven	26-27	וכי
12)Stoßendes Rind; Todesfall	28-32	וכי
13)Zisterne	33-34	וכי
14)Rind stößt Rind des Nächsten	35-36	וכי
(3) Diebstahl	Ex 21,37 - 22,3	כי
(4) Abweiden des Feldes eines anderen	Ex 22, 4	כי
(5) Brand des Feldes	Ex 22, 5	כי
(6) Regulierung des Besitzrechts; gestohlene Deposita	Ex 22, 6-7	כי
(7) Prinzip der Regulierung des Besitzrechts	Ex 22, 8	--
(8) Regulierung des Besitzrechts	Ex 22, 9-16	
1) Verwahrung eines Tieres	9-12	כי
2) Ausleihen eines Tieres	13-14	וכי
3) Verführung einer unverlobten Jungfrau	15-16	וכי
(9) Zauberin	Ex 22,17	Pt+2.P.Sg
(10) Unzucht mit Tieren	Ex 22,18	Pt+כל
(11) Opfer für andere Götter	Ex 22,19	Pt

Wir sind der Meinung, daß der Partizipialsatz in Ex 21,12; 22,17.18.19 ohne die Konjunktion ו den Abschnitt einführt, und daß ואשר in Ex 21,13 und ו + Pt in Ex 21,15-17 wie וכי einen Paragraphen einleiten[56]. Es ist schon auffällig, daß die Bestimmungen in der zweiten Hälfte des Mischpatimteils - (3)-(11) - gegenüber den Bestimmungen der ersten - (1)-(2) -, welche ziemlich große Abschnitte bilden, nicht zu einem Abschnitt zusammengefaßt wurden, obwohl sie gemeinsam besitzrechtliche Probleme zu behandeln scheinen[57]. Ferner ist festzustellen, daß nach diesem Glie-

---

[56] Zur Stellung des Talionsgesetzes (Ex 21,24f) s.u. 3. 3. 2. 3.
[57] Sam, LXX und Syr fügen zu Ex 21,37; 22,4.6a.9 die Konjunktion ו ($\delta\epsilon$) hinzu: siehe den Apparat von BHS. Nach A.E.Brooke/N.McLean findet sich in Ex 22,5 (B) nicht כי, sondern וכי ($\epsilon\alpha\nu\ \delta\epsilon$). A.Rahlfs nimmt diese Lesart auf. BHS (auch BHK) aber erwähnen diese nicht. Allgemein gesagt: "Many of the agreements between the LXX and the Sam.Pent. reflect common exegesis, especially contextual exegesis, and in many cases there are no criteria for determining whether the exegesis reflected in the LXX derived from the translator or his Vorlage": E.Tov, Text-Critical Use, S.269f. "The same applies to some two hundred instances of an added κα and waw in the LXX and the Sam.Pent. and some hundred instances of its omission": aaO, S.270. Vgl. A.Aejmelaeus, Hebrew

derungsprinzip nicht, wie V.Wagner und E.Otto meinen, schon mit Ex 21,33, sondern erst mit Ex 21,37 ein neuer Absatz einsetzt, und daß Ex 22,15 keinen Absatz dar-stellt[58].

3.2.1.2   כי ,אם *und* ואם
- *Hauptfall und Unterfall* -

Wir können und müssen nun die Beziehung zwischen dem כי-Satz und dem אם-Satz, dem אם-Satz und dem ואם-Satz, dem כי-Satz und dem ואם-Satz genauer, als G.Liedke und A.Jepsen es tun, klassifizieren[59].

G.Liedke nimmt als Regel an, daß כי den Hauptfall einleite, das כי־אם־אם-Gefü-ge erklärt er am Beispiel von Ex 22,6-7. Aus Ex 22,6-7 nämlich ergebe sich, daß "die beiden אם zwei im Verhältnis zum Hauptfall auf gleicher Ebene stehende, voneinan-der unabhängige Unterfälle" einleiteten[60]. Er wendet diese Regel sodann auf Ex 21,2-6.7-11 an[61]. Ex 22,6-7 und Ex 21,2-6.7-11 aber stellen u.e. unter den Belegen des כי־[אם־]אם]-Gefüges keineswegs zur Regel zu erhebende Ausnahmefälle dar. Stilistisch gesehen findet sich im Bundesbuch kein Beleg, der mit dem כי־אם־אם-Gefüge von Ex 22,6-7 vergleichbar ist, auch nicht in Ex 21,2-6.7-11. Während sich die erste אם-Satzreihe von Ex 22,6b an die mit כי eingeleitete Tatbestandsdefinition (V.6a) anschließt, führt der כי-Satz selbst in den meisten Belegen des כי־אם]אם-Gefüges im Bundesbuch eine Rechtsfolgebestimmung ein (Ex 21,2.7.20.37; 22,13. 15)[62]. Auch die häufige Anwendung eines einfachen כי[ו]־אם[ו]- (Ex 21,20f. 22f.26f; 22,15f) bzw. כי[ו]־או-Satzreihengefüges (Ex 21,35f) ist im Bundesbuch nicht zu übersehen. In diesem Gefüge führt der כי-Satz jeweils eine Rechtsfolgebestimmung ein, und die כי-Reihe ist der אם-Reihe gleichgeordnet[63]. Es gibt nur noch einen Beleg, wo sich eine אם-Reihe direkt an die Tatbestandsdefinition des כי-Satzes

---

Vorlage, S.77.

58 Nach Sam und LXX sind alle כי-Sätze außer Ex 21,2 (die Spitze der משפטים) und Ex 22,5 mit Konjunktion eingeleitet (Ex 21,7.18.20.22.26.28.33.35.37; 22,4.6.9.13.15). Ferner fügt LXX außer dem unmittelbar an den כי-Satz anschließenden אם-Satz (Ex 21,3a.8.19; 22,6b) allen אם-Sätzen die Konjunktion (δε) hinzu und führt auch Ex 21,12 mit εαν δε ein, während sie Ex 21,15-17 als Reihe von Partizipialsätzen ohne Konjunktion übersetzt. Auch hier weist die LXX damit ihre eigentümli-che syntaktische Tendenz auf. Das כי in Ex 22,4.5 werden wir unten diskutieren, s.u. 3. 3. 3. 3.

59 Vgl. A.Jepsen, aaO, S.56, G.Liedke, aaO, S.32-34. In der folgenden Diskussion unterscheiden wir zwischen dem כי-Satz und כי[ו]-Satz nicht, wenn es nicht nötig ist.

60 G.Liedke, aaO, S.32.

61 G.Liedke, aaO, S.32f.

62 In der folgenden Diskussion bezeichnen wir mit "Tatbestandsdefinition" den (die) mit כי[ו] oder אם[ו] eingeleiteten, den Tatbestand definierenden Satz (Sätze); diese(r) wird (werden) im allge-meinen "Vordersatz" genannt. Die "Rechtsfolgebestimmung" entspricht dem allgemein sogenann-ten "Nachsatz". Eine Tatbestandsdefinition oder eine Rechtsfolgebestimmung kann aus mehreren Sätzen bestehen. Der כי-Satz ohne eigene Rechtsfolgebestimmung, an den der אם-Satz anschließt, findet sich u.W. im AT sonst nicht.

63 Außer in Ex 21,27 bietet die אם[ו]-Reihe in diesem Gefüge den Gegenfall zum Fall der כי-Reihe. Die Bestimmung der כי-Reihe und der אם[ו]-Reihe sind im Gleichgewicht. In dieser Hinsicht kann man sie als "gleichgeordnet" ansehen.

anschließt: Ex 21,18f. Dieser Beleg stellt aber eine spezielle Form des כי־אם-Gefüges dar, die aus Ex 22,6-7 entwickelte Regel gilt deshalb für diesen Beleg nicht[64].

Wir wenden uns nun der Besonderheit von Ex 21,2-6.7-11 zu. Zwei כי-Sätze in diesem Abschnitt (V.2.7) führen jeweils eine Rechtsfolgebestimmung ein, die das Prinzip für die nachfolgenden Bestimmungen enthält. Dabei leitet אם eigentlich die "Unterfälle" ein, die der mit כי eingeführten prinzipiellen Bestimmung entsprechend die näheren Bestimmungen bilden. Die nach dem כי-Satz bestimmte Rechtsfolge (V.2aβ.b.7b) gilt immer auch für die Unterfälle. Nur die letzte ואם-Reihe stellt einen Gegensatz zum Prinzip (Ex 21,5f.11) dar.

Anders verhält es sich aber mit dem כי-Satz in anderen Abschnitten, dessen Rechtsfolgebestimmung den אם-Sätzen gegenüber kein Prinzip darstellt. Das nachfolgende אם leitet hier den vom Fall des כי-Satzes abweichenden Fall ein[65]. Wenn die Bestimmung der אם-Reihe gilt, gilt die der כי-Reihe nicht. Anders gesagt, führt der כי-Satz zwar einen neuen Paragraphen, also ein neues Thema ein, enthält aber zugleich einen Unterfall, der dem Fall des אם-Satzes gleichgeordnet ist.

(1) So z.B. Ex 22,13:

וכי ישאל איש מעם רעהו ונשבר או מת בעליו אין עמו שלם ישלם

Man kann durch Ergänzung eines אם ein neues כי־אם-Gefüge bilden, in dem sich, wie in Ex 22,6, die אם-Reihe direkt an die Tatbestandsdefinition des כי-Satzes anschließt. Der ganze Paragraph Ex 22,13f kann also wie folgt umformuliert werden:

וכי ישאל איש מעם רעהו ונשבר או מת

אם בעליו אין עמו שלם ישלם

אם בעליו   עמו לא ישלם

אם שכיר הוא   בא בשכרו

Diese Umformulierung soll hier keineswegs ein Rekonstruktionsversuch des ursprünglichen Textes[66], sondern nur eine Erklärung des inneren Aufbau des

---

[64] S.u. 3. 3. 2. 1.

[65] Der ואם-Satz in Ex 21,21.23; 22,16 oder der אם-Satz in Ex 21,36 bietet, wie gesagt, zu dem vorangehenden כי-Satz einen Gegenfall. Dies gilt auch für das Verhältnis von Ex 21,29 zu V.28, von Ex 22,11 zu V.9f und von Ex 22,14a zu V.13.

[66] E.Otto, Begründungen, S.15f, stellt als "ursprünglichen" Text von Ex 22,13f dieselbe Struktur heraus, die aus V.13f hier zu finden ist, ohne die V.14b, der einen sekundären Zusatz darstelle. Diese Struktur von V.13.14a scheint zwar den von ihm rekonstruierten vorangehenden Paragraphen (V.6f*/9a.11f) parallel gebildet worden zu sein. Seine Rekonstruktion von V.6f/9-12 ist aber unwahrscheinlich, s.u. 3. 3. 3. 1. Wenn diese Struktur von V.13.14a mit einer mit כי eingeleiteten Tatbestandsdefinition und zwei parallelen אם-Reihen den ursprünglichen Text darstellte, wäre es nicht begründet, warum das erste אם in V.13b weggenommen wurde. Ferner meint E.Otto, daß V.14b zur vorangehenden Befreiungsregelung (V.14a) nicht passe und "Ex XXII 13a als Oberfall" (kî) zu Ex XXII 14a formuliert" sei, so daß V.14b nachträglich eingefügt worden wäre: aaO, S.15. V.14b soll sich zwar an V.13b anschließen, V.14a kann sich jedoch als Gegenfall zu V.13b zwischen V.13b und V.14b eindrängen. E.Ottos Argumentation begründet die

[אם]־אם]־כי-Gefüges sein.

(2) Ähnlich zu erklären ist das Gefüge Ex 21,37 - 22,3:

... כי יגנב איש שור או שה וטבחו או מכרו חמשה בקר ישלם תחת השור

וטבחו kann man durch אם טבחו ersetzen und diesen Abschnitt wie folgt umgestalten[67]:

כי יגנב איש שור או שה

אם טבחו או מכרו	חמשה בקר ישלם תחת השור ...
אם במחתרת ימצא הגנב והכה ומת אין לו דמים	לו דמים
אם זרחה השמש עליו	דמים לו
שלם ישלם	
אם אין לו	ונמכר בגנבתו
אם המצא תמצא בידו הגנבה...	חיים שנים ישלם

(3) Auch in Ex 21,20-21:

וכי יכה איש את עבדו או את אמתו בשבט ומת תחת ידו נקם ינקם

Statt ומת kann אם ימות eingefügt werden:

כי יכה איש את עבדו או את אמתו בשבט

אם ימות תחת ידו	נקם ינקם
אך אם יום או יומים יעמד	לא יקם

In Ex 22,15 nun kann man nicht einfach אם ergänzen, darf aber einen Bedingungssatz mit אם einfügen, der einen der nachfolgenden אם-Tatbestandsdefinition entgegenstehenden Inhalt enthält, z.B.: "falls nicht ihr Vater sich weigert, sie ihm zu geben". Ebenso kann man in Ex 21,35 ergänzen: "falls es dem Besitzer des Rindes nicht bekannt ist, daß das Rind stoßend ist".

G.Liedke denkt andererseits, daß ואם dem כי gleichgeordnet sei, nämlich dann, wenn ein ואם-Satz dem כי-Satz folgt. Er nennt als typischen Beleg für dieses Gefüge Ex 21,26f[68]. Auch hier hat G.Liedke den Textbefund eines Ausnahmefalls unzulässig verallgemeinert, denn unter den kasuistisch formulierten Rechtssätzen des Bundesbuches handelt es sich nur in Ex 21,26f um einen synonymen Parallelismus:

וכי יכה איש את עין עבדו או את עין אמתו ושחתה לחפשי ישלחנו תחת עינו

ואם   שן עבדו או   שן אמתו   יפיל לחפשי ישלחנו תחת שנו

Nachträglichkeit von V.14b nicht.

[67] Zu שלם ישלם in Ex 22,2bα s.u. 3. 3. 3. 2.

[68] G.Liedke, aaO, S.33.

Im Hinblick auf die Umformulierbarkeit des כי-Satzes durch die Ergänzung eines אם oder eines אם-Satzes unterscheidet sich das כי־ואם-Gefüge im allgemeinen nicht vom כי־אם-Gefüge[69]. Ex 21,22f:

וכי ינצו אנשים ... ולא יהיה אסון ... עונש יענש ...
ואם   אסון יהיה   ונתתה נפש תחת נפש

kann man wie folgt umgestalten:

וכי ינצו אנשים ...
אם   לא יהיה אסון   עונש יענש ...
אם   אסון יהיה   ונתתה נפש תחת נפש

In Ex 21,28 und Ex 22,9f läßt sich wie in Ex 21,35; 22,15 ein dem nachfolgenden ואם-Satz entgegenstehender אם-Satz ergänzen[70]. Die Funktion der וא-Reihe in Ex 22,11 unterscheidet sich nicht von der nachfolgenden אם-Reihe (V.12), denn es ist undenkbar, daß nur die ואם-Reihe (V.11) der כי-Reihe (V.9f) "gleichgeordnet" ist und die אם-Reihe (V.12) den "Unterfall" zu V.11 darstellt[71]. Nur die ואם-Reihe in

---

[69] Diese Austauschbarkeit zwischen כי־ואם und כי־אם־אם gilt auch für Lev 13,2-8.

אדם כי יהיה בעור בשרו שאת ... וראה הכהן ... ושער בנגע הפך לבן ...
ואם בהרת לבנה הוא בעור בשרו

אדם כי יהיה בעור בשרו שאת ...
אם בנגע הפך שער לבן
אם בהרת לבנה הוא בעור בשרו

Ebenso Lev 13,9-13.18-23.24-28 (in V.10.20.25 leitet das והנה den Fall ein. Dieses והנה kann man durch אם ersetzen); Lev 13,47-57 (in V.51 wird der dem nachfolgenden ואם-Satz parallele Unterfall mit כי eingeleitet. Dieses כי kann durch אם ersetzt werden); Lev 27,2-4; Num 27,8-11 (... איש כי ימות אם אין לו בן ־ נו[אם אין לו בת); Num 30,4-16 (V.5 + אם); Dtn 22,23-26 (אם מצאה V.23b); vgl. die Belege für das כי־ואם-Gefüge von G.Liedke, aaO, S.33. Er nennt als Beleg Num 15,22-28, dort aber findet sich schon in V.24 אם והיה.
Das Gefüge aber z.B. Lev 13,40f (כי־ואם איש) bildet wie Ex 21,26f einen synonymen Parallelismus.

[70] Ebenso in Num 5,6-8, vgl. G.Liedke, ebd. In diesem כי־ואם-Gefüge sind der Fall, daß es den Geschädigten oder einen Verwandten des Geschädigten gibt, und der Fall, daß es keinen Verwandten gibt, gegenübergestellt. Angesichts der Belege des כי־ואם-Gefüges im Bundesbuch und in den P-Gesetzen (und auch Dtn 22,23-26) ist seine Funktion, Fälle zu unterscheiden, deutlich. In dieser Hinsicht unterscheidet es sich nicht vom כי־אם־אם-Gefüge.
Dtn 21,10-14 und Dtn 22,13-21 (G.Liedke, ebd) sind anders zu verstehen. Die Tatbestandsdefinition von Dtn 22,13-14 beurteile schon den Ehemann - so C.Locher, Ehre einer Frau, S.62 - und sei "nicht 'neutral' für beide Fälle (V.13-19 und V.20f), sondern nur für den Fall VV.13-19 formuliert". Dieses כי־ואם-Gefüge kann also nicht in das כי־אם־אם-Gefüge umformuliert werden. Dtn 21,14 bietet keinen Gegenfall zu V.10-13, und die beiden Fälle sind keineswegs "gleichgeordnet". V.14 bestimmt nur einen im Verlauf der Zeit möglichen Fall. In den beiden Belegen im Deuteronomium handelt es sich um eine eigentliche Erzählung des Falls.

[71] Auch hier stellt E.Otto, aaO, S.14.16, als "ursprünglichen" Text die Struktur mit einem כי-Satz (V.9a) und zwei parallelen אם-Sätzen (V.11f) heraus. Er unterscheidet insofern nicht zwischen ואם und אם. Zur Problematik seines Versuches, den ursprünglichen Text zu rekonstruieren, s.u. 3.3.3.1.

Ex 21,29 scheint die nachfolgenden אם- und או-Sätze als Unterfälle einzuführen[72].
ואם setzt in allen Belegen (Ex 21,5.9.11.23.27.29; 22,11) den direkt vorangehenden
Fall - handele es sich um einen כי-Satz, handele es sich um einen אם-Satz - voraus
und führt zumeist (Ausnahme: Ex 21,27) einen Gegenfall zum Vorangehenden
ein[73]. Im Gefüge mit einer כי- und einer אם- oder או-Reihe (Ex 21,20f.35f; 22,15f)
leitet אם oder או den Gegenfall zu dem mit כי eingeführten Fall ein, אם oder או
unterscheidet sich nicht von ואם in diesem Gefüge. Wenn sich aber mehrere אם-
Sätze an den כי- oder ואם-Satz anschließen, gilt die Erklärung G.Liedkes, daß sie "im
Verhältnis zum Hauptfall auf gleicher Ebene stehende, von einander unabhängige
Unterfälle" einleiten[74]. Es ist nur zu beachten, daß die meisten כי-Sätze, außer Ex
21,2.7; 22,6, schon jeweils einen Unterfall enthalten (Ex 21,28-32; 21,37 - 22,3;
22,13f). Nur in Ex 22,9-12 stehen je ein כי, ואם und אם nebeneinander. Diesen Text
könnte man wie folgt erklären: Die ואם-Reihe (V.11) setzt die כי-Reihe (V.9f)
voraus und bietet einen Gegenfall, die אם-Reihe (V.12) stellt ihrerseits - wie die
אם-Reihe in Ex 21,21.36 (או); 22,15f zur כי-Reihe einen Gegenfall bietet - einen
Gegenfall zur ואם-Reihe (V.11) dar.

Zusammenfassend ist zu sagen:

(1) כי und וכי leiten den Hauptfall ein, כי aber leitet den Abschnitt und וכי den
Paragraphen ein. אם, ואם und או leiten den Unterfall zum כי-Satz ein.

(2) Zur Formulierung des אם־כי-Gefüges gibt es zwei Möglichkeiten:

    1) כי leitet nur die Haupttatbestandsdefinition ein. Daran schließt sich der
        אם-Satz direkt an (vgl. Ex 22,6f).

    2) Die כי-Reihe enthält auch die Rechtsfolgebestimmung. Es gibt zwei Ty-
        pen:

        1. Die כי-Reihe bietet die prinzipielle Rechtsfolgebestimmung (vgl. Ex
           21,2.7).

        2. Die Rechtsfolgebestimmung nach dem כי-Satz ist der nach dem אם-
           Satz gleichgeordnet. Dabei kann das אם[ו]־כי-Gefüge in das
           אם־אם־כי-Gefüge umgestaltet werden. In diesem Bezug unterschei-
           den sich אם und ואם nicht voneinander (vgl. Ex 21,20f. 22f.28f.35f;
           21,37 - 22,3; 22,9-11.13f.15f).

           Im Gefüge mit einer כי- und einer אם[ו]- oder או-Reihe gibt es keinen
           Unterschied zwischen אם, ואם und או (vgl. Ex 21,20f.22f.35f; 22,15f,
           Ausnahme: Ex 21,26f).

(3) Die ואם-Reihen setzen meistens aber die vorangehende כי- oder אם-Reihe
voraus und bieten zumeist einen Gegenfall zum vorangehenden Fall (vgl. Ex
21,5f.9.11.23.29; 22,11, Ausnahme: Ex 21,26f).

---

72   Vgl. G.Liedke, aaO, S.33f.
73   Ex 21,5f.11 (ואם) bieten inhaltlich gesehen einen Gegensatz zu dem in Ex 21,2.7 eingeführten
       Prinzip. Der in Ex 21,5f.11 behandelte Fall aber stellt den Gegenfall zum vorangehenden (Ex
       21,4.10) dar.
74   G.Liedke, aaO, S.32.

(4) Wenn sich mehrere אם-Reihen an eine כי-Reihe anschließen, setzt die אם-Reihe jeweils nicht den direkt vorangehenden Fall voraus, sondern den mit כי oder sich an die כי-Reihe anschließenden, mit ואם eingeleiteten Fall (vgl. Ex 21,28-32; 21,37 - 22,3; (22,9-12); 22,13f).
(5) Als Ausnahmefälle sind zu bezeichnen: Ex 21,18f.26f[75].

3.2.2   Nicht kasuistisch formulierte Sätze

Obwohl der Mischpatimteil im größten Teil kasuistisch, also viel einheitlicher als der Weisungsteil gebildet ist, stellt er sich stilistisch doch nicht ganz einheitlich dar. Die den kasuistisch formulierten Sätzen gegenüber fremden Elemente sind u.E. aber zu beachten, um den Aufbau des Mischpatimteils zu erkennen, selbst wenn sie eventuell erst sekundär eingefügt worden wären. Folgende nicht kasuistisch formulierten Sätze finden sich:
(1) Die Überschrift Ex 21,1. Diese Überschrift redet einen Gesetzgeber an[76]. In dieser Hinsicht gleicht diese Anrede der von Ex 21,13f; 22,17 und wahrscheinlich auch der von Ex 21,23[77]. Im heutigen Kontext der Sinaitradition ist dieser Gesetzgeber eindeutig Mose[78].
(2) Die Sätze mit der Anrede in der 2.Pers.Sg. (Ex 21,2aα.13f.23b; 22,17). Wie schon gesagt, reden Ex 21,13f.23b; 22,17 nicht die betreffende Person des Rechtsfalls an, nur Ex 21,2aα stellt eine Ausnahme dar[79].
(3) Die Partizipialsatzreihe: Ex 21,12.15-17; 22,17-19 mit den Varianten von Ex 22,17.18[80].
(4) Die Talionsformelreihe: Ex 21,24f. Wir haben in Kap.I die Form "x תחת x" als die Talionsformel definiert[81]. Ob Ex 21,23b durch die Talionsformel bearbeitet worden ist, wird nachher untersucht werden[82]. Es gibt auch in Ex 21,36 einen Ausdruck des Talionsprinzips.
(5) Die Variante des kasuistisch formulierten Satzes: Ex 22,8[83].

---

[75] Zur Bedeutung der Konstruktion von Ex 21,18f, s.u. 3. 3. 2. 1 und zu Ex 21,26f 3. 3. 2. 3.
[76] Wir wollen hier die Bezeichnung "Gesetzgeber" im weiteren Sinne verwenden. Diese enthält auch den (die) Richter.
[77] S.o. 1. 2. 2.
[78] Siehe die weitere Untersuchung unter 3. 4. 2, 5. 1. 2, 5. 2. 1.
[79] S.o. 1. 2. 2.
[80] S.o. 1. 2. 2, unter (6).
[81] S.o. 1. 2. 2, unter (7).
[82] S.u. 3. 3. 2. 2, 3. 3. 2. 3.
[83] S.o. 1. 2. 2, unter (5).

3.2.3 Stichwortbezug

Um den Mischpatimteil genau in Abschnitte einzuteilen und die Abschnitte thematisch zusammenzufassen, spielt der Stichwortbezug eine entscheidende Rolle. Schon mit einem Blick auf das nicht gleichmäßig gestreute Vorkommen der Stichworte können wir die Rechtssätze wie folgt gruppieren:

(1) יצא qal: in Ex 21,2b.3aβ.bβ.4bβ.5b.7b.11b kommt dieses Verb in Bezug auf die Freilassung des Sklaven und der Sklavin vor; und zwar bez. des Sklaven in allen Rechtsfolgebestimmungen der mit כי eingeleiteten (V.2b) und der mit אם eingeleiteten Fälle (V.3aβ.bβ.4bβ) und in der Tatbestandsdefinition der mit ואם eingeführten, dem Prinzip (V.2) entgegenstehenden Bestimmung (V.5b); bez. der Sklavin aber in der Rechtsfolgebestimmung der prinzipiellen (V.7b) und der dieser entgegenstehenden, den Abschnitt abschließenden Bestimmung (V.11b)[84]. Als Gegensatz zu יצא ist עבד auffällig, das in Ex 21,2aa.6bβ vorkommt. יצא wird auch in Ex 21,22 bez. der Fehlgeburt und in Ex 22,5 bez. des Feuerausbrechens verwendet, ist aber nicht als Stichwort auf יצא in Ex 21,2-11 bezogen.

(2) נכה hiph (Ex 21,12.15.18aβ.19aγ.20aa.26aa; hoph: Ex 22,1aβ). Außer in Ex 21,19aγ, wo das Partizip המכה in der Rechtsfolgebestimmung den Täter bezeichnet, kommt das Verb immer in der Tatbestandsdefinition vor. Im übrigen Teil des Bundesbuches findet sich dieses Verb nicht.

(3) נגף qal (Ex 21,22aβ.35aa). Dieses Verb ist in Bezug auf נכה heranzuziehen. Es kommt in den beiden Fällen in der Tatbestandsdefinition vor und findet sich im Bundesbuch nur hier.

(4) נגח qal (Ex 21,28aa.31aaβ.32a). Das נגף ähnliche Verb נגח findet sich nur hier im Bundesbuch und nur in der Tatbestandsdefinition (naggāḥ: Ex 21,29aa.36aβ).

(5) מות: ומת begegnet in der Tatbestandsdefintion in Verbindung mit נכה (Ex 21,12.20aβ (ûmet); 22,1; mit נגף: Ex 21,35aβ; mit נגח: Ex 21,28aβ; (ohne Verbindung mit "schlagen, stoßen": Ex 22,9ba.13aγ). לא ימות: Ex 21,18ba).
In der Rechtsfolgebestimmung kommt מות] יומת [מות in Ex 21,12.(14bβ: למות).15.16. 17.29; 22,18 vor.

(6) רעהו (Ex 21,14aa.18aβ.35aa; 22,6aa.7b.8bβ.9aa.10aβ.13aa). Außer Ex 22,7b. 8bβ.10aβ begegnet dieses Wort immer in der Tatbestandsdefinition. Ex 22,7b. 10aβ sind gleich gebildet: אם לא שלח ידו במלאכת רעהו.

(7) ישלם[85]:

Ex 21,34	ישלם
21,36	שלם ישלם
21,37	ישלם
22,2	שלם ישלם
22,3	שנים ישלם

---

84 Dieses Verhältnis zwischen Ex 21,2 und V.5f, V.7 und V.11 erwähnt auch E.Otto, aaO, S.34.
85 Nach E.Otto, aaO, S.13. Er ignoriert aber den Stichwortbezug von שנים ישלם. S.o. 3. 1. 3.

22,4	ישלם
22,5	שלם ישלם
22,6	ישלם שנים
22,8	ישלם שנים [ולרעהו]
22,10	לא ישלם
22,11	ישלם
22,12	לא ישלם
22,13	שלם ישלם
22,14	לא ישלם

3.2.4 Infinitiv absolutus + Präformativkonjugation

Ex 21,5	אמר יאמר	(im Vordersatz)	
21,12.15.16.17	מות יומת	(im Nachsatz)	auch in Ex 22,18
21,19	רפא ירפא	(im Nachsatz)	
21,20	נקם ינקם	(im Nachsatz)	
21,22	ענוש יענש	(im Nachsatz)	
21,28	סקול יסקל	(im Nachsatz)	
21,36; 22,2b.5.13	שלם ישלם	(im Nachsatz)	
22,3	המצא תמצא	(im Vordersatz)	
22,11	גנב יגנב	(im Vordersatz)	
22,12	טרף יטרף	(im Vordersatz)	
22,15	מהר ימהרנה	(im Nachsatz)	
22,16	מאן ימאן	(im Vordersatz)	

G.Liedke erklärt die Verbformen des kasuistischen Rechtssatzes mit Hilfe der sogenannten Lex Rössler. Der Nachsatz sei dabei in "heischendem Präsens" gebildet, das mit der Langform der PK ausgedrückt werde. Die Langform der PK dränge, nach der Lex Rössler, an das Satzende ("x-yiqtol"). "x-yiqtol" entspreche "qatal-x"[86].

Dagegen erzähle der Vordersatz in der Kurzform der PK den Rechtsfall. Die Kurzform der PK dränge an die Satzspitze ("yiqtol-x"). "yiqtol-x" entspreche "x-qatal"[87].

Zur Form inf.abs. + PK meint G.Liedke, daß der vorangestellte inf.abs. "die 'heischende-Präsens'-Bedeutung" sichere[88]. So schreibt er zu שלם ישלם: "Der inf.abs. hat nämlich in Ex 21,36; 22,2.5.13 die Funktion, dem ישלם die x-yiqtol-Satzstellung zu verleihen, die es zu seiner Kennzeichnung als 'heischendes Präsens' braucht. In allen vier Fällen wäre das Verbum ohne vorangestellten inf.abs. das erste Wort des Nachsatzes gewesen"[89].

---

86 G.Liedke, aaO, S.35-37.
87 G.Liedke, aaO, S.36.38f.
88 G.Liedke, aaO, S.43.44.45.47.50; zusammenfassend S.53.
89 G.Liedke, aaO, S.43.

Es ist aber unwahrscheinlich, daß der inf.abs. vorangestellt wird, nur um x-yiqtol zu bilden. G.Liedke sagt, daß "sich in Ex 21,28-32 die beste Bestätigung der These von der x-yiqtol-Funktion des inf.abs. findet: wenn השור nachgestellt ist, muß der inf.abs. vor יסקל treten (V.28), wenn השור vorangestellt ist (V.29.32), erübrigt sich der inf.abs."[90]. Eben in Ex 21,28 aber, wo השור dem יסקל vorangestellt werden kann, wird השור nachgestellt und der inf.abs. vorangestellt. Warum?

Abgesehen davon, ob die Lex Rössler überhaupt als Regel des Satzbaus zutrifft, scheint sie uns mindestens nicht für die Rechtssätze im Bundesbuch zuzutreffen. Wir haben in Ex 23,1-8 gesehen, daß sich die Stellung des Verbs in einem Satz rhetorisch nach der Struktur des Abschnittes richtet[91]. Im Mischpatimteil sind die Rechtsfolgebestimmungen Ex 22,6bβ und Ex 22,11b nicht nach der "x yiqtol"-Regel formuliert. Der Satzbau dieser Texte scheint vielmehr davon abhängig, was eigentlich in dieser Bestimmung zu betonen ist[92]. Bemerkenswert ist die inf.abs. + PK-Konstruktion im den Tatbestand definierenden Vordersatz. Sie muß einen anderen Sinn als die Sicherstellung des 'heischenden Präsens' haben. Die Einzelheiten werden im folgenden diskutiert werden.

3.3   Die Gliederung des Mischpatimteils

Mittels der obengenannten Gliederungsmerkmale wollen wir nun den Mischpatimteil in Abschnitte gliedern und die Struktur jedes Abschnittes erklären.

3.3.1   Das Sklavenrecht: Ex 21,2-11

Wir gehen der Anordnung des heutigen Textes entsprechend vom Abschnitt Ex 21,2-11 aus. Die Abgrenzung dieses Abschnittes ist nach vorn durch die Überschrift (V.1), nach hinten durch die sowohl stilistisch als auch thematisch ganz anderen Bestimmungen (V.12ff) und in sich durch den Stichwortbezug mit dem Verb יצא[93] schon klar. Darüberhinaus stellt der Abschnitt Ex 21,2-11 den übrigen Abschnitten des Mischpatimteils gegenüber im Hinblick auf folgende Punkte eine eigene Struktur dar:

(1) Dieser Abschnitt beginnt mit der Anrede in der 2.Pers.Sg. (V.2aα)[94].

---

[90] G.Liedke, aaO, S.50.
[91] S.o. 2. 1. 4, unter (1).
[92] Vgl. E.Otto, aaO, S.82 (Anm.46). Ferner kann die inf.abs + PK-Konstruktion im מות יומת-Satz nicht als Sicherstellung der Bedeutung des "heischenden Präsens" erklärt werden, weil der unentbehrliche Satzteil (das mit Pt. bezeichnete Subjekt) dieser Konstruktion vorangeht und deshalb ohne den inf.abs. die Bedeutung "heischenden Präsens" gesichert wird.
[93] S.o. 3. 2. 3, unter (1).
[94] S.o. 1. 2. 2.

(2) Die י‎כ-Reihe (V.2.7), die jeweils den Unterteil (V.2-6.7-11) einleitet, bietet eine prinzipielle Bestimmung, deren Aussage in allen Unterfällen gilt. Nur die letzte Bestimmung jedes Unterteils (V.5f.11) stellt eine Einschränkung des Prinzips dar[95]. (3) Die Bestimmungen in Ex 21,2-11 bieten kein wiederherstellendes Rechtsmittel, sondern regeln bestimmte Grundrechte der Sklaven[96].

Der Abschnitt hat eine klare zweigliedrige Struktur. Der erste Unterteil (V.2-6), der die Freilassung des hebräischen Sklaven behandelt[97], wird durch כ‎י, der zweite (V.7-11), in dem es um die Behandlung der Sklavin geht, durch כ‎י ו eingeleitet. Jeder Unterteil umfaßt eine einen Grundsatz beschreibende Hauptbestimmung (V.2.7) und vier Unterfälle (V.3a.b.4.5f.8.9.10.11). Die Anordnung der Fälle ist durch die unterschiedliche Anwendung von אם‎ und ואם‎ und durch den Stichwortbezug durchsichtig.

Im ersten Unterteil (V.2-6) kommt das Stichwort יצא‎ in allen Fällen vor. Die Hauptbestimmung (V.2) gebietet die Freilassung des Sklaven im siebenten Jahr. Drei mit אם‎ eingeleitete nähere Bestimmungen (V.3a.b.4) behandeln die näheren Umstände dieser Freilassung. Diese näheren Bestimmungen unterscheiden die Fälle nach dem Familienstand des Sklaven. Genaugenommen handeln sie davon, was mit seiner möglichen Familie/ Ehefrau im Fall seiner Freilassung geschehen soll: Wenn er allein gekommen ist, soll er allein freigelassen werden (V.3a). Wenn er mit seiner Frau gekommen ist, soll seine Frau mit ihm freigelassen werden (V.3b). Wenn sein Herr ihm eine Frau zugewiesen hat, soll diese Frau mit ihren Kindern beim Herrn bleiben (V.4). Die Rechtsfolgebestimmung, die ausführt, unter welchen Umständen er freigelassen werden soll, ist mit dem Stichwort יצא‎ klar und einfach formuliert:

Ex 21,3aβ	בגפו יצא
3bβ	ויצאה אשתו עמו
4bβ	... והוא יצא בגפו [98]

Der letzte, mit ואם‎ eingeleitete Fall (V.5f), nämlich was zu tun ist, falls der Sklave nicht von seiner Frau und seinen Kindern getrennt als Freier fortgehen will, setzt den

---

[95] S.o. 3. 2. 1. 2.

[96] Vgl. J.Halbe, aaO, S.414. (Siehe auch oben 3. 1. 2.) D.Patrick, Primary Rights, S.180f.

[97] Die Einschränkung des Themas auf "Freilassung" ist zu bemerken. Vgl. I.Cardellini, "Sklaven"-Gesetze, S.246: "Die einzige Sorge richtet sich auf die Bestimmung der Freilassung im siebten Jahr". Siehe weiter unten 4. 1. 1.

[98] Vor V.4bβ aber ist eine weitere Rechtsfolgebestimmung gestellt: האשה וילדיה תהיה לאדניה. I.Cardellini, aaO, S.247-249 weist diesen Satz (V.4ba) mit V.3a.(b).4a zusammen dem alten Rechtsmaterial zu, das in Nuzi-Urkunden seine Parallele hätte. V.4bβ (והוא יצא בגפו) sei "eine Wiederholung von V.3a, die von derselben <= V.2.5.6bβ eingefügt habenden> israelitischen Hand zur Harmonisierung des 3.אם-Unterfalls (V.5) durch Zusatz eines redaktionellen הוא benutzt wurde". Vgl. auch E.Otto, aaO, S.36. Daß der Verfasser von Ex 21,2-11 solches Rechtsmaterial benutzt hat, ist zwar nicht auszuschließen. Angesichts des im folgenden zu diskutierenden Stichwortbezugs (יצא in Ex 21,2b.3a.b.4b.5b.7.11 und עבד in Ex 21,2a.6b) ist jedoch mit einer planvollen Formulierung von Ex 21,2-11 als Ganzen zu rechnen. Siehe weiter Anm.105.

Fall von V.4 voraus und führt dazu einen Gegenfall ein[99]. Diese Bestimmung stellt im Hinblick auf die Rechtsfolge gegenüber dem in V.2 aufgestellten Prinzip eine Ausnahme dar. Den Zusammenhang aber drückt der Stichwortbezug eindeutig aus: das Stichwort יצא, das sich in den vorangehenden Fällen in der Rechtsfolgebestimmung findet, kommt in diesem letzten Fall in der Tatbestandsdefinition, und zwar in der Äußerung des Sklaven (V.5b) als Verneinung vor: לא אצא חפשי. Anstelle dieses Stichwortes findet sich in der Rechtsfolgebestimmung das den Gegensatz zu יצא darstellende Verb עבד: ועבדו לעלם. In der prinzipiellen Bestimmung (V.2) kommt עבד im Vordersatz vor: שש שנים יעבד. Die Gegenüberstellung von V.2 und V.5-6 verdeutlicht folgende Übersicht:

V.2aβ		שש שנים יעבד
2	ובשבעת יצא לחפשי חנם	
5	לא אצא חפשי	
6bβ		ועבדו לעלם

Dieser Zusammenhang: "Der Sklave soll *sechs Jahre dienen* - soll im siebenten *als Freier fortgehen* - wenn er *nicht als Freier fortgehen* will - soll er *für immer dienen*" umrahmt die Bestimmungen, die die näheren Umstände für die Freilassung festlegen.

Der inf.abs. + PK in V.5aα: אמר יאמר, der die wörtliche Rede des Sklaven einführt, zeigt die Grenze der Ausnahmebestimmung an. Gemeint ist: der Sklave dient auf lebenslänglich *nur dann, wenn er deutlich sagt*: "Ich will nicht als Freier fortgehen".

Im zweiten Unterteil (V.7-11) findet sich das Stichwort יצא nur in der Rechtsfolgebestimmung des Hauptfalls (V.7) und in der des letzten Unterfalls (V.11), der zu dem in V.7 aufgestellten Prinzip einen Gegensatz bietet. Die Sklavin soll - anders als der Sklave - im Prinzip nicht freigelassen werden (V.7). Nur in einem bestimmten Fall darf sie als Freie fortgehen (V.11):

| V. 7 | לא תצא כצאת העבדים |
| 11 | ויצאה חנם אין כסף |

Dieser Zusammenhang umrahmt nähere Bestimmungen darüber, wie die Sklavin von ihrem Herrn behandelt werden soll, wenn sie nicht freigelassen werden soll.

Die Unterfälle inklusive der letzten Bestimmung (V.11), die sowohl einen Gegenfall zum vorangehenden Fall bietet als auch einen Gegensatz zum Prinzip darstellt, werden in zwei Gruppen geteilt, nämlich in V.8f und V.10f. V.8 und V.10 werden mit אם, V.9 und V.11 mit ואם eingeleitet.

Eine textkritische Schwierigkeit liegt in V.8aβ vor: ob man statt לא im MT, nach Qere לו lesen soll[100]. Sofern man לו liest, bedeutet V.8a: "Falls sie (die Sklavin)

---

99   S.o. 3. 2. 1. 2.
100   Siehe den Apparat von BHS und A.Jepsen, aaO, S.2. Nicht wenige Kommentatoren lesen לו nach Qere: A.Jepsen, ebd, A.Dillmann, aaO, S.228, H.Strack, aaO, S.230, H.Gressmann, aaO, S.222,

ihrem Herrn mißfällt, der sie sich zugewiesen hat, soll er sie loskaufen lassen". Nach dieser Lesart stellen V.8f zwei unterschiedliche Fälle dar: V.8 behandelt den Fall, daß der Herr die Sklavin sich selbst zuwies, V.9 dagegen den Fall, daß er sie seinem Sohn zuwies. Im Hinblick darauf, daß das "Mißfallen" als *die Folge* "der Zuweisung" naheliegt, scheint diese Lesart zwar plausibel, die Lösung, die dem Herrn zugewiesene Sklavin loskaufen zu lassen, paßt jedoch nicht zur Lösung von V.9-11. Nach V.9 nämlich soll er sie, wenn er sie seinem Sohn zugewiesen hat, wie seine Tochter behandeln. Nach V.10 soll er ihr, wenn er (der Herr selbst oder auch der Sohn) für sich eine andere nimmt, wie seiner Frau, "ihre Fleischnahrung, ihre Kleidung und ihren sexuellen Verkehr nicht verkürzen", und wenn er diese drei Dinge nicht gewährt, darf diese Sklavin, *ohne Geld zu zahlen*, freigelassen werden (V.11). Muß demzufolge nicht der Herr, dem seine Sklavin nach der Zuweisung nicht mehr gefällt, sie freilassen, ohne Geld zu fordern?

Wenn wir nach Ketib לא lesen, ist folgende Interpretation möglich: Wenn dem Herrn ein gekauftes Mädchen nicht gefällt - man kann die Sklavin nicht nach freier Wahl kaufen![101] - , kommen, sofern er sie noch niemandem zugewiesen hat, zwei Lösungen in Frage, nämlich sie loskaufen zu lassen oder sie seinem Sohn zuzuweisen. Priorität hat die Lösung "Loskauf", wobei er sie nicht an Ausländer verkaufen darf, da dies als Untreue gilt (V.8)[102]. Er kann sie aber auch seinem Sohn zuweisen. Wenn er sie seinem Sohn zuweist, dann soll er sie wie seine Tochter behandeln. Wenn er sie sich zuweist, soll er sie wie seine Frau behandeln, und wie das auszusehen hat, regelt V.10. ידע in V.8 enthält schon die Bedeutung des Geschlechtsverkehrs[103]. In V.8f handelt es sich also um den Fall, daß der Herr nicht sich die Sklavin zugewiesen hat, und in V.10f um den Fall, daß er sie sich zugewiesen hat. Insofern er sie sich oder einem in seiner Familie zuweist, soll er sie wie ein Familienmitglied behandeln.

M.Noth, ATD 5, S.136, U.Cassuto, Exodus, S.268, B.S.Childs, OTL, S.448, auch S.M.Paul, Studies, S.53, H.J.Boecker, Recht und Gesetz, S.138. Dagegen lesen K.Budde, Bemerkungen, S.101-104 und G.Beer, HAT I/3, S.108 לא ידעה: vgl. auch den Vorschlag von BHK. Unter den Versuchen, die Lesart von Ketib beizubehalten, übersetzt H.Cazelles, Études, S.48 יעדה mit épouser, J.Hoftijzer, Ex xxi 8, S.390 versteht והפדה als Finalsatz und übersetzt: "he does not take the decision about her to let her be redeemed". Zur Schwierigkeit dieser Versuche siehe I.Cardellini, aaO, S.253 Anm.53.

[101] Wie nach V.7 deutlich ist, handelt es sich hier nicht um die Sklavin, die wegen eines Kriegs gefangen war, sondern um die, die von ihrem Vater verkauft wurde, um seine Schuld zurückzahlen zu können. Was für ein Mädchen als Sklavin zum Herrn kommt, ist abhängig davon, was für eine Familie der Schuldner hat.

[102] Der Begründungssatz V.8bβ meint nicht, daß der Herr diese Sklavin nicht an Ausländer verkaufen darf, weil er schon an ihr treulos gehandelt hat (so z.B. M.Noth, aaO, S.136, G.Beer, aaO, S.108), sondern daß der Verkauf an Ausländer an sich eine Treulosigkeit ist (U.Cassuto, aaO, S.268). J.Hoftijzers Vorschlag: "when he is breaking the relation with her" (aaO, S.391) trifft nicht zu, weil בגד eine negative Bedeutung hat (vgl. Ges18. K-B3 ad loc) und das das Objekt bezeichnende ב nicht zur Trennung des Verhältnisses paßt.

[103] Die Übersetzung: "nachdem er sie für sich bestimmt hat" weist auf diesen Inhalt hin: M.Noth, aaO, S.144.

Die Struktur des Sklavenrechts Ex 21,2-11 kann somit folgendermaßen zusammengefaßt werden:

Ex 21,2	כי Freilassung des Sklaven (Prinzip) 2.Pers.Sg.		שש שנים יעבד
			יצא
3a	אם Freilassung des unverheirateten Sklaven		יצא
3b	אם Freilassung des verheirateten Sklaven		יצאה
4	אם Freilassung des Sklaven, den sein Herr verheiratete		יצא
5-6	ואם Ausnahme		אמר יאמר לא אצא
			ועבדו לעלם
Ex 21,7	וכי Nicht-Freilassung der Sklavin (Prinzip)		לא תצא
8	אם falls der Herr sie nicht sich zuweist - Loskaufen		
9	ואם falls er sie seinem Sohn zuweist		
10	אם falls er sich eine andere nimmt		
11	ואם Pflichtverletzung ihres Herrn(Ausnahme)		תצא

Das Thema dieses Abschnittes konzentriert sich, wie das Stichwort יצא zeigt, auf
das Problem der Freilassung der Sklaven. Der Sklave soll im siebenten Jahr freigelassen werden. Die Sklavin soll demgegenüber nur im Ausnahmefall freigelassen und
sonst wie ein Familienmitglied behandelt werden. Der Sklave soll, wenn er explizit
sagt, daß er nicht als Freier fortgehen will, beim Herrn bleiben. In diesem Fall führt
der Herr ihn zu Gott, d.h. zur Tür oder zum Türpfosten und bohrt das Ohr des
Sklaven mit einem Pfriem durch (V.6). Dieses Verfahren könnte eine zeremoniale
Darstellung seiner tieferen Verbindung mit der Familie seines Herrn meinen[104].
Freilassung und Behandlung wie ein Familienmitglied - auch wenn es sich nicht um
das vollständige Recht eines Familienmitgliedes handelt - für den Fall, daß der/die
Sklave/Sklavin nicht freigelassen wird, sind gegenübergestellt. Geschlossenheit und
Einheitlichkeit der Struktur dieses Abschnittes sind damit klar[105]

3.3.2   *Die Bestimmungen über die Tötung: Ex 21,12-36*

Im Anschluß an die Regel, daß כי den Abschnitt einführt[106], wollen wir zunächst
Ex 21,12-36 als einen Abschnitt auffassen. Schon am Anfang des Abschnittes aber
findet sich eine Reihe stilistisch andersartiger Rechtssätze (V.12-17), die ihrerseits

---

[104] R.de Vaux, Lebensordnungen I, S.139, denkt, daß die Durchbohrung des Ohrs kein Erkennungs-
mal für das Sklavensein, sondern ein Zeichen seiner Verbundenheit mit der Familie (als Vermögen der Familie) sei (vgl. Jes 44,5). Ferner sagt er auf S.141: er gehörte "wirklich zur Familie". Er
konnte am kultischen Leben der Familie teilnehmen.

[105] I.Cardellini, aaO, S.248f, betrachtet V.6a.ba als älteres Kultmaterial und V.6bβ als "natürliche
Rechtsfolge von V.5". Es ist aber unwahrscheinlich, daß V.6a.ba unabhängig von V.5.6bβ eine
selbständige Einheit darstellte. A.Jepsen, aaO, S.26, hält V.6aa und V.6bβ für eine Dublette und
V.6aβ für einen sekundären Einschub. Das ist zwar möglich jedoch nicht begründet. S.u. 4. 2. 1. 2.

[106] S.o. 3. 2. 1. 1.

durch zwei direkt anredende Konditionalsatzreihen (V.13f) unterbrochen wird. In V.23b begegnet die Anrede in der 2.Pers.Sg. erneut, daran schließt sich eine Reihe mit der Talionsformel an (V.24f). Darüber hinaus stellen V.26 und V.27 einen synonymen Parallelismus dar, der unter den Sätzen des Mischpatimteils einzigartig ist. Ob der Abschnitt mit V.36 oder mit V.32 abschließt, ist fraglich, weil sich die Stichwortverknüpfung נגף mit ומת einerseits noch in V.35 findet, während das im nächsten Abschnitt herrschende Stichwort ישלם schon in V.34.36 vorkommt[107].

3.3.2.1   Die Stellung von Ex 21,12-17

Abgesehen von den beiden direkt anredenden Konditionalsatzreihen[108] ist es durchaus vorstellbar, daß vor der Abfassung des Mischpatimteils die Reihe der sogenannten מות יומת-Sätze (V.12.15.16.17) eine selbständige Einheit dargestellt haben könnte[109]. Zu beachten ist aber zunächst, daß V.12 unter den מות יומת-Sätzen in einer einzigartigen Form gebildet ist.

Die Tatbestandsdefinition von V.12 besteht aus zwei Teilen, nämlich aus der Definition der Handlung: "einen Mann schlagen (מכה איש)" und der Beschreibung der Wirkung: "und er (das Opfer) stirbt (ומת)". Die Formulierung, die Handlung und Wirkung (Verletzung durch den Schlag) trennt, ist - bezogen auf alle מות יומת-Sätze des ATs - singulär[110]. Sonst ist die Wirkung in die Definition der Handlung einge-schlossen oder aber die Handlung selbst ist strafbar, auch ohne daß eine Verletzung vorliegt. So z.B. beinhaltet die Formulierung גנב איש (Ex 21,16) die Handlung, einen Mann gewalttätig oder betrügerisch wegzuführen, und zugleich die Wirkung, daß der Mann gestohlen ist. In V.16 werden zwei weitere Verben zugesetzt: ומכרו ונמצא בידו, diese Verben bestimmen nur die schon in גנב eingeschlossene Handlung näher[111]. מקלל אביו ואמו ist strafbar, ohne daß eine Verletzung bei den Eltern vorauszusetzen ist. Der Vergleich von Ex 21,12 mit Lev 24,17 hebt seine Besonderheit hervor. Lev 24,17 lautet: ואיש כי יכה כל נפש אדם מות יומת. Dieser Satz zeigt, daß dieselbe Sache, ohne daß die Wirkung besonders hervorgehoben wird, zum Ausdruck kommen kann.

---

[107] S.u. 3. 3. 3. 2, 3. 3. 5.

[108] Zu Ex 21,13f s.u. 3. 3. 2. 5.

[109] Ob diese מות יומת-Sätze ursprünglich über die literarische Einheit hinaus mit den מות יומת-Sätzen anderer Stellen, z.B. Lev 20,9-13.15f, eine selbständige Reihe gebildet haben, darf hier außer Betracht bleiben, vgl. A.Alt, aaO, S.311f, V.Wagner, Rechtssätze, S.16ff. Wichtiger ist die Einheit-lichkeit der Reihe von Ex 21,12.15-17. E.Otto beschreibt die einheitliche innere Struktur diese Reihe deutlich: aaO. S.31:

Ex 21,12		איש	מכה
15		אביו ואמו	מכה
16		גנב איש	
17		אביו ואמו	מקלל

[110] Ex 22,18 (Variante); 31,14 (15); Lev 20,2.9-13.15f.(27); 24,16 (17); (27,29); (Num 15,35); inklusive Gen 26,11; Ex 19,12; (Jdc 21,5); (Ez 18,13): vgl. G.Liedke, aaO, S.110ff. In Num 35,16-18.21 werden zwar die Handlung und die Wirkung getrennt behandelt, es handelt sich hier trotz des Vorkommens von מות יומת jedoch nicht um Partizipialsätze, sondern um kasuistisch formulierte Sätze.

[111] Wenn ursprünglich nur ומכרו zugesetzt worden wäre (z.B. A.Alt, aaO, S.310), bezeichnete dies eine weitere Handlung des Diebs, keine Wirkung des Diebstahls.

Diese Besonderheit von Ex 21,12 ist einerseits in Verbindung mit V.15 zu erklären.

V.12	מכה איש	ומת	מות יומת
15	ומכה אביו ואמו		מות יומת

Es geht hier um die Fallunterscheidung zwischen V.12 und V.15. Betont ist in V.15: *Auch wenn keine Todesfolge eintritt*, soll der getötet werden, der seinen Vater oder seine Mutter schlägt. Diese Unterscheidung kann durch Gegenüberstellung der Formulierung mit und ohne Bestimmung der Wirkung eindeutig gemacht werden.

Um die Besonderheit von V.12 zu erklären, müssen wir aber andererseits auch mit seinem Bezug auf die Bestimmungen in V.18ff rechnen. Der Stichwortbezug von נכה (V.12.15.18.19.20.26) weist auf die Einbindung der מות יומת-Satzreihe in die nachfolgenden Bestimmungen hin. Wichtiger ist aber, daß sich die Struktur aus Handlung und Wirkung in allen כי-Sätzen in V.18-36 (außer V.33)[112] findet[113]:

V.12	ומת	איש	מכה
18aβ.ba	ולא ימות	את רעהו ...	והכה איש ...
20aaβ	ומת תחת ידו	את עבדו ...	יכה איש
22aβγ	ויצאו ילדיה	אשה הרה	ונגפו ...
26aaβ	ושחתה	את עין עבדו ...	יכה איש
28aaβ	ומת	את איש ...	יגח שור
35aaβ	ומת	את שור רעהו	יגף שור איש

In den כי-Sätzen dieses Abschnittes (Ex 21,12-36) - auch in V.12 - wird der "Schlag" thematisiert und dabei wird zugleich angegeben, wer wen schlägt, und auch gefragt, ob eine Todesfolge eintritt[114].

Weiter ist die Stellung von V.18f bemerkenswert. Diese kasuistisch formulierte Rechtssatzreihe bietet einen Gegensatz zu V.12, wie das Stichwort mit Verneinung לא ימות (V.18ba) zeigt. Es handelt sich hier um ein כי-אם-Gefüge. Abweichend von anderen כי-אם[ו]-Gefügen (Ex 21,20f.22f.28f.35 usw.), in denen der אם-Satz den Gegenfall zu dem mit כי eingeleiteten Fall einführt, erfolgt hier keine Fallunterscheidung zwischen dem כי- und dem אם-Satz, sondern der אם-Satz schließt sich an den den Tatbestand definierenden כי-Satz an und führt weitere Merkmale der Tat für die Tatbestandsdefinition an. Diese Rechtssatzreihe enthält also zwar כי und אם wie andere Paragraphen in Ex 21,20-36 auch, beinhaltet jedoch nur einen Fall, und zwar den Fall, daß trotz einer schweren Verletzung keine Todesfolge eintritt. Diese Formulierung ist unverständlich, wenn man nicht die prinzipielle Bestimmung von V.12 voraussetzt. Die Anhäufung der Tatbestandselemente bestimmt eine Grenze, in

---

[112] Daß ein Rind oder ein Esel in die Zisterne hineinfällt, ist nicht als die Wirkung der Handlung zu betrachten. Nur muß der Täter für den Schaden, der durch seine Fahrlässigkeit entstanden ist, Ersatz leisten.

[113] Auch in Ex 22,1 findet sich dieselbe Struktur, obwohl dieser mit אם eingeleitet wird.

[114] In Ex 21,22aβγ geht es um die Todesfolge des Foetus; s.u. 3. 3. 2. 2. V.26 thematisiert keine Todesfolge und stellt in dieser Hinsicht eine Ausnahme dar.

welchem Fall der Täter trotz seiner Handlung, die einen Mann töten kann, der Strafe für den Totschlag entgeht[115]: "Wenn sich Männer streiten und ein Mann seinen Nächsten mit einem Stein oder einer Hacke[116] schlägt, *er (das Opfer)* aber *nicht stirbt* und bettlägerig wird; sondern er (wieder) aufsteht und sich draußen, (wenn auch) an seinem Stock, ergeht, *so darf der Schläger straflos bleiben*".

Daher ergibt sich: Die Meinung, daß die kasuistischen Rechtssätze, die sich ursprünglich am Anfang des Abschnittes gefunden hätten, durch die יומת מות-Rechtsreihe (V.12-17) ersetzt worden seien[117], ist unwahrscheinlich. In V.15-17 ist andererseits ein Zusammenhang wie der von V.12 und V.18f nicht erkennbar. Die besondere Formulierung von V.12 aber ist in Verbindung mit V.15 erklärbar. Daher könnte die מות יומת-Satzreihe (V.12-17) eine ursprüngliche Einheit darstellen, die durch V.18ff erweitert worden ist[118]. Vom Stichwortbezug her gesehen, besonders im Blick auf die Struktur "Handlung mit Wirkung": לא ימות + הכה - ((V.15) מכה) - (V.12) ומת + מכה + (V.18) - (V.20) ומת + יכה, ist es aber nicht auszuschließen, daß der Verfasser von V.18ff auch V.12 und die V.12 entsprechende Bestimmung V.15 formuliert hat. V.15-17 könnten dabei mit V.12 verknüpft worden sein, um das Prinzip dafür anzuzeigen, was als Kapitalverbrechen gelten soll.

---

[115] A.Alt, aaO, S.288 Anm.1, F.C.Fensham, Nicht-Haftbar-Sein, S.22.23, betrachten V.18 als einen V.19 gegenübergestellten Fall und nehmen den Verlust bzw. die Auslassung des Textes an. G.Schmitt, Ex 21,18f, S.9ff, macht demgegenüber darauf aufmerksam, daß V.18f an V.12 angeknüpft sind und dieser grundlegenden Bestimmung gegenüber die Variante einer milderen Behandlung darstellen (aaO, S.9). Er liest V.19 anhand des rabbinischen Rechtstextes (Tosefta Baba kamma IX 7; Mekilta Exodus Mischpatim VI): "wenn er dann wieder aufstehen und, auf seinen Stab gestützt, draußen umhergehen kann, wenn er auch danach stirbt, soll er (der Täter) straflos sein" (aaO, S.11-13). Es gehe hier um die Kausalität zwischen der Handlung des Täters und dem Tod des Opfers. לא ימות bezeichne, daß das Opfer *nicht sogleich* stirbt. Diese Bestimmung begrenze also die Verantwortlichkeit des Täters, inwieweit er als Totschläger schuldig sei. Wenn das Opfer draußen umhergeht, dürfe der Täter freigelassen werden - er sei bis dahin gefangen - , auch wenn das Opfer danach stirbt. Die Beschreibung "auch wenn usw." sei schon in der vorangehenden Tatbestandsdefinition enthalten und müsse nicht explizit geschrieben werden (aaO, S.13f). Diese Interpretation nimmt mit Recht den Zusammenhang von V.18f mit V.12 an. In der Bestimmung: יקום והתהלך בחוץ aber scheint außer Betracht zu sein, daß das Opfer noch sterben könne. Es geht hier nicht um die Abgrenzung der Schuld des Täters im Hinblick auf die Kausalität, sondern um das Kriterium im Hinblick auf den Erfolg der Handlung, in welchem Fall der "Schlag", der eventuell einen Menschen töten kann, nicht als "Tot"schlag zu beurteilen ist.

[116] Was אגרף bezeichnet, ist nicht eindeutig. Eine weitere mögliche Übersetzung ist "Faust": so Ges[18], S.12. Zur Übersetzung mit "Hacke" vgl. מגרף ("Schaufel"): K-B³ I, S.11. Siehe auch M.Noth, aaO, S.146. V.18 bestimmt den Fall: "er aber nicht stirbt". Gemeint ist wahrscheinlich der Fall, daß der Täter mit einem Werkzeug, das einen Menschen töten kann, das Opfer geschlagen hat, aber keine Todesfolge eingetreten ist.

[117] Vgl. A.Jepsen, aaO, S.55, V.Wagner, aaO, S.177.

[118] Wir stellen uns keine allmähliche Entwicklung vor, wie E.Otto sie vermutet (ders, aaO, S.28f; ders, Rechtssystematik, S.189f), sondern eine Fassung, welche die vorhandene מות יומת-Reihe als Prinzip benutzte.

3.3.2.2   Die Struktur von Ex 21,12-23

Wir wollen nun zunächst die Struktur von Ex 21,12-23 untersuchen, denn in V.23b findet sich überraschend die Anrede in der 2.Pers.Sg.. Zudem unterbricht die sich daran anschließende Talionsformelreihe (V.24f) die Reihe der kasuistisch formulierten Sätze. Stellt Ex 21,12 den Hauptfall von Totschlag dar, zu dem V.18f einen Gegenfall bieten, dann handelt es sich in V.20-23 um Sonderfälle von Totschlag. Die Anordnung der Paragraphen nach Art des Objekts der Handlung, nämlich des Opfers des Totschlags, ist offenkundig: ein (freier) Mann (V.12.18f) - ein Sklave oder eine Sklavin (V.20f) - Foetusse (V.22f)[119]. V.19 erklärt zunächst den in V.18.19aαβ bestimmten tödlichen Angriff für straffrei (V.19aγ), V.12.18f bilden somit bez. des Totschlags eine Struktur "Fall und Gegenfall". V.19 setzt dann die Bestimmung über die Entschädigung hinzu (V.19b): "nur soll er seine (des Opfers) Untätigkeit bezahlen, und er soll bestimmt für die Heilung aufkommen". Durch den inf.abs. + PK רפא ירפא ist die unbedingte Pflicht der Entschädigung betont, die dem Täter trotz seiner Freiheit von der Todesstrafe aufzuerlegen ist.

In V.20f und V.22f sind Fall und Gegenfall der Struktur von V.12.18f entsprechend durch ein כי־אם-Gefüge zusammengestellt worden[120]. V.20 stellt zunächst die Frage, ob die Todesstrafe zu verhängen ist, wenn ein Mann seinen Sklaven oder seine Sklavin tötet, und erklärt sodann diese Form von Totschlag für strafbar. Das Urteil dieses Sonderfalls, daß auf Totschlag die Todesstrafe steht, auch wenn es sich beim Opfer um einen Sklaven oder eine Sklavin des Täters handelt, wird durch den inf.abs. + PK נקם ינקם hervorgehoben, damit die Erwartung, daß den eine/n Sklaven/ Sklavin Totschlagenden keine Todesstrafe treffe[121], ausgeschlossen wird. Dieser Bestimmung wird der Fall, für den der Täter straffrei bleiben darf, in der אם-Reihe gegenübergestellt (V.21). Daß das Opfer nur einen oder zwei Tage am Leben bleiben muß, damit der Täter von der Todesstrafe verschont bleibt - nämlich deshalb, weil der getötete Sklave (die Sklavin) das Vermögen des Täters sei - scheint zum Urteil in V.20 nicht zu passen. Möglicherweise aber soll mit dieser Wendung von V.21a die nicht vorsätzliche Tötung ins Auge gefaßt sein[122]. Die Aussage, daß der Sklave das Vermögen des Täters sei (V.21bβ), fungiert zwar einerseits als Begründung für das Urteil, daß der Täter straffrei bleiben darf, berücksichtigt jedoch auch das Problem der Entschädigung, wie es in den übrigen Paragraphen

---

[119]   Vgl. V.Wagner, aaO, S.181. In V.22 wird das Opfer im Plural "Foetusse" bezeichnet; siehe dazu unten Anm.132.

[120]   S.o. 3. 2. 1. 2.

[121]   Der Sklavenbesitzer war zur körperlichen Züchtigung des Sklaven berechtigt; vgl. S.M.Paul, aaO, S.69f. Der Stock sei häufig für die Züchtigung gebraucht worden: Prov 10,13; 13,24 (aaO, S.69). In altorientalischen Rechtskorpora komme der Fall der Tötung des Sklaven durch seinen Besitzer nicht vor (ebd, siehe auch I.Cardellini, aaO, S.259), und bei der Tötung des Sklaven durch einen Dritten ist dort nur die Ersatzleistung für seinen Besitzer im Blick (I.Cardellini, ebd, mit der Angabe der betreffenden Texte). Es ist also vorstellbar, daß für die Tötung des eigenen Sklaven die Todesstrafe nicht erwartet wurde.

[122]   I.Cardellini, aaO, S.258f, M.Noth, aaO, S.146.

behandelt wird (Ex 21,19b.22b). Hier ist aber gemeint: wenn einer seine/n Sklaven/ Sklavin tötet, zieht er sich Schaden zu, weil "der Sklave sein Vermögen ist"[123]. Er hat sich also seine Entschädigung gewissermaßen schon selbst erstattet. Der Unterschied in der Rechtsfolge zwischen Hauptfall und Gegenfall in V.12.18f und V.20f ist folgender:

im Hauptfall (V.12.20)   -   Todesstrafe
im Gegenfall (V.18f.21)   -   frei von Todesstrafe
                            finanzielle Entschädigung

Diese Reihenfolge der Rechtsfolge ist nun in V.22f umgekehrt:

im Hauptfall (V.22) - finanzielle Entschädigung
im Gegenfall (V.23) - Todesstrafe

V.22f behandeln das Problem der Tötung des Foetus. Fraglich ist aber, um welchen Schaden es in Bezug auf den Foetus geht, ob um Frühgeburt oder um Fehlgeburt, in welchem Fall dem Täter die Todesstrafe aufzuerlegen ist[124], und ob der Satz V.23 נפש תחת נפש ונתתה mit נפש תחת נפש abschließt oder auch noch עין תחת עין usw. (V.24f) einschließt[125]. Die Antwort auf diese Fragen ist von der Bedeutung des den Fall unterscheidenden Wortes אסון abhängig, und davon, auf wen sich אסון bezieht, den Foetus oder die Mutter.

אסון kommt sonst im AT nur in der sogenannten Josephsgeschichte (Gen 42,4.38; 44,29)[126] vor und bezieht sich auf die Angst Jakobs, Benjamin könnte sterben oder ihm könnte ein tragischer Unfall zustoßen. In Gen 42,38 ist der אסון Benjamins eindeutig dem Tod Josephs parallelgestellt:

כי אחיו מת
והוא לבדו נשאר
וקראהו אסון בדרך ...

אסון bezeichnet daher eindeutig den Todesfall. Wenn אסון den Todesfall meint, paßt die Rechtsfolge עין תחת עין usw. (V.24f) nicht zu dem durch אסון bezeichneten Tatbestand. Nur נפש תחת נפש stellt eine mögliche Rechtsfolge für den Fall von אסון dar. Wir müßten also zunächst V.22f von V.24f getrennt auslegen[127].

---

123   M.Noth, ebd. In dieser Hinsicht ist V.21bβ gar nicht "überflüssig" (gegen I.Cardellini, aaO, S.259).
124   B.S.Jackson, Ius talionis, S.76-82.95ff, S.E.Loewenstamm, Exodus XXI 22-25, S.353f.358ff, R.Westbrook, Lex talionis, bes. S.62ff, F.Crüsemann, Auge um Auge, S.413f.
125   B.S.Jackson, aaO, S.99f, S.E.Loewenstamm, aaO, S.355f, R.Westbrook, aaO, S.67, F.Crüsemann, aaO, S.414f. Weiter A.Alt, Talionsformel, S.303f, V.Wagner, Rechtssätze, S.3f.
126   Daß sich das Vorkommen dieses Wortes auf die Josephsgeschichte konzentriert, ist schon auffällig. Dies muß hier unberücksichtigt bleiben.
127   F.Crüsemann, aaO, S.413f. E.Otto, Begründungen, S.28, denkt, daß V.23b trotz seiner Form in der 2.Pers. und seiner talionischen Formulierung - die Verbindung von "x תחת x" mit נתן finde in

Auf wen nun bezieht sich אסון? Wenn es sich bei אסון um den Foetus handelt, stellt sich die Anschlußfrage, ob in V.22aγ Frühgeburt gemeint ist. Das ist aber unwahrscheinlich. Eine Entschädigung für die Verursachung einer Frühgeburt ist damals kaum vorstellbar. In der Tat findet sich auch in den altorientalischen Rechtskorpora die Fallunterscheidung zwischen Frühgeburt und Fehlgeburt nicht[128]. אסון bezeichnet vielmehr den Todesfall der Mutter, und יצאו ילדיה die Fehlgeburt.

V.22 thematisiert also, ob der eine Fehlgeburt Verursachende zum Tod zu verurteilen ist, und führt aus, daß der Täter der Todesstrafe entgeht und nur Ersatz leisten soll. In dieser Hinsicht stellt V.22 einen Sonderfall zum Totschlag dar. Um den Täter von der Todesstrafe zu befreien, setzt V.22 aber eine weitere Bedingung zu, nämlich daß sich die Fehlgeburt im Zusammenhang einer Prügelei zwischen zwei oder mehreren Männern ereignet hat. Damit ist ausgedrückt, daß der Täter die schwangere Frau unbeabsichtigt geschlagen hat. Diese Bedingung hat eine V.18 ähnliche Struktur[129]:

| V.18 | ... אנשים והכה איש את רעהו | וכי יריבן |
| 22 | ... אנשים ונגפו   אשה הרה | וכי ינצו |

Die Fallunterscheidung zwischen V.22 (כי) und V.23 (ואם) ist aber nicht vom Tod des Foetus, sondern vom Todesfall der Mutter abhängig. Der die Fehlgeburt Verursachende bleibt verschont von der Todesstrafe, wenn keine Todesfolge bei der Mutter entsteht (V.22), falls aber die Todesfolge eintritt, "sollst du Leben für Leben geben" (V.23).

Warum wurde die Fallunterscheidung in V.22f aber mit einer so unpräzisen Formulierung wie יהיה אסון gebildet? Warum redet die Rechtsfolgebestimmung in V.23b den Adressaten in der 2.Pers. an? Bemerkenswert ist zunächst die Reihenfolge der Bestimmungen, für welchen Fall den Täter die Todesstrafe trifft und für welchen Fall er ihr entgeht. In V.12.18f und V.20f wird der Fall mit Todesstrafe vorangestellt, aber in V.22f wird er nachgestellt. Diese den Paragraph V.22f abschließende Bestimmung (V.23) lautet ihrerseits nun wie folgt: "Falls eine Todesfolge entsteht, sollst du Leben für Leben geben." יהיה אסון enthält keine Angabe über das Opfer, sei es die Mutter, sei es der Foetus, und die Rechtsfolgebestimmung lautet weder "ein

---

keilschriftlichen Rechtssätzen ihre Parallele - V.23a gegenüber nicht sekundär eingefügt worden sei. Weitere Erwägungen über אסון, besonders die Kritik zur Meinung R.Westbrooks, haben wir in der nicht veröffentlichen Festschrift für F.Crüsemann dargestellt (Y.Osumi, Brandmal, bes. S.77-79). Zusammenfassend gesagt, trifft R.Westbrooks These nicht zu, daß אסון den Fall des unbekannten Täters bezeichne (R.Westbrook, aaO, S.56-58) und der Täter - wenn er bekannt sei - allein (פלל) Ersatz leisten solle (aaO, S.58-61), während die Gemeinde - sofern der Täter unbekannt bleibe - den Schaden ersetzen solle (aaO, S.62-67). Die Schwierigkeit seiner These besteht in der Deutung von אסון und פללים einerseits und im Vergleich mit KH §22-24; RS 17.230, die die Schadenersatzpflicht der Gemeinde bestimmen, andererseits. Das Verhältnis der Gemeinde zu dem Geschädigten in KH §22-24 und RS 17.230 ist mit dem von Ex 21,22f nicht vergleichbar.

128   Vgl. S.E.Loewenstamm, aaO, S.353f gegen B.S.Jackson, aaO, S.98f.
129   E.Otto, aaO,S.28. Auch S.M.Paul, aaO, S.74. Nach S.M.Paul, ebd. und S.E.Loewenstamm, aaO, S.356f geht es hier um "aberratio ictus".

Leben für das Leben (נפש תחת הנפש wie שור תחת השור in V.36)" noch "dein Leben für ihr Leben (נפשך תחת נפשה wie נפשו תחת נפשך in IReg 20,39.42)", sondern nur "Leben für Leben (נפש תחת נפש)." Die Fallunterscheidung zwischen V.22 und V.23 also liegt zwar in der Frage der Todesfolge bei der Mutter, das vom Fall bez. des Totschlags an der Mutter unabhängige Prinzip für das Problem des Totschlags ist aber auch im Blick. V.12 erklärt den Totschlag ohne weitere Bedingung für ein Kapitalverbrechen, stellt also das Prinzip für das Problem des Totschlags dar[130]. V.18f stellen demgegenüber eine Grenzbestimmung dar, die markiert, daß es den Fall eines das Leben bedrohenden Angriffs gibt, der nicht mehr mit der Todesstrafe belegt werden darf. V.20f und 22 behandeln die Sonderfälle des Totschlags nämlich gegen eine/n Sklaven/ Sklavin und gegen einen Foetus. Im Rahmen des vorliegenden Textes erinnert V.23 am Schluß den Adressaten an das Prinzip in V.12[131]. Diese Erinnerung an das Prinzip wird durch die direkte Anrede betont[132].

Zusammenfassend gesagt:

Ex 21,12-23 bilden eine in sich geschlossene Struktur, die mit dem Prinzip für das Problem des Totschlags (V.12 oder - mit V.15-17 zusammengesehen - mit dem Prinzip für das Problem des Kapitalverbrechens) beginnt und mit der Erinnerung an das Prinzip abschließt (V.23). Diese Einheit besteht aus zweigliedrigen Unterteilen, die sich dadurch unterscheiden, daß die einen bestimmen, in welchem Fall von Totschlag der Täter zum Tod zu verurteilen ist, und die anderen, in welchem Fall der Täter der Todesstrafe entgeht. Im Fall seiner Verschonung von der Todesstrafe soll er lediglich den durch seine Handlung entstandenen Schaden ersetzen[133]. Die

---

130 Wenn die Relativsatzkonstruktion mit den kasuistisch formulierten Rechtssätzen zusammen gebraucht wird, verwende der Gesetzgeber - meistens unbewußt, aber fast ausnahmslos - die Relativsatzkonstruktion für den Hauptfall und die "Wenn"-Form für die Sonder-(Unter)fälle: D.Daube, Roman Legislation, S.7, ders, Jewish Law, S.74. S.o. Einl, bes. dort Anm.34. Von der Struktur von Ex 21,12-23 her gesehen, gilt auch die Partizipialkonstruktion (V.12) als Hauptfall gegenüber den kasuistischen Sätzen (V.18ff) als Unterfällen.

131 E.Otto denkt, daß das Gesetz ursprünglich nur den Schutz der freien Männer bedacht habe (V.12), und daß hier die Bestimmung um den Schutz der Frauen erweitert worden sei (Begründungen, S.25, Rechtssystematik, S.189f). Sofern Ex 21,12.15-17 ursprünglich eine selbständige Rechtssatzreihe darstellte, ist die "Erweiterung" um den Schutz der Frauen in V.23 nicht unvorstellbar. Zu rechnen ist jedoch mit einer einheitlichen Compostion von V.12.15-17.18-23.

132 Daraus daß die Bezeichnung für die Foetusse (V.22aγ) im Plural formuliert worden ist, ist es vorstellbar, daß V.22f auch im Hinblick auf Fehlgeburt eine allgemeingültige Bestimmung bieten.

133 F.C.Fensham macht auf die Gegenüberstellung "Haftbar-Sein" und "Nicht-Haftbar-Sein" aufmerksam (aaO, S.25), beschäftigt sich aber mit der prozeßtechnischen Entwicklung der Gerichtsverhandlung, die das "Nicht-Haftbar-Sein" des Täters beurteilen kann (aaO, S.21 und passim), und übersieht die kompositorische Struktur "Fall und Gegenfall". E.Otto, Begründungen, S.28-31.61f, arbeitet die parallele Struktur von V.18//22 und V.20//26 heraus und betrachtet V.18 und V.22* als reines Restitutionsrecht, V.22fin und V.23 als Sanktionsrecht, V.20f und V.24-27 als Sanktionsrecht mit dem Aspekt des sozialen Schutzrechtes. Die Kritik an der These E.Ottos formulierten wir, aaO, S.76f (Anm.11): "Es ist dennoch fragwürdig, ob V.18f und V.22* rein restitutionsrechtlich sind. Wenn sich V.18f durch 'nqh' vom Strafrecht abgrenzen (so E.Otto selbst, aaO, S.25), müssen sie schon die Abgrenzung des Strafrechts vom Restitutionsrecht voraussetzen. V.23 (auch V.20f.24-27) andererseits setzt die Abgrenzung beider Rechtsbereiche *wie V.18f* voraus und faßt in sich die beiden Elemente untrennbar zusammen (explizit in V.21). In dieser Hinsicht sind V.18f.22

Rechtsfolge des fraglichen Falls ist durch den inf.abs. + PK betont. Die Struktur von
V.12-23 ist wie folgt zu skizzieren:

Ex
21,12(-17)   Totschlag   Prinzip   מות יומת   ומת   Todesstrafe
21,18-19   Versuchter Totschlag   לא ימות   straffrei
                          רפא ירפא   doch Entschädigung
21,20-21   Totschlag eines Sklaven
20   falls der Sklave unter seiner Hand getötet wurde
                          נקם ינקם   ומת   Todesstrafe
21   falls er nach einem oder zwei Tagen noch lebendig war   straffrei
                                              der Täter selbst finanziell geschädigt
21,22-23   Fehlgeburt
22   falls kein Todesfall der Mutter   לא יהיה אסון   straffrei
                          ענוש יענש   Entschädigung
23   falls Todesfall der Mutter
                 Prinzip   נפש תחת נפש   אסון   Todesstrafe

3.3.2.3   Das Talionsgesetz Ex 21,24-27

Wenn die Rechtsfolgebestimmung von Ex 21,23 die weiteren Bestimmungen "Auge
für Auge usw." (V.24f) nicht einschließt, muß die elliptische Form "x תחת x" als eine
eigene Rechtssatzform betrachtet werden[134]. In V.24f sind sieben Sätze in dieser
Form zusammengestellt. Die vier ersten Sätze beziehen sich auf ein verletztes Glied
des Körpers (V.24), die drei letzten dagegen auf die Art der Verletzung (V.25). Die
zwei ersten Sätze שן תחת שן עין תחת עין finden ihre Entsprechung in V.26f[135]:

V.26b   ... לחפשי ישלחנו תחת עינו
27b   ... לחפשי ישלחנו תחת שנו

Schließt die in Ex 21,12 beginnende Einheit mit V.23 ab, so deutet das plötzliche
Vorkommen der von V.23 unabhängigen, stilistisch fremden Sätze in V.24f für sich
noch nicht auf eine Spannung zwischen V.23 und V.24 hin. Es wäre nämlich durchaus
denkbar, daß mit V.24 ein neuer Absatz beginnt. Das Thema von Ex 21,12-23 jedoch,
nämlich das Problem des Totschlags, findet seine Fortsetzung in Ex 21,28. Auch V.28
behandelt einen Fall von Totschlag, obwohl der Täter hier kein Mensch, sondern ein
Rind ist. Auch hier wird die Todesstrafe erwogen (V.29). Demgegenüber ist in
V.24-27 weder von Totschlag noch von Todesstrafe die Rede. Dieser Befund macht

---

und V.20f.23.24-27 nicht zu unterscheiden. Ohne diese rechtsgeschichtliche Voraussetzung ist
Ottos überlieferungsgeschichtliche Analyse kaum begründet; daß V.18 und V.22, V.20 und V.26
jeweils parallel formuliert werden (aaO, S.28f), z.B. begründet die Trennung zwischen V.18f.22f.
und V.20f.24-27 nicht". Vgl. auch E.Otto, Rechtssystematik, S.187ff.

[134]   V.Wagner, Rechtssätze, S.5, betrachtet "x תחת x" als Grundeinheit der Gattung.
[135]   E.Cazelles, Études, S.57.

es nun sehr wahrscheinlich, V.24-27 für einen sekundären Einschub zu halten. Allenfalls für die kasuistisch formulierten Sätze in V.26f wäre zu erwägen, ob sie nicht doch zur ursprünglichen Schicht gehören[136], V.26f stellen aber einen synonymen Parallelismus dar, wie er sich im übrigen Teil nicht findet, und haben mit dem Thema des Totschlags - wie oben gesagt - nichts zu tun. Sie sind V.24aaβ parallel gestellt.

Wir wenden uns nun der Frage zu, ob V.24-27 als einheitlich zu betrachten sind. Nicht wenige Forscher sind der Meinung, daß V.25 einen Nachtrag darstelle, weil es hier nicht um ein Körperglied, sondern um die Art der Verletzung gehe[137].

Die Bezeichnungen כויה, פצע und חבורה, die im AT nur selten vorkommen[138], decken aber nur einen engen Sinnbereich ab. F.Crüsemann weist darauf hin, daß Schläge "ein übliches und anerkanntes Mittel gegen bestimmte Menschengruppen, vor allem auch gegen Sklaven" gewesen seien[139]. פצע und חבורה werden anderen alttestamentlichen Belegen zufolge eindeutig durch Höherstehende dem Untergeordneten zugefügt[140] und bezeichnen vor allem die Züchtigung widerspenstiger Söhne oder Sklaven[141]. Die Bedeutung von כויה ist demgegenüber nicht durchsichtig. Brandstiftung, sei es vorsätzliche, sei es fahrlässige, ist hier kaum gemeint. Diese wird sowohl im AT als auch in anderen altorientalischen Rechtskorpora nur als Eigentumsdelikt behandelt[142]. Das Delikt "jemanden ins Feuer stoßen" ist zwar nicht unvorstellbar, dies wurde jedoch im AT oder in seiner Umwelt kaum thematisiert[143]. Mit den zwei anderen Bezeichnungen פצע und חבורה zusammengesehen, ist es plausibler, daß es hier um ein Brandmal oder ein Brandzeichen geht, das oft als Strafe dem geflohenen Sklaven zugefügt worden sein könnte[144].

---

136 Es ist allgemein anerkannt, daß Ex 21,26f kasuistisch formulierte Sätze darstellen und als eigentlicher Bestandteil der משפטים zu betrachten sind, vgl. G.Liedke, aaO, S.20.33, F.Crüsemann, aaO, S.415.

137 D.Daube, Studies, S.112.126.149, B.S.Jackson, aaO, S.106f. Vgl. auch V.Wagner, Rechtssätze, S.4f.

138 כויה kommt nur in Ex 21,25 (zweimal), פצע in Gen 4,23; Ex 21,25 (zweimal); Jes 1,6; Hi 9,17; Prov 20,30; 23,29; 27,6 und חבורה in Gen 4,23; Ex 21,25 (zweimal); Jes 1,6; 53,5; Ps 38,6; Prov 20,30.

139 F.Crüsemann, aaO, S.424.

140 Vgl. Gen 4,23: Es geht hier um einen Anspruch der geringgeachteten Leute, nämlich der Zeltbewohner (Jabal), der Musikanten (Jubal) und der Schmiede (Tubal-Kain); Y.Osumi, aaO, S.82-85; zu Jes 1,6, O.Kaiser, ATD 17, S.35, G.Fohrer, Jesaja 1, S.257; vgl. auch Prov 20,30.

141 O.Kaiser, ebd, G.Fohrer, ebd.

142 Vgl. Ex 22,5; HG §98-100.105f; siehe auch M.San Nicolò, RLA II, S.61.

143 Nur HG §44 behandelt den Fall, daß ein Mann - wahrscheinlich in einer magischen Handlung - ins Feuer geworfen wird. Siehe TUAT I, S.104, die Anm. für HG §44.

144 Zum Brandmal oder zur eingebrannten Tätowierung als Strafe siehe I.Cardellini, aaO, S.101, R.de Vaux, aaO, S.139. Wir haben es kaum für zweifelhaft gehalten, daß es sich hier um ein Brandmal des Sklaven handelt, weil es schwer vorzustellen ist, einen bewegungsfähigen Mann durch Feuer zu verletzen, sofern eine Brandstiftung außer Betracht steht, und weil es angesichts der seltenen Behandlung in den altorientalischen Rechtskorpora kaum denkbar ist, einen Mann ins Feuer zu werfen: Y.Osumi, aaO, S.88f. Es ist aber nicht so eindeutig, wie wir damals gedacht haben. Doch ist es sehr wahrscheinlich, daß die drei Bezeichnungen in V.25 - sofern wir sie zusammen betrachten - sich auf die Züchtigung des Sklaven beziehen (das Brandzeichen paßt nicht zur Züchtigung des Sohnes, und das Talionsprinzip gilt nicht zwischen Vater und Sohn).

Dieser spezielle Zusammenhang findet sich nicht in den übrigen Bezeichnungen von V.24. Die Anwendung der Talionsformel für Auge, Zahn, Hand und Fuß wird nicht auf eine bestimmte Situation beschränkt (vgl. Lev 24,20; Dtn 19,21). V.24 bestimmt also die allgemeingültige Talion für Körperverletzungen, und V.25 demgegenüber die Talion für Körperverletzungen an Untergeordneten (vor allem Sklaven!) besonders in der Situation ihrer Bestrafung. Dementsprechend behandeln V.26f die Freilassung der Sklaven aufgrund von Körperverletzungen. V.25 stellt also keinen Nachtrag dar, sondern einen Übergang von der allgemeinen Talionsbestimmung zur Anwendung der Talion in einem bestimmten Fall. Wir sind der Meinung, daß es hier nicht um "Auge für Auge usw." im wörtlichen Sinne geht, sondern V.24 mit V.25-27 zusammen zur Anwendung des talionischen Prinzips auf die Körperverletzung bei Sklaven anweist, und daß die Freilassung des Sklaven die konkrete Lösung darstellt.

Der Vergleich mit anderen Belegen der Talion im AT (Lev 24,17-21; Dtn 19,16-21) unterstützt diese Auslegung. In Dtn 19,16-21 findet sich eine Ex 21,24 in allen Elementen (inklusive "Leben", Auge, Zahn, Hand und Fuß) entsprechende Bestimmung (Dtn 19,21b)[145]. Konkret geht es hier um das Problem des falschen Zeugen. Hier wird das Prinzip "Leben für Leben" offensichtlich nur in dem Sinne geltend gemacht, daß der falsche Zeuge die Strafe, den Ersatz oder die Zahlung der Schuld, die er auf den Angeklagten abzuwälzen versuchte, auf sich nehmen muß. In den meisten Fällen trifft ihn "Leben für Leben usw." nicht wörtlich. Die konkrete Anwendung des talionischen Prinzips im Fall des falschen Zeugen wird in Dtn 19,19a angewiesen: "Ihr sollt ihm (dem falschen Zeugen) tun, wie er seinem Bruder zu tun geplant hat." Diese Bestimmung der konkreten Anwendung der Talion entspricht Ex 21,26f[146].

In Lev 24,17-21 andererseits wird die Talion auf den Fall der Verletzung eines Tieres angewendet. Obwohl das Leben eines Menschen und das eines Tieres unterschieden werden (V.17/18.21a/b), sind die entsprechenden Bestimmungen hier nebeneinander gestellt. "Leben für Leben" gilt hier eindeutig als Prinzip für die Ersatzleistung eines *Tieres* (V.18). Die Talion für שבר, "Auge" und "Zahn" scheint sich von der Rahmung durch V.19b/20b her gesehen zwar auf die Verletzung bei Menschen zu beziehen, könnte jedoch als Mitte der ganzen Struktur auch die Verletzung des Tieres meinen. Hier ist eine Bezeichnung der Art der Verletzung שבר, wie die Bezeichnungen in Ex 21,25, eingefügt. Diese bezieht sich wahrscheinlich nicht auf die Verletzung eines Menschen, sondern auf die Verletzung eines Tieres[147]. Lev

---

[145]   Nur die Präposition כ gegenüber תחת in Ex 21,24f stellt eine Variante dar.

[146]   S.E.Loewenstamm betrachtet Dtn 19,21 als Zitat des alten Prinzips, durch das die abstrakte Formulierung von V.19a betont werde: aaO, S.355f.

[147]   Das Verb שבר und das Nomen שבר (šäbär) bezeichnen die Zerstörung, durch die der Gegenstand unbenutzbar wird (Lev 11,33; Jes 30,14; Ez 27,26 usw.) und werden eigentlich nicht für Menschen gebraucht. Oft wird die Bezeichnung שבר des menschlichen Körpergliedes metaphorisch gebraucht; שבר des Arms Pharaohs für das Zerbrechen der staatlichen Macht (Ez 30,21ff) oder das unheilbare שבר für den Untergang Israels (Jer 30,14) oä. Ferner: das Zerbrechen des Herzens (Jes 61,1; Jer 23,9; Ps 34,19; 51,19). Ausnahmsweise bezeichnen nur ISam 4,18 (Vb); IReg 13,26 (Vb); Hi 31,22 (Vb); Lev 21,19 (N) das Zerbrechen des menschlichen Körpergliedes, vgl. BDB, S.990f. In diesen Belegen jedoch bezeichnet שבר keine Verletzung durch Straftat, sondern durch Unfall oä. Für die Verletzung eines Menschen durch einen anderen wird diese Bezeichnung nicht

24,18.19.20b.21a fungieren als Bestimmung der konkreten Anwendung des Talionsprinzips und entsprechen in dieser Hinsicht Ex 21,26f.
"Auge für Auge usw." wird in allen alttestamentlichen Belegen (Ex 21,24; Lev
24,20a; Dtn 19,21b) nur in Verbindung mit der Bestimmung seiner konkreten Anwendung angeführt und enthält das Prinzip der Gleichwertigkeit der Strafe bzw.
der Ersatzleistung gegenüber der Verletzung bzw. dem Schaden, das im einzelnen
Themenbereich in verschiedener Art dem Thema entsprechend verwirklicht werden
soll.

Zusammenfassend:
Ex 21,24-27 sind als eine Einheit zu betrachten. V.24 bietet das Talionsprinzip und
V.26f die konkrete Anwendung bez. des Problems der Verletzung von Sklaven. V.25
stellt den Übergang vom Prinzip zur Anwendung dar. Gemeint ist also: "Auch für die
Verletzung bei Sklaven gilt die Talion". Diese wird aber durch die Freilassung des
Sklaven verwirklicht[148].
Diese Einheit V.24-27 stellt V.12-23.28ff gegenüber einen Nachtrag dar.

3.3.2.4   Die Struktur von Ex 21,12-36
So kommt nun die Gesamtstruktur von Ex 21,12-36 in den Blick. Abgesehen vom
Talionsgesetz (V.24-27) schließen sich die Bestimmungen für den Fall des stößigen
Rindes (V.28-32) an die mit der Erinnerung an das Prinzip abschließende Struktur
(V.12-23) an. V.28 aber wird nicht mit כִּי, sondern mit וְכִי eingeleitet und setzt das
Thema von V.12-23 fort. Die thematische Beziehung von V.28-36 auf V.12-23 zeigt
sich in der Struktur "schlagen" + וְמֵת + יִגַּח (וְמֵת): V.28a; וְמֵת + יִגֹּף: V.35a). V.36
beschließt den Abschnitt dem Schlußsatz von V.12-23 entsprechend mit einer talionischen Bestimmung, obwohl diese nicht wie אָסוֹן und נֶפֶשׁ תַּחַת נֶפֶשׁ in V.23 verallgemeinert wird[149].
Die zweigliedrige Struktur "Fall und Gegenfall" wird in den Paragraphen von
V.28-36 beibehalten (V.28-29.35-36). An V.29 schließen sich zusätzlich drei [וְאִם]
אִם-Sätze an, die sich auf Lösegeld beziehen (V.30-32). Die Bestimmung von V.33f
beinhaltet entgegen der Regel keinen Gegenfall, scheint aber mit וְכִי und כִּי אוֹ die
inhaltlich gesehen nicht notwendige zweigliedrige Struktur nachzuahmen.
Die Fallunterscheidung zwischen V.28 und V.29, V.35 und V.36 ist inhaltlich durch
die mögliche Fahrlässigkeit des Tierbesitzers motiviert. Wenn er die Pflicht, das
stößige Rind zu bewachen, vernachlässigt, so daß es einen Menschen tötet, soll dem
Tierbesitzer die Todesstrafe auferlegt werden (V.29), während er straffrei bleiben

---

verwendet. Zum Zerbrechen des Körpergliedes beim Tier siehe Ex 12,46; Num 9,12; Ex 22,9.13.
Siehe weiter unten Anm.172.

[148] V.26f erwähnen nur die Freilassung wegen der Verletzung von Auge oder Zahn. Diese beiden
Fälle vertreten aber alle in V.24f angegebenen Verletzungen und Wunden. Sie kritisieren die
Prügelstrafe und die Markierung des Sklaven durch das Brenneisen, Y.Osumi, aaO, S.91.

[149] S.o. 3. 3. 2. 2. Nur findet sich nach der talionischen Formulierung in V.36 noch die kurze Ergänzung (V.36bβ): "aber das Verendete gehört ihm". Diese kleine Notiz stört jedoch die Struktur des
Abschnittes nicht.

darf, wenn ihm der Hang des betreffenden Rindes zu stoßen, unbekannt war (V.28). Wenn sein Rind wegen seiner Pflichtvernachlässigung das Rind eines anderen tötet, soll er den vollen Ersatz leisten (V.36), während der Besitzer des stoßenden Rindes und der des getöteten Rindes das stoßende verkaufen und dessen Preis und das tote Rind halbieren sollen, wenn dem Besitzer des stoßenden Rindes dieser Hang unbekannt war (V.35). Diese parallele Struktur von V.28f/35f bez. der Fallunterscheidung umrahmt V.28-36. In V.28f.35f ist die Bestimmung über den für den Tierbesitzer strafbaren (haftbaren) Fall (V.29.36) - der Reihenfolge der Fälle in V.22f entsprechend - der Bestimmung, den Tierbesitzer straffrei zu lassen (V.28.35), nachgestellt.

Die thematische Anordnung ist durchsichtig. In V.28f wird die Menschentötung thematisiert. Der Täter ist aber kein Mensch, sondern ein Rind. Die Unterfälle zu V.29 werden gemäß der sozialen Stellung des Opfers angeordnet: freie Menschen (V.30) - Kinder (V.31) - Sklaven (V.32)[150]. V.33f bestimmen die Tötung eines Rindes oder eines Esels[151]. Der den Tod des Tieres Verursachende ist ein Mensch. Hier aber handelt es sich um eine Haftung des Halters einer Einrichtung. V.35f behandeln die Tötung eines Rindes durch ein Rind. Zusammenfassend gesehen:

	Täter	Opfer	
V.28f	Rind	freier Mensch	יגח ומת
30		freier Mensch	
31		Kinder	
32		Sklaven	
33f	freier Mensch (als Halter einer Einrichtung)	Rind oder Esel	
35f	Rind	Rind	יגף ומת

In V.28-36 handelt es sich also im Anschluß an V.12-23 durchgehend um das Problem der Tötung[152]. Das Leben des Menschen und des Tieres werden unterschiedlich behandelt, aber nicht getrennt (vgl. Lev 24,17-21)[153].

Zu beachten ist aber, daß das Stichwort ישלם, das im nächsten Abschnitt vorherrschend ist, schon in V.34 und V.36 vorkommt. Die Bedeutung des Vorkommens dieses Stichwortes soll nachher behandelt werden[154].

Ex 21,12-36 stellen nun thematisch gesehen einen einheitlichen Abschnitt dar, es handelt sich hier nämlich um Tötungsdelikte. Anders gesagt läßt sich dieser Ab-

---

[150] V.Wagner, Systematik, S.181.
[151] Hier findet sich zwar nicht das Stichwort ומת. Die Bestimmung: "aber das Verendete gehört ihm" (V.34b) weist darauf hin, daß es hier um einen Todesfall des Tieres geht.
[152] Auffällig ist, daß hier im Hinblick auf Tiere nur der Tod thematisiert ist, während in Ex 22,9-14 nicht nur der Tod, sondern auch שבר (Ex 22,13) oder der Diebstahl bzw. der Verlust (שבה) des Tieres (Ex 22,9) berücksichtigt sind.
[153] Nicht nur der Todesfall des Menschen ist mit dem des Tieres parallelisiert, sondern auch die Steinigung (Todesstrafe) des Rindes wird bestimmt (Ex 21,28f.32), vgl. M.Noth, aaO, S.147, H.J.Boecker, aaO, S.143.
[154] S.u. 3. 3. 5, 3. 4.

schnitt als Recht bez. des Lebens zusammenfassen[155]. Dafür spricht der Stichwortbezug von נכה נגף und נגח vor allem in Verbindung mit לא ימות oder ומת. Weiter ist das
überraschende Vorkommen von רעהו in V.18 und V.35 bemerkenswert. Vergleicht
man V.18 mit dem ihm parallelen Vers 22 und V.35 mit dem ihm parallelen Vers 28,
ergibt sich keinerlei Anhaltspunkt, weshalb gerade in V.18.35 das Verhältnis zum
Nächsten mitangesprochen wurde. Es liegt wohl ein kompositionstechnischer Grund
vor. Das Stichwort רעהו findet sich im ersten Paragraphen (V.12.18f) und im letzten
(V.35f), so daß es die Gesamtstruktur von V.12-36 umrahmt. Diese Rahmung spricht
für die Einheitlichkeit des Abschnittes von Ex 21,12-36, und die Betonung von רעהו
fungiert als Begründung für die Bestimmungen dieses Abschnittes: Dem Totschläger
sind die Strafe oder der Ersatz, wie sie in diesem Abschnitt bestimmt sind, aufzuerlegen, weil er seinen Nächsten geschädigt hat. Die Einteilung der Abschnitte und
Paragraphen durch כי und וכי halten wir im Blick auf diesen Abschnitt für sinnvoll.
Der gesamte Abschnitt V.12-36 wird mit einem Partizipialsatz ohne Konjunktion
(V.12) eingeleitet, die Paragraphen aber werden durchgehend mit וכי eingeführt.
    Der Abschnitt als Ganzer nun läßt sich in zwei Teile unterteilen: V.12-23 und
V.28-36. Der erste Teil beginnt mit der prinzipiellen Bestimmung in der Partizipial-
satzform (V.12) und schließt mit der Erinnerung an das Prinzip in der direkt anre-
denden talionischen Formulierung (V.23) ab. Der zweite Teil (V.28-36) wird durch
die Bestimmungen bez. des stößigen Rindes (V.28f.35f) umrahmt und schließt mit
der talionischen Aussage ab (V.36). Im ersten Teil geht es um Menschentötung, als
Sonderfälle werden die Tötung des Sklaven/ der Sklavin und des Foetus behandelt.
Im zweiten Teil geht es demgegenüber um die Tötung eines Menschen oder eines
Tieres durch einen Menschen oder ein Tier.
    Die ursprüngliche Gesamtstruktur von Ex 21,12-36 ist folgendermaßen zusammen-
zufassen:

Ex 21,(12.15-17		Kapitalverbrechen)		
	12	Prinzip für Totschlag	ומת	Todesstrafe
רעהו	18f	Gegenfall	לא ימות	straffrei
	20	Totschlag gegen Sklaven	ומת	Todesstrafe
	21	Gegenfall	יעמד	straffrei
	22	Foetus/ keine Todesfolge bei Mutter	לא יהיה אסון	straffrei
	23	Todesfolge bei Mutter - Prinzip	אסון	Todesstrafe
			נפש תחת נפש	
	28	Ein Rind tötet einen Menschen	der Hang des Rindes	
			unbekannt ומת	straffrei
	29	Gegenfall	bekannt	Todesstrafe
	30-32	Unterfälle	כפר	
	33f	Tötung des Rindes durch Fahrlässigkeit des Menschen		haftbar

---

[155] Hier wird nicht nur die Strafe für Tötung, sondern auch die Beseitigung der Gefahr gegen das
Leben berücksichtigt. Die Steinigung des stößigen Rind enthält diese Berücksichtigung: B.S.Jack-
son, Goring Ox, S.110.114.

רעהו	35	Ein Rind tötet ein Rind	der Hang des Rindes	
			unbekannt ומת	nicht haftbar
	36	Gegenfall	bekannt	haftbar
			שור תחת השור	

3.3.2.5   Die Einfügung von Ex 21,13f

Es ist allgemein anerkannt, daß Ex 21,13f nachträglich in den Kontext eingefügt worden sind[156]. Wenn man aber nur nach einem Bezug von V.13f auf die Partizipialsatzreihe V.12.15-17 fragt, könnte zwar die sekundäre Einfügung von V.13f in die stilistisch einheitliche Satzreihe von V.12.15-17 vermutet werden. Hier ist jedoch zu fragen, ob der Verfasser der Gesamtstruktur von V.12-23.28-36 auch V.13f formuliert hat, oder ob V.13f auch dieser Gesamtstruktur gegenüber einen Nachtrag darstellen. Angesichts der planvollen Zusammenstellung der Partizipialsätze (V.12.15-17) mit den kasuistisch formulierten Sätzen (V.18ff) und der direkten Anrede (V.23) mit der Form in der 3.Pers. (V.12.15-22.28-36) scheint nur die ursprüngliche Verknüpfung von V.13f mit der Gesamtstruktur möglich zu sein. Wenn aber V.18aα// V.22aα und auch V.21a als Vermutungsbestimmung, daß die Tötung nicht beabsichtigt wurde, fungieren, ist die Zusammenstellung von V.13f mit V.18-22 widersprüchlich, weil der begriffliche Unterschied zwischen Vorsatz (בערמה, יזד על) V.14a) und Fahrlässigkeit (לא צדה V.13a)[157], der in V.18.22 nicht erkennbar ist, in V.13f deutlich zutage tritt. V.13f gehören zu einer entwickelteren Stufe des Rechtsdenkens. Weiter scheinen V.13f das Bestimmungspaar von V.12.18f zu unterbrechen und mit V.12 ein neues Bestimmungspaar zu bilden. Daraus schließen wir, daß V.13f der Gesamtstruktur von V.12-23.28-36 gegenüber nachträglich eingefügt worden sind.

3.3.3   Die besitzrechtlichen Bestimmungen Ex 21,37 - 22,16

In diesem Teil kann man nach der Regel für die Markierung eines Abschnittes durch כי sechs Abschnitte unterscheiden[158], obwohl er vom behandelten Thema her gesehen als eine Sammlung besitzrechtlicher Bestimmungen einheitlich zusammengefaßt scheint. Demgegenüber sind Ex 22,15f, die im allgemeinen als ein selbständiger Abschnitt betrachtet werden, durch וכי, also der Regel gemäß als ein Unterteil des mit V.9 beginnenden Abschnittes eingeleitet worden.

In Ex 21,(33-)37 - 22,14 ist das Stichwort ישלם, wie E.Otto mit Recht betont, vorherrschend[159]. Näher gesehen ist aber die Akzentuierung der Ersatzbestimmungen

---

[156]   M.Noth, aaO, S.145, A.Jepsen, aaO, S.57, E.Otto, Begründungen, S.32-34.
[157]   Genauer gesagt bezeichnet לא צדה die Unabsichtlichkeit beim Täter. Die Tötung durch Fahrlässigkeit und die durch höhere Gewalt werden nicht unterschieden. האלהים אנה לידו (V.13aβ) scheint eher die Tötung durch höhere Gewalt darzustellen.
[158]   S.o. 3. 2. 1. 1.
[159]   S.o. 3. 1. 3.

von Ex 21,37 - 22,8 gegenüber denen von Ex 22,9ff zu beachten. Auch das erneute Stichwort רעהו ist zu berücksichtigen.

3.3.3.1 Die Stellung von Ex 22,8

Wir gehen vom Problem von Ex 22,8 aus. Dieser Vers stellt stilistisch gesehen eine Variante des kasuistisch formulierten Satzes und inhaltlich gesehen eine umfassende Bestimmung dar (על כל דבר פשע). Die meisten Forscher betrachten diesen Vers deshalb als einen sekundären Einschub[160]. Dagegen aber spricht schon, daß Ex 22,8 in der Mitte der durch den Stichwortbezug zusammengefaßten Struktur steht.

Während die Rechtsfolgebestimmung ישלם in Ex 21,34.36 nur die Pflicht zur Ersatzleistung für den Besitzer der Zisterne oder des Rindes als solche festlegt, zeigt sich in Ex 21,37 - 22,8 eine signifikante Erhöhung des Ersatzes: "fünf Rinder für ein Rind" (Ex 21,37bα), "vier Stück Kleinvieh für ein Lamm" (V.37bβ), "doppelter Ersatz" (Ex 22,3b.6bβ.8bβ) und "Ersatz vom besten Teil des Feldes oder Weinbergs" (Ex 22,4b)[161]. Unter diesen Bestimmungen nun ist die Bestimmung "doppelter Ersatz" (Ex 22,3b.6bβ.8bβ) auffällig, welche über die Einteilung der Bestimmungen durch כי hinaus in drei Abschnitten (Ex 21,37 - 22,3; Ex 22,6f.8) verwendet wird. Der doppelte Ersatz ist einem Dieb aufzuerlegen (Ex 22,3.6). Auch in Ex 22,8, der eine allgemeine Bestimmung bietet, geht es nicht um den Fall von "Bestreitung" von Eigentum, sondern um "Eigentumsdelikte"[162]. Das Thema "Diebstahl" taucht in V.11 wieder auf, allerdings ist nach diesem Vers nicht doppelter, sondern einfacher Ersatz, und zwar nicht dem Dieb, sondern dem Betrauten aufzuerlegen, dem ein zur Verwahrung überlassenes Tier gestohlen wurde.

Demgegenüber bezieht sich ישלם in Ex 22,9-14 auf die Unterscheidung, in welchem Fall ein Ersatz zu leisten ist, und in welchem Fall nicht (ולא ישלם (V.10bβ), ישלם (V.11b), לא ישלם (V.12b), שלם ישלם (V.13bβ), לא ישלם (V.14aβ))[163]. Angesichts des Unterschiedes zwischen Ex 21,37 - 22,8 und Ex 22,9-14 im Hinblick auf den Schwerpunkt der Bestimmungen, der sich im Stichwortbezug von ישלם zeigt, nämlich die Erhöhung des Ersatzes beim Diebstahl einerseits (Ex 21,37 - 22,8) und die Unterscheidung andererseits, in welchem Fall der Betraute für den Verlust der Sache

---

[160]   F.Horst, Diebstahl, S.169, V.Wagner, Systematik, S.180, R.Knierim, Hauptbegriffe, S.167, H.J.Boecker, aaO, S.148, E.Otto, Begründungen, S.15. B.Baentsch, aaO, S.42, rechnet mit einer Umstellung.

[161]   Ob der Ersatz "aus dem besten Teil des Feldes" eine Erhöhung des Ersatzes darstellt, ist nicht eindeutig. A.Dillmann sagt aber zur Lesart des MTs: "Man sieht aber nicht gut ein, warum gerade mit dem Besten, da keine böse Absicht vorliegt", und nimmt insofern diese Bestimmung als Erhöhung des Ersatzes an (ders, aaO, S.235). Auch D.Daube, Studies, S.152 Anm.69, U.Cassuto, aaO, S.285, E.Otto, aaO, S.22. S.u. 3. 3. 3. 3. Zur genauen Definition dieser Rechtsfolge siehe J.J.Rabinowitz, Exodus XXII 4, S.42-44. Er schreibt: "The value of the damages is to be collected *out of* the tortfeasor's best field and best vineyard". Diese Rechtsfolgebestimmung habe - er sagt dies zwar nicht explizit - mit der Erhöhung des Ersatzes nichts zu tun. Das Sammeln des Ersatzes aus dem besten Teil des Feldes des Delinquenten kann jedoch die Erhöhung des Betrags sein.

[162]   R.Knierim, aaO, S.143ff, bes. S.162f.

[163]   E.Otto, aaO, S.12.

haftbar ist, und in welchem Fall nicht (Ex 22,9-14), scheinen Ex 21,37 - 22,14 in zwei Abschnitte, Ex 21,37 - 22,8 und Ex 22,9-14, einzuteilen zu sein. Auffällig ist aber darüberhinaus die parallele Formulierung von V.6f und V.9f[164].

V.6a	כי יתן איש אל רעהו ... לשמר
7b	אם לא שלח ידו במלאכת רעהו
V.9a	כי יתן איש אל רעהו ... לשמר
10aβ	אם לא שלח ידו במלאכת רעהו

Ferner ist bemerkenswert, daß das Stichwort רעהו in Ex 22,6-14 vorherrscht, während es sich in Ex 21,37 - 22,5 nicht findet. Ein neuer Themenbereich wird also nicht durch V.9, sondern schon durch V.6 eingeführt. In V.8 treffen die Stichworte ישלם שנים und רעהו aufeinander ישלם שנים לרעהו. V.8 stellt damit die Mitte der parallel formulierten Bestimmungen V.6f//V.9f dar.

Ex 22,3b		שנים ישלם
6a	כי יתן איש אל רעהו	
6bβ		ישלם שנים
7b	אם לא שלח ידו במלאכת רעהו	
8bβ	לרעהו	ישלם שנים
9a	כי יתן איש אל רעהו	
10aβ	אם לא שלח ידו במלאכת רעהו	
13aα	וכי ישאל איש מעם רעהו	

Der durch den Stichwortbezug ישלם שנים zusammengefaßte Themenbereich (Ex 21,37 - 22,8; in bezug auf das Thema "Diebstahl" auch noch Ex 22,11) und der durch רעהו zusammengefaßte Themenbereich (Ex 22,6-14) greifen in Ex 22,6-12 ineinander. V.8 stellt den Knotenpunkt beider Themenbereiche dar.

R.Knierim listet die Übersetzungsmöglichkeiten von V.8 auf. Er erwägt dabei jeweils zwei Deutungsmöglichkeiten für die vier folgenden unklaren Elemente des Tatbestandes: (1) ob die Bezeichnung פשע die Bestreitung von Eigentum beinhaltet oder dessen Beraubung, (2) ob das Verlorene gefunden wird oder vermißt bleibt, (3) ob זה הוא mit "das ist es" zu übersetzen ist oder mit "der ist es", (4) ob אשר ירשיען mit "wen von beiden ... " (אשר als Relativpronomen) oder mit "wenn Gott ihm ... " (אשר als Demonstrativpronomen) zu übersetzen ist. Aus den so aufgezählten Möglichkeiten wählt R.Knierim die Übersetzung aus, die die "sachlich geringsten Schwierigkeiten" biete: "Bei jedem Fall von Eigentumsdelikt, betreffe er ein Rind, einen Esel, ein Schaf, einen Mantel oder irgend etwas, das verloren geht, bezüglich dessen einer sagt: 'dieser war (hat) es' - vor den Gott soll die Angelegenheit der beiden kommen! Wenn Gott ihn (den Angeklagten) schuldig spricht, soll er seinem Genossen doppelten Ersatz leisten!"[165]. Es gehe in V.8 also um den Fall, daß einer eines

---

164   Vgl. B.Baentsch, aaO, S.42. E.Otto, aaO, S.14f, betrachtet V.7aβ.b.8.9b.10 als Nachtrag.
165   R.Knierim, aaO, S.160-163, Übersetzung auf S.163.

Diebstahls verdächtigt wird. V.8 gehöre insofern also nicht in den Zusammenhang von V.9ff, sondern in den von V.6f[166]. Aber auch R.Knierim hält V.8 für einen sekundären Einschub, da V.8 anders als der Kontext ohne Bezug auf das Thema "Verwahrung" formuliert worden sei. Ferner sei die Urteilsbestimmung, die analog zur Struktur "Analyse des Sachverhaltes - Untersuchungsart - Urteil (so V.6.9f.11f. 13.14)" auch V.7 ursprünglich enthalten haben müßte, durch die Einfügung der grundsätzlichen Ordnung des mit V.6 eingeführten Zusammenhangs (V.8) weggenommen worden, weil V.8 dasselbe Urteil bestimme[167].

Eben durch das Fehlen der Urteilsbestimmung in V.7 erweist sich u.E, daß V.8 von vornherein mit V.7 verknüpft worden war.

Nur im Zusammenhang des Verwahrungsgesetzes von V.6ff fällt V.8 sachlich aus dem Rahmen. Es geht hier jedoch, wie gesagt, um das Ineinandergreifen des schon mit Ex 21,37 beginnenden Themas "Diebstahl" und des mit Ex 22,6 beginnenden Themas "Verwahrung". R.Knierim erklärt den sachlichen Anschluß von V.8 an V.6f und zugleich seine Trennung vom Kontext des Verwahrungsgesetzes. Dieser Textbefund mag zwar die Stellung von V.8 als Mitte in den zwei Themenbereichen Ex 21,37 - 22,14 bestätigen, daraus ergibt sich jedoch keineswegs, daß V.8 nachträglich eingefügt worden ist.

E.Otto erkennt demgegenüber die Stellung von Ex 22,8 als Mitte des Komplexes Ex 21,33 - 22,14, nimmt aber an, daß Ex 22,8 erst in der Endstufe der Entwicklung des Komplexes Ex 21,33 - 22,14 eingefügt worden sei[168]. Er betrachtet die Bestimmung über den kultischen Rechtsentscheid überhaupt als einen Nachtrag im Kontext des "Depositenrechts". In Ex 22,9-12 seien zwei logische Folgen erkennbar: einerseits nämlich die Bestimmung über die Ersatzleistung für den Fall, daß ein deponiertes Tier gestohlen, und für den Fall, daß es gerissen wurde (V.9a.11.12), und andererseits die Bestimmung über die kultische Befragung in dem Fall, daß ein deponiertes Tier ohne Augenzeuge verlorenging (V.9b.10). Die Elemente der Tatbestandsdefinition in V.9b paßten nicht zu den Fällen des gestohlenen und des gerissenen Tieres (V.11f) und schienen die Folge von V.9a.11f zu unterbrechen. Daraus ergebe sich, daß die Bestimmung über die kultische Befragung (V.9b.10) nachträglich eingefügt worden sei[169]. E.Otto betrachtet V.6f als V.9a.11f analoge Bestimmungen und vermutet als "ursprünglichen" Text von V.7: "*im lo' jimmaṣe' haggannab jᵉšallem libʿalaw*"[170].

Die Bestimmung V.9b.10, die zu V.11f nicht passende Elemente hinzufüge, scheint zwar die logische Folge von V.9a.11f zu unterbrechen. Es wäre auch durchaus denkbar, daß eine Bestimmung wie V.9a.11f seit früher Zeit existiert hat (vgl. Gen 31,39; Am 3,12)[171]. Daraus ergibt sich jedoch nicht, daß durch Streichung von V.9b.10 der ursprüngliche Text herausgearbeitet werden kann. V.9b und V.11f stehen keineswegs

---

166   R.Knierim, aaO, S.167.
167   Ebd.
168   E.Otto, aaO, S.17.
169   E.Otto, aaO, S.14f.
170   E.Otto, aaO, S.15.
171   D.Daube, aaO, S.3-5. Vgl. auch C.Westermann, BK I/2, S.605.

widersprüchlich nebeneinander, da V.11 und V.12 Ausnahmefälle darstellen: wenn im Fall, daß ein deponiertes Tier verendet oder "zugrundegeht" (ומת או נשבר, V.9baβ)[172], ein Beweis beigebracht wird, daß es gerissen wurde, muß der Betraute keinen Ersatz leisten (V.12); wenn im Fall, daß ein deponiertes Tier gefangen wird (נשבה, V.9bγ), ein Zeuge erklärt, daß es gestohlen wurde, soll der Betraute Ersatz leisten. Die Tatbestandsdefinition in V.11 und V.12 wird mit inf.abs. + PK betont und scheint insofern einer vorangehenden Bestimmung gegenübergestellt worden zu sein (vgl. Ex 21,5; 22,3.15)[173]. Die Elemente des Tatbestandes ומת או נשבר in V.9b entsprechen dem Tatbestand von V.13aβ: ונשבר או מת, und V.13f und V.9a.11f sind sowohl stilistisch als auch thematisch gesehen nicht verschiedenen Schichten zuzuweisen[174].

E.Ottos Rekonstruktion des "ursprünglichen" Textes von V.7 ist unbegründet. Wenn im Fall, daß der Dieb nicht gefunden wird, der Verwahrer, wie E.Otto vermutet, Ersatz zu leisten hätte, ginge es hier um die Aufbewahrungspflicht des Verwahrers. Wenn die Aufbewahrungspflicht thematisiert wäre, müßte der Verwahrer aber eigentlich immer für die verlorene Sache Ersatz leisten. Ob der Dieb ertappt wird oder nicht, dürfte dabei keine Rolle spielen[175]. Die von E.Otto rekonstruierte Bestimmung von V.7 widerspricht also V.6. Es ist ferner unwahrscheinlich, daß durch die Einführung des Motivs des kultischen Rechtsentscheides die in dem ursprünglichen Gesetz schon aufgestellte Aufbewahrungspflicht abgeschafft worden wäre. In V.6f muß es sich von vornherein um die Frage handeln, wer der Dieb ist. Wenn der Dieb ertappt wird, soll er doppelt Ersatz leisten. Falls der Dieb nicht gefunden wird, soll durch Gottesbefragung geklärt werden, ob der Verwahrer selbst der Dieb ist. Wenn dieser als Dieb erfunden wird, soll er - obwohl es in V.7 nicht bestimmt ist - doppelten Ersatz leisten (vgl. V.6.8)[176].

Wenn zutrifft, daß Ex 22,8 mit einem derartig umfassenden Inhalt von vornherein als Mitte der Struktur von Ex 21,37 - 22,14 konzipiert wurde, kann erklärt werden, warum V.9ff, die als ein Paragraph des mit V.6 beginnenden Themas "Verwahrung" wie V.13f eigentlich durch וכי hätten eingeleitet werden müssen, durch כי eingeführt

---

172 שבר bezeichnet weder einen Teilschaden noch eine kleine Körperverletzung, sondern einen Schaden oder eine schwere Verletzung, wodurch der Gegenstand seine Nutzbarkeit verliert. Betrachtet man die Belege vom "Zerbrechen" eines Gefäßes (Jes 30,14; Jer 19,11; 48,38 usw), einer Tür (Gen 19,9) eines Bogens (Hos 1,5 usw) oder eines Schiffs (niph: IReg 22,49), so wird dieser Zusammenhang klar. Das gleiche gilt auch für Körperglieder des Menschen oder des Tieres: ISam 4,18 (niph); Ex 12,46; Num 9,12. Falls diese Bezeichnung für ein Tier ohne Angabe eines bestimmten Körpergliedes verwendet wird, hat sie die Bedeutung "zugrundegehen lassen", "töten" (vgl. IReg 23,28).

173 Ex 22,11 wird mit ואם eingeleitet, stellt wie der ואם-Satz in Ex 21,23.29 den Gegenfall zum vorangehenden Fall dar.

174 Zur Entsprechung von V.9 zu V.13aβ vgl. E.Otto selbst: aaO, S.17.

175 Zur Aufbewahrungspflicht vgl. KH §125. KH §125 berücksichtigt im Hinblick auf die Ersatzpflicht des Betrauten nicht, ob der Dieb ertappt wurde oder nicht.

176 R.Knierim, aaO, S.166f. Es handelt sich hier nicht um einen Eid, sondern um ein Gottesurteil: R.Knierim, aaO, S.116. H.Holzinger, aaO, S.89.

wurden[177]. Wenn sich V.9 ursprünglich - ohne V.8 - an V.7 angeschlossen hätte, hätte er durch וכי eingeleitet werden müssen. V.9f und V.6f sind aber parallel formuliert und umrahmen V.8. Um V.8 als Mitte der Struktur zu unterstreichen, sind V.9f und V.6f in Bezug auf V.8 gleichgeordnet worden. Wenn V.9 mit וכי als *ein* Unterteil eingeführt worden wäre, bliebe auch V.8 trotz seines umfassenden Inhalts nicht mehr als die zweite Bestimmung des mit V.6 beginnenden Themenbereiches. V.9 mußte deshalb, wie V.6, durch כי eingeleitet werden.

V.8 wurde zwar in erster Linie im Anschluß an V.6f als eine umfassende Regel für die göttliche Befragung im Fall von Diebstahl (siehe die Bestimmung des doppelten Ersatzes) gebildet[178]. Von seiner Stellung her gesehen ist jedoch auch mit einer Beziehung von V.8 auf V.9ff zu rechnen. Die sachliche Beziehung ist durchaus unverkennbar, weil in V.9ff der Verlust des in Verwahrung genommenen Tieres nicht als Nichterfüllung des Verwahrungsvertrags, sondern als Problem eines Eigentumsdelikts, sei es Diebstahl, sei es Mißhandlung, behandelt wurde. Der Betraute soll nämlich bei Verlust des Tieres gefragt werden, "ob er nicht seine Hand nach dem Besitz seines Nächsten ausgestreckt habe" (V.10aβ//V.7b). V.8 bietet also für den Fall von Eigentumsdelikt das Prinzip der göttlichen Befragung, daß es vor Gott zu fragen sei, ob der Angeklagte für das Delikt als schuldig (als Dieb) zu beurteilen ist.

3.3.3.2   Die Struktur von Ex 21,37 - 22,3

Wir haben zu zeigen versucht, daß Ex 21,37 - 22,14 - ungeachtet der Einteilung durch כי in kleinere Abschnitte - als eine große Struktur mit den zwei ineinandergreifenden Themenbereichen Ex 21,37 - 22,8(11); 22,6-14 mit dem "Scharnier" V.8 in der Mitte aufzufassen sind. Wir wollen uns nun den mit כי eingeteilten Einzelabschnitten zuwenden.

Ex 21,37 - 22,3 behandeln eindeutig Fälle von Diebstahl. Auffällig sind zunächst die beiden ersten אם-Reihen Ex 22,1.2a, die sich zwar auf das Problem des Diebstahls beziehen, jedoch, vom Kontext abweichend, nicht den Ersatz der gestohlenen Sache, sondern den Todesfall des Diebes behandeln. Dieses plötzliche Vorkommen der Bestimmung bez. des Totschlags kann nach der entsprechenden These V.Wagners als eine "Attraktion" erklärt werden[179]. Das Erscheinungsbild des Textes könnte nämlich in folgendem Sachverhalt begründet liegen: der Verfasser, der das Problem des Diebstahls darzustellen begann, mußte zunächst das darauf bezogene Problem der Notwehr behandeln. Es könnte sich aber u.E. auch um das Ineinandergreifen zweier Themenbereiche, ähnlich wie in Ex 22,6-12, handeln. Ex 21,12-36 sind, wie gesagt, als eine einheitliche Struktur zu betrachten, die als Recht bez. des Lebens zusammengefaßt werden kann. Angesichts des Stichwortbezugs von ישלם beginnt der Themenbereich "Eigentumsdelikt" schon mit Ex 21,33. Mit Ex 21,37 (כי) wird das neue Thema "Eigentumsdelikt" eigentlich eingeführt, aber auch in diesem Zusammenhang handelt es sich wiederum um Bestimmungen im Rahmen des Rechtes bez.

---

177   S.o. 3. 2. 1. 1.
178   R.Knierim, aaO, S.165.167.
179   V.Wagner, aaO, S.179.181.

des Lebens (Ex 22,1.2a). Als Bestimmungen im Rahmen des Rechtes bez. des Lebens verstanden, stellen Ex 22,1.2a einen Sonderfall von Totschlag wie Ex 21,20f.22f dar: Ist die Todesstrafe dem Schlagenden aufzuerlegen, wenn das Opfer des Totschlags ein Dieb ist? Ex 22,1.2a stellen Fall (V.1) und Gegenfall (V.2a) einander gegenüber: Wenn der Dieb beim Einbruch getötet wird, bleibt der Schlagende straffrei (V.1). Wenn sich der Totschlag am hellen Tag ereignet[180], ist der Schlagende dagegen zum Tod zu verurteilen (V.2a).

In Ex 22,2b taucht das Thema "Ersatz der gestohlenen Sache" erneut auf. Die inf.abs. + PK-Konstruktion שלם ישלם tritt auffälligerweise aber ohne Vordersatz auf (V.2ba). Dieser "Nachsatz" ohne Vordersatz, der sich nicht auf die direkt vorangehende Bestimmung (V.1.2a) bezieht[181], hat augenscheinlich die Funktion, das Thema, das in V.1.2a in den Hintergrund trat, wieder herauszustellen. V.2bβγ und V.3 werden also durch V.2ba als eine Fortsetzung von Ex 21,37 eingeführt. Wenn der Dieb keine für den Ersatz zu verwendende Sache besitzt, soll er nach V.2bβγ als Sklave verkauft werden. V.3 stellt den eigentlichen Gegenfall zu Ex 21,37 dar; diese gegenüberstehenden Verse umrahmen somit die Struktur Ex 21,37 - 22,3: Wenn der Dieb das gestohlene Tier schlachtet oder verkauft, soll er fünf Rinder für ein Rind, vier Stück Kleinvieh für ein Lamm ersetzen (Ex 21,37). Wenn er demgegenüber das gestohlene Tier lebendig läßt, soll der Dieb nur doppelt Ersatz leisten (Ex 22,3). Der entscheidende Unterschied dieses Falls vom Fall von Ex 21,37 wird durch den inf.abs. + PK המצא תמצא betont. Durch diesen Abschluß mit der Bestimmung zum doppelten Ersatz ist der Abschnitt Ex 21,37 - 22,3 mit den nachfolgenden Bestimmungen (vgl. Ex 22,6.8) verbunden.

3.3.3.3   *Die Stellung von Ex 22,4f*

Die Bestimmungen von Ex 22,4f fallen im Kontext dadurch auf, daß jede dieser beiden Rechtssatzreihen - als handele es sich um einen "Abschnitt" - mit כי eingeleitet wird, und daß sich hier das Thema "doppelter Ersatz" nicht findet, obwohl sie durch den Stichwortbezug von שלם [ישלם ם mit ihrem Kontext verbunden sind[182] und eine Erhöhung des Ersatzes in V.4 (מיטב) thematisiert scheint.

Sam.LXX und Syr, die die Paragraphen Ex 21,37ff; 22,6.9ff, abweichend von der Lesart des MTs, durch וכי einleiten, weisen auch in Ex 22,4 וכי anstelle von כי auf. Demzufolge wäre V.4 mit den vorangehenden Bestimmungen zu verbinden, und in V.5 (כי) demgegenüber ein neuer Absatz zu markieren, welcher die Bestim-

---

[180] עליו השמש זרחה (V.2a) bedeutet "bei hellem Tageslicht" (M.Noth, aaO, S.148). Am Tag kann man nicht nur beurteilen, ob der Einbrecher nur Dieb ist oder eine Tötungsabsicht hat (S.M.Paul, aaO, S.87), sondern hat auch andere Verteidigungsmittel als den Angriff auf das Leben des Einbrechers.

[181] שלם pi bezieht sich im Bundesbuch eindeutig auf den Ersatz des Sachschadens und wird nicht für die Entschädigung bzw. Geldbuße für Körperverletzung oder Tötung des Menschen gebraucht: vgl. Ex 21,19.22.30.32. Siehe D.Daube, aaO, S.137f. Er sieht aber nicht, daß diese Belege nicht שלם verwenden, weil es sich um Menschen handelt.

[182] Vgl. E.Otto, aaO, S.13.

mungen bis zu Ex 22,16 in einen Abschnitt einbindet[183]. Sam und LXX fügen ferner zwischen V.4a und V.4b eine Rechtsfolgebestimmung zum Fall von V.4a und eine andere Fallbeschreibung ein, der die Rechtsfolgebestimmung von V.4b gelten soll:

184. שלם ישלם משדהו כתבואתה ואם כל השדה יבעה(יבער = LXX)

V.4 wird also nach Sam und LXX in zwei Bestimmungen unterteilt.

Eine weitere Schwierigkeit besteht darin, wie das Verb בער in V.4 zu übersetzen ist, mit "abweiden" oder mit "brennen". Obwohl die heutigen lexikalischen Arbeiten kaum bezweifeln, daß es in Ex 22,4 um einen Fall von "Abweiden" des Feldes eines anderen geht[185], hält z.B. B.S.Childs diese Deutung keineswegs für sicher[186].

E.Otto macht auf den Unterschied zwischen der Lesart des Substantivs "beʿîrōh" (V.4aβ) nach Ketib (הריעב) und nach Qere (בעירו) aufmerksam. Er nimmt an, daß das Qere den ursprünglichen Sachzusammenhang von V.4 festhalte als Bestimmung nämlich für den Fall, daß einer sein Vieh das Feld eines anderen abweiden läßt, und daß diese Bestimmung durch Ersetzung von בעירו durch בעירה zu einer Bestimmung für den Fall von Brandstiftung umformuliert worden sei, so daß V.4 die beabsichtigte und V.5 die unbeabsichtigte Flurschädigung bezeichne[187]. E.Otto erkennt in dieser Intentionsverschiebung von V.4 den Übergang von der reinen Ersatzbestimmung zum Sanktionsrecht[188]. Solche Gegenüberstellung von Ersatz- und Sanktionsrecht ist wiederum fragwürdig. V.4 ist schon von vornherein sanktionsrechtlich geprägt, wie es sich in der Erhöhung des Ersatzes מיטב שדהו ומיטב כרמו zeigt[189]. Es ist überhaupt unwahrscheinlich, daß beim Übergang vom Ersatzrecht zum Sanktionsrecht - vorausgesetzt, es gäbe einen solchen - auch das Thema verlagert worden ist. Aus den beiden Deutungsmöglichkeiten des Verbs ergibt sich also hier kein Indiz für einen Wandel in der Rechtsintention, sondern schlicht die Frage nach der größeren Wahrscheinlichkeit der einen oder der anderen: Geht es hier um das Abweiden des Feldes oder um Brandstiftung?

Wenn es nun in V.4 um Brandstiftung ginge, so unterschieden sich V.4 und V.5 nur insofern, als in V.4 vorsätzliche, in V.5 aber fahrlässige Brandstiftung behandelt worden wäre. Dabei ist aber zu fragen, ob in diesem Fall nicht der Unterschied des Straf-Ersatzmaßes zwischen V.4 und V.5 zu gering bemessen wäre. Auch die Formulierung von V.4a, die die Beschreibung, daß einer ein (sein?) Feld oder einen Wein-

---

183   Vorausgesetzt ist freilich, daß die Regel für die Abgrenzung der Abschnitte mit כי auch hier gilt. Zur Lesart von כי in V.5 s.o. Anm.57.
184   Siehe den Apparat von BHS.
185   K-B³ ad loc, Ges¹⁸ ad loc, H.Ringgren, ThWAT I, Sp.730.
186   B.S.Childs, aaO, S.449.
187   E.Otto, aaO, S.22.
188   Ebd.
189   So E.Otto, ebd, selbst. Er versucht, die Schwierigkeit bez. der Unterscheidung von Ersatz- und Sanktionsrecht sowie der Entwicklungstheorie vom ersten zum letzten dadurch zu vermeiden, daß er die Wendung מיטב שדהו usw. als "ein(en) erste(n) Ansatz zur Sanktion" betrachtet (Hervorhebung: Vf).

berg abbrennt (V.4a*a*), der eigentlichen Fallbeschreibung, daß er das Feld eines anderen in Brand steckt (V.4a*βγ*), voranstellt, paßt nicht zur Fallbeschreibung einer vorsätzlichen Brandstiftung, sondern viel eher zu der einer fahrlässigen, weil für die Bestrafung einer vorsätzlichen Brandstiftung die Beschreibung überflüssig ist, daß er vor der Brandstiftung ein anderes Feld in Brand setzte. Demgegenüber ist es für den Fall des "Abweidens" eine verständliche Folge, daß einer, der sein Vieh ein (sein) Feld abweiden läßt, es auch das Feld eines anderen abweiden läßt. Mit dem Urteil der Lexika zusammen gesehen ist es also wahrscheinlicher, daß das Verb בער hier "abweiden" bedeutet.

Von diesem Verständnis von בער her wird die Intention der Verknüpfung von V.4 mit den vorangehenden Bestimmungen durch וכי bei Sam (LXX) durchsichtig[190]: das Feld eines anderen abweiden zu lassen, ist als ein mit Diebstahl vergleichbares Eigentumsdelikt zu betrachten, V.5 aber, der nicht zu diesem Zusammenhang gehört, eröffnet einen neuen Absatz[191]. Sam und LXX teilen die Abschnitte also gemäß ihrer Einsicht in den thematischen Bezug der Bestimmungen. Es ist aber unwahrscheinlich, daß MT z.B. in Ex 22,6.9 die Konjunktion ו, die die thematische Verbindung der Bestimmungen widerspiegelt, weggelassen hätte, um die obengenannte Struktur, die V.8 umrahmt, zu verdeutlichen. Ich halte daher im Hinblick auf den Gebrauch von כי und וכי die Lesart des MTs für ursprünglich. Das "Abweiden" des Feldes kann zwar als ein Diebstahl ähnlicher Fall betrachtet werden, dabei wird jedoch dem Täter kein doppelter Ersatz, sondern der Ersatz durch den besten Teil seines Feldes auferlegt[192]. In dieser Hinsicht entfernt sich V.4 von dem Hauptthema "doppelter Ersatz" von Ex 21,37 - 22,3; 22,6-8 und wird deshalb mit כי eingeleitet.

Im Fall des durch Fahrlässigkeit entstandenen Feuers (V.5) raubt der Täter das Vermögen eines anderen nicht, sondern beschädigt es nur. Der Vorgang dieses Falls aber ist dem von "Abweiden" ähnlich. V.5 ist also mit כי, aber eben an dieser Stelle eingefügt worden.

Es ist noch zu fragen, welcher Text in V.4 ursprünglich ist, der längere (Sam, LXX) oder der kürzere Text (MT). Der längere Text fordert für den Fall des "Abweidens" in der Regel den einfachen Ersatz, den Ersatz durch den besten Teil des Feldes nur dann, wenn das ganze Feld abgeweidet wurde und deshalb die Schadenshöhe nicht mehr geschätzt werden kann. Hier kann von einer Erhöhung des Ersatzes als Sanktion nicht die Rede sein[193]. Wenn Sam (LXX) V.4 in Verbindung mit den Bestimmungen bez. des Diebstahls verstanden hat, und wenn der kürzere Text den ursprünglichen Text darstellt, scheint es zwar unmöglich, daß Sam (LXX) die sanktionsrechtliche Bestimmung zur Erhöhung des Ersatzes durch eine reine Ersatzbe-

---

190 LXX versteht die Bezeichnung בער eindeutig als "abweiden": καταβοσκειν.
191 In Sam (LXX) schließt aber auch V.6 mit וכי an V.5 an. Was bedeutet das? Sam (LXX) könnte vielleicht V.5ff als die Fälle von unbeabsichtigtem Verlust bzw. Schaden des Vermögens aufgefaßt haben.
192 Meistens wird die Ersatzpflicht des Täters wahrscheinlich mit seiner "Luxuria" (bewußten Fahrlässigkeit) begründet, so daß seine Schuld geringer als die beim Diebstahl zu werten ist.
193 Ob hier gemeint ist, daß das Abweiden des ganzen Feldes dem Teilschaden gegenüber als ein wesentlich schwereres Delikt zu beurteilen sei (z.B. G.Beer, aaO, S.113), ist zweifelhaft.

stimmung ersetzt hätte. Aber auch wenn Sam (LXX) den Fall des "Abweidens" als einen dem Diebstahl ähnlichen Fall betrachtet, ergibt sich daraus nicht, daß er die überlieferte Bestimmung des Ersatzes mit dem besten Teil als Sanktionsrecht verstanden hat. Das Abweiden des Feldes stellt zwar einen dem Diebstahl ähnlichen Vorgang dar, die Rechtsfolge dafür kann aber durchaus anders als die für Diebstahl sein. Es ist wahrscheinlich, daß Sam (LXX) die Bestimmung zum Ersatz mit dem besten Teil als eine reine Ersatzbestimmung übernommen und eine Erklärung zugesetzt hat, was der Ersatz mit dem besten Teil bedeutet. Es ist andererseits unwahrscheinlich, daß MT - wenn der längere Text die ursprüngliche Lesart darstellte - diesen durchsichtigen Sachzusammenhang bez. der Schätzung der Schadenshöhe geändert hätte[194].

3.3.3.4   Die Struktur von Ex 22,6-14

Das Thema "doppelter Ersatz" endet in V.8, wie wir schon gesehen haben. In V.6 beginnt ein neuer Themenbereich, der durch den Stichwortbezug von רעהו zusammengebunden ist. In V.6-8 (und auch V.11) greifen die beiden Themenbereiche ineinander. V.6f und V.9f sind parallel formuliert und umrahmen V.8. V.8 aber stellt die Mitte der Struktur von Ex 21,37 - 22,14 dar.

In Ex 22,6f geht es um die Verwahrung von Geld ("Silber") oder "Geräten", in V.9-12 um die Verwahrung von Tieren und in V.13f um die Leihe von Tieren[195].

Die Sorgfaltspflicht des Betrauten ist im Fall von Leihe umfassender als im Fall von Verwahrung: Wenn ein geliehenes Tier gestorben oder schwer verletzt wurde, soll der Betraute (Entleiher) Ersatz leisten, sofern nicht der Tierbesitzer anwesend gewesen ist (V.13.14a), während im Fall der Verwahrung der Tiere der Betraute keinen Ersatz leisten muß, sofern das Tier nicht gestohlen werde (V.11) oder dem Betrauten selbst kein Vergehen nachgewiesen werden kann (V.9f). Es ist der Betraute, der von der Leihe des Tieres den Gewinn hat, während die Verwahrung zum Vorteil des Hinterlegers geschieht. Der Entleiher hat also eine größere Sorgfalts-

---

194   Gegen B.S.Childs, aaO, S.449 und J.E.Sanderson, Scroll, S.76f. J.E.Sanderson nimmt B.S.Childs Meinung auf und denkt darüber hinaus: LXX setze in V.4aαγ und V.4bβ im längeren Text immer ein Verb καταβοσκειν (Sam setze in V.4bβ בעה). "It should be the same in both parts of the verse, as it is in G. Thus G appears to preserve uniquely the preferable text, and this reading, when retroverted into Hebrew, ... explains the reading in M as parablepsis: אחר~יבער. Daß ursprünglich das gleiche Verb in V.4a und b wie die Lesart von LXX gebraucht worden wäre, ist uns nicht verständlich. J.E.Sanderson fährt fort: "two unrelated traditions, Qᵐ Sam and G, preserve the longer version. It is difficult to imagine that the same retribution and the same contingency would both be added in two different traditions." Eine gleiche Lesart in verschiedenen Versionen weist zwar auf die Existenz einer gemeinsamen Vorlage hin. Daraus ergibt sich jedoch nicht notwendig, daß diese Vorlage den ursprünglichen Text bewahrt habe. A.Aejmelaeus, Hebrew Vorlage, S.83, hält die Lesart von MT für den ursprünglichen Text.

195   Die Tatbestandsdefinition in V.13a enthält kein Objekt. Daß es sich hier um die Leihe von Tieren handelt, ist aber durch die V.9b parallel gestellten Elemente des Tatbestandes נשבר או מת eindeutig. Der Schwerpunkt der Fallunterscheidungen dieser Bestimmung (Leihe) von der in V.9-12 (Verwahrung) ist durch diese Formulierung ohne Objekt deutlich.

pflicht als der Verwahrer. Wenn das Tier gegen Bezahlung geliehen wurde, darf der Entleiher diese Gegenleistung für die Ersatzleistung verwenden[196].

Bei der Verwahrung dagegen bleibt in Bezug auf die Rechtsfolgebestimmung eine Unterscheidung zwischen dem Fall mit und dem Fall ohne Gegenleistung unberücksichtigt. Es ist anzunehmen, daß die Verwahrung von Tieren in der Regel gegen Bezahlung erfolgte. Die Pflicht des Betrauten ist im Fall der Verwahrung von Tieren umfangreicher als im Fall der Verwahrung von Geld oder von "Geräten". Wer Geld oder "Geräte" aufbewahrt, wird im Fall von Diebstahl nicht zur Verantwortung gezogen (V.6), während derjenige, in dessen Obhut sich Tiere befinden, im Fall von Diebstahl haftet (V.11). Dieser Unterschied in der Sorgfaltspflicht könnte darauf beruhen, daß bei der Verwahrung von Tieren der Betraute meistens Honorar bekam, oder darauf, daß der Wert des Tieres höher eingeschätzt wurde.

Das Stichwort רעהו, das in allen Paragraphen in Ex 22,6-14 vorkommt, weist darauf hin, daß die Pflicht des Betrauten in diesen Fällen keine handelsrechtliche Schuld, sondern auf der Nachbarschaft beruhende Pflicht ist.

Die Bestimmungen Ex 22,6-14 behandeln ferner nicht den Verwahrungsvertrag für sich, sondern beziehen sich immer auf den Verlust der hinterlegten Sache und behandeln das Problem, wie das Prinzip von Ex 22,8 zeigt, als Eigentumsdelikt. Es handelt sich also hier, wie in Ex 21,37 - 22,5, nicht um Vertragsschuld, sondern vielmehr um die Haftung aufgrund einer unerlaubten Handlung.

3.3.3.5   Die Stellung von Ex 22,15f

Obwohl sie mit וכי mit den vorangehenden Bestimmungen verbunden sind, finden sich in Ex 22,15f die signifikanten Stichworte ישלם und רעהו nicht.

Thematisch gesehen scheint diese Bestimmung zum Familienrecht zu gehören. Hier wird aber nur ein Fall, und zwar der Fall der Verführung der unverlobten Jungfrau behandelt, so daß dieser Paragraph nicht unter den Titel "Familien"-Recht gerechnet werden kann[197]. Andererseits aber läßt er sich auch nicht als eine Bestimmung für den Fall der Verletzung der körperlichen Integrität bezeichnen[198], denn die hier behandelte Tat setzt keine Gewalttätigkeit voraus. Vielmehr einigen sich meistens der verführende Mann und die Jungfrau. Dem Duktus des Textes nach ist das Opfer (der Geschädigte) nicht die verführte Jungfrau, sondern ihr Vater. Wir können diesen Paragraph weder als Familienrecht noch als Bestimmung über die Körperverletzung gegen die Jungfrau, sondern müssen ihn als eine Schutzbestimmung des Besitzrechts des Vaters auffassen. Thematisiert ist hier wahrscheinlich das

---

196 Daß שכיר (V.14b) einen Lohnarbeiter bezeichne (M.Noth, aaO, S.138, H.Cazelles, aaO, S.73, D.Daube, aaO, S.16, E.Otto, aaO, S.19), trifft nicht zu (vgl. B.S.Childs, aaO, S.449.476, U.Cassuto, aaO, S.288). Wenn Ex 22,6-14a der Art des Depositums gemäß oder nach dem Unterschied zwischen Verwahrung und Leihe den Umfang der Sorgfaltspflicht bestimmen, dann kann V.14b als Abgrenzung zwischen der Leihe ohne und der mit Gegenleistung verstanden werden.

197 A.Alt, aaO, S.286, nimmt an, daß das Rechtskorpus wie ein Torso abbreche. Vgl. J.Halbe, aaO, S.416. Jedenfalls fehlt hier der als "Familienrecht" zu bezeichnende Umfang des Themas.

198 V.Wagner, aaO, S.176, J.Halbe, ebd.

"Eigentumsdelikt" gegen den Vater einer Jungfrau. Dieses Verständnis wird in der Diskussion zur Funktion der משפטים begründet werden[199].

3.3.4   Das Problem von Ex 22,17-19

Im Hinblick auf die Beziehung zwischen dem Adressaten und der betreffenden Person gehören die Bestimmungen Ex 22,17-19 nicht zum Weisungsteil, sondern zum Mischpatimteil[200]. Sie scheinen Ex 21,12-17 zu entsprechen, aber nur im Hinblick darauf, daß sie eine "Todesrechts"-reihe bilden[201]. Stilistisch gesehen stellt Ex 22,17 eine Variante des Prohibitivs und Ex 22,18 eine Variante des Partizipialsatzes dar. Ex 22,19 bietet einen Partizipialsatz, aber keinen יומת מות-Satz[202]. Mit der Struktur des Weisungsteils, und zwar mit der Rahmenstruktur von Ex 22,20/23,9 zusammen gesehen, scheinen Ex 21,12-17 und Ex 22,17-19 zwar eine Rahmung zu bilden, ohne den Weisungsteil kann man diese Rahmenstruktur jedoch nicht für eindeutig halten.

Die Bestimmungen in Ex 22,17-19 werden ohne Konjunktion nebeneinandergestellt und scheinen also eine Sammlung von verschiedenen Bestimmungen zu sein. Sie bilden aber thematisch gesehen einen einheitlichen Abschnitt.

Die Stellung dieses Paragraphs werden wir in der Diskussion zur Funktion der משפטים untersuchen[203].

3.3.5   Die gesamte Struktur des Mischpatimteils

Von der bisherigen Diskussion her läßt sich der Mischpatimteil - abgesehen von den ungelösten Problemen von Ex 22,15f.17-19 - in vier Themenbereiche einteilen: (1) Das Sklavenrecht (Ex 21,2-11), (2) die Bestimmungen über die Tötung (Ex 21,12-36*), (3) die Bestimmungen über die Eigentumsdelikte (Ex 21,37 - 22,16) und (4) die religiösen Bestimmungen (Ex 22,17-19). Alle Abschnitte werden mit כי (Ex 21,2.37) oder mit einem Partizip ohne Konjunktion (Ex 21,12; 22,17) eingeleitet. Die Paragraphen in den beiden ersten Abschnitten (Ex 21,2-11.12-36) beginnen immer mit וכי oder mit einem Partizip mit Konjunktion. In den beiden letzten Abschnitten (Ex 21,37 - 22,16.17-19) fangen die Paragraphen oft mit כי oder mit einem Partizip

---

[199]   S.u. 3. 4. 1.

[200]   S.o. 1. 2. 2.

[201]   J.Halbe, aaO, S.414f. Die Definition des "Todesrechts" bzw. יומת מות-Satzes aber ist strittig. V.Wagner, Rechtssätze, S.16ff, schließt Ex 22,17.19 von den יומת מות-Sätzen aus und hält die מות יומת-Reihe für "eine Sammlung von Kapitaldelikten für die innergentale Gerichtsbarkeit innerhalb des nomadischen Rechts" (aaO, S.30). Dagegen schließt H.Schulz auch Ex 22,17.19 in das "Todesrecht" ein (Rekonstruktion der יומת מות-Satzform!: ders, Todesrecht, S.58ff bes. S.78f) und versteht יומת מות als eine "Deklaration der Todesverfallenheit" (aaO, S.76f).

[202]   Die Rekonstruktion des יומת מות-Satzes aus Ex 22,19 (A.Alt, aaO, S.311) oder auch Ex 22,17 (H.Schulz, aaO, S.78f) ist gar nicht begründet.

[203]   S.u. 3. 4. 2.

ohne Konjunktion an. Ex 22,4.5 enthalten כי. Trotz ihrer sachlichen Beziehung zum Kontext entfernen sie sich von der Hauptlinie von Ex 21,37 - 22,8, damit der thematische Zusammenhang "doppelter Ersatz" in Ex 21,37 - 22,8 verdeutlicht wird. Man kann zwar sagen, daß Ex 22,6 mit כי einen neuen Absatz darstellt, Ex 22,6-14(16) sind jedoch mit dem Themenbereich von Ex 21,37 - 22,8(+11) stark verbunden, so daß wir Ex 21,37 - 22,16 als einen einzigen Abschnitt betrachten, in dessen Mitte die prinzipielle Bestimmung Ex 22,8 steht. כי in Ex 22,6.9 verdeutlicht die Stellung von V.8 als Mitte. Der unregelmäßige Gebrauch von כי in Ex 22,4f und Ex 22,6.9 kann somit als Gliederungsinstrument erklärt werden. Zwei Themenbereiche "Leben" (Ex 21,12-36) und "Eigentum" (Ex 21,37 - 22,16) greifen in Ex 21,33-36; 22,1-2a ineinander. Ein ähnliches Ineinandergreifen der Themen findet sich auch in Ex 22,6-8.11. Obwohl eine Bestimmung bez. des Sklaven auch in Ex 21,20f.32 vorkommt, gibt es zwischen dem Sklavenrecht und den Bestimmungen über die Tötung kein mit Ex 21,33-36; 22,1-2a vergleichbares Ineinandergreifen der Themen:

"Sklaven" Ex 21,2	"Leben"	"Eigentum"		"Religion"
11				
	Ex 21,12			
		Ex 21,33		
36	36	"Diebstahl"	"Verwahrung"	
Ex 22,1-2a	Ex 21,37	Ex 21,37	רעהו	
				Ex 22,6
		Ex 22,8		
		Ex 22,11		
				14
	Ex 22,16			
				Ex 22,17
				19

Jeder Themenbereich enthält (eine) prinzipielle Bestimmung(en): Ex 21,2 und 7 (die mit כי eingeleiteten Hauptbestimmungen) für das Sklavenrecht, Ex 21,12 (der Partizipialsatz) und Ex 21,23 (נפש תחת נפש mit der Anrede in der 2.Pers.Sg.) für die Bestimmungen über die Tötung und Ex 22,8 (die Stellung als Mitte und die Formulierung umfassenden Inhaltes על כל דבר) für die Bestimmungen über die Eigentumsdelikte. Für die religiösen Bestimmungen könnte Ex 22,19 das Prinzip darstellen. Dies kann zwar nicht von der Struktur des Abschnittes her analog zu den anderen prinzipiellen Bestimmungen gezeigt werden, aber dieser Vers stellt in der heutigen Gestalt des Bundesbuches als Schlußsatz der dreigliedrigen Struktur von Ex 21,(1)2 - 22,19 eine prinzipielle Bestimmung dar.

3.4   *Die Funktion der* מֹשׁפֹטִים *und ihr institutioneller Ort*

Wenn die Bestimmungen im Mischpatimteil, wie oben gesehen, planvoll angeordnet sind, müssen wir weiter die Gliederungsprinzipien des Mischpatimteils untersuchen und fragen, welche Themen hier behandelt werden, damit die Funktion der
Bestimmungen dieses Teils (מֹשׁפֹטִים) und die Institution, in der die מֹשׁפֹטִים fungierten, erklärt werden können.

3.4.1   *Die Charakterzüge der* מֹשׁפֹטִים*-Bestimmungen*

Im Vergleich mit dem altorientalischen Gerichtsverfahren kommt G.Liedke zu
dem Schluß, daß der kasuistische Rechtssatz aus der Urteilsformulierung eines
konkreten Verfahrens der Schiedsgerichtsbarkeit im Torgericht stamme[204]. Das
Urteil (nämlich der Nachsatz des kasuistischen Rechts) würde dabei nicht vom
Gericht, sondern von der obsiegenden Partei vollstreckt, hätte also nur die Funktion
des Urteilsvorschlags[205].
Zwar gibt es im AT keinen Beleg, der direkt beweist, daß das Urteil des Torge-
richts ein Urteilsvorschlag war, G.Liedke begründet aber seine Vermutung durch
den inhaltlichen Charakter der Verben im Nachsatz des kasuistischen Rechts[206]. Bei
den Geldstrafen zeigen die Verben שׁלם pi, עֹנֹשׁ und נֹתן, daß das Lösegeld oder das
Ersatzgeld nicht an das Gericht, sondern an die obsiegende Partei bezahlt wird. Das
Gericht überwache nur die Bezahlung. Das Wort בֹפֹלֹיֹם in Ex 21,22 weise auf eine
solche Überwachung hin. Die Unterfälle in Ex 22,16 und 21,30 beträfen den Fall, daß
eine Partei den ersten Urteilsvorschlag des Gerichts (Ex 22,15; 21,29) nicht annimmt.
Bei den Todesstrafen andererseits bedeuteten die Verben נֹקֹם und מֹות keine Steinigung, die durch die Gemeinde vollstreckt werden soll, sondern Blutrache[207].
Der Nachsatz des kasuistischen Rechts sei das Zitat dieses Urteils, das als Präzedenzfall festgehalten werde. Die Erzählung des Falls abstrahiere von den individuel-
len Elementen, z.B. vom Namen der Handelnden, der Zeit, usw. und werde zum
"Vordersatz" gestaltet. "Die Präzedenzfälle und -urteile zeigten nach einigem Gebrauch die Tendenz zu abstrakter Formulierung, da ja nur der Fall und die Entscheidung als solche, (...) wichtig waren. Die so entstandenen kasuistischen Rechtssätze

---

[204]   G.Liedke, aaO, S.39ff.
[205]   Zusammenfassend, G.Liedke, aaO, S.52.
[206]   G.Liedke, aaO, S.42ff.
[207]   Das *Wort* מֹות bezeichnet an sich nicht die Blutrache. Zu beachten ist aber, warum in Ex 21,12.15-
17.29 eine so allgemeine Bezeichnung wie מֹות gebraucht wird. Ex 21,15-17 zeigen sich aufgrund
dieser allgemeinen Bezeichnung als Prinzipien. In Ex 21,29 ist wahrscheinlich gemeint, daß in
diesem Fall *auch* der Tierbesitzer getötet werden soll. Diese Bestimmung hat kein Interesse
daran, in welcher Weise der Tierbesitzer getötet werden soll.

sind also ihrer Herkunft nach nicht gesetztes Recht; ihre Autorität beruht auf Herkommen und Sitte; sie sind Gewohnheitsrecht"[208].

Diese Erwägungen G.Liedkes über die Herkunft und Funktion der משפטים aber berücksichtigen die Systematik der gesamten משפטים nicht. Auch die Formulierung der Einzelbestimmung ist nach G.Liedke von dem Urteil für den zufällig entstandenen Fall abhängig. Auf die Frage, warum die Bestimmungen so formuliert worden sind, und warum (nur) diese Bestimmungen gesammelt wurden, antwortet G.Liedke, daß sich solche Fälle eben (häufig) ergeben hätten[209]. Selbst V.Wagner, der hinter Ex 21,2 - 22,16 einen Kodifikationsakt annimmt[210], erklärt nicht, warum im Kodex (nur) diese Themenbereiche berücksichtigt worden sind.

E.Otto versucht, die Funktion der Einzelbestimmung in der Rechtssammlung zu bestimmen. Z.B. sei die Redaktion von Ex 21,18-32 "an der Abgrenzung von Rechtsfällen orientiert"[211]. Es hat den Anschein, als ob E.Otto die Struktur "Fall und Gegenfall" und "Prinzip und Sonderfälle", ebenso wie wir sie oben herausgearbeitet haben, entwickelt, wenn er auf die Funktion der Rechtssätze bez. der Abgrenzung der Rechtsfälle zwischen Ex 21,12 und Ex 21,18-32, V.18f.22f und V.20f, V.18f und V.22f aufmerksam macht[212]. Er denkt aber, daß diese voneinander abzugrenzenden Fallbestimmungen nach dem "Regelbedarf"[213] oder nach der Entwicklung des Rechtsdenkens[214] allmählich ergänzt worden sind. Die Systematik der משפטים würde also nach E.Otto in die durch den Bedarf der sozialen sowie rechtsgeschichtlichen Situation angestoßene Redaktionsgeschichte aufgelöst. Die Systematik der משפטים ist aber u.E. kein Ergebnis der nach Bedarf - insofern zufällig - entwickelten Redaktion, sondern das Ergebnis einer von vornherein überlegten Kodifizierung.

Auffällig ist aber zunächst, daß die Bestimmungen der Geldstrafe oder des Ersatzes in Ex 21,18-32 - in diesen Fällen ist die Herstellung des ursprünglichen Zustandes der Geschädigten unmöglich - nicht das von Präzedenzurteilen zu erwartende Strafmaß oder die Höhe des Ersatzbetrags beinhalten. G.Liedke vermutet, daß die Höhe des Betrags "zwischen den Parteien ausgehandelt" worden sei[215]. Das gilt aber nur für die Bestimmungen in Ex 21,33 - 22,14, weil der Ersatz in diesen Fällen im wesentlichen in der Wiederherstellung besteht und der Preis des Beschädigten also "zwischen den Parteien ausgehandelt" werden kann. Wenn der kasuistische Rechtssatz aber als Streitbeendigungsvorschlag für den Fall fungiert, daß der Wert des Beschädigten nicht klar ist, wäre eher zu erwarten, daß eine Rechtsfolgebestimmung einen Vorschlag zur Höhe des Betrags oder des Strafmaßes enthielte, obwohl eine Partei den Vorschlag ablehnen kann. Sonst kann das Gesetz seine Funktion als Präzedenz-

---

[208] G.Liedke, aaO, S.56. Wesentlich gleicher Meinung sind A.Rofe, Family and Sex Laws, S.19-22, R.Westbrook, Law Codes, S.258ff.
[209] So zwar nicht explizit, aber der Sache nach G.Liedke, ebd.
[210] V.Wagner, Systematik, S.181f.
[211] E.Otto, Rechtssystematik, S.188.
[212] E.Otto, aaO, S.188-190.
[213] E.Otto, aaO, S.190.
[214] Ebd. Vgl. auch ders, Begründungen, S.61ff und passim, ders, Aspekte, S.139.
[215] G.Liedke, aaO, S.52.

urteil nicht erfüllen. Daß diese Erwartung nicht unbegründet ist, zeigt auch der Vergleich mit anderen altorientalischen Rechtssätzen[216].

Ex 21,18f scheint den vollen Ersatz für die Schäden, die durch den Angriff entstehen, zu fordern. Die Schadenshöhe muß also jeweils festgesetzt werden, ungeachtet der Schwierigkeit, sie im Einzelfall genau zu berechnen. Wenn das Gericht im Präzedenzfall ein Urteil vorschlägt, muß es Beispiele für das Maß und die Höhe des Ersatzes geben. HG §10 bestimmt wie folgt: "Wenn jemand einen Menschen beschädigt und ihn krank macht, dann pflegt er ihn. An seiner Stelle aber gibt er einen Menschen, und der arbeitet in seinem Haus, bis er gesund wird. Sobald er aber gesund wird, gibt er ihm 6 Scheqel Silber, und er allein gibt den Lohn für den Arzt"[217]. Der Inhalt des Ersatzes ist klar. Demgegenüber bestimmt Ex 21,19, daß nur "seine Untätigkeit" zu bezahlen sei. Anhand welcher Kriterien aber hat man die Höhe des finanziellen Ausgleichs für "seine Untätigkeit" ermittelt? HG gibt dazu Ersatzmaße für einige bestimmte Körperverletzungen (§7-9 und 11-16. Vgl. auch KE §42-47) an. Ex 21,19, KH §206 und HG §10 bestimmen jeweils die Bezahlung der medizinischen Unkosten. Interessant ist ferner, daß KH §215 die Höhe der ärztlichen Behandlungskosten festlegt[218].

Ex 21,22 bestimmt nicht die Höhe der Geldstrafe für den die Fehlgeburt verursachenden Schlag gegen die schwangere Frau, sondern sagt: dem Täter soll eine Geldbuße auferlegt werden, "so wie der Eheherr der Frau sie ihm auferlegt". Alle parallelen Bestimmungen im Alten Orient beinhalten die der sozialen Klasse der schwangeren Frau oder die dem Wachstum des Embryos entsprechende Höhe des Betrags (KH §209.211.213; MAR §A21.A51; HG §17.18; Sumer.Gesetz YBC 2177 §1.2).

Bei der Sühnezahlung in Ex 21,30 ist nicht die Höhe des Betrags angegeben. Es gibt im Alten Orient keine Parallele, die im Hinblick auf ein stoßendes Rind dem Besitzer die Todesstrafe auferlegt. Für Mord überlassen MAR. §A10 und §B2 der obsiegenden Partei die Wahl zwischen der Todesstrafe und der Sühnezahlung. Als "Lösegeld" kommt dabei der gesamte Besitz (§A10) oder das Erbteil (§B2) des Verurteilten in Frage. Ex 21,30 nun fordert vom Besitzer des Rindes weder seinen gesamten Besitz noch sein gesamtes Erbteil. Wieviel Geld also soll er bezahlen?[219]

Wenn man diesen inhaltlichen Befund von Ex 21,18-32 mit der Parallelstellung zwischen dem Haftbar-Sein und dem Nicht-Haftbar-Sein für Totschlag (Ex 21,12ff. 18f.20-21.22-23.28-29; 22,1-2a)[220] in Beziehung setzt, kann man den Charakter der משפטים erkennen. Die משפטים von Ex 21,12-32 inklusive 22,1-2a scheinen kein Interesse daran zu haben, in einzelnen Fällen das der Handlung entsprechende Strafmaß zu bestimmen. Sie scheinen nur unterscheiden zu wollen, ob der Täter zum Tod zu

---

[216]   Vgl. ANET, S.159ff.523ff, TUAT I, S.17ff. Zum Charakter der altorientalischen Rechtssätze siehe kürzlich R.Westbrook, aaO, S.253ff.
[217]   Übersetzung aus TUAT I, S.99.
[218]   Eine Par. von HG §10 (Par. §IX) lautet: "Sobald er aber gesund wird, gibt er ihm 10 Scheqel Silber und gibt als Lohn für den Arzt 3 Scheqel Silber. Wenn (es) aber ein Sklave (ist), gibt er 2 Scheqel Silber" (TUAT I, ebd).
[219]   Zur Bedeutung der Unterfälle Ex 21,30-32: s.u. Anm.221.
[220]   S.o. 3. 3. 2. 4, 3. 3. 5.

verurteilen ist (Ex 21,12-17.20.23.29; 22,2a) oder straffrei bleiben darf (Ex 21,18f.21.
22.28; 22,1). Innerhalb dieser Unterscheidung ist festgelegt, daß der Täter Ersatz
leisten soll, wenn er trotz seines Angriffs auf das Leben eines anderen nicht zur
Todesstrafe verurteilt wird: Ex 21,19.(21).22[221]. Die משפטים bestimmen dabei nur,
ob eine Haftpflicht vorliegt, und überlassen die Entscheidung der Höhe des Betrags
dem nachfolgenden Gerichtsverfahren. Die משפטים von Ex 21,12-32 (und 22,1-2a)
sind keine Urteilsvorschläge, wenn sie auch ihre Herkunft darin haben mögen,
sondern stellen eine prinzipielle Fallunterscheidung von Tötungsdelikten dar.

Ex 21,34 bestimmt eine "Geld"entschädigung und fordert wahrscheinlich den vollen
Ersatz. Nach Ex 21,35 sollen die beiden Parteien die Last halbieren. Die Bestim-
mungen Ex 21,36 - 22,13 postulieren den Ersatz mit Naturalien oder die Wiederher-
stellung des ursprünglichen Zustandes bzw. den vollen Ersatz des Sachschadens.
Nach Ex 22,14 ist der Mietpreis des Rindes als Ersatz anzuwenden. Die Höhe des
Betrags ist also in Ex 21,33 - 22,14 ziemlich klar.

Wir können aber auch in diesen Paragraphen die Charakterzüge der משפטים
finden. Wir stellen fest, daß in den Bestimmungen von Ex 21,33 - 22,14 der Teilschaden oder die Körperverletzung des Tieres nie zur Sprache kommen. In dieser
Hinsicht sind z.B. Ex 22,13.14 auffällig. Im Hinblick auf diese Formulierungen ist zu
vermuten, daß die Verletzung eines ausgeliehenen Tieres gegenüber dessen Tod das
häufigere Problem war. Das zeigen die altorientalischen Parallelen (KH §245-249,
KL §34-37. Es handelt sich aber in KH und KL um die Miete des Tieres). In Ex
22,13.14 aber wird nur der Tod des Tieres und der Verlust seines Nutzwertes behan-

---

221 Dem Abschnitt Ex 21,12-36 (auch Ex 22,1-2a) ist u.E. nichts darüber zu entnehmen, ob das israelitische Recht prinzipiell die finanzielle Lösung für die Tötung eines Menschen verbietet
(M.Greenberg, Some Postulates, S.13-18, ders, More Reflections, S.9ff, S.M.Paul, aaO, S.39.81f).
Die משפטים-Bestimmungen haben an dieser Frage überhaupt kein Interesse, es scheint
gerade vorauszusetzen, daß der zu bestrafende Täter statt der Todesstrafe ein כפר bezahlen darf.
Das כפר (Lösegeld) ist in den משפטים nur einmal in Ex 21,30 thematisiert. Nach M.Greenberg
wäre in dieser Bestimmung berücksichtigt, daß die Schuld des Tierbesitzers leichter als die bei
Totschlag sei (Some Postulates, S.13, More Reflections, S.9f. Vgl. S.M.Paul, aaO, S.81f, auch
E.Otto, Begründungen, S.25f.29). Daß diese Bestimmung einen Ausnahmefall darstelle, spreche
dafür, daß das israelitische Recht im Prinzip die Bezahlung des כפר verbiete (M.Greenberg, ebd,
S.M.Paul, ebd). Wenn es aber so wäre, stellten der Nachsatz (V.30bα) und der Vordersatz (V.30a),
wie B.S.Jackson in dieser Hinsicht mit Recht M.Greenberg kritisiert (Reflections, S.43f), eine
Tautologie dar: "Falls ihm ein Lösegeld auferlegt wird, soll er 'die Auslösung' seines Lebens (oder:
'sie als Auslösung ...') geben". Gemeint ist in dieser Bestimmung sicher nicht, daß nur in diesem
Fall (V.29) eine finanzielle Lösung zugelassen worden wäre, sondern daß das Lösegeld - die
Möglichkeit von dessen Bezahlung ist bereits im Vordersatz vorausgesetzt - kein Ersatz des
getöteten Menschen, sondern der Lebenspreis des Tierbesitzers werden soll (zum Inhalt des כפר ist
S.M.Paul, aaO, S.82 derselben Meinung). Der Tierbesitzer könnte angesichts seiner scheinbar
leichteren Schuld erwarten, daß in diesem Fall der Betrag des כפר niedriger sei. V.30 schließt
diese Erwartung aus. Wenn es sich bei dem Opfer um ein Kind handelt, soll genauso "mit ihm"
(V.31b = "dem Tierbesitzer"!) verfahren werden, es soll ihm nämlich kein Ersatz für das Kind,
sondern der Preis des Lebens für ihn selbst auferlegt werden. Nur wenn das Opfer ein Sklave ist,
ist der Ersatz für den Sklaven an dessen Eigentümer zu zahlen (V.32). Diese Bestimmungen
setzen also voraus, daß die Todesstrafe im allgemeinen durch finanzielle Leistungen abgelöst
werden durfte (Y.Osumi, aaO, S.77).

delt[222]. Ex 21,(33) 37 - 22,14 behandeln nur das gestorbene oder gerissene oder verlorene oder gestohlene oder schwer geschädigte Tier, das gestohlene oder verlorene Gut und das abgeweidete oder verbrannte Feld. Es geht um nichts anderes als den Verlust der einzelnen Güter. Die משפטים entscheiden, wem in der Gemeinschaft der Verlust zur Last fällt. Ex 21,37 - 22,8 (und auch V.11) behandeln den Raub des Besitzes. Dem Räuber wird dabei im allgemeinen doppelter Ersatz auferlegt (Ex 22,3.6.8). In Ex 22,6-14 handelt es sich um Haftung aufgrund der Nachbarschaft (Stichwort רעהו). In der Mitte der beiden Zusammenhänge steht Ex 22,8, das auf die göttliche Entscheidung verweist, um urteilen zu können, wer schuldig ist.

Die thematische Begrenztheit des Mischpatimteils ist daher unverkennbar. In Ex 21,12-32 (36) wird nicht das Problem der körperlichen Integrität im allgemeinen thematisiert, sondern nur das Problem der Tötung. In Ex 21,(33) 37 - 22,14 geht es um den Verlust des Besitzes. Der Verfasser interessiert sich nicht für das dem Teil- und dem Einzelschaden entsprechende Ersatzmaß. Ferner sind nicht thematisiert z.B. die Pacht bzw. die Leihe von Getreide[223] oder die Haftung für Sachbeschädigung oder Körperverletzung durch mangelhaften Hausbau[224], was wohl häufiger Gegenstand von Auseinandersetzungen war[225]. Zudem fehlt nicht nur das Familienrecht, sondern auch das Erbrecht in den משפטים[226]. Es ist daher kaum wahrscheinlich, daß das Familienrecht, als ein ursprünglicher Bestandteil, später verloren gegangen wäre[227], sondern viel eher, daß es überhaupt nie dazugehörte.

In dieser thematischen Begrenztheit sind auch Ex 22,15f zu verstehen. Hier liegt nicht die Absicht vor, das Problem der unverlobten Jungfrau aus der familien-/ eherechtlichen Perspektive zu behandeln. Geschützt wird hier in erster Linie nicht die Ordnung der Ehe, sondern die Erwartung des Vaters auf den Brautpreis seiner Tochter. Der Hauptpunkt der Rechtsfolgebestimmung ist die Bezahlung des Brautpreises. In Dtn 22,28f wird dasselbe Problem demgegenüber eherechtlich behandelt. Die dem Verführer aufzuerlegenden 50 Scheqel Silber sind hier nicht als Brautpreis, sondern als Geldstrafe zu betrachten, weil Dtn 22,22-29 die Ordnung der Ehe mit der Strafe für den gegen die Ordnung Verstoßenden aufrechtzuerhalten versuchen[228]. Die Handlung des Verführers wird für ein Verbrechen gegen die Ordnung

---

[222] Zur Deutung von שבר s.o. Anm.172. Auffällig ist ferner, daß hier die Höhe der Miete nicht berücksichtigt wird, vgl. KE §3f; KH §242(f).268ff; HG §151ff.

[223] Vgl. KE §19f; KH §42ff.

[224] Vgl. KH §229ff. Vgl. auch KE §58, Dtn 22,8.

[225] Auch im Sklavenrecht ist diese thematische Einschränkung zu bemerken: z.B. fehlen hier die Bestimmung bez. des geflohenen Sklaven (KL §12-14; KE §50-52; KH §15ff; HG §22-24; auch Dtn 23,16f) oder das Erbrecht für den Sohn der Sklavin (KL §25ff; KH §170ff). Das Sklavenrecht aber werden wir in 4. 1. 1 untersuchen.

[226] Vgl. KL §20ff; (KE §59); KH §165ff; MAR §A25ff; Dtn 21,15-17; Num 27,8-11.

[227] So z.B. A.Alt, aaO, S.286.

[228] Die meisten Kommentatoren halten diese 50 Scheqel Silber für den Brautpreis; G.von Rad, ATD 8, S.102, H.Holzinger, aaO, S.91, G.Beer, aaO, S.115, H.J.Boecker, aaO, S.95, E.Lipiński, ThWAT IV, Sp.720. A.Dillmann, aaO, S.238, erkennt den Unterschied zwischen den Fällen von Ex 22,15f und Dtn 22,28f, betrachtet jedoch die 50 Scheqel Silber als "Kaufpreis". Vergleicht man aber damit die finanzielle "Bewertung" der Menschen in Lev 27,1-8 (eine Frau von 20-60 Jahren 30 Scheqel,

gehalten (vgl. den Begründungssatz von Dtn 22,29). In Ex 22,15f dagegen wird die Handlung als ein Eigentumsdelikt betrachtet. Dem Täter wird "nur" der Brautpreis als Ersatz auferlegt. In dieser Hinsicht ist die Verknüpfung dieser Bestimmung mit dem vorangehenden Abschnitt durch וכי verständlich. Andere eherechtliche Probleme, z.b. die Verführung der Ehefrau oder der verlobten Jungfrau sind keine Fälle des Verlustes von Vermögen, dementsprechend ist davon also hier nicht die Rede[229]. Daher sind die Bestimmungen von Ex 21,37 - 22,16 als ein einheitlicher Abschnitt zu betrachten. Die Regel für die Einteilung der Abschnitte und der Paragraphen durch כי und וכי gilt auch hier. In Ex 22,4.5.6.9 wird das unregelmäßig scheinende כי durchaus planvoll verwendet, und in Ex 22,15 wird das וכי der Regel entsprechend gebraucht, um Ex 22,15f als Unterteil des in Ex 21,37 beginnenden Abschnittes einzuführen.

3.4.2   Die Funktion der משפטים und ihr institutioneller Ort

Warum wurde das Thema der משפטים so begrenzt? Es ist deutlich, daß die משפטים keine zufällige Häufung von Präzedenzfällen in der Torgerichtsbarkeit beinhalten[230]. Sie sind weder eine Sammlung aller Präzedenzfälle noch die von Präzedenzurteilen häufig entstandener Rechtsfälle, sondern in diesem Charakter der משפטים wirkt sich sehr klar eine bestimmte Intention des Gesetzgebers aus. Welcher Institution sind die משפטים zuzuordnen?

F.Crüsemann hat kürzlich eine neue These über den historischen und institutionellen Ort der משפטים aufgestellt. Weil er den Sklavenschutz für einen inhaltlichen Schwerpunkt der משפטים hält (Ex 21,2-11.20f.26f), vermutet er, daß die משפטים aus der Königszeit stammen. Denn erst in der Königszeit sei die Sklaverei als ein soziales Problem zu erkennen[231]. Die משפטים setzten eine entwickelte Geldwirtschaft voraus (כסף Ex 21,11.21.32.34.35; 22,6.16)[232]. Zudem zeige "die enge Verwandtschaft mit den altorientalischen Gesetzen", die "dem Königshof mit seinen Schreiber- und Juristenschulen" entstammten, daß "ein solches Milieu" "erst seit der Staatenbildung" denkbar ist[233]. F.Crüsemann vermutet sodann als institutionellen Ort "das Obergericht, das nach 2.Chron. xix 8ff. von König Josafat (868-851 v.Chr.) in Jerusalem eingerichtet wurde"[234]. Es sei nach IIChr 19,10 die Aufgabe des Obergerichts, Normen zu finden und zu belehren (זהר hiph), und zwar für die Fälle בין דם לדם einer-

von 5-20 Jahren 10 Scheqel), stellten die 50 Scheqel Silber eine nicht als Kaufpreis zu erklärende Höhe des Preises dar, obwohl der Scheqel des Heiligtums wertvoller als der normale Scheqel war (H.Weippert, BRL², S.94, A.Strobel, BHH II, Sp.1167). Zur Bedeutung der Preiswerte in Lev 27,1-8: K.Elliger, HAT I/4, S.386, G.J.Wenham, Price of Slaves, S.264f.

229   Vgl. H.J.Boecker, aaO, S.94.120. S.o. Einleitung, die Kritik an der These H.J.Boeckers.
230   Gegen G.Liedke, aaO, S.56.
231   F.Crüsemann, Bundesbuch, S.30-32.
232   F.Crüsemann, aaO, S.32.
233   F.Crüsemann, aaO, S.32f.
234   F.Crüsemann, aaO, S.36.

seits, בין תורה למצוה לחקים ולמשפטי andererseits. "Das erste meint entweder alle Tötungsdelikte oder alle Todesrechtsfälle, das zweite verstehe ich als Fälle von 'Normenkollision', also Präzedenzfälle, die mit den Normen des bisherigen Rechts nicht oder nicht eindeutig zu lösen waren"[235]. Es sei höchst wahrscheinlich, daß die משפטים als eine Präzedenziensammlung für diese Aufgabe des Obergerichts dienten. Die מות יומת-Sätze in Ex 21,12-17 böten die Präzedenzien für die Fälle בין דם לדם. "Nach 2.Chron. xix 11 sind die Aufgaben so verteilt, daß der kōhēn hārōʼš, der oberste Priester in Jerusalem für den dᵉbar-yhwh, der nāgīd des Hauses Juda für den dᵉbar-hammäläk zuständig war". דבר המלך beziehe sich auf die Präzedenzfälle, und דבר יהוה entspreche der Urteilsfindung durch Ordal und Eid, wie sie in Ex 22,7ff festgelegt sei[236]. - Soweit die These F.Crüsemanns.

Eine Gegenposition entwickelt H.Niehr in seiner unabhängig von F.Crüsemanns Aufsatz entstandenen Arbeit über die atl. Gerichtsorganisation. In zwei Punkten widerspricht H.Niehr F.Crüsemann. Er denkt einerseits, daß mindestens einige Rechtstraditionen des Bundesbuches noch aus vorstaatlicher Zeit stammen, so daß dieser "Kodex" eine segmentäre Gesellschaft voraussetze und ihre Rechtsinstanz im pater familias habe[237]. Andererseits hält H.Niehr den Bericht von IIChr 19,4-11 für eine Fiktion aus der Zeit der Ptolemäerherrschaft, nämlich der Zeit der politischen Herrschaft des Hohenpriesters[238]. Nach ihm ist IIChr 19 nur im Kontext der chronistischen Josaphat-Überlieferung (IIChr 17-19) zu verstehen. Der Text von IIChr 19,4-11 stelle ein chronistisches Sondergut dar und stehe im Kontext des Topos "Kriegsbericht" (IIChr 20,1-30) oder - wegen des mit IIChr 17,7-9 gemeinsamen Motivs "Volksbelehrung" - im Topos "Volksbelehrung". "Ein Rückschluß auf vom Chronisten verarbeitete alte Quellen ist abzulehnen, da solche in diesem Text nicht nachweisbar sind"[239]. Die höhere Stellung der Priester und Leviten als der Familienoberhäupter in IIChr 19,4-11, die Stellung des Hohenpriesters als oberste Instanz für religiöse Fragen und des Statthalters in Angelegenheiten des Königs und ferner die von der königlichen Bestellung freie Stellung des Hohenpriesters seien dem chronistischen Geschichtswerk eigentümlich[240].

Über Dtn 17,8-13, die als Parallele zu IIChr 19 betrachtet werden, sagt H.Niehr: "Im Kontext der Rechtsentwicklung betrachtet, ist mit Dtn 17,8-13 nur wenig Neues dekretiert, da eine priesterliche Gerichtsbarkeit, die sich derartigen Fällen widmete, schon in vorexilischer Zeit überall im Lande existierte". Das Jerusalemer Gericht sei kein Obergericht gewesen, sondern verhandele nur die nicht in der Torgerichtsbarkeit lösbaren Probleme. "Neu ist hingegen der Aspekt der Zentralisation der priesterlichen Gerichtsbarkeit am Ort des einzig legitimen Tempels in Jerusalem"[241].

---

[235] F.Crüsemann, aaO, S.37.
[236] F.Crüsemann, aaO, S.38f. Zitat auf S.39.
[237] H.Niehr, Rechtsprechung, S.39.
[238] H.Niehr, aaO, S.114f.120-122.
[239] H.Niehr, aaO, S.121. Vgl. P.Welten, Geschichte, S.204.
[240] H.Niehr, aaO, S.115.
[241] H.Niehr, aaO, S.100. Siehe auch C.Schäfer-Lichtenberger, Stadt, S.374 Anm.24.

Zum ersten Punkt, nämlich zur Funktion des Bundesbuches in der segmentären Gesellschaft ist nur zu sagen, daß auch H.Niehr die gesamte Struktur der משפטים nicht berücksichtigt. Dies ist nachher zu diskutieren. Hier ist zunächst die Auswertung des Textes von IIChr 19,4-11 zu befragen.

F.Crüsemann arbeitet in diesem Text nicht in die chronistische Sprache auflösbare Elemente heraus, nämlich Lexeme, die hier singulär sind, z.B. זהר hiph und אשם, "die Trennung von priesterlichen wie profanen Aufgaben in V.10 und die Erwähnung eines nāgīd leᵇet-jᵉhūdā"[242]. Das Thema "Rechtsprechung" sei an sich für die Chronik nicht wichtig und gehöre nicht notwendig in den "Topos"[243]. Die Parallele in IIChr 17,7-9, die H.Niehr als Beweis für die Zugehörigkeit von IIChr 19,4-11 zum Topos "Volksbelehrung" anführt, hält F.Crüsemann für eine *chronistische* Version von IIChr 19,5ff[244]. Ferner sei hier nicht von der תורת יהוה, einem für die Chronik wichtigen Thema, sondern von Konflikten בין תורה למצוה לחקים ולמשפטים die Rede. "Wenn also entscheidende Gründe für eine ältere von der Chron. aufgenommene Tradition sprechen, die freilich sprachlich teilweise chronistisch überformt worden ist, wird man auch an ihrer Zuweisung zu Josafat kaum zweifeln dürfen"[245].

Uns scheint entscheidend, daß IIChr 19,11, wie F.Crüsemann gezeigt hat, eine "Königssache" unabhängig von der den Priestern zu überlassenden JHWHsache erwähnt. Eine "Königssache" aber hat keinen Ort in der ptolemäischen Zeit.

Das Jerusalemer Gericht, das nach IIChr 19 Josaphat gegründet hat, muß allerdings kein "Obergericht" gewesen sein[246]. In IIChr 19,8 erhält das Jerusalemer Gericht den Gerichten der Festungsstädte gegenüber nur eine sekundäre Stellung (וגם בירושלם) und stellt keine höhere Instanz dar, sondern eine Gerichtsbarkeit, die als למשפט יהוה ולריב bezeichnet wird[247]. Das aber paßt nicht zur priesterlichen Herrschaft, wie H.Niehr sie sich vorstellt. Ferner ist der Paralleltext in Dtn 17,8-13 zu beachten. Auch hier handelt es sich um eine inhaltliche Bestimmung der Gerichtsbarkeit des Jerusalemer Gerichts, nicht um eine Qualifizierung als höhere Instanz. Die Aufzählung der Aufgabe dieses Gerichts zeigt eine enge Parallelität zu II Chr 19:

Dtn 17,8   דבר למשפט בין דם לדם בין דין לדין ובין נגע לנגע

IIChr 19,10   וכל ריב ... בין דם לדם בין תורה למצוה לחקים ולמשפטים

בין דין לדין scheint nichts anderes als בין תורה למצוה usw. zu bedeuten. In Dtn 17,8 zeigen die Gebote entsprechend der Kultuszentralisation eine Konzentrierung der gerichtlichen Autorität auf den Jerusalemer Tempel. Daß eine solche Institution, die für den nicht im Ortsgericht zu klärenden Fall ein Urteil fällte bzw. eine Belehrung

---

[242]   F.Crüsemann, aaO, S.36.
[243]   Ebd.
[244]   Ebd.
[245]   F.Crüsemann, aaO, S.37. Weitere Erwägungen bei H.G.M.Williamson, NCeB, S.287-289.
[246]   H.Niehr, aaO, S.100.
[247]   Zur Deutungsschwierigkeit von IIChr 19,8, H.G.M.Williamson, aaO, S.290.

erteilte, schon vor der deuteronomischen Zeit existierte, ist aber kaum zweifel-haft[248].

Wenn es ein solches Gericht gegeben hat, das Tötungsdelikte oder Kapitaldelikte überhaupt und die Fälle von "Normenkollision" behandelte, ist es sehr wahrschein-lich, daß die משפטים als Entscheidungsgrundlage dieses Gerichts fungierten. Wenn sich alle Bestimmungen in Ex 21,12-32; 22,1-2a auf die Probleme des Totschlags bezögen, müßten nicht nur die מות יומת-Sätze (Ex 21,12-17), wie F.Crüsemann denkt, sondern Ex 21,12-32; 22,1-2a als Ganzes den Fällen בין דם לדם zuzuordnen sein. Die Beschränkung des Themas auf die Unterscheidung, in welchem Fall der Täter als Totschläger bestraft werden soll, und in welchem Fall er der Todesstrafe entgeht, ist als Bestimmung des Jerusalemer Gerichts verständlich. Im Hinblick auf altorientali-sche Rechtskorpora könnte das Todesurteil eigentlich zur "Königssache" (דבר המלך) gehören[249]. Die Höhe des Ersatzbetrags - für den Fall, daß der Täter der Todesstrafe entgeht - festzusetzen, ist nicht mehr die Aufgabe des Jerusalemer Gerichts, und ist entsprechend dem Ortsgericht zu überlassen. Auch die Vollstreckung der Todesstra-fe wird der Ortsgemeinde überlassen, wie Dtn 17,10 (ועשית על פי הדבר אשר יגידו לך) und wie die Terminologie von Ex 21,20 zeigt: נקם ינקם[250].

Die Regulierung בין דין לדין usw. oder בין תורה למצוה hat eine ganz umfassende Bedeutung und könnte die Funktion aller Bestimmungen im Mischpatimteil be-zeichnen, paßt aber besonders zu den Bestimmungen in Ex 21,(33) 37 - 22,16, die für den Fall des Verlustes des Eigentums bestimmt, wem der Verlust zur Last fallen soll. Bleibt unklar, wer schuldig ist, soll Gott befragt werden, wie es in der Mitte des Themenbereichs bestimmt ist (Ex 22,7.8.9f). Diese göttliche Entscheidung ist näm-lich דבר יהוה.

In den משפטים fehlen die familienrechtlichen Bestimmungen, nicht weil die Fas-sung der משפטים den pater familias voraussetzt und die Regulierung der familien-

---

[248] G.Ch.Macholz, Justizorganisation, S.334: "Beide Vorschriften Dtn 16,18; 17,8-12 lassen sich m.E. am besten verstehen unter der Voraussetzung, daß sie von dem Gerichtsverfassungs-System ausgehen, welches in Juda seit der Mitte des 9.Jh. in Geltung stand".

[249] Schwierig ist die Erklärung von נגע in Dtn 17,8. Dies als "Körperverletzung" zu verstehen (z.B. L.Schwienhorst, ThWAT V, Sp.226), trifft nicht zu. Auffällig ist, daß diese Bezeichnung nicht direkt nach דם, wie zu erwarten wäre, sofern es hier um Körperverletzung geht, sondern erst nach דין gestellt ist. L.Schwienhort, aaO, Sp.224, listet drei Bedeutungen des Nomens נגע auf: "(1) als allgemeiner Ausdruck einer von Gott geschickten Plage oder Krankheit, (2) als sakral-medizini-scher Fachausdruck einer bestimmten Art von Aussatz an Haut, Stoffen oder Häusern (Lev 13/14; Dtn 24,8) und (3) als rechtlicher Fachausdruck für den Fall der Körperverletzung". Im Hinter-grund der zweiten Bedeutung ist u.E. mit dem Verständnis, daß der Aussatz an Haut usw. (eine) "von Gott geschickte" Krankheit (oder "Schläge") darstellt, zu rechnen (vgl. Dtn 24,9: "JHWH, dein Gott, Mirjam getan hat"). Die Untersuchung dieser Krankheit ist also dem (levitischen) Priester aufgetragen (Lev 13/14, Dtn 24,8). In dieser Hinsicht stellt die Bedeutung (2) nichts anderes als einen Sonderfall der Bedeutung (1) dar. In Dtn 21,1-9 handelt es sich um das Delikt, an dem die Gemeinde schuld ist. Das נגע in V.5 bezieht sich auf den Todesfall durch einen unbekannten Täter und bezeichnet wahrscheinlich einen "Schlag" durch eine göttliche Kraft. Es ist nicht unmöglich, daß auch in Dtn 17,8 נגע einen göttlichen "Schlag" bezeichnet.

[250] Vgl. H.Niehr, aaO, S.100.

rechtlichen Probleme dem pater familias überlassen bleibt[251], sondern weil dies nicht die Aufgabe des Jerusalemer Gerichts ist. Auch die handelsrechtlichen Bestimmungen fehlen im Themenbereich "Verwahrung" nicht deshalb, weil die משפטים aus einer Zeit stammten, als der Handel noch nicht entwickelt war, sondern weil dieses Gericht nur Eigentumsdelikte zu behandeln hatte[252]. Aus dem Fehlen bestimmter Rechtselemente ergibt es sich also keineswegs, daß die משפטים in einer "primitiven" Gesellschaft entstanden sind.

Angesichts des planvollen Aufbaus des Mischpatimteils und der dem Gesamtaufbau entsprechenden Formulierung einzelner Bestimmungen stellen die משפטים keine Anhäufung der Entscheidungen im Jerusalemer Gericht dar, sondern das grundsätzliche Gesetzbuch dieses Gerichts.

Wenn die משפטים im Jerusalemer Gericht als Entscheidungsgrundlage dienten, muß die in Ex 21,1.23; 22,17 mit "du" angeredete Person, die nicht die betreffende Person des Falls, sondern der Träger der Gerichtsbarkeit ist[253], der Richter dieses Gerichts sein. Ex 21,13f, die zwar einen Nachtrag darstellen, reden den Träger der Gerichtsbarkeit mit "du" an und sind deshalb in der Zeit, wo die משפטים noch für das Jerusalemer Gericht galten, eingefügt worden. Ex 21,1 ist eigentlich die Überschrift der Bestimmungen für dieses Gericht. Mit denen, vor denen "du die משפטים aufstellen sollst", sind wahrscheinlich die Richter des Ortsgerichts, die beim Jerusalemer Gericht bzgl. unlösbarer Fälle anfragen, gemeint, oder aber die Israeliten überhaupt.

Es ist darüber hinaus möglich, daß die משפטים dem Richter des Ortsgerichts den Bereich der Zuständigkeit des Jerusalemer Gerichts angeben, wenn sie dem Ortsgericht bekannt sind. Wenn z.B. Ex 21,12-32 entscheiden, in welchem Fall dem Totschläger die Todesstrafe aufzuerlegen ist, weisen sie zugleich darauf hin, welcher Rechtsfall an das Jerusalemer Gericht überwiesen werden soll. Wenn der Rechtsfall nicht vor das Jerusalemer Gericht zu bringen ist, beginnt der Prozeß direkt im Ortsgericht, und das Urteil über die Ersatzleistung wird ausgesprochen. In Ex 21,(33) 37 - 22,16 ist es klar, in welchem Fall die Parteien vor Gott kommen sollen. In sonstigen Fällen - inklusive den Fällen von Ex 21,37; 22,2b-6.11-16 - kann das Ortsgericht selbst den Prozeß eröffnen.

Das Sklavenrecht (Ex 21,2-11) und die religiösen Bestimmungen (Ex 22,17-19) aber scheinen nicht der Aufgabe des Jerusalemer Gerichts zu entsprechen. Ex 22,19 (oder 19b) könnte vielleicht noch als Schlußsatz der dreimal dreigliedrigen Struktur eingefügt worden sein. Das ist aber nicht entscheidend. Ob Ex 22,17-18 (19) ursprünglich ein Bestandteil der משפטים waren, oder ob sie erst sekundär eingefügt worden sind, um mit Ex 21,12-17 eine Rahmung zu bilden, damit ein religiöser Inhalt den משפטים zugefügt wird, kann nicht mit hinreichender Sicherheit festgestellt werden[254]. Die Ausweisung (לא תחיה) der "Hexen" (Ex 22,17) und das Todesurteil (מות

---

[251] Gegen H.J.Boecker, aaO, S.120 und H.Niehr, aaO, S.39f.42ff.
[252] F.Crüsemann, aaO, S.32: Das Bundesbuch spiegele ein entwickeltes Wirtschaftssystem wider.
[253] S.o. 1. 2. 2.
[254] Nur die Anrede "du", die wahrscheinlich den Träger der Gerichtsbarkeit bezeichnet (Ex 22,17), könnte auch auf die Zugehörigkeit zu den משפטים hinweisen.

יומת) über denjenigen, der einem Tier beiwohnt (Ex 22,18), gehören wahrscheinlich als Kapitalverbrechen wie Ex 21,12-17 zur Königssache. Erwägenswert ist weiter, daß die Bestrafung der Unzucht mit Tieren im HG zur Königssache gehört (§187f.199f). Wenn die משפטים als Bestimmungen des Jerusalemer Gerichts, das mit der Königssache beauftragt worden ist, fungierten, könnten also auch Ex 22,17-18 (19) ein Bestandteil der משפטים gewesen sein.

Das Sklavenrecht (Ex 21,2-11) gehört wegen seiner in sich abgeschlossenen Struktur (Anrede in der 2.Pers.Sg. (V.2aα), der Anordnung des Prinzips (V.2.7) und der näheren Bestimmungen (V.3-6.8-11) ohne Ineinandergreifen mit dem nachfolgenden Themenbereich) und wegen seiner Besonderheit als Grundgesetz - ohne wiederherstellendes Rechtsmittel - zu einer anderen Schicht als Ex 21,12 - 22,18*(19).

Zusammenfassend gesagt, stellen Ex 21,1.12.15-17.18-23.28-36; Ex 21,37 - 22,16.17f (19 oder 19a) die Grundschicht des Mischpatimteils dar. Sie fanden im Jerusalemer Gericht Anwendung, das Tötungsdelikte oder Kapitalverbrechen und die Fälle von "Normenkollision" behandelte und mit der JHWHsache und der Königssache beauftragt worden war. Ex 21,13f wurden wahrscheinlich in diesem Gericht eingefügt. Ex 21,2-11 und 24-27, die sich auf die Freilassung der Sklaven beziehen, stellen Nachträge dar. Diese Nachträge sind im nächsten Kapitel zu erörtern.

Exkurs 3   Kritische Fragen an E.Ottos Veröffentlichungen

Unter den zahlreichen neueren Veröffentlichungen E.Ottos, in denen er die redaktionsgeschichtliche Entwicklung der altisraelitischen sowie der altorientalischen Rechtstexte in ihrem rechtshistorischen Kontext zu erklären versucht, konnten wir die drei letzten Aufsätze nicht bis zur Fertigstellung der vorliegenden Dissertation berücksichtigen, nämlich Interdependenzen (1988), Depositenrecht (1988) und Rechtsgeschichte (1989). Angesichts dieser neueren Veröffentlichungen halten wir es dennoch nicht für notwendig, unsere Argumentation zu korrigieren oder zu ergänzen. Uns erscheint vielmehr das Problem seiner Interpretation, das wir schon in dieser Arbeit kritisierten, noch klarer zutage zu treten. Deshalb wollen wir hier zwei weitere kritische Fragen stellen, um die Problematik der Ausführungen E.Ottos aufzuzeigen:

(1) Wir müssen zunächst fragen, was E.Otto mit der Formulierung "Ausdifferenzierung des Sanktionsrechts aus dem reinen Restitutionsrecht" meint.

Zwei Verständnismöglichkeiten sind denkbar: entweder unterstellt E.Otto eine Entwicklung von der Behandlung eines Rechtsfalls ohne Sanktion zu einer Behandlung desselben mit Sanktion oder eine Entwicklung von einem Rechtsdenken überhaupt ohne die Anwendung von Sanktionen zu einem mit einer solchen. Denn einerseits will E.Otto die Entwicklung von Ex 21,2 - 22,26 in einer allgemeinen Entwicklung der Rechtspraxis sehen, nämlich in der Entwicklung vom innergentalen zum intergentalen Recht, in der "Ausdifferenzierung des Sanktionsrechts aus dem reinen

Ersatzleistungsrecht", in der Einführung des sozialen Schutzrechts und in der Systematisierung, Rationalisierung und Theologisierung des Rechts überhaupt[255].
   Näher besehen scheint E.Otto aber andererseits keine Entwicklung der Rechtspraxis bzw. des Rechtsdenkens in einer bestimmten Rechtskultur insgesamt zum Sanktionsrecht hin anzunehmen, sondern nur einfach die Bestimmung mit dem und die
ohne das sanktionsrechtliche Element in einem Themenbereich gegenüberzustellen
und diese für die ältere, jene für die jüngere zu halten. Er betrachtet nämlich z.b. Ex
21,18f als reines Restitutionsrecht, also als älteren Bestandteil der Rechtssammlung
von Ex 21,18-32, weil V.18f zur Körperverletzung nur einen einfachen Ersatz auferlegen, obwohl sich diese Bestimmung von der sanktionsrechtlichen Behandlung der
Körperverletzung - sogar absichtlich! - abgrenzt[256]. Ferner arbeitet E.Otto neben
einer Sanktionsbestimmung für Diebstahl (Ex 22,6) ein reines Restitutionsrecht
(V.7*) heraus[257]. Bei der Rekonstruktion der Entwicklung des Depositenrechts von
KE §36f; KH §122-126 vergleicht er KH §124-126 mit der vermuteten älteren Fassung von KH §125[258] und mit KE §36f im Hinblick auf die An- und Abwesenheit des
Sanktionselements[259]. Die Befreiung des Depositars von der Pflicht bei dem Fall,
daß sein eigenes Gut mit dem Depositum gestohlen wurde (KE §37; die "ältere
Fassung" von KH §125), bedeutet aber u.E. nicht die Befreiung von der reinen
Restitution, sondern von der *Sanktion*, weil es sich hier um "culpa in concreto" han-
delt[260], wobei das Verschulden des Depositars fast eindeutig sanktionsrechtlich verstanden wird.
   Wenn es hier aber nicht um die "Ausdifferenzierung" des Sanktionsrechts aus dem
Restitutionsrecht als Entwicklung des Rechtsdenkens *überhaupt* in einer Rechtskultur, sondern um den einfachen Wandel *einer einzelnen Bestimmung* vom Restitutions-
zum Sanktionsrecht oder um die *jeweilige Ergänzung* des Restitutions- durch das
Sanktionsrecht geht (angesichts der Analyse E.Ottos von Ex 21,18f; 22,6f; KH §122-
126; KE §36f müssen wir dies so annehmen), müssen dann nicht alle Rechtsent-
scheidungen - auch wenn das sanktionsrechtliche Denken schon existiert - *jeweils* die
Entwicklung von der rein restitutions- zur sanktionsrechtlichen Anwendung erfahren? Ist aber eine solche Entwicklungsregel der Rechtsentscheidungen vorstellbar?
   Wenn der Gesetzgeber in einem Rechtsfall - obwohl er das sanktionsrechtliche
Denken schon kennt -, nicht die Sanktion, sondern eine Restitution als Lösung des
Streits wählt, handelt es sich hier nicht um eine *Entwicklung* des Rechtsdenkens bzw.

[255]   Siehe Einl. Anm.69-74.
[256]   S.o. Kap.III Anm.133.
[257]   E.Otto, Begründungen, S.15. Zum Problem der Rekonstruktion E.Ottos von Ex 22,7 s.o. 3. 3. 3. 1.
[258]   Vgl. P.Koschaker, Studien, S.31-33, der für die Redaktionsgeschichte von KH §125 die Begriffs-
        entwicklung des Verschuldens vom konkreten (culpa in concreto) zum abstrakten annimmt.
[259]   E.Otto, Depositenrecht, S.10-16. Um seine Theorie zu bestätigen, zieht E.Otto (aaO. S.12f.15) die
        Meinung P.Koschakers über die Entwicklung von KH §122-126 (P.Koschaker, aaO, S.7ff) heran.
        Es ist aber erstaunlich, daß sich E.Otto nicht mit der Theorie P.Koschakers auseinandersetzt, der
        KH §124 (eindeutig Sanktionsrecht) für eine *ältere* Schicht als §122f (reines Vertragsrecht) hält
        (P.Koschaker, aaO, S.23f: P.Koschakers Argumentation aber konzentriert sich auf das Problem
        des Vertragszeugen bzw. des schriftlichen Vertragsdokuments).
[260]   P.Koschaker, aaO, S.31.

der Rechtspraxis, sondern vielmehr um die jeweilige *politische Entscheidung* des Gesetzgebers.

(2) E.Otto schlägt keine rechtsvergleichende Analyse einzelner Rechtsentscheidungen des altisraelitischen Rechts mit dem altorientalischen Recht, sondern die ihrer Redaktionstechnik sowie -intention vor[261]. Die Redaktion eines Rechtskorpus aber spiegelt seiner Meinung nach die Entwicklung der Rechtspraxis bzw. des Rechtsdenkens wider[262].

Stellt er sich also vor, daß Israel eine ähnliche Rechtsgeschichte (z.B. die "Ausdifferenzierung" des Sanktionsrechts aus dem reinen Restitutionsrecht), wie sie schon das akkadische Reich in der Zeit des KE und KH erfahren hatte, wiederholte, obwohl es von der altorientalischen Rechtskultur deren weit entwickeltes Rechtsdenken bis in zahlreiche konkrete Rechtsentscheidungen hinein übernommen hat?

Obwohl die israelitische Gesellschaft noch in einer wenig entwickelten Phase steckte, als sie der altorientalischen Rechtskultur begegnete, ist es u.E. nicht vorstellbar, daß Israel - insofern es die altorientalische Rechtskultur rezipiert hat - eine ähnliche Rechtsgeschichte, wie sie in der Umwelt schon abgeschlossen war, von der anfänglichen Phase an wiederholte.

---

[261] E.Otto, Rechtssystematik, S.175f und passim in seinen drei neuesten Aufsätzen.
[262] E.Otto, Aspekte, S.139-141 und passim in seinen Aufsätzen.

Kapitel IV

Die Gesamtkomposition der Schicht der 2.P.Sg. Sätze

4.1   Die Zusammenstellung vom Mischpatim- und Weisungsteil

Aus der bisherigen Untersuchung ergibt sich: Die Grundschicht des Weisungsteils ist mit den 2.P.Sg. Sätzen gebildet worden unter Benutzung des kleinen Rechtsbuches von Ex 34,11-26 als Vorlage. Demgegenüber stellt die Grundschicht des Mischpatimteils eine in sich abgeschlossene Struktur dar. Ihr Inhalt entspricht der Aufgabe des Jerusalemer Gerichts (vgl. Dtn 17,8-13; IIChr 19,4-11). Dieser kleine Kodex diente also diesem Gericht als Grundlage der Urteilsfindung.

Wir fragen nun, wie und mit welcher Intention diese beiden Textkomplexe zusammengestellt worden sind. Als Knotenpunkt der beiden Teile ergibt sich das Sklavenrecht (Ex 21,2-11) aufgrund seiner Sonderstellung im Mischpatimteil und seiner Entsprechung zur Brachjahrbestimmung (Ex 23,10f).

4.1.1   Die Beziehung von Ex 21,2-11 zu Ex 23,10-12

Im Hinblick auf die Satzform gehört das Sklavenrecht (Ex 21,2-11) eindeutig zum Mischpatimteil, es hebt sich aber zugleich durch seine einzigartige Struktur und seinen Inhalt vom Kontext der משפטים ab:
(1) Es gibt in den kurzen Funktionsbeschreibungen des Jerusalemer Gerichts (Dtn 17,8; IIChr19,10f) keine Bestimmung, die dem Sklavenrecht entspricht[1].

---

1   S.o. 3. 4. 2. Dort haben wir die Nachträglichkeit des Sklavenrechts gegenüber dem übrigen Teil der משפטים (Ex 21,1.12 - 22,18*(19)) mit anderen Gründen, nämlich Punkt (2) - (5), wahrscheinlich gemacht und damit den Befund, daß das Sklavenrecht nicht der Aufgabe des Jerusalemer Gerichts zu entsprechen scheint, zu deuten versucht. Hier aber ist dieser Punkt schon als einzigartiger Inhalt des Sklavenrechts mit den Punkten (2) - (5) zu verbinden.

(2) Es gibt zwischen dem Sklavenrecht und dem nachfolgenden Recht bez. der Tötung keine Verschränkung, wie sie in Ex 21,33-36; 22,1.2a oder in Ex 22,6-12 erkennbar ist[2].

(3) Das Sklavenrecht stellt eine Art "Grundgesetz" dar, kein wiederherstellendes Recht[3].

(4) Die כי-Reihe von Ex 21,2.7 bietet eine prinzipielle Bestimmung, und die ואם-Reihen bieten nähere Bestimmungen. Die Aussage der כי-Reihe gilt in allen näheren Bestimmungen[4].

(5) Das Sklavenrecht wird mit der Anrede in der 2.Pers.Sg. eingeleitet (V.2aα), die nicht den Träger der Gerichtsbarkeit, sondern die betreffende Person des Rechtsfalls bezeichnet[5].

Schon daraus ergibt sich zweifellos die Nachträglichkeit von Ex 21,2-11 im Kontext der משפטים. Die Entsprechungen in bezug auf den letztgenannten Punkt (5), sowie auf den "Sechs-Sieben-Rhythmus" weisen, wie schon gesagt, auf die Beziehung zwischen dem Sklavenrecht (Ex 21,2-11) und Ex 23,10-12 hin[6].

Bemerkenswert ist ferner die Sklavenbezeichnung im Begründungssatz von Ex 23,12b: (בן אמתך). Diese meint nicht "den einzelnen Sklaven". Denn um diesen zu bezeichnen, wäre der Ausdruck בן עבד zu erwarten[7]. בן אמתך ist wörtlich als "Sohn deiner Sklavin" zu verstehen[8], meint also den Sklaven, der bei dem Sklavenbesitzer von einer Sklavin geboren wird. Diese Wortwahl wird verständlich, wenn man sieht, daß im Begründungssatz für die Sabbattagbestimmung (V.12b) die Menschen und die Tiere, die zum Haushalt des Adressaten dieses Gebots gehören, berücksichtigt werden[9]. Wenn ein Mann sein Feld oder seine Wein-/ Olivenpflanzung brachliegen läßt, können sich die Armen oder die Tiere des Feldes von den Früchten der brachliegenden Wein-/ Olivenpflanzung oder von dem Getreide ernähren, das aus den zurückgebliebenen Samen erwachsen ist (V.11aγδ). Die Sklaven und die Haustiere aber müssen arbeiten, auch wenn das Feld brachliegt[10]. Wenn demgegenüber ein Mann am Sabbattag seine Arbeit unterbricht, können auch die Leute und die

---

2   S.o. 3. 3. 5.
3   S.o. 1. 2. 2.
4   S.o. 3. 3. 1. Nur die Rechtsfolgebestimmung der letzten וכי-Reihe (V.5f.11) bietet inhaltlich gesehen einen Gegensatz zum Prinzip.
5   S.o. 1. 2. 2.
6   S.o. 1. 2. 1, vgl. 1. 2. 2.
7   Das Nomen regens בן oder בני bezeichnet manchmal den einzelnen Angehörigen der mit dem nachfolgenden Nomen rectum bezeichneten sozialen oder ethnischen Gruppen, siehe K-B[3] I, S.132, Ges[18], S.157.
8   So K-B[3], ebd.
9   S.o. 2. 3. 1. 3.
10 Es handelt sich hier nicht um ein für das ganze Land gleichzeitig gültiges Brachjahr alle sieben Jahre: so G.Beer, HAT I/3, S.119; vgl. auch I.Cardellini, "Sklaven"-Gesetze, S.245 Anm.21, O.Loretz, Habiru, S.268f, sondern um die Brache für einzelne Felder: so N.P.Lemche, Manumission, S.42f. Siehe auch unten 4. 2. 1. 2. Natürlich ist die Arbeit der Sklaven ferner nicht auf die Feldarbeit beschränkt.

Tiere in seinem Haus ruhen. Die Armen sind, insofern sie Freie sind, die Adressaten dieses Gebotes.

Die Frage aber bleibt, ob in diesem Zusammenhang der gekaufte Sklave (der frei geborene) nicht berücksichtigt wird. In Ex 23,10-12 wird er es zwar nicht, dafür aber in Ex 21,2-11! Der geborene Sklave gehört von seiner Geburt an zum Eigentum seines Herrn (Ex 21,4), sein Schutz wird in Ex 23,12b thematisiert. Der gekaufte Sklave soll dagegen im siebenten Jahr freigelassen werden (Ex 21,2ff). In Ex 23,10-12 wird der als Bezeichnung für den Sklaven sehr spezielle Ausdruck "Sohn deiner Sklavin" betont verwendet. Das weist darauf hin, daß diese Bestimmungen nicht für sich bestehen, sondern nur in Verbindung mit Ex 21,2-11 zu verstehen sind.

Ex 23,10-12 ist der Parallelbestimmung in Ex 34,21 gegenüber um die Brachjahrbestimmung erweitert. Das Brachjahr und der Sabbattag stellen ursprünglich religiöse Einrichtungen dar, ihnen wird hier durch den Begründungssatz ein sozialer Sinn hinzugefügt[11]. Diese Entwicklung setzt angesichts des Ausdrucks "Sohn deiner Sklavin" eindeutig das Sklavenrecht voraus. Die Absicht der Einfügung der Brachjahrbestimmung besteht also nicht in der landwirtschaftlichen Regel für sich, sondern in der Freilassung des Sklaven im siebenten Jahr.

Wenn aber die Formulierung von Ex 23,10-12 das Sklavenrecht Ex 21,2-11, das an sich sekundär in die משפטים eingefügt worden ist, voraussetzt, ist die folgende Hypothese über die Entwicklung des Bundesbuches ausgeschlossen:
(1) Der Mischpatimteil (inklusive des Sklavenrechts) sei in die unabhängig vom Mischpatimteil komponierte Grundschicht des Weisungsteils eingeschoben oder der Struktur des Weisungsteils entsprechend gesammelt worden[12].
Nur zwei Beschreibungsmöglichkeiten der Zusammenstellung der beiden Teile bleiben:
(2) Die משפטים Ex 21,1.12 - 22,18*(19) wurden zunächst um das Sklavenrecht erweitert. Dann erst wurde der Weisungsteil - unter Bezugnahme auf zwei ältere Rechtskorpora (Ex 34,11-26 und Ex 21,1 - 22,18*(19) - komponiert.
(3) Der größte Teil des Bundesbuches wurde durch eine Hand - mit den zwei Rechtskorpora (Ex 34,11-26 und Ex 21,1.12 - 22,18*(19): ohne Sklavenrecht) als Vorlagen - (Ex 20,24 - 23,33*) komponiert.

Wenn aber der Weisungsteil, der nach einem das Rechtskorpus Ex 34,11-26 erweiternden Redaktionsprinzip entwickelt wurde[13], auch die משפטים mit dem Sklavenrecht vorausgesetzt und dem Sklavenrecht entsprechend die Brachjahr-/ Sabbattagbestimmungen an dieser Stelle eingebaut hätte, müßte eine äußerst komplizierte Redaktion vorausgesetzt werden.

Zu beachten ist ferner die thematische Einschränkung von Ex 21,2-11 auf die Freilassung der Sklaven[14]. Diese thematische Einschränkung ist nur in Verbindung

[11] S.o. 2. 4. 2. 2.
[12] S.o. 2. 1. 1 und Kap.II Anm.8.
[13] S.o. 2. 4. 2.
[14] S.o. 3. 3. 1 und Kap.III Anm.225.

mit der Brachjahrbestimmung zu verstehen. Die direkte Anrede in Ex 21,2aα stellt damit keine sekundäre Änderung der rein kasuistischen Form dar[15]. Möglich ist also nur die dritte Entwicklungshypothese. Die beiden Elemente, die Opferung der Erstlinge und der Sabbattag, die sich in Ex 34,11-26 zwischen den Wallfahrtsfestbestimmungen finden (Ex 34,19.20a.ba.21), sind im Bundesbuch aus der Mitte der Wallfahrtsfestbestimmungen entfernt worden. Die Bestimmung über den Erstling einerseits ist durch einen unbedingten Anspruch JHWHs erweitert und zur Mitte der sozialen Bestimmungen (Ex 22,20 - 23,9a*) geworden (Ex 22,27-29)[16]. Die Sabbattagbestimmung andererseits wurde durch die Brachjahrbestimmung und eine soziale Begründung erweitert (Ex 23,10-12)[17]. Diesen Sabbattag-/ Brachjahr-bestimmungen entsprechend ist das Sklavenrecht an die Spitze der großen Struktur von Ex 21,12 - 23,9a* gestellt worden, die aus dem überlieferten Rechtskorpus (Ex 21,12 - 22,18*(19)) und den neu gebildeten sozialen Bestimmungen (Ex 22,20 - 23,9a*) besteht, so daß das Sklavenrecht (Ex 21,2-11) und die Brachjahr-/ Sabbat-tagbestimmungen (Ex 23,10-12) diese große Struktur umrahmen[18]. Dieser Komposi-tion sind also inklusive ihrer Vorlage die folgenden Texte zuzuschreiben: Ex 20,24-26; 21,1 - 22,18(19); 22,20a.22.24a.25f.27-29; 23,1-9a.10-12.13b*.14-17.18-21a.21bβ. 22-23a.24.32.33bβ. Wir wollen diese Texte "die Schicht der 2.P.Sg. Sätze" ("die 2.P.Sg.Schicht") nennen[19].

Die Komposition der Schicht der 2.P.Sg.Sätze verknüpfte die beiden Rechtskorpo-ra (Ex 34,11-26 und Ex 21,1.12 - 22,18*(19)), formulierte dabei das Rechtskorpus Ex 34,11-26 völlig um[20] und führte das Sklavenrecht (Ex 21,2-11) und die sozialen Bestimmungen über den Schutz der Schwachen (Ex 22,20-26*; 23,9a) und die Ge-rechtigkeit im Gericht (Ex 23,1-8) ein[21]. Das Sklavenrecht wurde in der kasuisti-schen Form wie die überlieferten מׁשׁפׁטׁים formuliert und an die Spitze der מׁשׁפׁטׁים gestellt, so daß die Freilassung der Sklaven die wichtigste Sache der מׁשׁפׁטׁים darstellt. Die direkte Anrede in Ex 21,2aα betont diese Wichtigkeit.

---

15 Gegen A.Alt, Ursprünge, S.291f Anm.2 und E.Otto, Begründungen, S.35.

16 S.o. 2. 4. 2. 1.

17 S.o. 2. 4. 2. 2.

18 Vgl. J.Halbe, Privilegrecht, S.421f. Siehe auch oben 1. 2. 1.

19 Wir halten Ex 21,24-27 (vgl. 3. 3. 2. 3); Ex 21,13f (vgl. 3. 3. 2. 5) für sekundäre Zusätze. Ex 21,13f wurden wahrscheinlich schon vor der Komposition, die den Mischpatimteil mit dem Weisungsteil verknüpfte, in das מׁשׁפׁטׁים-Gesetzbuch (Ex 21,1.12 - 22,18*(19)) eingefügt. Zu Ex 21,24-27 s.u. 4. 1. 2. 1. Wenn die Komposition durch die 2.P.Sg.Sätze schon den Mischpatimteil eingeschlossen hat, und wenn die Grundschicht des Weisungsteils nicht die 2.P.Pl.Sätze einschließt, ergibt sich daraus, daß der Mischpatimteil nicht durch den Bearbeiter der 2.P.Pl.Sätze eingefügt worden ist. S.o. Kap.II Anm.101.

20 S.o. 2. 4. 2. Die Frage, ob nicht auch das מׁשׁפׁטׁים-Gesetzbuch durch die Verknüpfung mit dem Weisungsteil umgestaltet wurde, ist zu verneinen. Das ursprüngliche Gesetzbuch wurde beibehal-ten. Indiz dafür ist die Tatsache, daß die innere Struktur von Ex 21,12 - 22,18*(19) in der heutigen Gestalt der Funktionsbeschreibung des Jerusalemer Gerichts (Dtn 17,8; IIChr 19,10f) entspricht.

21 Von der bisherigen Analyse her ist die Stellung des Altargesetzes Ex 20,24-26 in der 2.P.Sg. Schicht noch nicht deutlich. Siehe dazu unten 4. 2. 1. 1, 4. 2. 2. 4.

4.1.2   Die Gesamtstruktur der 2.P.Sg.Schicht

Wir haben zu erklären versucht, daß die Grundschicht des Weisungsteils nicht für
sich bestand, sondern schon von ihrer Formulierung an mit dem Mischpatimteil
verbunden war. Nun müssen wir die Gesamtstruktur dieser Schicht verdeutlichen.

4.1.2.1   Die Stellung von Ex 21,24-27
Wann die Einheit Ex 21,24-27, die innerhalb der משפטים einen Nachtrag darstellt[22], eingeschoben worden ist, und ob ihre Einfügung mit der Formulierung von
Ex 21,2-11 (also mit der Komposition der 2.P.Sg.Schicht) verbunden ist, wollen wir
zuerst untersuchen. Auch in diesem Text geht es, wie in Ex 21,2-11, um die Freilassung der Sklaven. Auffällig ist der Ausdruck "לחפשי (als Freigelassener)". Das Wort
חפשי wird oft für die "Freilassung der Sklaven" verwendet (Ex 21,5; Dtn 15,12.13.18;
Jer 34,9.10.11.14.16; Hi 3,19; auch metaphorisch ISam 17,25; Jes 58,6)[23]. Der Ausdruck mit ל kommt nur in Ex 21,2.26.27 vor. Die Stellung dieses singulären Ausdrucks, einmal am Anfang des Sklavenrechts (Ex 21,2), sodann zweimal im synonymen Parallelismus in Ex 21,26f, ist nicht zu übersehen.
Das Einfügungsprinzip von Ex 21,2-11.24-27 ist durchsichtig. Für die Freilassung
der Sklaven gibt es drei Gründe: den Ablauf der sechsjährigen Dienstzeit (V.2), die
Pflichtverletzung des Herrn der Sklavin (V.11)[24] und die Körperverletzung durch
den Besitzer (V.24-27). Die Bestimmungen über die Freilassung im siebenten Jahr
sind als die Anwendung der Brachjahrregel an den Anfang der משפטים gestellt,
damit sie mit Ex 23,10-12 eine Rahmenstruktur bilden. Die Bestimmungen für die
Freilassung aufgrund der Körperverletzung sind demgegenüber als Anwendung des
Talionsprinzips hinter eine talionisch formulierte Bestimmung (Ex 21,23) gestellt
worden. Die beiden Teile der Sklavenbestimmungen (V.2-11.24-27) stellen gegenüber den überlieferten משפטים eine Korrektur in gleicher Richtung dar[25]. Denn in
Ex 21,20f.32 wird der Sklave in erster Linie als Vermögen seines Herrn behandelt,
obwohl im Fall der beabsichtigten Tötung dem totschlagenden Herrn die Todesstrafe auferlegt wird. In Ex 21,4 werden ja die Sklavin und die Kinder der Sklavin als
Vermögen des Herrn betrachtet. V.2 verbietet dem Besitzer den Anspruch des unbe-

---

[22] S.o. 3. 3. 2. 3.
[23] Die Meinung N.P.Lemches, חפשי in Verbindung mit der akkadischen Bezeichnung ḫupšu als
      "Halbfreier" zu verstehen (ders, "Hebrew Slave", S.139-142), trifft nicht zu, vgl. N.Lohfink, ThWAT
      III, Sp.125. Selbst wenn ISam 17,25 für die Existenz von חפשי als Bezeichnung für eine soziale
      Schicht spräche (so N.P.Lemche, Seven Year Cycle, S.71-73), bliebe die entscheidende Schwierig-
      keit, daß diese Schicht entsprechend der Zunahme des Sklavenproblems (vgl. Am 2,6) nicht
      einmal in den Propheten- und Geschichtsbüchern des ATs thematisiert wurde. Würde N.P.Lem-
      che antworten, daß in späterer Zeit die Gruppe der חפשי nicht mehr existierte, so daß diese
      Bezeichnung verschwand (ders, "Hebrew Slave", S.142, denkt, daß es in Dtn 15,12ff trotz des
      Vorkommens der Bezeichnung חפשי um eine völlige "restitutio" geht)? Wie und warum aber hat
      diese soziale Schicht aufgehört zu existieren?
[24] S.o. die Struktur von Ex 21,2-11 (3. 3. 1).
[25] Vgl. F.Crüsemann, "Auge um Auge", S.415.419. Er betrachtet Ex 21,2-11.26f als einen gegenüber
      Ex 21,24f älteren Bestandteil der משפטים und V.24f auch als Korrektur an V.26f.

dingten Besitzrechts auf Sklaven. V.9.10 fordern von dem Herrn, seine Sklavin wie ein Familienmitglied zu behandeln[26]. V.24-27 stellen im Hinblick auf die Körperverletzung einen Sklaven mit seinem Herrn gleich.

Daher ist es sehr wahrscheinlich, daß Ex 21,24-27 durch dieselbe Hand wie die Komposition der 2.P.Sg.Schicht eingefügt worden ist.

4.1.2.2   Die Gesamtstruktur der 2.P.Sg.Schicht

Die Struktur der Grundschicht von Ex 22,20 - 23,33*[27] ist, wie gesagt, nicht in sich abgeschlossen, sondern führt die משפטים ein. Mit der Rahmenstruktur von Ex 22,20/23,9a zusammengesehen können auch Ex 21,12-17/ 22,17f(19) als Rahmung gelten[28]. Der an diese beiden Rahmenstrukturen anschließende Abschnitt (Ex 23,10-17) stellt einen Knotenpunkt von sozialen und kultischen Bestimmungen dar. In der zweiten Hälfte des Abschnittes (V.14-17) handelt es sich um rein kultische Anweisungen. Der Schwerpunkt der ersten Hälfte des Abschnittes (V.10-12) ist in den sozialen Themenbereich verlagert und mit dem Sklavenrecht (Ex 21,2-11) verbunden. Ex 21,2-11 und 23,10-12 umrahmen die beiden großen Rahmenstrukturen Ex 21,12 - 22,18(19); 22,20 - 23,9a*. Ex 23,18-33* bieten rein kultische Anweisungen mit der Verheißung, einen Boten zu schicken (V.20-23a*).

Ex 22,27-29; 23,13b*.21bβ markieren den Mittelpunkt jedes Abschnittes (Ex 22,20 - 23,9a*/ 23,10-17/ 18-33*)[29]. In der Rahmenstruktur von Ex 21,12 - 22,18(19) scheint ein Mittelpunkt wie Ex 22,27-29 usw. zu fehlen. Das Talionsgesetz von Ex 21,24-27 könnte vielleicht den Mittelpunkt von Ex 21,12 - 22,18(19) darstellen. Die Stellung dieses Gesetzes ist aber von dem vorgegebenen talionischen Prinzip von V.23 abhängig. Der Mittelpunkt dieses Teils läßt sich also nicht zwingend herausarbeiten. In den übrigen "Mittelpunkten" (Ex 22,27-29; 23,13b*.21bβ) geht es um religiöse Aussagen, und zwar um den privilegrechtlichen Anspruch JHWHs (Ex 22,27-29; 23,13b*) und um die Präsenz JHWHs (Ex 23,21bβ). In Ex 21,24-27 aber ist eine religiöse Aussage nicht erkennbar.

Die Vermutung, daß das Altargesetz (Ex 20,24-26) früher direkt vor dem übrigen Teil der Weisungen (Ex 22,20ff) gestanden hätte und durch die Einfügung des Mischpatimteils an die Spitze des ganzen Bundesbuches verlagert worden wäre[30], ist nicht haltbar. Das Altargesetz ist von vornherein als Prolog vor die "Überschrift" von Ex 21,1 gestellt worden. Hier ist die Präsenz JHWHs (bes. Ex 20,24b) thematisiert, es entspricht somit Ex 23,21bβ.

---

[26] Auch V.6 fordert den Sklavenbesitzer auf, den Sklaven als Familienglied zu behandeln, s.o. 3. 3. 1.

[27] S.o. 2. 3. 3.

[28] Vgl. 1. 2. 3. Siehe auch J.Halbe, aaO, S.421.

[29] S.o. 2. 3. 1. 2, 2. 3. 1. 3, 2. 3. 2. 1.

[30] J.Halbe, aaO, S.438.447.459; zusammenfassend, S.500.

Die Gesamtstruktur der 2.P.Sg.Schicht ist also wie folgt darzustellen:

Altargesetz   (Prolog)   Ex 20,24-26
Überschrift   (משפטים)   21,1
Sklavenrecht   21,2-11
    "Todesrechtsreihe"   21,12-17
        Soziale Bestimmungen   21,18 - 22,16
    "Todesrechtsreihe"   22,17f(19)
    Gerschutzbestimmung   22,20a
        Soziale Bestimmungen   22,22.24a.25f
            Privileganspruch JHWHs   (Mitte)   22,27-29
        Soziale Bestimmungen   23,1-8
    Gerschutzbestimmung   23,9a
Brachjahr-/ Sabbattagbestimmungen   23,10-12
    Privileganspruch JHWHs   (Mitte)   23,13b*
Wallfahrtsfestregel   23,14-17
Opferregel   23,18f
    "מלאך"   23,20-21a
        Präsenz JHWHs   (Mitte)   23,21bβ
    "מלאך"   23,22-23a
    Verbote: "Götzenverehrung/ Bündnis"   23,24.32.33bβ

Inhaltlich gesehen enthält die Zusammenstellung des Mischpatim- und des Weisungsteils wahrscheinlich zwei Bedeutungen, die einander nicht widersprechen.
(1) Die Entwicklung von Ex 34,11-26 zur Grundschicht des Weisungsteils und die
dabei eingetretene Verlagerung des thematischen Schwerpunktes vom Religiösen
zum Sozialen thematisieren den Schutz der Schwachen (Ex 22,20-26*; 23,9a.10-12)
und die Gerechtigkeit im Gericht (Ex 23,1-8) als eine Identitätsfrage des Volkes
JHWHs[31]. Der Mischpatimteil spielt dabei die Rolle eines Kriteriums für die
soziale Gerechtigkeit, die im Gericht verwirklicht werden soll[32].
(2) Andererseits ist durchaus auch vorstellbar, daß die משפטים, wie die Erweiterung
durch Ex 21,2-11.24-27 zeigt, ihre eigentliche Kraft verloren haben, ohne die Gerechtigkeit im Gericht durch neue Vorschriften wie Ex 22,20 - 23,9 zu befestigen[33]. Um
die soziale Gerechtigkeit, auf die die משפטים abzielten, wiederherzustellen, sind also
wahrscheinlich die משפטים mit den Weisungen zusammengestellt worden.

---

[31] S.o. 2. 4. 2. 2. F.Crüsemann, Recht und Theologie, S.68.
[32] Über den Rahmen des Jerusalemer Gerichts hinaus ist in dieser Schicht die Gerechtigkeit im
     Gericht in ganz Israel im Blick.
[33] Vgl. F.Crüsemann, aaO, S.424f, ders, Bundesbuch, S.41.

4.2   Der historische Ort der 2.P.Sg.Schicht

Um den historischen Ort der 2.P.Sg.Schicht festzustellen, ist das "Sondergut" dieser Schicht gegenüber Ex 34,11-26 und den משפטים zu berücksichtigen, nämlich: das Altargesetz (Ex 20,24-26), das Sklavenrecht (Ex 21,2-11.24-27), die sozialen Bestimmungen (Ex 22,20 - 23,9a*, auch 23,10-12) und der מלאך-Text (Ex 23,20-23a*). Die Untersuchung einiger auffälliger Lexeme und Vorstellungen und der Vergleich der Aussagen mit denen anderer atl. Texte - bes. im Amosbuch - sind hier sinnvoll.

4.2.1   Indizien für den historischen Ort der 2.P.Sg.Schicht

4.2.1.1   Das Altargesetz und der מלאך יהוה

Die Begründung des Gebotes, einen Altar aus Erde zu machen, setzt die Existenz mehrerer Kultstätten (Ex 20,24b) voraus und weist somit als Entstehungszeit auf die vordeuteronomische Zeit hin, in der es noch keine deuteronomische Kultuszentralisation gab[34]. Fraglich ist aber, was mit diesem Gebot und den Verboten, einen Altar aus Quadern zu bauen (V.25) bzw. einen Stufenaltar zu bauen (V.26), eigentlich gemeint ist, und ob die allgemein anerkannte Frühdatierung dieser Gebote oder auch die der Begründungen zutrifft[35], oder ob mit der Entstehung dieses Textes im Nordreich gerechnet werden muß[36].

Betrachtet man das Gebot von Ex 20,24a(a) unabhängig von dem Begründungssatz in V.24b und von anderen Verboten (V.25f), kann man sich den historischen Ort dieses Gebots fast beliebig vorstellen. Was aber bedeutet das Gebot, einen Altar aus Erde zu machen? Nach M.Noth ist als historischer Ort die Religion der weidewechselnden Wanderhirten anzunehmen, "denn das Wort 'Erde' (V.24) bezeichnet den Ackerboden des Kulturlandes", und "mit Heiligtümern in festen Ansiedlungen" wird hier "nicht gerechnet"[37]. Dabei ist der Kultort im gebirgigen Land ausgeschlossen, "denn in einem solchen wären natürliche Felsblöcke die zunächst gegebenen Altäre (vgl. Ri 6,20.21; 13,19)"[38]. Daraus aber ergibt sich, daß das Gebot von V.24a (auch V.25) auf einer landschaftlichen und kulturellen Gegebenheit beruht. Ist aber ein solches Gebot nowendig in einer Umgebung, zu der diese Bauweise gut paßt oder in

---

[34]   B.S.Childs, OTL, S.447, versteht im Vergleich mit Gen 20,13 und Dtn 11,24 den Artikel ה bei מקום als einen distributiven und versucht damit die alte Frage zu lösen, ob die Einfügung des Artikels eine dogmatische Korrektur darstelle, um den Widerspruch mit dem Zentralheiligtum zu vermeiden: so G-K[28] §127e.
        Jedenfalls wird die Datierung dieses Satzes als eine Legitimation mehrerer Kultstätten in der Forschung nicht bezweifelt, vgl. J.Halbe, aaO, S.377-382, N.Lohfink, Zentralisationsformel, S.318f.326.

[35]   Zur Frühdatierung des Altargesetzes inklusive Ex 20,24b siehe u.a. J.Halbe, aaO, S.377-382.441-443, D.Conrad, Altargesetz, S.19f.44f.128ff. Vgl. auch Ch.Dohmen, Bilderverbot, S.179f.

[36]   J.Halbe, aaO, S.377-382, hält V.24b für einen Text aus dem Nordreich.

[37]   M.Noth, ATD 5, S.142.

[38]   Ebd.

der sie sogar unvermeidbar ist? M.Noth läßt die Frage offen, warum es zum Gebot geworden ist, einen Altar aus Erde zu bauen.

Ch.Dohmen, der hinter dem Gebot V.24aα einen den urbanen Opferpraktiken gegenübergestellten nomadischen Blutritus vermutet[39], betrachtet dieses Gebot als eine konservative Reaktion auf die soziale und kulturelle Umorganisation in frühstaatlicher Zeit[40]. Diese Meinung scheint zu erklären, warum das Gebot V.24aα als Gebot aufgestellt worden ist[41]. Aber auch abgesehen von der Frage, warum, wie es nach Ch.Dohmen eher zu erwarten wäre, weder ein Verbot der städtischen Kultart noch ein Gebot, das Opferblut in die irdene Schlachtstatt zu gießen, sondern ein Gebot formuliert wurde, eine solche Schlachtstatt zu bilden, die einen nomadischen Blutritus ermöglicht, bleibt es fraglich, welche Opferpraxis als urbane Kultform dem nomadischen Blutritus entgegenzustellen ist. Ch.Dohmen erwähnt eine "falsche Blutmanipulation"[42]. Wann und wo aber ist diese für problematisch gehalten worden? Konnte der Verfasser andererseits aber allein durch das Gebot der "irdenen Schlachtstatt" die Blutmanipulation kritisieren? Sind die Verbote in V.25a.26a, die Ch.Dohmen als sekundäre Zusätze streicht, nicht ebenso zur Kritik an der von ihm sogenannten urbanen Kultart geeignet?

J.Halbe, der die literarkritische Diskussion und das Verständnis der Intention der Begründungssätze V.25b.26b von D.Conrad übernommen und weiter entwickelt hat[43], bezieht den Begründungssatz V.24b auf den מלאך-Text, nämlich auf Ex 23,20-23 und ferner auf Jdc 2,1-5[44].

Er behauptet, daß der Text Jdc 2,1-5 eine unabhängig von seinem literarischen Kontext (Jdc 1; 2,6ff) entstandene Überlieferungseinheit darstelle[45]. Die literarkritisch vermutete Trennung zwischen V.1a.5b und V.1b-5a treffe nicht zu. Bei der Worteinheit V.1b-3 handele es sich nicht um eine literarische Komposition, sondern um ein Beispiel der Gattung "Bundesbruch-rîb". Das "Opfer" (V.5b) könne nicht von dem durch das "rîb"-Wort hervorgerufenen "Weinen" (V.4.5a) getrennt werden, weil Opfer und "Weinen" (Klagen) zusammen integrale Bestandteile einer Klage- und Bußfeier bildeten[46]. Diese Überlieferung weist J.Halbe der Tradition in Gilgal zu, und zwar einer Zeit, in der die Lade noch nicht nach Jerusalem hineingebracht worden war, denn die Vorstellung מלאך יהוה sei mit der Lade verbunden gewesen. Bei Jdc 2,1-5 handele es sich um eine Ex 34 gegenüber entwickeltere Phase der Überlieferung[47]. Der מלאך-Text in Ex 23,20-23 mit Ex 20,24b gehöre zu diesem

---

[39] Ch.Dohmen, aaO, S.172-175.
[40] Ch.Dohmen, aaO, S.179.241-243.
[41] Ch.Dohmen, aaO, S.244: "Im Inneren des nomadischen Lebensbereiches hätte ein solches Verbot gar keinen Sinn; es lebt geradezu aus dem Problem des Kulturkontaktes".
[42] Ch.Dohmen, aaO, S.175.
[43] J.Halbe, aaO, S.443, siehe auch oben 2. 5.
[44] Die Verbindung von Ex 20,24b mit dem מלאך-Text wird bei J.Halbe mit der Vorstellung der Namensverkündigung JHWHs begründet: aaO, S.369ff.
[45] J.Halbe, aaO, S.346-351.358.
[46] J.Halbe, aaO, S. 353-358.
[47] J.Halbe, aaO, S.363-366.

Traditionskreis in Gilgal und stelle Jdc 2,1-5 gegenüber eine noch spätere Phase dar. J.Halbe sucht die Zeit, in der in diesem Traditionskreis eine "Gegenzentralisation" vorstellbar ist, und vermutet, daß Ex 20,24b eine "nichtmonarchische Alternative zur 'Gegenzentralisierung' Jerobeams" zu erkennen gebe[48].

Aus der gattungsmäßigen Formulierung aber ergibt sich u.E. nicht immer, daß der betreffende Text unabhängig von seinem literarischen Kontext entstand. Im Text Jdc 2,1-5 ist die Formulierung von V.2bβ zu beachten: מה זאת עשיתם. Dieser Satz beschreibt mit V.2ba zusammen die vorzuwerfende Handlung. Auch diese Beschreibung stellt ein Gattungselement dar (vgl. Jdc 10,13a; ISam 2,29; IISam 12,9)[49]. In den genannten Belegen wird der Inhalt der vorzuwerfenden Handlung, unabhängig vom literarischen Kontext, erneut beschrieben. Jdc 2,2ba gibt zwar einen Tatbestand an: "ihr habt auf meine Stimme nicht gehört" (vgl. Jdc 6,10b), und V.2bβ scheint sich vornehmlich auf V.2ba zu beziehen. Das Verb עשה (V.2ba) beinhaltet jedoch nicht nur, daß die Israeliten nicht der Stimme JHWHs gehorchten, sondern auch das, was sie, ohne auf seine Stimme zu hören, getan haben. Der Ausdruck מה זאת עשיתם ist also erst in Verbindung mit einem Bericht des "Bundesbruches" verständlich.

E.Blum arbeitet den doppelten Kontextbezug von Jdc 2,1-5, auf Jdc 1 einerseits und auf Jos 1-12 andererseits, heraus. In der ersten Hälfte des Josuabuches sei Gilgal der Lagerort der Israeliten, und es finde sich eine (einzige) Episode, die den Vorwurf des Bundesschlusses mit der Landesbevölkerung betreffe (Jos 9). "Das Idealbild der Landnahme nach Jos 1-12 wird kritisch korrigiert, wobei die Gibeoniten-Geschichte als negatives Exemplum dient"[50].

Im heutigen Josua-Richter-Komplex stellt Jdc 1 ein Spiegelbild des Landnahmevorgangs Josuas (Jos 10-19) dar, der in die Zeit nach dem Tod Josuas projiziert wird (Jdc 1,1)[51]. Jdc 1 spult gewissermaßen den Landnahmevorgang zum Anfang zurück und faßt ihn erneut als einen Vorgang der Harmonisierung mit der Urbevölkerung (und beurteilt ihn schon negativ)[52]. Es handelt sich in Jos 9 dabei um einen typischen Fall eines Bundesschlusses mit der Urbevölkerung, und zwar ist nach Jos 9 dieser Fall in dem Moment gegeben, als die Israeliten den Jordan überschritten. Der מלאך יהוה nun verurteilt diesen Vorgang als einen Bundesbruch (Jdc 2,1bff). Das plötzliche Vorkommen des מלאך יהוה aus Gilgal könnte auf die Möglichkeit der Einfügung einer "Gilgal-Überlieferung", oder die Klage und das Opfer in Bochim könnten auf eine Kulttradition in Bochim[53] hinweisen. Durch den Auftritt des מלאך

---

48   J.Halbe, aaO, S.366f.377f. Zitat auf S.379.
49   J.Halbe, aaO, S.353f. Siehe die Definition der Gattung "Bundesbruch-rîb" durch die Aufzählung ihrer Elemente (Botenspruch-Verhör-Anklagerede-Strafbeschluß-Hinweis auf die Wertlosigkeit der Fremdgötterverehrung) von W.Beyerlin, Gattung, S.19.24.
50   E.Blum, Komposition, S.291f. Zitat auf S.292.
51   Jdc 1,4-7//Jos 10,1-27. Zur Identifikation von אדני בזק (Jdc 1,4ff) mit אדני צדק (Jos 10,11f) siehe A.Soggin, CAT Vb, S.25. Jdc 1,10//Jos 10,36-39; Jdc 1,12-15//Jos 15,16-19; Jdc 1,20//Jos 14,13-15; Jdc 1,21 (Benjamin)//Jos 15,63 (Juda); Jdc 1,22-36//Jos 16-19.
52   E.Blum, aaO, S.291 Anm.27.
53   Die Praxis der Buß-Feier aber scheint eher in die exilisch-nachexilische Zeit datiert zu werden; T.Veijola, Verheißung, S.194ff, bes. S.208f.

stößt jedoch die Landnahme auf ein Urteil aus einer ganz anderen Perspektive als die in Jos 10-19 beschriebene.

Die an sich von der reinen Form abweichende Ätiologie des Ortsnamens "Bochim" ist der die Landnahme negativ beurteilenden Komposition zuzuweisen. Sonst kann man die Verbindung zwischen Gilgal und Bochim nicht erklären[54].

Die Komposition, die die vorangehende Geschichte mit einem negativen Urteil über die Landnahme zusammengefaßt hat, übernimmt in Jdc 2,6f noch einmal den Schlußteil des Josuabuches und eröffnet eigentlich die weitere Geschichte. Jdc 2,1-5 setzt zwar Ex 34,11-26* voraus[55], jedoch auch noch spätere Erweiterungen: Die Verheißung des Landes an die Väter (V.1b) findet sich weder in Ex 34 noch in Ex 23, sondern im Deuteronomium[56]. Das Wort פרר hiph (V.1b) kommt im AT nur in späteren Texten vor[57]. מזבחותיהם תתצון (V.2aβ) findet seine Entsprechung in Ex 34,13. Ex 34,13 stellt aber eine sekundäre Erweiterung dar, die mit einem dtn. Gedanken verwandt ist (Dtn 7,5)[58]. Die Aussage der Vertreibung der Urbevölkerung (V.3a) findet sich nicht in der Grundschicht von Ex 34 und Ex 23. Der Ausdruck לא אגרש אותם מפניכם erinnert an Ex 23,29, der in Ex 23 einen Nachtrag darstellt[59]. Ex 23 und 34 aber haben jedenfalls mit dem Nicht-Vertreiben der Urbevölkerung als einer Strafe nichts zu tun. Jdc 2,1-5 setzt nicht nur Ex 34, sondern auch Ex 23 oder sogar Dtn 7 voraus und ist als Bestandteil der großen Komposition des Josua-Richter-Komplexes zu verstehen.

In Jdc 2,1-5 ist also vielleicht die alte Vorstellung des מלאך יהוה von Gilgal nachweisbar, eine alte privilegrechtliche Überlieferung kann jedoch nicht aus diesem Text herausgearbeitet werden.

Ferner ist der מלאך-Text in Ex 32,30 - 33,4 nur in der kompositorischen Struktur von Ex 19-24; 32-34 zu verstehen. Dieser Text setzt das ganze Bundesbuch voraus. E.Blum betrachtet Ex 32,34a und 33,2 mit Recht als eine spiegelbildliche Entsprechung zu Ex 23,20.23[60]:

| Ex 32,34a | הנה מלאכי ילך לפניך | 23,20 | ... | הנה אנכי שלח מלאך לפניך |
| 33,2 | ושלחתי לפניך מלאך | 23,23 | | כי ילך מלאכי לפניך |

Weitere Entsprechungen können wir herausarbeiten: Der Ausdruck אתם חטאתם

---

54   In der These J.Halbes hat die Ätiologie "Bochim" keine Bedeutung. Der Ortsname "Bochim" kommt entgegen der typischen Form der Ätiologie am Anfang der Erzählung (Jdc 2,1) vor, vgl. R.G.Boling, AncB, S.62, ders, No King, S.37.

55   J.Halbe, aaO, S.363-366.

56   R.G.Boling, AncB, S.62.

57   "Dreiviertel der Stellen (von פרר) sind exilisch und nachexilisch": E.Kutsch, THAT II, Sp.487. Auch wenn die übrigen Belege als vorexilisch zu betrachten sind, stammen sie nur aus der Spätkönigszeit; IISam 15,34; 17,14; IReg 15,19; Jes 14,27; Jer 14,21; 31,32; Ez 16,59; 17,15.16.18; hoph: Jes 8,10.

58   S.o. 2. 4. 1. 2.

59   S.o. 2. 3. 2. 2, 2. 4. 1. 2.

60   E.Blum, aaO, S.46 Anm.60.

חטאה גדלה (Ex 32,30aγ) könnte eine schuldhafte Reaktion auf den Rettungsakt JHWHs in Ex 19,4 im Blick haben: אתם ראיתם אשר עשיתי למצרים[61]. Die Formulierung ויעשו להם אלהי זהב (Ex 32,31bβ) setzt sicher Ex 20,23b voraus und wendet ihn auf den Fall des goldenen Kalbes an. Ferner könnte Ex 33,2b Ex 23,28 voraussetzen.

Geht also der מלאך-Text von Ex 23,20-23a dem von Ex 32,30 - 33,4 und Jdc 2,1-5 voraus, ist nach der Intention der מלאך-Vorstellung in Ex 23 zu fragen. Warum muß es der מלאך sein, der das Volk in das Land hineinführt und dem das Volk gehorchen soll?

Bemerkenswert ist die Stellung von Ex 23,20-23a in der Mitte der kultischen Gebote[62]. Es geht hier im Ganzen darum, wie die Gegenwart Gottes im gegen andere Völker und Götter und gegen falsche Kultarten abgegrenzten Leben bewahrt werden kann. Als Antwort auf diese Frage wird in Ex 23,20-23a die Willensverkündigung JHWHs durch einen Boten in Aussicht gestellt. In dieser Hinsicht ist dieser Text mit Dtn 18,14-22 vergleichbar. Nur thematisiert das Deuteronomium über die Verheißung der Willensverkündigung durch den Boten hinaus die Unterscheidung zwischen wahren und falschen Propheten.

Wenn man nun Ex 20,24-26 als eine einheitliche Struktur annimmt[63], ist die Intention des מלאך-Textes auch im Altargesetz unverkennbar. Es handelt sich hier u.E. um eine Kritik an der Überzeugung, daß die Präsenz JHWHs mit einer bestimmten Bauart des Altars (konkret gesagt: mit dem Altar aus behauenen Steinen: V.25a, oder mit dem Stufenaltar: V.26a) automatisch gegeben wäre. Dagegen gebietet das Gesetz den Bau eines primitiven Altars (von Erde: V.24a, oder von unbehauenen Steinen: V.25a) und erklärt mit einer Verheißung, daß die Präsenz JHWHs nicht an eine bestimmte Kultform, sondern an seine Namensverkündigung gebunden ist (V.24b).

Welcher Altar eigentlich kritisiert wird, der im Jerusalemer Tempel oder der in den Heiligtümern des Nordreichs oder noch andere lokale Altäre, ist nicht mehr auszumachen. Wenn es dabei um den Altar des Jerusalemer Tempels geht, müßte sich um den Altar von Ahas (IIReg 16,10ff) handeln[64]. Die These, daß es eine Polemik gegen die Bauart des Altars (bzw. gegen die Kultform) schon in der frühen Königszeit gegeben hätte, ist zwar nicht völlig ausgeschlossen, in früher Zeit scheint jedoch in bezug auf die Bauart des Altars eine große Freiheit bestanden zu haben[65].

---

[61] Zu Ex 20,22b s.u. 5. 1. 2, 5. 2. 1.

[62] S.o. 2. 4. 2. 1.

[63] S.o. 2. 5. 1.

[64] In der Zeit vor dem Ahasaltar dürfte es im Jerusalemer Tempel keinen Stufenaltar gegeben haben. "Nach 2 Chr 4,1 soll ein Altar von den gewaltigen Ausmaßen des Achas-Ezechielaltars schon in salomonischer Zeit bestanden haben. Doch dürfte es sich dabei um einen Anachronismus handeln" (O.Keel, Bildsymbolik, S.128, gegen K.Galling, RGG³ I, Sp.254). Beim vorherigen Altar des Jerusalemer Tempels handelt es sich nach dem Bericht über den Ahasaltar (IIReg 16,14) um einen ehernen Altar (siehe auch Ex 27,1ff; IReg 8,65; IIChr 6,13). Vgl. R.Smend, BHH I, Sp.64f, A.Reichert, BRL², S.9.

[65] Bez. der Altäre, die die Väter gebaut haben, gibt es keine Angabe über die Bauart. Nach Jdc 13,19; ISam 6,14 kann sogar ein Felsblock als Altar benutzt werden. Abgesehen von den priesterlichen Anweisungen für den Altarbau (Ex 27,1ff usw.), wird die Bauart des Altars erst in Jos 8,31

Die Begründungssätze V.25b.26b sind als eine Milderung der Spannung zwischen den Geboten V.25a.26a und dem Altar des Jerusalemer Tempels kaum vorstellbar[66]. IReg 6,7 berichtet zwar, daß während des Tempelbaus kein eisernes Werkzeug gehört wurde. Dies scheint dem Bearbeiter des Altargesetzes in Jerusalem die Milderung der Kritik an dem Altar aus behauenen Steinen ermöglicht zu haben[67]. Ohne das Verbot vorauszusetzen, Steine mit einem eisernen Werkzeug zu bearbeiten, ist dieser Bericht aber überhaupt sinnlos. Er bezieht sich ferner nicht auf den Altar, sondern auf das Gebäude als Ganzes, das mit behauenen Steinen gebaut worden ist. Es ist durchaus denkbar, daß die Begründung des Verbots, einen Altar aus behauenen Steinen zu bauen, wegen ihres allgemeinen Inhalts über das Altargesetz hinaus als Verbot, Steine mit einem eisernen Werkzeug zu bearbeiten, auch den Bericht des Tempelbaus beeinflußt hat. Die Begründung von V.25b beschränkt zudem das Gebot von V.25a nicht, sondern beurteilt den Altar aus behauenen Stein von Grund auf - schon in bezug auf den Bauvorgang - als unrein. Ob man andererseits durch die Priesterkleidung die Rechtswidrigkeit des Stufenaltars hat vertuschen können[68], ist sehr fragwürdig. Die Begründung von V.26b ist vielmehr als eine Verspottung des Stufenaltars zu verstehen.

Wenn sich die Kritik an der Altarbauart auf die nordisraelitischen Heiligtümer oder auf die lokalen Altäre bezöge, stimmt diese mit dem Deuteronomium überein. Auch wenn die Kritik dem Ahasaltar gegolten hat, widerspricht diese nicht der dtn. Jerusalemer Theologie, sofern auch die Deuteronomisten den Ahasaltar kritisch behandeln (IIReg 16; siehe das negative Urteil in V.2-4).

Die besondere Akzentuierung des Altargesetzes aber, nämlich daß es zentral um die für die Präsenz JHWHs entscheidende Namensverkündigung geht, erinnert an die dtn. Kultuszentralisation, die u.a. auch damit begründet wird, daß JHWH nur in Jerusalem seinen Namen wohnen läßt. Ex 20,24b thematisiert zwar nicht die Zentralisation, sondern das Umgekehrte ist der Fall. Er steht jedoch den entsprechenden Passagen des Deuteronomiums keineswegs diametral gegenüber. Dafür spricht, daß die dtn. Zentralisationsformel die Formulierung aus Ex 20,24b übernommen hat[69]. Das Deuteronomium hat dabei nicht die Sprache von Ex 20,24b als ein "Gegner gestohlen", um sich vom Gegner "besser absetzen zu können"[70], sondern die dtn. Zentralisation führt die Vorstellung von der Präsenz JHWHs durch die Namensverkündigung von Ex 20,24 nur ein Stück weiter.

Der Inhalt von Ex 20,24-26; 23,20-23a ist daher durchsichtig. Das Deuteronomium stellt den terminus ante quem dieses Textes dar. Dieser aber widerspricht keineswegs dem Deuteronomium, sondern kann als "proto"deuteronomisch angesehen werden.

---

markiert: "wie Mose Israel geboten hatte, wie geschrieben steht im Buch der Tora Moses" (vgl. Dtn 27,5f; Ex 20,25).
[66] Gegen J.Halbe, aaO, S.443. Vgl. auch D.Conrad, aaO, S.136f.
[67] J.Halbe, ebd. Mit diesem Bericht versucht D.Conrad (aaO, S.34-37) nur zu zeigen, daß Ex 20,25b in die Zeit des salomonischen Tempels datierbar sei. S.o. Kap.II Anm.204.
[68] D.Conrad, aaO, S.136f, J.Halbe, ebd.
[69] N.Lohfink, aaO, S.318f.
[70] So N.Lohfink, aaO, S.319.

Die Frühdatierung (z.B. in die frühe Königszeit) oder die Entstehung im Nordreich ("Gilgal-Tradition") ist von der bisherigen Untersuchung her zwar nicht völlig ausgeschlossen, jedoch nicht mehr zwingend.

4.2.1.2   Das Problem der Schuldsklaven

Die nach wie vor strittige Frage über den עברי[71] dürfen wir unberücksichtigt lassen. Zu beachten ist die Parallelstellung von Ex 21,2 und 7. Dem עבד עברי ist die Sklavin, die durch ihren Vater verkauft wurde, parallelgestellt. Es handelt sich hier also eindeutig um Schuldsklaven.

Ex 21,2-11.24-27 stellen, wie gesagt[72], innerhalb der משפטים einen Nachtrag dar, dürften also frühestens in der Mitte des 9.Jhs.v.Chr. entstanden sein[73]. Zu berücksichtigen ist dabei nicht nur, daß die Sklaverei bis zur frühen Königszeit kein soziales Problem darstellte[74], sondern auch, daß hier die Versklavung der Freien (Ex 21,2.7) und die Gewalttätigkeit gegen die Sklaven (gegen die Genossen von gestern!) so problematisch geworden ist, daß dieses Problem nicht mehr durch die vorhandenen משפטים (bes. Ex 21,20f) lösbar gewesen ist[75]. Diesen sozialgeschichtlichen Hintergrund werden wir unten weiter diskutieren[76].

Hier ist zu fragen, ob Ex 21,2-11 in vordeuteronomischer Zeit oder in nachexilischer Zeit entstanden sind. Nach O.Loretz, der die Bezeichnung עברי als die eines Angehörigen "der nachexilischen jüdischen Gemeinschaft" betrachtet[77], stellen Ex 21,2-6 und Dtn 15,12-18 zwei voneinander abhängig entwickelte Texte dar[78]. Ex 21,6aβ sei sekundär eingefügt worden und mit dem Gedanken verbunden, daß am Türpfosten jedes Hauses "der Wille Jahwes Ausdruck finde(t)". Dieser Gedanke versuche, das durch die dtn. Kultuszentralisation entstandene Vakuum auszufüllen (vgl. Dtn 6,9), und "zeige, daß jeder Ort zu einer heiligen Stätte werden könne"[79]: nicht nur der Tempeltürpfosten, sondern jedes Stadttor und die Türpfosten jedes Hauses. Ex 21,6aβ sei also mindestens als ein nachdeuteronomischer Einschub zu betrachten[80]. Andererseits sei die Fristsetzung "sechstes-siebentes" Jahr vom Sab-

---

71 Um die heutige Forschungslage zu beschreiben, sind heranzuziehen: O.Loretz, aaO, bez. des Rechtstextes besonders S.122-165.252-270, N.Na'aman, Habiru, S.271f.278ff. Als Kritik an der These von O.Loretz: N.P.Lemche, Seven Year Cycle, bes. S.65-69. W.von Soden, Habiru (Rezension zur Arbeit von O.Loretz), S.364ff. Ferner D.N.Freedman/B.E.Willoughby, ThWAT V, Sp.1039ff, bes. Sp.1046-1055.

72 S.o. 3. 3. 2. 3, 3. 4. 2, 4. 1. 1.

73 Das משפטים-Gesetzbuch ist frühestens in die Zeit nach der Errichtung des Jerusalemer Gerichts (nach IIChr 19,4-11 in der Zeit Josaphats, Mitte des 9.Jhs) zu datieren. S.o. 3. 4. 2.

74 F.Crüsemann, Bundesbuch, S.31f.

75 Vgl. F.Crüsemann, "Auge um Auge", S.424f.

76 S.u. 4. 2. 2. 3.

77 O.Loretz, aaO, S.181f.

78 O.Loretz, aaO, S.161.

79 O.Loretz, aaO, S.141-150. Das Zitat auf S.145 ist nach der These von O.Keel, Zeichen, S.192.216, formuliert worden.

80 O.Loretz, ebd.

batzyklus abhängig[81], und der Sabbat als siebenter Ruhetag sei erst in nachexilischer Zeit nachgewiesen[82]. Ex 21,2.6, die die bisherige Forschung als Indiz für die Frühdatierung des Sklavenrechts angesehen hat[83], werden nach O.Loretz also einer nachdeuteronomischen oder sogar nachexilischen Fassung zugewiesen.

Abgesehen davon, ob Dtn 15,12ff von Ex 21,2ff literarisch abhängig sind, ist aber die Entwicklung des Gedanken von dem des Bundesbuches zu dem des Deuteronomiums unverkennbar. Ex 21,2-11 wenden das Brachjahrprinzip auf die Freilassung der Sklaven an[84]. Das Feld darf man sechs Jahre besäen, soll es aber im siebenten Jahr brachliegen lassen. Ebenso soll der Sklave sechs Jahre dienen, soll aber im siebenten Jahr - nicht nur ruhen, sondern - befreit werden. Demgegenüber handelt es sich in Dtn 15 um die totale Befreiung von Schuld alle sieben Jahre. Die Freilassung des Sklaven bildet nur einen Bestandteil umfassender Schuldbefreiung. Die sechsjährige Dienstfrist beginnt nach Ex 21,2ff mit dem Zeitpunkt des Kaufs des einzelnen Sklaven. Nach Dtn 15,1 werden demgegenüber alle Schulden alle sieben Jahre erlassen ("am Ende des siebenten Jahres = שבע שנים מקץ"). Für diese Deutung spricht, daß die Ablehnung eines Darlehens kurz vor dem Befreiungsjahr verboten ist (Dtn 15,9). Diese Bestimmung "alle sieben Jahre" scheint auch der Freilassung des Sklaven zu gelten, wie sich aus Jer 34,14 eindeutig ergibt. Dtn 15,12.18 bestimmen aber ihrerseits den sechsjährigen Dienst. Die Spannung zwischen dem sechsjährigen Dienst und der Befreiung aller Sklaven alle sieben Jahre in Dtn 15 verrät aber den Übergang des Prinzips für die Freilassung vom Brachjahrprinzip zum Sabbat-/ Jobeljahrprinzip[85].

O.Loretz übernimmt die These von J.Meinhold über den Sabbat und denkt, daß der "Sabbat" in vorexilischer Zeit den Tag des Vollmondfestes bezeichne und die Regel des siebenten Ruhetags erst in nachexilischer Zeit auftrete[86]. Er versteht das Verb שבת als "Sabbat halten", datiert somit auch Ex 34,12; 23,12 in nachexilische Zeit[87]. Aber auch wenn der "Sabbat" in vorexilischer Zeit den Vollmondtag bezeichnet, ergibt sich daraus keineswegs, daß in dieser Zeit die Regel, am siebenten Tag die Arbeit zu unterbrechen (שבת), nicht existierte[88].

Daß Ex 21,6aβ einen Gedanken wie Dtn 6,9 voraussetze und somit einer nachdeuteronomischen Fassung zuzuweisen sei[89], ist unwahrscheinlich. Wenn das ו in V.6aβ nach O.Loretz als "waw"-explicativum zu verstehen ist, stellt dieser Satz aber keine "Glosse" dar[90]. Daß dieser Satz andererseits angesichts der Kultuszentralisation,

---

81   O.Loretz, aaO, S.141.269f.
82   O.Loretz, aaO, S.265-268.
83   Z.B. I.Cardellini, "Sklaven"-Gesetze, S.247-251.
84   Wir meinen hier mit dem Wort "Brachjahrprinzip" nicht den Gedanken der Brache aller Felder oder der Befreiung von Schuld alle sieben Jahre, der meistens mit dem Wort "Sabbatjahr (sabbatical year)" bezeichnet wird. S.o. Anm.10.
85   Vgl. N.P.Lemche, Manumission, S.45.
86   O.Loretz, aaO, S.266, J.Meinhold, Sabbatfrage, S.131-133.
87   O.Loretz, aaO, S.267f.
88   G.Robinson, Sabbath, S.171-175, bes. S.173f.
89   O.Loretz, aaO, S.145.
90   Gegen O.Loretz, aaO, S.143. S.o. Kap.III Anm.105.

Dtn 6,9 entsprechend, eingefügt worden sei, trifft nicht zu. Zwar könnte die Willensverkündigung Gottes an den Türpfosten das Vakuum der dtn. Zentralisation ausgefüllt haben, diese Vorstellung kann an sich aber auch unabhängig vom Deuteronomium existieren[91]. Die Zuweisung von Ex 21,2-11 zur nachdeuteronomischen Fassung ist somit nicht begründet.

4.2.1.3   Der Schutz des גר

Was eigentlich die Bezeichnung גר meint, kann man durch eine Analyse der Belege dieser Bezeichnung sowie ihrer Verbform גור und durch den Vergleich mit ähnlichen Bezeichnungen (נכרי, זר und תושב) erklären. Auf zwei den Sinnbereich von גר bestimmende Elemente macht F.Crüsemann aufmerksam:

(1) גר bezeichne jemanden, der anderswoher kommt und sich dort aufhält, wo er weder Verwandtschaft noch Grundbesitz hat. "Das kann sowohl der Angehörige eines anderen Volkes (z.b. Jes 14,1) wie der eines anderen israelitischen Stammes sein (z.B. Ri 17,7)"[92].

(2) Dieser sei kein kurzfristig Verweilender, sondern halte sich auf unbestimmte Dauer auf. Wann er heimkehren könne, wisse man nicht und solle "nicht vom Einheimischen zwangsreguliert werden"[93].

F.Crüsemann gibt zwei Ursachen des גר-Problems an: nämlich Hungersnot und Krieg[94]. In der 2.P.Sg.Schicht umrahmen die Gerschutzbestimmungen (Ex 22,20a; 23,9a) ihren Zentralblock, der zwei Vorlagen - aus Ex 34 und die משפטים (Ex 21,1.12 - 22,18 od.19) - verbindet (Ex 22,20 - 23,9a*). Ferner wird die "Bedrückung" des גר mit zwei verschiedenen Verben (ינה לחץ) doppelt bezeichnet (Ex 22,20a). Wichtig ist dabei u.E. nicht der Unterschied in der Bedeutung dieser beiden Verben[95], sondern die Betonung durch die Verdoppelung des Prohibitivs als solche. Der Gerschutz scheint dadurch als das Prinzip für die in Ex 22,20 - 23,9a* geforderte soziale Gerechtigkeit hervorgehoben zu sein[96]. Nicht nur als "Gast" soll man den גר freundlich aufnehmen, sondern auch im wirtschaftlichen Leben (Ex 22,24-26) oder im Gerichtsverfahren (Ex 23,1-8) soll man keinen גר wegen seines Standes als גר benachteiligen. Durch die die Rahmenstruktur (Ex 22,20 - 23,9a*) abschließende Gerschutzbestimmung

---

[91] O.Keel, aaO, S.190f, weist darauf hin, daß es den ägyptischen Brauch, Weisungen der Gottheit auf die Türpfosten zu schreiben, auch in Israel gegeben haben könnte, obwohl bisher noch kein sicherer Beweis gefunden worden sei. Es handelt sich hier um die Türpfosten der Ortsheiligtümer aus vor-dtn. Zeit. Es ist uns unverständlich, warum O.Loretz bez. Ex 21,6a nur an die Haustürpfosten denkt (aaO, S.144f). Die folgende Übersetzung von Ex 21,6a ist durchaus möglich, und dieser Text ist in die vor-dtn. Zeit datierbar: "Dann soll sein Herr ihn zu Gott heranbringen, nämlich, er soll ihn zur Tür oder zum Türpfosten (des Ortsheiligtums) heranbringen".

[92] F.Crüsemann, Fremdenliebe, S.14.

[93] F.Crüsemann, aaO, S.14.15. Zitat auf S.15.

[94] F.Crüsemann, aaO, S.15f.

[95] J.Pons unterscheidet die Bedeutung dieser beiden Verben nicht in Ex 22,20; 23,9: L'oppresseion, S.87.95.

[96] F.Crüsemann, aaO, S.18f, ders, Bundesbuch, S.33.

(Ex 23,9a) ist gemeint: "*Jedenfalls* sollst du keinen גר bedrängen". Die 2.P.Sg.Schicht des Bundesbuches setzt also eine gesellschaftliche Situation voraus, in der sich aus der Anwesenheit des גר eines der größten sozialen Probleme ergeben hat.

Für die bisherige Forschung kam ein Zeitraum in der Geschichte Israels als historischer Ort der so betonten Gerschutzbestimmung in Frage: nämlich die Zeit nach dem Untergang des Nordreichs[97]. Diese Datierung wird durch die folgenden textlichen und archäologischen Befunde begründet:

(1) In den Berichten der vorstaatlichen Zeit werde das Problem des גר kaum thematisiert[98].

(2) "Noch bei den Propheten des 8.Jahrhunderts" - so formuliert F.Crüsemann - "werden gērīm nicht unter den Gruppen genannt, für die sie eintreten. Das ist erst bei Jeremia und Ezechiel anders, und dem entspricht das große Gewicht dieser Thematik im Deuteronomium"[99].

(3) Interessanterweise fehlt die Bezeichnung גר überhaupt in beiden Könige-Büchern. Nur in IIReg 8,1f kommt das Verb גור vor, das sich hier aber auf den Aufenthalt im Ausland wegen einer Hungersnot bezieht. Auch wenn dieser Bericht in einer Erzählung über die Tugend des Propheten Elisa die damalige soziale Situation widerspiegelt, behandelt er die Exilierten nicht als eine soziale Größe, die besonders geschützt werden soll[100].

(4) In den Chronikbüchern finden sich demgegenüber einige wichtige Berichte über den גר: IChr 22,2; 29,15; IIChr 2,16; 30,25. Auch das Verb גור kommt in IChr 16,19 und IIChr 15,9 vor. Unter diesen Belegen bezeichnen IChr 16,19 und 29,15 das ganze Volk Israel als גר; diese Stellen müssen hier also außer Betracht bleiben.

Nach IChr 22,2 und IIChr 2,16 nahm eine ziemlich große Menge von גרים am Tempelbau als Fronarbeiter teil (nach IIChr 2,16 wohnten 153600 גרים in "Israel"!). IChr 22,2 projiziert einen Vorgang des salomonischen Tempelbaus (IIChr 2,16f) auf den chronistischen Bericht über die Vorbereitung Davids zum Tempelbau[101]. Der Bericht von IIChr 2,16f seinerseits entspricht IReg 5,29f. Dem Bericht von IReg 5 zufolge wurden nun ohne Zweifel die Israeliten für die Fronarbeit zusammengebracht. Nach H.G.M.Willamson handelt es sich in IIChr 2,16f um eine chronistische

---

[97] F.Crüsemann, Bundesbuch, S.34, R.Albertz, Religionsgeschichte, S.342.

[98] C.Schäfer-Lichtenberger, Stadt, S.311f, F.Crüsemann, aaO, S.33f. Von Jos bis IISam komme das Nomen גר 4mal vor: Jos 8,33.35; 20,9; IISam 1,13, und das Verb גור 7mal (Jdc 5,17; 17.7.8.9; 19,1.16; IISam 4,3). In allen Texten sei der גר nicht als sozial Schwacher thematisiert.

[99] F.Crüsemann, aaO, S.34. Als Belege führt F.Crüsemann an: Jer 7,6; 14,8; 22,3; Ez 14,7; 22,7.29; 47,22-23; Dtn 10,18.19; 14,21.29; 16,11.14; 23,8; 24,14.17.19; 26,11.12.13.19; 28,43; 29,10; 31,12. Jes 14,1 erwähnt den גר, bezeichnet aber damit die "Diaspora". Dieser Text sei gehört zu einer späteren Schicht, siehe H.Wildberger BK X/2, S.525. O.Kaiser, ATD 18, S.23, sagt: "Es kann sich mindestens auch um die Nichtisraeliten handeln, die sich in der Diaspora zum Judentum hingezogen fühlten".

[100] Diesen Punkt erwähnt F.Crüsemann nicht. Hier darf גור hitpo in IReg 17,20 außer Betracht bleiben, weil es sich nur auf den Propheten Elia bezieht.

[101] Ob David den Tempelbau tatsächlich vorbereitet hat oder nicht, darf hier offen bleiben, vgl. W.Rudolph, HAT I/21, S.149. Wir denken, daß die chronistische Wertschätzung Davids auch auf den Tempelbau projiziert wird; vgl. F.Michaeli, CAT XVI, S.116.

Interpretation des älteren Textes (IReg 5,29f), nämlich um eine Harmonisierung dieses Textes mit dem ihm scheinbar widersprechenden Text IReg 9,22 und mit den ebenfalls unvereinbar scheinenden Geboten von Lev 25,39-46 (einen גר darf man als Sklaven besitzen, einen geborenen Israeliten demgegenüber nicht)[102]. In dieser späten Reflexion über die Fronarbeit unter Salomo (IIChr 2,16f) ist ein גר-Problem in der salomonischen Zeit also keineswegs erkennbar.

IIChr 15,9 berichtet von Einwanderern aus dem Nordreich ins Südreich, die sahen, daß JHWH auf der Seite Asas, des Königs des Südreichs, stand. Die Treue einer bestimmten Gruppe von "Nordreichisraeliten" gegenüber der religiösen Herrschaft der Jerusalemer Regierung aber stellt ein eingetragenes Motiv der Chronikbücher dar (vgl. IIChr 11,13-17)[103]. Über IIChr 15,9 hinaus wird der גר erst wieder in der Geschichte Hiskias erwähnt (IIChr 30,25). Auch in den Chronikbüchern ist bisher der גר also nicht als soziales Problem thematisiert.

(5) Nach IIChr 30 veranstaltete Hiskia in Jerusalem ein großes "Passa"-Fest und lud dazu das ganze Volk auch aus dem schon untergegangenen Nordreich ein (IIChr 30,1). Die meisten Stämme lehnten diese Einladung ab, eine Menge Volksgenossen aus bestimmten Stämmen und der Stamm Juda aber nahmen sie an (V.10-12). V.25 führt die Teilnehmer dieses Festes genauer auf: zunächst die ganze Gemeinde Juda, die Priester, die Leviten und die ganze Gemeinde, die aus Israel gekommen ist (V.25a). Diese Beschreibung der Kultgemeinde entspricht V.10-12 und spiegelt das obengenannte chronistische Motiv der Treue gewisser Nordreichisraeliten gegenüber Jerusalem wider. Auffällig ist V.25b: והגרים הבאים מארץ ישראל והיושבים ביהודה (die גרים, die aus dem Land Israel eingewandert sind und in Juda wohnen)[104]. Diese zusätzliche Angabe ist in der Abfolge der Erzählung überraschend.

Der archäologische Befund ferner spricht für die Annahme, daß eine große Menge von Flüchtlingen nach dem Untergang des Nordreichs in den Süden, besonders nach Jerusalem emigrierte. Die Zahl der Bevölkerung Jerusalems sei in dieser Zeit drei- bis vierfach vergrößert worden[105]. Hiskias Bau der Außenmauer in Jerusalem (IIChr 32,5) könnte mit dieser Bevölkerungszunahme zusammenhängen[106]. Daß das Eindringen der Flüchtlinge in dieser Zeit das גר-Problem als eine der größten Schwierigkeiten hervorgerufen und die Regulierung durch solche Bestimmungen wie Ex 22,20; 23,9 notwendig gemacht hat[107], ist sehr wahrscheinlich.

---

[102] H.G.M.Williamson, NCeB, S.201f. Er aber betrachtet den גר hier als die Urbevölkerung, die noch im Land übrig geblieben ist. Vom Sinn des Wortes גור her trifft dieses Verständnis nicht zu. Hier ist mit Menschen, die aus dem "Aus"-land gekommen sind, zu rechnen.

[103] H.G.M.Williamson, aaO, S.270.

[104] Wir denken, daß והיושבים in IIChr 30,25b nicht הגרים, sondern הבאים gleichgestellt ist, so daß IIChr 30,25b zu übersetzen ist: "und die גרים, die vom Land Israel gekommen sind und in Juda wohnen".

[105] M.Broshi, Expansion, S.21-26, W.Meier, Fremdlinge, S.40-43.

[106] M.Broshi, aaO, S.23-25, W.Meier, aaO, S.41f.

[107] F.Crüsemann, aaO, S.34.

Die Zusammenstellung von drei Gruppen sozial Schwacher (גר, Witwe und Waise) andererseits, die nach der dtn. Zeit zu einer festen Wendung geworden ist[108], wurde im Bundesbuch erst durch die Einfügung der 2.P.Pl.Sätzen gestaltet. Die 2.P.Sg. Schicht scheint also auch in Hinsicht auf diese sprachliche Eigenart in vordeuteronomischer Zeit gebildet worden zu sein.

Aus der bisherigen Diskussion ergibt sich als terminus ante quem der 2.P.Sg. Schicht ohne Zweifel die Zeit des Deuteronomiums. Terminus a quo ist wahrscheinlich die Zeit des Untergangs des Nordreichs. Dieser Angabe liegt allerdings ein methodisches Problem zugrunde: der terminus a quo ist durch ein einziges Indiz, das Fehlen einer Spur des Problems (Altar, Sklave, גר) in frühen Texten erschlossen worden. Allein die auch archäologisch nachweisbare Einwanderung einer großen Menge von Nordreichisraeliten nach Jerusalem könnte einen positiven Anhaltspunkt für die Datierung der 2.P.Sg.Schicht darstellen. Im folgenden soll gezeigt werden, daß - zusätzlich zu den erwähnten Argumenten - auch der Vergleich der 2.P.Sg. Schicht mit der Verkündigung des Amos den obengenannten terminus a quo wahrscheinlich macht.

4.2.2   Vergleich mit der Verkündigung des Amos

Auf die Beziehung der Verkündigung des Amos zum Bundesbuch wird häufig aufmerksam gemacht. Die Ähnlichkeit der behandelten Themen sowie der Gedanken zwischen Am 2,6-8 und Ex 22,20-26, Am 5,10-12 und Ex 23,1-8 ist bemerkenswert[109].

Es ist im allgemeinen anerkannt, daß die Verkündigung des Amos vom Bundesbuch abhängig ist[110]. Diese Sicht aber beruht u.E. nur auf einer Meinung, die seit der Entdeckung der altorientalischen Rechtskorpora vorherrschend geworden ist, daß nämlich das Bundesbuch ein altes (primitives) Rechtsbuch darstelle und kurz nach der Begegnung des in Kanaan seßhaft gewordenen Israels mit der kanaanäischen Rechtskultur entstanden sei[111]. Im Hinblick auf mögliche Indizien für die Spätdatierung der 2.P.Sg.Schicht ist diese Sicht über die Beziehung zwischen dem Bundesbuch und dem Amosbuch zu überprüfen.

---

[108]   Dtn 10,18; 14,29; 16,11.14; 24,17.19.20.21; 26,12.13; 27,19; Jer 7,6; 22,3; Ez 22,7; Mal 3,5; Sach 7,10; Ps 94,6; 146,9. Vgl. oben Anm.99.

[109]   Z.B. H.W.Wolff, BK XIV/2, S.203.290, ders, Amos' Heimat, S.48, A.Phillips, Prophecy, S.220, H.B.Huffmon, Social Role, S.112, J.-L.Vesco, Amos, S.489-493.497-500.503f.

[110]   Siehe die Literatur in Anm.109. F.Crüsemann und R.Albertz, die die Endredaktion des Bundesbuches in die Zeit nach dem Untergang des Nordreichs datieren (F.Crüsemann, aaO, S.34, R.Albertz, aaO, S.342), erörtern nicht die Beziehung zwischen dem Bundesbuch und Amos. R.Albertz aber bezieht das Bundesbuch als Programm der hiskianischen Reform auf das Hoseabuch: ebd. Siehe weiter unten 4. 2. 3.

[111]   U.a. A.Alt, aaO, S.331f, M.Noth, aaO, S.140f.

4.2.2.1   Die מֹשְׁפָּטִים und die Weisungen im Amosbuch

Im Amosbuch findet sich nicht nur die obengenannte Entsprechung zum Bundesbuch, die sich auf die Weisungen bezieht, sondern darüberhinaus auch noch ein
gewisses Echo der מֹשְׁפָּטִים. R.Bach setzt A.Alts Gruppierung des israelitischen
Rechts in kasuistisches und apodiktisches Recht voraus und betrachtet diese zwei
Gruppen als einander entgegenstehende Traditionen. Amos stehe in der Tradition
des apodiktischen Rechts und demnach der Tradition des kasuistischen Rechts entgegen[112]. Amos kritisiere keinen Mißbrauch des kasuistischen Rechts, sondern schon
dessen Prinzip[113].

Ob das sogenannte apodiktische Recht gegenüber dem kasuistischen Recht eine
oppositionelle Tradition darstellte, ist schon an sich zweifelhaft[114]. Abgesehen von
dieser überlieferungsgeschichtlichen Frage aber bleibt zudem fraglich, was eigentlich
Amos kritisierte, einen Mißbrauch des (kasuistischen) Rechts oder das Prinzip des
Rechts überhaupt. R.Bach konnte als Beispiel der Kritik des Amos am kasuistischen
Rechtsprinzip nur dessen Vorwurf gegen die Schuldsklaverei und gegen das Empfangen des Bußgeldes heranziehen[115]. Ansonsten beruht seine Argumentation allein
darauf, daß die Sozialkritik des Amos nicht im kasuistischen Recht, sondern nur im
apodiktischen Recht ihre Entsprechung finde[116]. Ex 21,2-11 nimmt nun zwar die
Schuldsklaverei auf, dient darin jedoch einer sehr realistischen Beschränkung der
Sklaverei und widerspricht der Verkündigung des Amos keineswegs. Sofern aber Ex
21,2-11 (und 24-27) - wie gezeigt - ihrerseits eine Korrektur an den älteren מֹשְׁפָּטִים
beinhalten, kann dieser Text durchaus als eine der Verkündigung des Amos parallele
Kritik am älteren Prinzip verstanden werden (diese Kritik aber geschieht von Seiten
des "apodiktischen" Rechts, sofern Ex 21,2-11 (24-27) mit Ex 23,10-12 verbunden
sind! Das aber unterscheidet sich grundlegend von R.Bachs Meinung. Hier liegt
keine Opposition der Traditionen vor).

Es gibt im Amosbuch noch eine andere Art der Entsprechung zu den מֹשְׁפָּטִים als
die explizite kritische Stellungnahme. Auffällig ist zunächst Am 3,12. Die Funktion
dieses Textes im Amosbuch stellt zu den Texten, die im Weisungsteil des Bundesbuches ihre Entsprechung finden, einen merkwürdigen Gegensatz dar.

Am 3,12 entspricht Ex 22,12[117]. Amos verkündigt, daß Israel "gerettet" werden
wird, gleichwie ein Hirte aus dem Maul des Löwen zwei Beine oder ein Ohrläppchen
(des Schafes) reißt (Am 3,12). Ein Hirte "rettet" ein Ohrläppchen oder ein Bein und

---

[112]   R.Bach, Gottesrecht, S.24f.34 und passim.
[113]   R.Bach, aaO, S.29 und passim.
[114]   So kritisiert schon H.W.Wolff die Meinung R.Bachs auf der Grundlage seiner These, "Amos'
        geistige Heimat" sei in der weisheitlichen Tradition zu suchen: Amos' Heimat, S.60f. Siehe auch
        die Tabelle der "Rechtssprache im Amosbuch" bei K.Koch, Amos, I, S.284, und die Erläuterung,
        aaO, II, S.98.
[115]   Vgl. Ex 21,2-11 usw. gegen Am 2,6; Ex 21,22 usw. gegen Am 2,8; R.Bach, aaO, S.28-30.
[116]   R.Bach, aaO, S.25-27.30-33.
[117]   Daß Am 3,12 zur Verkündigung des Amos (oder sozusagen zum ursprünglichen Bestandteil des
        Amosbuches, jedenfalls aus der Zeit vor dem Untergang des Nordreichs) gehört, ist nicht umstrit-
        ten: H.W.Wolff, BK XIV/2, S.130, J.Vermeylen, Isaie II, S.527f, R.B.Coote, Amos, S.12, O.Kaiser,
        Einleitung, S.223f.

bringt es als Zeugnis zum Tierbesitzer, der ihm das Tier hinterlegt hat, um das gerissene Tier nicht ersetzen zu müssen (Ex 22,12). Ob Amos diese Bestimmung aus dem Gesetzbuch des Jerusalemer Gerichts (Ex 21,1.12 - 22,18*(19)) herangezogen hat, darf zunächst unberücksichtigt bleiben. Wichtiger ist, daß es sich hier um einen geschickten rhetorischen Schachzug handelt, der für die Verkündigung des Urteils JHWHs die Formulierung eines Gesetzes benutzt. Israel hätte wahrscheinlich behauptet, daß es das Gesetz beachtet. Den Schuldner wegen seiner nicht zurückgezahlten Schuld als Sklaven zu verkaufen (Am 2,6)[118], vom Schuldner ein Pfand (Am 2,8), Ersatz- oder Lösegeld zu nehmen (Am 2,8; 5,12)[119] oder eine Abgabe vom (aus dem geliehenen Samen erwachsenen) Getreide zu erheben (Am 5,11) widerspricht - äußerlich gesehen - dem Gesetz durchaus nicht[120]. Aus der Versklavung aufgrund einer nicht zurückgezahlten Schuld aber ergab sich z.b. häufig die Versklavung des Schuldners für einen sehr niedrigen Preis, weil er nur wegen des unbezahlten Restes der Schuld - auch wenn dieser sehr klein war - verkauft werden sollte. Die Pfandnahme verletzt oft die "Existenzberechtigung" des Schuldners tiefer, als dieser entsprechend seiner Schuld erleiden müßte[121]. Durch eine finanzielle Entschädigung für Körperverletzung beutet der Reiche oft den Armen aus[122]. Angesichts der Produktivität damaliger Landwirtschaft bedeutete die Forderung von Abgaben auf Getreide bzw. von Pachtgeld faktisch, daß einem armen Bauer oder einem Pächter der im nächsten Jahr zu säende Same fehlte[123]. Bei Amos geht es also insgesamt um den Mißbrauch des Gesetzes bzw. die Nutzung der Lücken des Gesetzes. Wegen dieses Unrechts bestraft JHWH Israel. Israel wird durch die Feinde zugrundegerichtet werden (Am 3,9-11). Die Strafe stellt ein Spiegelbild des Vergehens Israels dar. JHWH überläßt Israel den Feinden. Israel kann aber JHWH eben nach dem Gesetz (vgl. Ex 22,12) wegen dieser "Vernachlässigung" nicht beschuldigen (Am 3,12)! Für diese rhetorische Pointe ist es also notwendig, daß den Zuhörern eine Bestimmung wie Ex 22,12 bekannt war.

---

[118] Vgl. Ex 21,2a; 22,2b; IIReg 4,1.

[119] Die Pfandnahme und das Empfangen von Ersatz- oder Lösegeld sind an sich (abgesehen von dem späten Text Num 35,31-33) nicht verboten: Ex 22,25; 21,22.30. Zum Wort כפר in Am 5,12 siehe unten 4. 2. 2. 2.

[120] Abgabe auf Getreide zu erheben, könnte gegen das Zinsverbot (Ex 22,24b) verstoßen. Wir denken aber, daß Amos das sogenannte Zinsverbot nicht kannte. Auch für das Bundesbuch stellt es einen Nachtrag dar; s.u. 5. 2. 2. 3. Daß Am 2,6-8 (außer V.7bβ.8aβ.bβ, die sich auf kultische Probleme beziehen) zum ursprünglichen Bestandteil des Amosbuches gehören, ist kaum zweifelhaft: H.W. Wolff, aaO, S.130.163, J.Vermeylen, aaO, S.536.540, R.B.Coote, aaO, S.11.32, O.Kaiser, aaO, S.223f.

[121] Vgl. Ex 22,26a.bα.

[122] Vgl. F.Crüsemann, "Auge um Auge", S.425: "Von Ärmeren und Abhängigen werden, etwa aufgrund falscher Beschuldigungen, auf diese Weise Gelder erpreßt, die sie tiefer in Verschuldungen und Abhängigkeiten treiben".

[123] Nach den Daten vom Anfang dieses Jhs. erschließt G.Dalman, Arbeit und Sitte III, S.153f, den Ertrag des Landes; höchstens dreißigfachen Ertrag gegenüber der Aussaat, meistens aber unter zehnfachen (mit Ausnahme von Gerste in der Küstenebene von zwanzig- bis hundertzehnfachen). Der Ertrag in biblischer Zeit ist noch niedriger anzusetzen: aaO, S.162f. Siehe ferner B.Lang, Organization, S.49f.

Wenn weiter der Ausdruck עַל שְׁלֹשָׁה פִּשְׁעֵי (Am 1,3.6.9.11.13; 2,1.4.6) mit dem Ausdruck von Ex 22,8 (עַל כָּל דְּבַר פֶּשַׁע) verbunden ist[124], handelt es sich auch hier um einen das Gesetz benutzenden rhetorischen Stil. In Ex 22,8 wird eine Befragung Gottes darüber, ob der Angeklagte schuldig ist, institutionalisiert. In Am 1,3 - 2,8 antwortet JHWH - wahrscheinlich in Form eines solchen Orakels -, daß die genannten Völker schuldig sind. Wenn also dieser Amostext eine solche Rhetorik verwendet, setzt Amos Ex 22,8 voraus und nicht umgekehrt[125].

Die ein bestimmtes Gesetz voraussetzende Rhetorik bezieht sich im Amosbuch auf die משפטים-Bestimmungen, nicht auf die Bestimmungen aus dem Weisungsteil. Daß darüberhinaus einige Einzelbestimmungen, wie sie im Weisungsteil ihre Entsprechung finden, bei Amos vorausgesetzt wurden, ist freilich nicht auszuschließen. Die Kritik an Problemen, auf die sich auch die Bestimmungen des Weisungsteils beziehen, scheint aber formuliert worden zu sein, ohne daß eine ältere (bekannte) Bestimmung herangezogen worden wäre.

4.2.2.2   Ex 22,20 - 23,9a* und das Amosbuch
Im Sondergut der 2.P.Sg.Schicht des Bundesbuches ist die Entsprechung des Zentralblocks (Ex 22,20 - 23,9a*) zum Amosbuch ziemlich klar.

In Ex 22,20 - 23,9a* werden die zu schützenden Schwachen mit vier Bezeichnungen genannt: אביון (Ex 23,6), דל (Ex 23,3), עני (Ex 22,24) und צדיק (Ex 23,7f). Am 5,11f nennen דל, אביון und צדיק, Am 8,4-6 דל, אביון und עני und Am 4,1 nur אביון und דל. Bemerkenswert ist die Anklage von Am 2,6f, in der alle vier Bezeichnungen vorkommen (nur ענו anstelle von עני). Die Zusammenstellung der vier Bezeichnungen findet sich im AT nur eben in Am 2,6f und Ex 22,20 - 23,9a*. In Ps 72 kommen zwar ebenfalls diese vier Bezeichnungen vor, צדיק bezeichnet dort jedoch nicht den zu schützenden Schwachen, sondern den König, von dem der Schutz der Schwachen erwartet wird. In der Am 2,6 parallel formulierten Anklage Am 8,6 kommt דל anstelle von צדיק vor[126]:

Am 2,6   על מכרם בכסף צדיק ואביון בעבור נעלים
8,6   לקנות בכסף דלים ואביון בעבור נעלים

Inhaltlich geht es in Am 2,6 (//8,6) um das Eintreiben der Schuld und die sich eventuell daraus ergebende Versklavung des Schuldners. Diese Anklage entspricht genau Ex 22,24a[127]. Weiter thematisiert Am 2,8 eine Pfandnahme und entspricht somit Ex 22,25. Das Verb חבל (auch das Nomen) wurde mindestens im AT - abgesehen zunächst von Ex 22,25 - erst von Amos verwendet[128]. Die parallele Kritik von

---

[124] R.Knierim, Hauptbegriffe, S.126-129.
[125] R.Knierim, aaO, S.128f.
[126] H.W.Wolff, aaO, S.132, meint, Am 8,6 stamme aus der Amos-Schule, die die Amosworte (2,6b) überliefert hat.
[127] In Ex 22,24a wird das Eintreiben der Schuld behandelt. Das Zinsverbot ist nicht gemeint. S.o. 2.3.1.2.
[128] Außer Am 2,8 und Ex 22,25 kommt חבל qal in Dtn 24,6.17; Ez 18,16.16; Neh 1,7; Hi 24,3.9; (auch

Ex 22,24a.25 und Am 2,6-8 am harten Eintreiben der Schuld und an der Pfandnahme ist im Blick auf das AT insgesamt auffällig.

Die Anklage Am 5,10-12 enthält drei Bezeichnungen von Schwachen und entspricht schon in dieser Hinsicht Ex 23,1-8: דל (Am 5,11/Ex 23,3), צדיק (Am 5,12ba/Ex 23,7f) und אביון (Am 5,12bβ/Ex 23,6). Diese Anklage wird mit der Kritik bez. der Gerechtigkeit in der Torgerichtsbarkeit umrahmt. V.12bβ stellt ferner eine Parallele zu Ex 23,6 dar[129]:

Am 5,10a	שנאו בשער מוכיח
12bβ	ואביונים בשער הטו
Ex 23,6	לא תטה משפט אביונך בריבו

Ob כפר in Am 5,12ba "Bestechung" bedeutet, wie im allgemeinen angenommen wird, oder "Lösegeld", ist nicht eindeutig[130]. Wenn כפר "Bestechung" bedeutet, geht es in V.10 und V.12b eindeutig um die Gerechtigkeit im Gerichtsverfahren. V.12ba ist dabei mit Ex 23,7f vergleichbar; sowohl thematisch als auch im Hinblick auf die Verknüpfung des Themas "Unrecht gegen den צדיק" mit dem der "Bestechung" (in Ex 23,8 שחד). Wenn andererseits כפר "Lösegeld" bezeichnet, geht es hier um die Ausbeutung der Schwachen durch Lösegeld im Fall von Körperverletzung, und V.12ba stellt mit V.11aaβ zusammen den Inhalt des Unrechts dar. "Feindschaft" gegen den צדיק (V.12ba) aber kann die Beschuldigung des Gerechten bzw. die Abwälzung der Schuld auf einen Gerechten bedeuten, V.12ba entspricht also insofern Ex 23,7.

Das Wort בושסכם (Am 5,11a) bedeutet wahrscheinlich "Pachtgeld erheben"[131]. Diese Kritik aber setzt nicht das Zinsverbot nach Ex 22,24b voraus, sondern wird damit begründet, daß eine Abgabe auf Getreide die Reproduktionsmöglichkeit der Armen zunichtemacht. Obwohl dieser Vers das Wort דל enthält, entspricht er aber inhaltlich nicht Ex 23,3, dem Verbot, einen דל zu bevorzugen. Ferner behandelt Am 5,11a das Problem des Gerichtsverfahrens selbst nicht. Es kann lediglich gesagt werden, daß Ex 23,3 und Am 5,11a im Zusammenhang der Gerechtigkeit des Ge-

---

Mi 2,10 nach K-B³ I, S.274), weiter in Hi 22,6; Prov 20,16//27,13 vor. Das Nomen: Ez 18,12.16; 33,15; (Mi 2,10). חבלה: Ez 18,7.

[129] R.B.Coote, aaO, S.79-84, schreibt Am 5,12a der von ihm sogenannten "Stage B" zu. J.Vermeylen, aaO, S.552-554, betrachtet demgegenüber Am 5,11-12a als einheitlichen Text, der durch die dtr. Hand formuliert worden sei. Er weist auf die Parallelen in V.11aβ (nach unserer Verseinteilung V.11aγδ). V.11b zu Dtn 28,30a.b und Zeph 1,13baβ (nach unserer Verseinteilung Zeph 1,13baβ.γδ) hin (S.553). V.12a, der mit V.11 untrennbar verknüpft sei, stelle die Vorstellungen von anderen von ihm als dtr. herausgearbeiteten Versen im Amosbuch (Am 3,2; 4,4; 9,8a) zusammen (S.554). V.11aa (nach unserer Verseinteilung V.11aaβ) sei im Hinblick auf die Terminologie (בר, דל) unter dem Einfluß von Am 2,7 und 8,5-6 formuliert worden (S.553). V.11aaβ muß aber u.E. gerade wegen seiner Terminologie mit Am 2,6-8 zusammengehören. Ob V.11aγ-12a zum ursprünglichen Text gehören, muß hier unberücksichtigt bleiben. Die chiastische Struktur von V.10 (A) - V.11aaβ (B) - V.12ba (B) - V.12bβ (A) ist jedoch deutlich, vgl. J.de Waard, Chiastic Structure, S.174f.

[130] Als "Bestechung" liest es H.W.Wolff, aaO, S.292. Dagegen K.Koch, Kritik, S.244 Anm.35.

[131] H.W.Wolff, aaO, S.270.

richtsverfahrens den דל berücksichtigen.

H.W.Wolff nimmt als Grund der parallelen Vorstellungen der beiden Texte, Amos und des Bundesbuches, eine gemeinsame Wurzel in der weisheitlichen Tradition an[132]. Auch wenn Amos und das Bundesbuch weisheitliche Worte bzw. Vorstellungen verwendet hätten, sollten ihre Aussagen - vor allem in ihrem Gesamtbild - gleichwohl vom Kontext ihrer konkreten sozialgeschichtlichen Entstehungssituation her verstanden werden. Die obengenannte enge Parallelität weist mindestens darauf hin, daß Amos und Ex 22,20 - 23,9a* zu ein und derselben sozialgeschichtlichen Phase gehören.

Die Parallelität von Ex 22,20 - 23,9a* zu Am 2,6-8*; 5,10-12* ferner besteht nicht nur in Einzelvorstellungen, sondern auch in der inneren Struktur der Texteinheiten, nämlich in der Zusammenstellung der Bezeichnungen der Schwachen (Ex 22,20 - 23,9a*/ Am 2,6-8*; Ex 23,1-8/ Am 5,10-12), der Zusammenstellung der Kritik am Eintreiben der Schuld und an der Pfandnahme (Ex 22,24f*/ Am 2,6-8*), im Thema "Beugung des Rechts der Armen (Ex 23,6/ Am 5,12bβ), Hilflosen (Ex 23,3/ Am 5,11aα) und Gerechten (Ex 23,7(8)/ Am 5,12bα)" im Zusammenhang der Gerechtigkeit im Gerichtsverfahren (Ex 23,1-3.6-8/ Am 5,10.12b). Mit einer Abhängigkeit des einen vom anderen - auch wenn es sich nicht um eine "literarische" Abhängigkeit handelt - ist über die gemeinsame Herkunft aus der weisheitlichen Tradition hinaus zu rechnen.

Die 2.P.Sg.Schicht von Ex 22,20 - 23,9a* und die genannten Amostexte sind wie folgt vergleichbar:

---

[132] H.W.Wolff, Amos' Heimat, S.34.36.48.51f.

Am 2,6b-8		Ex 22,20-26*	
		20	וגר לא תונה ולא תלחצנו
			. . .
6b	על מכרם בכסף צדיק	24a	אם כסף תלוה את עמי את העני עמך
	ואביון בעבור נעלים		לא תהיה לו כנשה
7a	השאפים על עפר ארץ בראש דלים		
	ודרך ענוים יטו		
	. . .		
8	ועל בגדים חבלים יטו [אצל כל מזבח]	25	אם חבל תחבל שלמת רעך
			עד בא השמש תשיבנו לו
	ויין ענושים ישתו בית אלהיהם		. . .

Am 5,10-12		Ex 23,1-8	
10	שנאו בשער מוכיח	1	לא תשא שמע שוא
	ודבר תמים יתעבו		אל תשת ידך עם רשע להית עד חמס
		2	לא תהיה אחרי רבים לרעת
			ולא תענה על רב לנטת
11	לכן		אחרי רבים להטת
	יען בושסכם על דל	3	ודל לא תהדר בריבו
	ומשאת בר תקחו ממנו		
	. . .		. . .
12b	צררי צדיק לקחי כפר	6	לא תטה משפט אבינך בריבו
		7	מדבר שקר תרחק
	ואביונים בשער הטו		ונקי וצדיק אל תהרג
			כי לא אצדיק רשע
		8	ושחד לא תקח
			כי השחד יעור פקחים ויסלף דברי צדיקים

Kritisierte nun Amos das Unrecht Israels vom Standpunkt von Ex 22,20 - 23,9a*
aus, oder haben Ex 22,20 - 23,9a* die Verkündigung des Amos übernommen? Das
letztere ist wahrscheinlicher. Zwischen Ex 22,20 - 23,9a* und Am 2,6-8*; 5,10-12*
kann keine literarische Beziehung, wie die zwischen Ex 34,11-26 und dem Weisungsteil des Bundesbuches, nachgewiesen werden[133]. Daraus daß der Themenbereich von
Ex 22,20 - 23,9a* umfassender ist als der von Am 2,6-8*; 5,10-12*, und daraus daß in
Ex 22,20 - 23,9a* systematisch verknüpft ist, was Am 2,6-8* und 5,10-12* getrennt
thematisieren, ergibt sich also nicht notwendig, daß Ex 20,22 - 23,9a* eine entwickeltere, jüngere Phase als der Amostext darstellen. Es ist jedoch auffällig, daß in Ex
23,1-8 das Thema bez. der Schwachen (דל, אביון und צדיק) auf die Gerechtigkeit des
Gerichtsverfahrens konzentriert ist (Ex 23,3.6.7f), während in Am 5,10-12 bez. דל das
Pachtgeld oder die Abgabe von Getreide thematisiert wird (Am 5,11a), und es beim
צדיק - sofern כפר als "Lösegeld" zu verstehen ist - nicht nur um eine "Feindschaft"
gegen den צדיק (wahrscheinlich im Gerichtsverfahren), sondern auch um eine Aus-

---

133   S.o. 2. 4. 2.

beutung geht (Am 5,12bα). Die Annahme, daß Amos die Worte von Am 5,10-12* auf
der Grundlage von Ex 23,1-8 formuliert habe, ist unwahrscheinlich, denn es ist
schwer vorstellbar, daß er in einem Ex 23,1-8 ähnlichen Zusammenhang - die Rahmung durch die Kritik an der Gerechtigkeit im Gericht Am 5,10.12b(α)β entspricht
Ex 23,1f.7f - die Bestimmungen, die zum einheitlichen Themenbereich von Ex 23,1-8
"Beugung des Rechts" gehören (Ex 23,3.7b), durch ein anderes Thema "Pachtgeld"
(Am 5,11a.12bα) ersetzt hätte. Auch in Am 2,6-8* wäre z.b. zu fragen, warum Amos
nicht sagt: "Israel ist zu einem נשה geworden", wenn er auf der Grundlage von Ex
22,24a das harte Eintreiben der Schuld kritisiert hätte.
     Vielmehr ist demgegenüber denkbar, daß Ex 22,20 - 23,9a* die Verkündigung des
Amos übernommen und sie als Vorschrift systematisiert haben.
     Wir wollen nun weiter bedenken, ob das übrige Sondergut der 2.P.Sg.Schicht, das
Sklavenrecht und das Altargesetz, ebenfalls Bezüge zum Amosbuch aufweist.

4.2.2.3   Das Sklavenrecht und das Amosbuch
Das Motiv "Freilassung des Sklaven im siebenten Jahr" begegnet im Amosbuch
nicht. Die Hervorbringung dieser Vorstellung geht wahrscheinlich auf die Komposition der 2.P.Sg.Schicht zurück, die die Vorstellung des Brachjahres mit der der Freilassung des Sklaven verbunden hat[134].
     Am 2,6; 8,6 beziehen sich eindeutig auf die Versklavung der Schuldlosen und der
Armen und kritisieren diese grundsätzlich[135]. Die Formulierungen in Ex 21,2-11.24-
27 setzen demgegenüber eine gewisse Akzeptanz der Schuldsklaverei voraus. Hier
geht es lediglich um deren Beschränkung. Während Amos der Ausbeutung der
Armen mit einem absoluten "Nein" entgegenstand, versuchte das Gesetz, durch eine
Institution (Freilassung im siebenten Jahr), die sich aus der Erweiterung der religiö-
sen Grundsätze von Ex 34,11-26 durch soziale Bestimmungen ergab, das brennende
Problem zu lösen. Amos scheint diese Einrichtung der Freilassung nicht gekannt zu
haben. Dieser Befund spricht für eine spätere Datierung der 2.P.Sg.Schicht des
Bundesbuches als die des Amosbuches.
     R.B.Coote denkt, daß sich die die Notlage der Bauern verursachende ungerechte
Ordnung der Gesellschaft, die den sozialen Hintergrund der Verkündigung des
Amos bildet, direkt aus folgenden Faktoren ergeben habe; nämlich (1) aus der
Veränderung der vorherrschenden Form des Grundbesitzes von der erblichen zur
"prebendal", bei der die endgültige Besitzerschaft durch die staatlichen Beamten
ausgeübt worden wäre, und (2) aus der Rolle der herrschenden Oberschicht, die aus
der Veränderung der Form des Grundbesitzes einen großen Gewinn gezogen
habe[136]. Es handelt sich hier um eine "latifundialization", also - im Hinblick auf die
Abgabe auf den Acker - um die Entstehung des sogenannten Rentenkapitalismus,

---

[134]   Durch die Entsprechung in der Rahmenstruktur der 2.P.Sg.Schicht Ex 21,2-11/ 23,10-12: s.o.
        4. 1. 1.
[135]   Daß Amos die Schuldsklaverei als Rechtsinstitut ablehnte, ist unwahrscheinlich, vgl. dazu H.W.
        Wolff, BK XIV/2, S.201.
[136]   R.B.Coote, aaO, S.26-32. Vgl. B.Lang, aaO, S.48f.53ff.

bei dem die herrschende Gruppe als Landherren durch die Abgabe auf den Acker die Bauern ausbeutet[137]. Dieses Abgabensystem führte dazu, daß den Bauern oftmals der Grundbesitz abgenommen wurde und ihre Versklavung zur Folge hatte[138]. Die Veränderung der Grundbesitzform geschah in der Zeit vom 10. bis zum 7.Jh[139]. Dieser soziale Hintergrund des Amosbuches muß nun auch als der von Ex 21,2-11.24-27 gelten.

4.2.2.4   Das Altargesetz und das Amosbuch

Die Datierung der Amostexte, in denen ein Altar bzw. eine Kultstätte thematisiert wird, ist zwar sehr strittig[140]. Doch in Am 4,4f; 5,4f.21-24 oder mindestens im Hintergrund dieser Texte ist die Kritik des Amos am Heiligtum sichtbar.

Das Thema von Am 4,4f und 5,5 ist nicht die durch JHWHs Privilegrecht motivierte Kultpolemik, sondern eine Kritik an der religiösen Selbstzufriedenheit Israels, das behauptete, daß es immer einen Gott wohlgefälligen Kult begehe, so daß es vor Gott zu loben sei (Am 4,4b-5). Unter dem Deckmantel dieser religiösen Selbstzufriedenheit wurden die sozial Schwachen - so kritisiert Amos - bedrückt und die Gerechtigkeit gebeugt (vgl. Am 4,1)[141]. Der "Gott wohlgefällige" Kult auf Kosten der ausgebeuteten Schwachen sei, so Amos, als JHWHwidrig anzusehen. Im Hinblick darauf, daß die Anklage des Amos gegen den Kult also im Grunde eine Sozialkritik darstellt, ist diese von der Kultpolemik der dtn. oder josianischen Kultreform, die sich hauptsächlich auf das 1. und 2.Gebot bezieht, zu unterscheiden[142]. In diesem Zusammenhang mit der Sozialkritik ist auch der auf den Kult bezogene Anspruch JHWHs in Am 5,21-24 zu verstehen. In V.24 wird die Verwirklichung von Gerechtigkeit und Recht den reichen Kulthandlungen (V.21-23) gegenübergestellt.

Der Vorwurf in Am 4,4a; 5,5 ist mit den Heiligtümern Bethel und Gilgal verbunden. Es ist gut denkbar, daß der Kult in Bethel und Gilgal zum religiösen Selbstbewußtsein Israels beigetragen hat.

Das Altargesetz Ex 20,24-26 in seinem Gesamtbild stellt keine Götzen- oder Kultartpolemik dar, sondern betont die Notwendigkeit der Namensverkündigung JHWHs

---

137 R.B.Coote, aaO, S.29, B.Lang, aaO, S.49-52.

138 R.B.Coote, aaO, S.32, B.Lang, aaO, S.49f.

139 R.B.Coote, aaO, S.28. In bezug auf die Verkündigung Jesajas vgl. D.N.Premnath, Latifundialization, S.49ff.

140 Siehe die kurze Darstellung der heutigen Forschungslage bei A.G.Auld, Amos, S.63-66. A.G.Auld zählt Am 4,4-5; 5,4-6.14-15.21-27 und eventuell auch 8,9-10 zu den Texten bez. der kultischen Probleme. R.B.Coote, aaO, S.48-53.73-86, weist diese Texte außer Am 8,9-10 der "Stage B" zu, die in das 7.Jh, bes. in die Josiazeit, zu datieren sei. J.Lust (Redaction, zusammenfassend S.150.152-154) arbeitet in Am 5,4-5 sprachliche Elemente heraus, die für die Josiazeit signifikant seien, und in Am 5,14f solche, die aus exilisch-nachexilischer Zeit stammten. H.W.Wolff, aaO, S.130.256.306, betrachtet dagegen Am 4,4f; 5,4f.21-24 außer kleinen späteren Zusätzen als die Amos selbst zuzuschreibenden Worte: aaO, S.130. 256.306.

141 H.B.Huffmon, aaO, S.110.

142 Vgl. IIReg 23,4-20. Vergleicht man den Schwerpunkt von Am 5,21-24 mit dem von Am 5,25f, der meistens als dtr. Zusatz betrachtet wird (H.W.Wolff, aaO, S.137), wird der Unterschied noch deutlicher.

(V.24b) und verwirft den Altar aus behauenen Steinen (V.25a) oder den Stufenaltar (V.26a), und zwar mit einer grundsätzlichen Ablehnung (V.25b) sowie einer Verspottung (V.26b)[143]. Im Altargesetz an sich ist zwar keine soziale Kritik erkennbar. Gehört es aber zum Sondergut der 2.P.Sg.Schicht des Bundesbuches, das Ex 34,11-26 gegenüber eine Erweiterung durch *soziale* Bestimmungen darstellt, ergibt sich doch eine Beziehung zwischen dem Altargesetz und der Verkündigung des Amos: hinter dem Bau eines Altars aus behauenen Steinen oder eines mit Stufen kann man einen religiösen Stolz erkennen, der die Präsenz JHWHs an diesem Kultort behauptet. Daß das Altargesetz eine Polemik gegen den verfeinerten Altar darstelle[144], trifft in dieser Hinsicht zu. Seine Rolle als Vorwurf gegen Luxus wurde nicht sekundär, wie G.Fohrer denkt, zugefügt[145], sondern ist von vornherein zentral beabsichtigt. Obwohl sich die Kritik in Ex 20,24-26 auf die Bauart des Altars konzentriert, während Amos die Durchführung des Kultes überhaupt thematisiert, ist die Parallelität der Intention des Altargesetzes Ex 20,24-26 zur Kritik des Amos an der Religion des Nordreichs damit deutlich.

4.2.2.5   Die Komposition der 2.P.Sg.Schicht und das Amosbuch
- Zusammenfassung -

Das Sondergut der 2.P.Sg.Schicht des Bundesbuches (Ex 20,24-26; 21,2-11.24-27; 22,20 - 23,9a*) hat, wie gesehen, eine Verwandtschaft mit der Verkündigung des Amos. Diese Verwandtschaft scheint zumeist in einer thematischen Entsprechung zu bestehen. Doch die innere Struktur des Sachzusammenhangs in Ex 22,20 - 23,9a* ist mit Am 2,6-8*; 5,10-12* vergleichbar, so daß die Verwandtschaft der beiden Texten nicht nur durch einen gemeinsamen sozialgeschichtlichen Hintergrund oder durch eine gemeinsame Wurzel in derselben Tradition zu erklären ist. Auffälligerweise ist die Verwandtschaft mit dem Amosbuch nur im Sondergut der 2.P.Sg.Schicht erkennbar. Die von den Vorlagen übernommenen Rechtstexte (Ex 21,1.12 - 22,18*(19); 23,12-19.24.32f*) haben keine Entsprechung im Amosbuch. Amos kennt zwar eine Bestimmung wie Ex 22,12, benutzt sie jedoch *nur* rhetorisch für das göttliche Urteil. Andererseits decken die mit der Verkündigung des Amos verwandten Themen den größten Teil des Sonderguts. Im Vergleich der Einzeltexte haben wir schon gesehen, daß wahrscheinlich Amos der 2.P.Sg.Schicht des Bundesbuches vorangeht. Die Übereinstimmung der Abgrenzung des mit Amos verwandten Textes und der neu formulierten Kompositionselemente der 2.P.Sg.Schicht führt aber zu der Vermutung, daß die 2.P.Sg.Schicht unter dem Einfluß der Verkündigung des Amos komponiert worden ist.

Die Beibehaltung des Gesetzbuches des Jerusalemer Gerichts (Ex 21,1.12 - 22,18*(19)) macht noch wahrscheinlicher, daß die Komposition der 2.P.Sg.Schicht aus Juda, und zwar wahrscheinlich aus dem Traditionskreis Jerusalems stammt. Als

---

[143]   S.o. 4. 2. 1. 1.
[144]   So O.Eißfeldt, Einleitung, S.290.
[145]   Vgl. E.Sellin/ G.Fohrer, Einleitung, S.147.

Vorgänger des Sondergutes der Komposition kommt also das verschriftete Amos-buch in Frage[146].

Im Amosbuch ist das גר-Problem noch nicht behandelt. Nach der Amoszeit wurden Galiläa, Gilead und Dor von Assyrien als Provinz einverleibt (733 v.Chr)[147]. Das Eindringen der Flüchtlinge ist zwar schon für diese Zeit nicht unvorstellbar. Jedoch ist der גר erst nach dem Untergang Samarias (722 v.Chr) durch die außergewöhn-liche Vergrößerung der Bevölkerungszahl zu einem unübersehbaren sozialen Pro-blem geworden[148]. Die 2.P.Sg.Schicht des Bundesbuches ist also sehr wahrscheinlich nach dem Untergang des Nordreiches unter dem Einfluß der Verkündigung des Amos komponiert worden.

4.2.3   Das Bundesbuch als das Programm der hiskianischen Reform?

R.Albertz hat kürzlich vorgeschlagen, das Bundesbuch "als die rechtliche Basis der hiskianischen Reform anzusehen"[149]. Seine These bezieht sich auf das ganze Bun-desbuch. Ist die 2.P.Sg.Schicht aber nach unserer bisherigen Diskussion in die Zeit nach dem Untergang des Nordreichs, also in die hiskianische oder nachhiskianische Zeit datierbar, müssen wir zunächst die Beziehung der Komposition dieser Schicht zur hiskianischen Reform bedenken.

Die Argumentation von R.Albertz ist in die folgenden drei Punkte zusammenzu-fassen[150]:

(1) Die Gerschutzbestimmung (Ex 22,20; 23,9) setze das Eindringen von Flüchtlin-gen aus dem Nordreich nach dessen Untergang voraus[151].

(2) Das weltliche Recht erhalte im Bundesbuch eine religiös-kultische Klammer (Ex 20,23-26; 23,10-19, auch 22,17-19.27-30), und das Bundesbuch sei als Gottesrede stilisiert und für die Verlesung im Gottesdienst bestimmt. "Das entspricht der primär religiösen Motivation der hiskianischen Reform: Sub specie Dei soll hier das in verschiedenen Lebensbereichen Israels entstandene Recht zusammengefaßt, nor-miert und novelliert werden; alle Rechtsbereiche werden in die priesterliche, von Gott her autorisierte Weisung einbezogen"[152].

---

[146] Wo und wann das ursprüngliche Buch des Propheten Amos niedergeschrieben worden ist, ist unklar. Wahrscheinlich ist, daß seine Verkündigung in Juda von vornherein in einer schriftlich fixierten Form tradiert wurde: vgl. H.W.Wolff, aaO, S.130f.

[147] H.Donner, Geschichte 2, S.308.

[148] S.o. 4. 2. 1. 3. Hier ist bemerkenswert, daß im Jesajabuch und Michabuch vom גר als einem sozialen Problem nicht die Rede ist.

[149] R.Albertz, aaO, S.342-344.

[150] Bevor er das Bundesbuch mit der hiskianischen Reform verbindet, erwähnt R.Albertz, aaO, S.342, einige Indizien für die Spätdatierung dieses Rechtsbuches, nämlich seine komplizierte komposito-rische Gestalt (die Zusammenstellung verschiedener Rechtsgattungen) und die vorausgesetzte Zerklüftung der israelitischen Gesellschaft.

[151] Ebd.

[152] R.Albertz, aaO, S.342f.

(3) Die Zusammenfassung und die Theologisierung des Rechts im Bundesbuch stamme aus dem Jerusalemer "Obergericht". "Im Umkreis dieses königlichen Obergerichts sind auch am ehesten die Träger der hiskianischen Reform zu suchen"[153]. R.Albertz versucht daneben, die historische Existenz der hiskianischen Reform durch den archäologischen Befund zu bestätigen, daß der Altar in Arad gegen Ende des 8.Jhs. außer Betrieb gesetzt wurde, und daß der Hörneraltar in Beerscheba wahrscheinlich vor 701 v.Chr. profaniert wurde[154]. Diese tiefgreifende, auch die Provinzheiligtümer erreichende Reform habe unter dem Einfluß der Verkündigung Hoseas gestanden[155]. Aufgrund seiner Meinung, daß das Bundesbuch das Programm dieser Reform darstelle, denkt R.Albertz andererseits, daß die hiskianische Reform nicht nur eine kultische, sondern auch eine soziale Reform gewesen sei, obwohl das dtr. Geschichtswerk sie nur als eine kultische Reform beschreibe[156].

Den ersten Punkt, das גר-Problem, zieht R.Albertz mit Recht nur als ein Indiz für die Spätdatierung des Bundesbuches in die Zeit nach dem 8.Jh. heran[157]. Die Vergrößerung der Bevölkerungszahl Jerusalems für sich kann nur für die Datierung in die hiskianische oder nachhiskianische Zeit sprechen. Erst mit anderen Indizien zusammen weist die Thematisierung des גר-Problems darauf hin, daß das Bundesbuch die inhaltliche Grundlage der hiskianischen Reform darstellte. Zu bedenken ist, daß im Jesajabuch, das die zeitgenössische Prophetie widerspiegelt, das Thema des גר fehlt. Ob Jesaja am גר-Problem kein Interesse hatte oder es nicht für ein entscheidendes Problem hielt, oder ob noch in der Jesajazeit der גר kein größeres soziales Problem darstellte, ist nicht erkennbar.

Daß der Träger der hiskianischen Reform im Umkreis des königlichen Gerichts, dem auch die Komposition des Bundesbuches zugeschrieben werden könne, zu suchen sei (Punkt 3), ist eine bedenkenswerte Vermutung. Wir haben als institutionellen Hintergrund von Ex 21,1.12 - 22,18*(19) das Jerusalemer Gericht angenommen[158]. Es ist zwar vorstellbar, daß auch die Komposition der 2.P.Sg.Schicht vom Träger dieser Gerichtsbarkeit, der die Verkündigung des Amos angetroffen hat, stammt. Das Jerusalemer Gericht aber bestand freilich nicht nur bis zur Hiskiazeit, sondern bis zum Ende des Südreichs[159]. Daß der Träger der Reform und der der Komposition des Bundesbuches im Umkreis dieses Gerichts zu suchen sind, führt also für sich nicht zu der Folgerung, daß das Bundesbuch das Programm der hiskianischen Reform gewesen sei.

Entscheidend ist deshalb die inhaltliche Bestimmung der hiskianischen Reform selbst (Punkt 2). Die Beschreibung dieser Reform im dtr. sowie chr. Geschichtswerk ist knapp gehalten und konzentriert sich auf die Perspektive der staatlichen Kultpoli-

---

[153]   R.Albertz, aaO, S.343.
[154]   R.Albertz, aaO, S.342. Siehe die Berichte von dem Ausgräber: Y.Aharoni, Arad, bes. S.18ff, ders, Horned Altar, S.2ff und Z.Herzog/ A.F.Rainey/ Sh.Moshkovitz, Stratigraphy, bes. S.53ff.
[155]   R.Albertz, ebd.
[156]   R.Albertz, aaO, S.342.343.
[157]   R.Albertz, aaO, S.342.
[158]   S.o. 3. 4. 2.
[159]   Vgl. Dtn 17,8-13, H.Niehr, Rechtsprechung, S.100f.

tik gegen den Synkretismus[160]. R.Albertz ist einerseits aufgrund des archäologischen Befundes von Arad und Beerscheba der Meinung, daß diese Reform nicht nur auf die Revision des Kultes am Königshof, sondern auf "eine tiefgreifende Revision der bis dahin üblichen Praxis des Jahwekultes" abgezielt habe[161]. Andererseits behauptet er, daß die Zusammenfassung aller Rechtsbereiche "sub specie Dei" ein Prinzip der hiskianischen Reform gewesen sei[162]. Sofern die Kultreform eine Revision des Verständnisses des Gottes, der im betreffenden Kult verehrt wird, beinhaltet, kann sie im Prinzip durchaus eine soziale Reform sein. Das ist auch für die hiskianische Reform keineswegs unvorstellbar. Es läßt sich jedoch, wenigstens aus dem dtr. und dem chr. Bericht, nicht mit Sicherheit erheben.

In diesem Zusammenhang ist entscheidend, daß - obwohl nur die theologisch reflektierten dtr. und chr. Berichte vorhanden sind - es in der hiskianischen Reform schwerpunktmäßig - auch wenn sie eine soziale Reform enthalten hat - um die Kultpolemik gegen den politischen Synkretismus in einer außenpolitischen Krise ging (II Reg 18,5-8)[163]. Demgegenüber stellt die Kultpolemik keineswegs den Schwerpunkt des Bundesbuches in seiner Endgestalt - R.Albertz geht nur von der Endkomposition aus - dar. Von der Kompositionsgeschichte her gesehen wird der Unterschied der Kompositionsabsicht der 2.P.Sg.Schicht gegenüber der Zielsetzung der hiskianischen Reform deutlicher. Das Hauptthema der 2.P.Sg.Schicht zeigt sich in der Erweiterung der kultpolemischen Vorlage durch soziale Bestimmungen[164]. Eben diese Schicht ist wegen der Gerschutzbestimmung (Ex 22,20a; 23,9a) in die hiskianisch-nachhiskianische Zeit zu datieren. Die Verlagerung des Schwerpunktes in dieser Zeit, nämlich von der Kultpolemik zur sozialen Reform, macht die Annahme unwahrscheinlich, daß das Bundesbuch hinsichtlich dieser Schicht als ein Programm einer hauptsächlich kultpolemischen Reform zu verstehen wäre.

Wenn das Sozialgesetz im Umkreis des Jerusalemer Gerichts in die priesterliche Weisung einbezogen worden und aus diesem Kreis die Reform entstanden wäre, ergäbe sich daraus noch nicht, daß aus der Einbeziehung des sozialen Rechtsbereichs in den religiösen das Prinzip der hiskianischen Reform abgeleitet worden wäre.

Ist das Altargesetz des Bundesbuches nun in hiskianisch-nachhiskianischer Zeit formuliert worden, so ist zu fragen, ob und wie dieses Altargesetz auf den Bau und die Profanierung des Altars in Arad und in Beerscheba zu beziehen wäre, ungeachtet der Tatsache, daß die Deutung von Bau und Profanierung dieser Altäre in der Forschung strittig ist.

---

[160] IIReg 18,4; IIChr 29,3-19; 31,1-21. Vgl. auch die skeptische Meinung hinsichtlich Existenz und Bedeutung der hiskianischen "Reform" von H.Donner, aaO, S.332. H.Spieckermann, Juda unter Assur, S.170-175.

[161] R.Albertz, aaO, S.342.

[162] R.Albertz, aaO, S.343.

[163] A.Phillips, Criminal Law, S.167ff. Er meint, daß Ex 32-34 die theologische Grundlage der hiskianischen Reform widerspiegele. S.o. Anm.160.

[164] S.o. 2. 4. 2. 2. Von der Seite der Erweiterung des משפטים-Gesetzbuches betrachtet, scheint die 2.P.Sg.Schicht eine Erweiterung des profanen Rechts durch das religiöse Recht darzustellen. Bei diesem religiösen Recht geht es aber nicht um Kultpolemik.

Y.Aharoni, der beide Altäre ausgegraben hat, datiert ihre Profanierung in die Zeit bis zum Ende des 8.Jhs. und bezieht sie auf die hiskianische Reform[165]. Der Bau des Altars in Arad, der in die salomonische Zeit zu datieren sei[166], entspreche den Anweisungen der mosaischen Gesetze. Dieser Altar sei "nach Ex 20,25" aus unbehauenen Steinen gebaut worden und entspreche sogar Ex 27,1, was seine Größe betrifft[167], obwohl er getüncht sei und vielleicht vier Hörner mit Kalk zugefügt worden seien[168]. Beim Altar in Beerscheba handelt es sich demgegenüber um einen Altar aus behauenen Steinen, seine Bauart widerspricht also Ex 20,25. Y.Aharoni denkt: "We could suppose that the law was taken literally and the dressing was done with tools of bronze or stone instead of the common iron"[169]. Deutlich wird hier vorausgesetzt, daß Ex 20,25 ein altes Gesetz ist und mit der hiskianischen Reform nichts zu tun hat. Dagegen hält Y.Yadin diesen Altar in Beerscheba für die in der josianischen Reform zerstörte "Kulthöhe (במה)"[170]. Nach II Reg 23,8 scheine es schon in der Josiazeit die במה in Beerscheba gegeben zu haben. Die Ortsangabe der במה von II Reg 23,8b beziehe sich nicht auf die במה in Jerusalem, sondern die in Beerscheba[171]. In der Tat liege eine Treppe in einem Gebäude auf der - vom Hineingehenden gesehen - linken Seite des Tors (vgl. II Reg 23,8b), und diese Treppe könne als der במה angegliedert betrachtet werden[172]. Y.Yadin versucht nicht, die Bauart dieses Altars mit den Anweisungen des mosaischen Gesetzes zu harmonisieren, sondern nimmt sie als eine dem Gesetz - nicht nur Ex 20,25, sondern auch V.26 - widersprechende an[173]. Aber auch Y.Yadin setzt die Frühdatierung des Bundesbuches voraus; nur datiert er die Zerstörung des Altars in Beerscheba ein Jahrhundert später als Y.Aharoni. Dieser widerspricht ihm jedoch im Hinblick auf die Spätdatierung unter Verweis auf das Alter der ausgegrabenen Keramik[174]. Die Ausgräbergruppe zeigt weiter, daß der Rekonstruktionsversuch des Gebäudes 430 als במה von Y.Yadin im Hinblick auf die Struktur des Gebäudes grundsätzlich unmöglich ist[175].

D.Conrad schließlich nimmt zwar an, daß die Zerstörung des Beerscheba-Altars in die hiskianische Zeit zu datieren sei, hält jedoch den Bezug der Zerstörung des

---

165 Y.Aharoni, Arad, S.26f, ders, Horned Altar, S.6.
166 Y.Aharoni, Arad, S.26. Z.Herzog/ A.F.Rainey/ Sh.Moshkovitz, aaO, S.56-58, vermuten weiter, daß der "Beerscheba-Altar" ursprünglich auf dem Kalkfußboden des Gebäudes 32, der zum Stratum III gehört (von der Mitte des 9.Jhs. bis zum Anfang des 8.Jhs; zur Datierung des Stratums siehe M.Aharoni/ Y.Aharoni, Stratification, S.76-85, Z.Herzog/ A.F.Rainey/ Sh.Moshkovitz, aaO, S.49-53), lokalisiert war.
167 Y.Aharoni, Arad, S.19.25. Siehe auch D.Conrad, aaO, S.41.
168 Y.Aharoni, Horned Altar, S.2.
169 Y.Aharoni, aaO, S.4.
170 Y.Yadin, Beer-sheba, passim bes. S.11ff.
171 Y.Yadin, aaO, S.7-9.
172 Y.Yadin, aaO, S.9ff.
173 Y.Yadin, aaO, S.11.
174 M.Aharoni/ Y.Aharoni, Stratification, passim.
175 Z.Herzog/ A.F.Rainey/ Sh.Moshkovitz, aaO, S.53ff. S.o. Anm.166.

Altars auf die hiskianische Reform keineswegs für eindeutig[176].

Wir müssen zunächst feststellen, daß die Altäre von Arad und Beerscheba weder Ex 20,25f entsprechend noch diesen Gesetzen bewußt widersprechend gebaut worden sind. Wenn es sich bei diesen beiden Städten tatsächlich um königliche Festungen handelt[177], ist es unwahrscheinlich, daß der Altar in einer Festung dem Gesetz entsprechend und in einer anderen dem Gesetz widersprechend - der Harmonisierungsversuch Y.Aharonis bez. des Beerscheba-Altar trifft nicht zu[178] - gebaut worden ist. Erst sekundär hätte den Altar von Beerscheba eine Kritik nach Ex 20,25f getroffen, wenn irgendeine Beziehung zwischen dem Beerscheba-Altar und Ex 20,25f bestanden hätte.

Daß der Beerscheba-Altar nach Ex 20,25f zerstört wurde, ist zwar nicht unvorstellbar. Zu beachten ist jedoch, daß auch der wenigstens äußerlich Ex 20,25f nicht widersprechende Altar von Arad in dieser Zeit profaniert worden ist. Wenn die Profanierung der beiden Altäre bei derselben Gelegenheit geschah - sei es die hiskianische Reform, sei es eine andere Bewegung oder die Abschaffung des Heiligtums durch eine soziale und wirtschaftliche Umstrukturierung dieser Zeit[179] -, so scheint diese Altarprofanierung eine andere inhaltliche Grundlage als die des Altargesetzes von Ex 20,24-26 zu haben[180].

Zusammenfassend gesagt sind die drei folgenden Interpretationen des Zusammenhangs zwischen dem Altargesetz (bzw. der 2.P.Sg.Schicht des Bundesbuches), der hiskianischen Reform und der Profanierung der Altäre von Beerscheba und Arad zwar nicht völlig auszuschließen, jedoch unwahrscheinlich:
(1) Die Altäre von Beerscheba und Arad wurden im Kontext der hiskianischen Reform profaniert. Die 2.P.Sg.Schicht des Bundesbuches bildete die Grundlage der Reform, und auch die Profanierung des Altars wurde mit Ex 20,24-26 begründet.
(2) Die Altäre wurden nach Ex 20,24-26 profaniert, diese Bewegung hat aber mit der hiskianischen Reform nichts zu tun.
(3) Die Altäre wurden zwar in der hiskianischen Zeit profaniert, jedoch ohne Bezug auf die hiskianische Reform, deren Grundlage die 2.P.Sg.Schicht des Bundesbuches bildete.

Wahrscheinlicher aber sind die folgenden Deutungen:
(4) Die Altäre wurden im Kontext der hiskianischen Reform profaniert, aber unabhängig von der 2.P.Sg.Schicht des Bundesbuches.

---

[176]   D.Conrad, Miszellen, S.30f.
[177]   Y.Aharoni, Arad, S.7.26.32, ders, Horned Altar, S.5.
[178]   So Y.Yadin, aaO, S.11.
[179]   D.Conrad, aaO, S.31.
[180]   Gibt es irgendeine Beziehung dazwischen, daß der Aradaltar dem Gesetz entsprechend, der Beerschebaaltar dem Gesetz widersprechend gebaut worden zu sein scheint, und daß das Amosbuch im Südreich nur den Gottesdienst im Heiligtum von Beerscheba und nicht den von Arad kritisiert (Am 5,5; 8,14)?

(5) Die Profanierung der Altäre, die hiskianische Reform und die 2.P.Sg.Schicht des Bundesbuches haben nichts miteinander zu tun.

Sofern das Altargesetz Ex 20,24-26 als Bestandteil der 2.P.Sg.Schicht nach dem Untergang des Nordreichs im Südreich formuliert wurde, ist es ferner durchaus denkbar, daß dieses Gesetz auch als Kritik am Jerusalemer Tempelaltar, u.a. am "Ahasaltar", gemeint war, obwohl nichts darauf hinweist, daß diese Kritik das Hauptanliegen des Gesetzes gewesen ist. Auch hier ist aber zu berücksichtigen, daß es beim Altargesetz nicht um die Kultpolemik, die die synkretistischen Elemente im Tempel beseitigt, geht.

Aus der bisherigen Diskussion ergibt sich als terminus ante quem der 2.P.Sg. Schicht des Bundesbuches die Zeit des Deuteronomiums und als terminus a quo die Zeit des Untergangs des Nordreichs. Ihr Bezug auf die hiskianische Reform ist zwar nicht völlig auszuschließen, jedoch nicht nachweisbar. Wahrscheinlicher ist, daß die 2.P.Sg.Schicht mit der hiskianischen Reform nichts zu tun hat. Die Zeit ihrer Komposition kann also nicht genauer bestimmt werden. Uns scheint nur deutlich, daß die Komposition dieser Schicht unter dem Einfluß der Verkündigung des Amos steht.

Kapitel V

Die neue Gestalt des Bundesbuches durch Einfügung der 2.P.Pl.Sätze

Wir haben in Kap.II festgestellt, daß die 2.P.Pl.Sätze im Weisungsteil der aus den 2.P.Sg.Sätzen bestehenden Grundschicht gegenüber Nachträge darstellen, die wahrscheinlich durch die planvolle Bearbeitung einer Hand hinzugefügt wurden[1]. Es handelt sich hier also nicht nur um bloße Zusätze, sondern auch um eine Umstrukturierung des ganzen Rechtsbuches. In der folgenden Erörterung muß sich aufzeigen lassen, wie die 2.P.Pl. Sätze das ihnen vorliegende Rechtsbuch sinnvoll umgestaltet haben und was inhaltlich dem Rechtsbuch neu hinzugefügt worden ist.

5.1   *Überblick über die Bearbeitung durch die 2.P.Pl.Sätze*

5.1.1   *Die Umstrukturierung des Rechtsbuches*

Die ganze Gestalt der 2.P.Sg.Schicht stellt eine wohlüberlegte Rahmenstruktur dar[2]. In der Mitte stehen nämlich zwei größere Strukturen mit der Rahmung durch das "Todesrecht" von Ex 21,12-17/ 22,17-18(19) einerseits und durch die Gerschutzbestimmung (Ex 22,20a/ 23,9a) andererseits. Diese zwei Abschnitte werden durch das Sklavenrecht (Ex 21,2-11) und die Brachjahrbestimmung (Ex 23,10f) umrahmt, die letztere stellt eine Erweiterung des kultischen Kalenders (Ex 23,12-17*) dar[3]. Die ganze Struktur wird durch die Bestimmungen bez. der Namensverkündigung

---

[1] S.o. 2. 2. 2.
[2] S.o. 4. 1. 2. 2.
[3] Nicht nur stellen Ex 23,10f den aus Ex 34,18-23 übernommenen Versen Ex 23,12.14-17 gegenüber eine redaktionelle Erweiterung dar (s.o. 2. 4. 2. 1), sondern auch in der einheitlichen Struktur von V.10-17 stellt diese siebenjährige Regel eine inhaltliche Erweiterung der wöchentlichen Regel des Sabbattags und des Jahreszyklus des Festkalenders - das dreimalige Fest in *einem* Jahr - von V.12.14-17 dar.

JHWHs (Ex 20,24-26, bes. V.24b; 23,18-33*, bes. V.21bβ) umrahmt.
Die Bearbeitung durch die 2.P.Pl.Sätze nun gestaltet diese Struktur zu einer dreifach dreigliedrigen Struktur um, wie es in Kap.I beschrieben wurde[4]. Ex 21,1 -
23,13 wurden nämlich als der Hauptteil des Bundesbuches zusammengebunden. Die
Bezeichnung משפטים (Ex 21,1) wurde damit zum Titel von Ex 21,1 - 23,13[5]. Dieser
Hauptteil ist in die dreifache Struktur aus je einem sozialen Bestimmungteil (Ex
21,2 - 22,16; 22,20-26; 23,1-9), einem religiösen Bestimmungteil (Ex 22,17f; 22,27-29;
23,10-12) und dem Schlußsatz (Ex 22,19; 22,30; 23,13), der an sich eine religiöse
Bestimmung darstellt, zu gliedern. Im Einführungs- und im Schlußteil handelt es sich
um rein kultische Bestimmungen[6].
Die Komposition der 2.P.Sg.Schicht beabsichtigte eine organische Zusammenstellung der religiösen mit den sozialen Bestimmungen. Der privilegrechtliche Anspruch
JHWHs auf Erstlinge etwa wurde als unbedingter Anspruch verwendet, der sich auf
die sozialen Bestimmungen von Ex 22,20 - 23,9* bezieht (Ex 22,27-29). Oder: die
Sabbattagregel wurde durch die soziale Begründung und die Brachjahrbestimmung,
die mit dem Sklavenrecht (Ex 21,2-11) verbunden ist, erweitert. Durch diese Komposition wurden ein religiöses Rechtsbuch (Ex 34,11-26) und ein soziales Rechtsbuch
(משפטים: Ex 21,1.12 - 22,18*(19)) miteinander verknüpft[7]. Die Bearbeitung durch
die 2.P.Pl.Sätze teilt demgegenüber das gesamte Rechtsbuch in einen religiösen und
einen sozialen Teil ein. Sie trennt die beiden Aspekte des Rechtsbuches nicht voneinander, sondern ordnet die religiösen Fälle und die sozialen Fälle systematisch
wechselseitig an, und zwar ohne die Reihenfolge der Rechtssätze des vorliegenden
Rechtsbuches zu ändern. Um die neue Struktur herzustellen, mußten nur die Schlußsätze Ex 22,30 und Ex 23,13* (auch Ex 22,19?)[8] eingefügt werden. Die Rahmenstruktur von Ex 21,2 - 23,12* in der 2.P.Sg.Schicht wurde dadurch in drei Abschnitte
mit je einem sozialen und einem religiösen Teil umgegliedert. Die Einführung dieser
neuen Systematik ist der erste Sinn dieser Bearbeitung.
Dieser Bearbeiter wußte sicher um die Systematik der 2.P.Sg.Schicht, denn seine
Bearbeitung bezieht sich auf den Angelpunkt der Gliederung der 2.P.Sg.Schicht.
Abgesehen von Ex 20,22b-23, die an die Spitze des ganzen Bundesbuches gestellt
wurden, abgesehen auch von Ex 23,25aa.31ba, die in die letzten Bestimmungen des
Bundesbuches (Ex 23,24.32f*) mit einigen Aussagesätzen zusammen eingefügt worden sind, beziehen sich zunächst Ex 22,20b und Ex 23,9b auf den Rahmen des Abschnittes Ex 22,20 - 23,9a* und Ex 22,30 auf die Mitte (Ex 22,27-29) dieses Abschnittes[9]. Ex 23,13a.ba* bearbeitet die Mitte von Ex 23,10-17[10], und Ex 23,21ba erweitert die Mitte von Ex 23,20-23a*[11].

---

4   S.o. 1. 2. 3.
5   Vgl. oben 1. 2. 1.
6   Ebd.
7   S.o. 2. 4. 2 und 4. 1. 1, 4. 1. 2. 2.
8   Zur Schlußsatzfunktion von Ex 22,(19).30; 23,13 s.o. 1. 2. 1, 1. 2. 3.
9   Zur Struktur von Ex 22,20 - 23,9* in der 2.P.Sg.Schicht s.o. 2. 3. 1. 2.
10 Vgl. 2. 3. 1. 3.
11 Vgl. 2. 3. 2. 1.

Auffällig ist ferner, daß diese Bearbeitung die Formulierung der vorgegebenen
Sätze unberührt gelassen hat. Nur der 2.P.Pl.Satz Ex 23,13b*a* wurde zwischen das
Subjekt und das Verb des ursprünglichen Satzes (V.13b*) eingefügt. In den übrigen
Stellen wurden die 2.P.Pl. Sätze *neben* die vorgegebenen Sätze gestellt.
Der Paragraph Ex 22,20-26, der die Mitte des ganzen Bundesbuches darstellt, ist
durch die 2.P.Pl.Sätze aber stark bearbeitet worden. Zwischen die ursprüngliche
Verbindung der Vorschrift (V.20a) und ihre Begründung (V.22) wurden eine neue
Begründung (V.20b) für die Vorschrift V.20a und eine weitere Vorschrift (V.21)
eingeschoben. V.23 ist als eine sich bes. auf V.21 beziehende Begründung hinzugefügt worden. Der Eintreibebestimmung (V.24a) wurde das Zinsverbot (V.24b)
angefügt. Der Themenbereich dieses Paragraphen wurde also wesentlich erweitert
und sein Schwerpunkt verschoben. Wir müssen eine bestimmte soziale Situation als
Hintergrund der Bearbeitung annehmen, in der es notwendig war, die soziale
Schutzbestimmung zu verstärken. Die thematische Abzweckung dieser Bearbeitung
ist damit angedeutet.

5.1.2   Der Bezug auf die Sinaiperikope

Das Bundesbuch weist schon in der 2.P.Sg.Schicht einen Bezug auf die Exodustra-
dition (Ex 23,15a) auf. Andererseits scheint die zur 2.P.Sg.Schicht gehörende Verheißung, einen Boten zu schicken (Ex 23,20-23a*), die Gesetzgebung in die Zeit
(direkt)[12] vor der Landnahme zu stellen. Beiden Belegen aber fehlt ein Verweis auf
das Geschehen am Sinai, was im Blick auf den jetzigen literarischen Ort des Bundesbuches im Kontext der Sinaiperikope eigentlich zu erwarten wäre. Wie dieses
Rechtsbuch auf seinen erzählerischen Kontext bezogen ist, läßt sich also nicht leicht
erklären.
Ex 20,22b scheint eine Offenbarung JHWHs (in der Vergangenheit)[13] vorauszusetzen, wobei - läßt man einmal den heutigen Kontext unbeachtet - nicht mit Sicherheit auszumachen ist, ob Ex 20,22b tatsächlich die Sinaioffenbarung voraussetzt. In
Ex 20,22a redet JHWH Mose an (V.22aα) und befiehlt ihm die Weitergabe der Rede
Gottes, nämlich des Rechtskorpus (V.22aβ). An diese (schon erzählerische) Einführung schließt sich V.22b an. Auffällig ist, daß Ex 20,22 eine enge Parallele zu Ex
19,3b-4 darstellt; im Hinblick nämlich auf den Weitergabebefehl an Mose und auf
die Formulierung אתם ראיתם:

---

[12] Siehe die inhaltliche Definition der Redeform "kleine Gebotsumrahmung" (oben 2. 1. 5) bei
      N.Lohfink, Hauptgebot, S.113f.
[13] Die AK-Form von ראה kann sowohl eine vergangene wie eine gegenwärtige Erfahrung bezeich-
      nen, vgl. dazu G-K[28] §106 a.k.l.

Ex 20,22 | Ex 19,3b-4

ויאמר יהוה אל משה
כה תאמר אל בני ישראל
אתם ראיתם
כי מן השמים דברתי עמכם

ויקרא אליו יהוה מן ההר לאמר
כה תאמר לבית יעקב ...
אתם ראיתם
אשר עשיתי למצרים ...

Der Unterschied zwischen diesen beiden Texten ist jedoch auch deutlich. Das, was die Israeliten gesehen haben sollen, ist nach Ex 20,22b eine Rede JHWHs, die vom Himmel her geschah, nach Ex 19,4 aber ist es demgegenüber seine Tat, die die Israeliten aus Ägypten herausgeführt hat. Nach Ex 20,22b redet JHWH mit den Israeliten vom Himmel her, in Ex 19,3b dagegen redet er Mose vom Berg her an. Die Aussage über die Rede JHWHs vom Himmel her gehört nicht in die Vorstellungswelt der Sinaierzählung[14]. In der Sinaiperikope redet JHWH mit dem Volk nicht vom Himmel her. Aber auch die Einheitlichkeit von Ex 20,22 ist fraglich (siehe weiter unten).

Ex 21,1 beinhaltet nach dem heutigen Text eine Anrede an Mose. F.-L.Hossfeld behauptet, daß Ex 21,1 mit Ex 20,22aα zu ein und derselben Redaktionsschicht gehöre[15]. Dabei sei die Parallele zu Ex 19,6f zu bemerken[16]:

Ex 21,1 | ואלה המשפטים   אשר תשים לפניהם
19,6b | אלה הדברים   אשר תדבר אל בני ישראל
7b | וישם לפניהם

U.E. kann Ex 21,1 aber auch als die Überschrift des משפטים-Gesetzbuches des Jerusalemer Gerichts gelten[17]. Der Bedeutung von Ex 20,22f; 21,1 werden wir unten weiter nachgehen[18].

Ferner ist die Entsprechung von Ex 22,30a zu Ex 19,6a zu erwähnen:

Ex 22,30a | Ex 19,6a

ואנשי קדש תהיון לי

ואתם תהיו לי
ממלכת כהנים וגוי קדוש

---

14 So M.Noth, ATD 5, S.141, J.Halbe, Privilegrecht, S.441.502. Vgl. E.W.Nicholson, Decalogue, S.428ff. Eine - auch stilistische - Übereinstimmung mit Ex 19,3b-8 behaupten dagegen E.Zenger, Sinaitheophanie, S.68, S.Mittmann, Deuteronomium, S.157, D.Patrick, Source, S.146.149ff.154ff, A.Phillips, A Fresh Look, S.44f.

15 F.-L.Hossfeld, Dekalog, S.180-183.

16 F.-L.Hossfeld, aaO, S.185-190, aber erkennt in Ex 19,3-9 zwei Redaktionen, die dtr. Redaktion (Ex 19,3bα.4-8) einerseits und die P-Redaktion (Ex 19,3bβ.9) andererseits, und behauptet die Übereinstimmung der Vorstellung von Ex 19,3bβ mit Ex 20,22aα (aaO, S.177 Anm.72), des Satzstils von Ex 19,6b mit Ex 21,1 (aaO, S.187), der Vorstellung von Ex 19,7b (das Gesetz "vor ihnen aufzustellen: שים לפניהם") mit Ex 21,1 (aaO, S.181f) und ferner der Vorstellung von Ex 19,5aα mit Ex 23,22a.

17 S.o. 3. 4. 2.

18 S.u. 5. 2. 1.

Abgesehen zunächst vom begrifflichen Unterschied zwischen der Bezeichnung אִישׁ
קֹדֶשׁ gegenüber גּוֹי קָדוֹשׁ[19], ist der Unterschied im Modus unverkennbar. Heilige
Männer zu sein, stellt in Ex 22,30a ein Gebot, in Ex 19,6a dagegen eine Verheißung
dar. Die 2.P.Pl.Sätze scheinen somit zwar angesichts der gegenüber dem Abschnitt Ex
19,3b-8[20] ähnlichen Sätze Ex 20,22; (21,1); 22,30a einen engen Bezug auf die Sinaiperikope aufzuweisen. Der obengenannte Unterschied zwischen Ex 20,22 und Ex
19,3b-4, Ex 22,30a und Ex 19,6a jedoch läßt an der redaktionellen Verknüpfung von
Ex 20,22; (21,1); 22,30a mit Ex 19,3b-8 zweifeln. Es läßt sich nicht ausmachen, ob der
Verfasser oder der Bearbeiter jeder Redaktionsschicht des Bundesbuches eine
Tradition der Sinaioffenbarung kannte oder nicht. Im ganzen Bundesbuch - abgesehen von Ex 20,22a - findet sich jedoch kein Element, das die Sinaiperikope *literarisch*
voraussetzt. Diese Beobachtungen aber verlangen nach einer Analyse der einzelnen
2.P.Pl.Sätze.

5.2　　　Einzelanalyse der 2.P.Pl.Sätze

Wir haben einen Überblick über die Bearbeitung durch die 2.P.Pl.Sätze gegeben
und gesehen, daß diese Bearbeitung die Struktur der 2.P.Sg.Schicht umgestaltete. Es
ergaben sich zudem einige Zweifel daran, ob die 2.P.Pl.Sätze der redaktionellen
Verbindung des Bundesbuches mit der Sinaiperikope dienen. Um die Intention
dieser Bearbeitung zu erklären, müssen wir uns nun der Analyse der einzelnen Sätze
zuwenden, weil die 2.P.Pl.Sätze für sich keine selbständige Struktur bilden, sondern
nur die Struktur des vorliegenden Rechtsbuches ergänzen und umgestalten.

5.2.1　　Ex 20,22-23

5.2.1.1　　Forschungslage - Das Problem der erzählerischen Einführung -
Wir nannten die Gottesrede, die mit Ex 20,22b beginnt, ein Rechtsbuch, nämlich
"Bundesbuch"[21]. Hier ist die Beziehung des Rechtsbuches zur erzählerischen Einführung in Ex 20,22a und weiter zur Sinaiperikope in Betracht zu ziehen. Sind Ex
20,22-23 mit ihrer Anrede in der 2.Pers.Pl. tatsächlich von den nachfolgenden
2.P.Sg.Sätzen unterschieden[22], ist es eine schwierige Frage, ob und inwieweit sie
ihrerseits einheitlich sind. Sie sind in folgende Sätze unterteilbar:

---

[19]　Vgl. W.Beyerlin, Paränese, S.17, L.Perlitt, Bundestheologie, S.173f, A.Cody, Gôy, S.1ff.
[20]　Zur Einheitlichkeit von Ex 19,3b-8 siehe W.Beyerlin, Sinaitraditionen, S.10f und L.Perlitt, aaO,
　　　S.168. Zur gegenteiligen Position s.o. Anm.16.
[21]　S.o. 1. 1.
[22]　Nur Ch.Dohmen, Bilderverbot, S.169ff hält Ex 20,23b.24aα für die ursprüngliche Einheit. Siehe
　　　dazu weiter unten.

Ex 20,22aα	ויאמר יהוה אל משה
22aβ	כה תאמר אל בני ישראל
22bα	אתם ראיתם
22bβ	כי מן השמים דברתי עמכם
23a	לא תעשון אתי
23b	אלהי כסף ואלהי זהב לא תעשו לכם

Im Mittelpunkt der neueren Untersuchung dieser Verse steht die Auseinandersetzung mit einer These E.W.Nicholsons[23], wobei sich zwei Alternativkonzepte unterscheiden lassen, die Erwägungen von F.-L.Hossfeld[24] und Ch.Dohmen[25] zur Stelle
einerseits und die von A.Phillips[26] andererseits.
    E.W.Nicholson hält die ganze Konstruktion V.22-23 für einheitlich und meint, daß
es in Kap.19, das eigentlich in Ex 20,18 seine direkte Fortsetzung finde, keine Parallele zu der Vorstellung gebe, daß JHWH "vom Himmel her" zum Volk spreche[27].
Die JHWH-Rede in Ex 20,22b beziehe sich auf die Verkündigung des Dekalogs, der
nach der Deuteronomiumfassung deutlich "vom Himmel her" gesprochen worden sei
(Dtn 4; 5). Das sei auch in Ex 20 impliziert[28]. Auch daß sich das Bilderverbot direkt
an die die Transzendenz JHWHs betonende Rede anschließe, entspreche den in Dtn
4,15ff geschilderten Verhältnissen[29]. E.W.Nicholson weist daher Ex 20,22-23 dem
"Deuteronomic redactor" zu, der auch den Dekalog in Ex 20 eingefügt habe[30].
    Demgegenüber weist F.-L.Hossfeld auf priesterliche Prägungen in Ex 20,22aβ-23
hin. Er geht dabei vom zweiten Satz (V.22aβ) aus. In diesem Satz sei auffällig, daß
diesen "Weitergabebefehl" keine "Botenformel" begleite. F.-L.Hossfeld interpretiert
diesen Textbefund folgendermaßen: "*Durch ihn* und *nur durch ihn* spricht Jahwe
direkt zu den Adressaten seiner Rede. D.h. der Mittler Mose steht mit seinem Mo-
nopol und seinen medialen Fähigkeiten über dem prophetischen Boten auf Seiten
Gottes"[31]. Die Betonung solcher Mittlerschaft sei priesterlich[32]. Sie stehe nicht der
dtn-dtr. Vorstellung nahe, wonach Mose "als Mittler mehr auf Seiten des Volkes"
stehe[33]. V.22b habe ferner zwar eine Beziehung zu Ex 19,3b.4 und Dtn 4,36, er
übernehme jedoch "keine der im Dtn vorgegebenen Sprachklischees", sondern wähle
aus[34]. V.23 stelle das freiformulierte 1. und 2. Gebot dar. "Thema (Betonung des

---

23 E.W.Nicholson, aaO, bes. S.428ff.
24 F.-L.Hossfeld, aaO, S.176-183.
25 Ch.Dohmen, aaO, S.154-180.
26 A.Phillips, aaO, S.39-52.
27 E.W.Nicholson, aaO, S.428f.
28 E.W.Nicholson, aaO, S.424-427.431f.
29 E.W.Nicholson, aaO, S.424-427.430.
30 E.W.Nicholson, aaO, S.429.431f. Der als "Deuteronomic redaktor" bezeichnete Redaktor, der
    auch den Dekalog in die Sinaierzählung eingefügt habe, gehört nach seiner Vorstellung nicht in
    die nachexilische, sondern noch in die Exilszeit, vgl. aaO, S.431.
31 F.-L.Hossfeld, aaO, S.177f.
32 F.-L.Hossfeld, aaO, S.178, vgl. die Belege dort in Anm.73.
33 Ebd.
34 F.-L.Hossfeld, aaO, S.179.

Bilderverbots), Ausführung (freie Verarbeitung des Hauptgebotes) und Stil (Numerus und Chiasmus) votieren für einen priesterlichen Redaktor"[35].

F.-L.Hossfeld wendet sich sodann dem Problem der Konkurrenz zweier Einleitungen durch Ex 20,22 und 21,1 zu. Er behauptet zunächst, daß Ex 21,1 nachträglich eingefügt worden sei (mit Verweis auf das "waw-copulativum" und die pluralischen Adressaten לפניהם gegenüber der Anrede in der 2.Pers.Sg. in den vorausgehenden und nachfolgenden Versen) und weist diesen Vers dem dtr. Redaktor zu (mit Verweis auf die Wendung שים לפני parallel Ex 19,7 und Dtn 4,44)[36]. Durch die Einfügung von Ex 21,1 habe der Redaktor das dem dtn-dtr. Anliegen der Kultuszentralisation widersprechende Altargesetz vom eigentlichen Bundesbuch ausgeschlossen und als nur für Mose geltend hinstellen wollen. Dem Altargesetz entsprechend habe Mose einen Altar gebaut (Ex 24,4f)[37]. Das Bundesbuch sei also vom dtr. Redaktor durch die Einfügung von Ex 20,22aα und 21,1 an die elohistische Sinaiperikope angefügt worden, eine weitere priesterliche Bearbeitung in Ex 20,22aβ-23 gestalte die Redeeinleitung um und setze das Bundesbuch damit "in ein Verhältnis zu ihrem (P-Redaktion: Vf) Dekalog"[38].

Ch.Dohmen kritisiert diese Meinung F.-L.Hossfelds. Er betrachtet V.23a als eine nachträgliche Ergänzung zu V.23b, die planvoll als eine "Ellipse" formuliert worden sei[39], und bezweifelt, daß dieser Versteil einer priesterlichen Bearbeitung zuzuweisen sei, weil das V.23a vorkommende "nun-paragogicum" "im dtn./dtr. Literaturbereich besonders häufig, im P-Bereich so gut wie gar nicht verwendet wird"[40]. Vielmehr hätte die dtr. Redaktion, die Ex 21,1 eingefügt habe, auch Ex 20,23 umgestaltet[41]. Nach Ch.Dohmen ist V.23b ursprünglich in der 2.Pers.Sg. gestaltet und mit V.24aα verknüpft gewesen[42]. Die dtr. Redaktion habe V.23b in die Pluralform umgestaltet und mit V.23a ergänzt, um V.23 nicht mit V.24ff zusammen durch die Einfügung von Ex 21,1 unwirksam werden zu lassen: V.23 (Pl.) gelte nun für das ganze Volk und V.24ff (Sg.) nur für Mose[43]. Der Numeruswechsel stellt dabei also eine Technik dar, um den Anwendungsbereich der Bestimmungen zu unterscheiden. Ch.Dohmen weist also Ex 20,22aβ.b - im Anschluß an F.-L.Hossfeld - der P-Bearbeitung, Ex 20,22aα. 23*; 21,1 aber der dtr. Redaktion zu[44].

---

[35] F.-L.Hossfeld, aaO, S.180.
[36] F.-L.Hossfeld, aaO, S.181f.
[37] F.-L.Hossfeld, aaO, S.183.
[38] Ebd. Zu Ex 20,22aα sagt F.-L.Hossfeld: "Die Abfolge Redeeinleitung ('und es sagte Jahwe zu Mose') und direkte Rede Jahwes an das Volk" sei für dtn-dtr. zu halten (aaO, S.182).
[39] Ch.Dohmen, aaO, S.155-159, bes. S.157. "Ellipse" bedeutet hier die Formulierung von V.23a ohne erforderliches Objekt.
[40] Ch.Dohmen, aaO, S.159-168. Zitat auf S.162.
[41] Ch.Dohmen aaO, S.161-163.
[42] Ch.Dohmen, aaO, S.169ff, siehe auch oben 2. 5. 1.
[43] Ch.Dohmen, aaO, S.162f.
[44] Vgl. Ch.Dohmen, aaO, S.154f. Auf S.155ff kritisiert er an F.-L.Hossfelds Deutung lediglich die Zuweisung von V.23 an die P-Schrift. Die Zuweisung von V.22aα an Dtr und von V.22aβ.b an P bleiben unberührt.

Die Schwierigkeit des Rekonstruktionsversuchs des ursprünglichen Spruchpaars Ex 20,23b.24aα von Ch.Dohmen werden wir unten darlegen[45]. Jetzt wenden wir uns der Argumentation F.-L.Hossfelds zu, die auch Ch.Dohmen bis auf die Analyse und Zuweisung von V.23 voraussetzt.

Fraglich ist zunächst, ob eine priesterliche Bearbeitung, die sehr wahrscheinlich die Kultuszentralisation als selbstverständlich voraussetzt[46], Ex 20,22aβ-23 eingefügt haben kann, so daß die Geltung von Ex 20,24-26, die durch die dtr. Einfügung von Ex 21,1 von dem für ganz Israel geltenden Gesetzbuch ausgeschlossen wurden, erneut für ganz Israel (בני ישראל: V.22aβ), sichergestellt worden wäre. Trotz des Numeruswechsels zwischen V.23 und V.24 ist es aber keineswegs sicher, daß das "du" in V.24-26 nur Mose anredet. Wenn die P-Redaktion nur eine Redeeinleitung nach ihrem Schema und eine dekalogische Rahmung hätte einfügen wollen, hätte sie auch Sätze wie Ex 20,22b-23 zwischen Ex 21,1 und 21,2 einfügen können. Wenn aber V.23b, wie Ch.Dohmen behauptet, von vornherein mit V.24 verknüpft gewesen wäre, wären V.23a und dann V.22aβ.b nur vor V.23b eingefügt worden. Das Problem wird aber auch durch Ch.Dohmens These nicht gelöst, sondern eine weitere Schwierigkeit kommt nur hinzu: wenn die Sätze Ex 20,22aα.24-26; 21,1 in einer Schicht zusammengestellt worden wären (der dtr. Schicht nach F.-L.Hossfeld), deutete dieser Aufbau zwar auf eine geschickte Technik hin, die den Widerspruch mit der Kultuszentralisation zu vermeiden sucht, hinsichtlich der Reihenfolge der Sätze Ex 20,22aα.23.24-26; 21,1 (die dtr. Schicht nach Ch.Dohmen) ist es jedoch - wie in der von F.-L.Hossfeld herausgearbeiteten P-Schicht - unmöglich zu behaupten, daß das "ihr" in V.23 Israel, das "du" in V.24ff dagegen nur Mose anredet.

Es ist aber überhaupt fraglich, ob und inwieweit Ex 20,24-26 der Kultuszentralisation widersprechen[47]. Der Einschub von Ex 20,22-23 (und Ex 21,1) ist also unabhängig vom Problem der Kultuszentralisation zu analysieren.

Im Hinblick auf die Beziehung zur dtn. Vorstellung von Offenbarung weist E.W. Nicholson weiter darauf hin, daß es sich bei Ex 20,22-23 um eine Dtn 4 und 5 ähnliche theologische Konstruktion handelt, welche den Anspruch auf die Transzendenz JHWHs bzw. das 1. und 2. Gebot mit der Vorstellung einer Rede JHWHs "vom Himmel her" verknüpfte[48]. F.-L.Hossfeld stimmt "in der Verbindung von V.22b mit dem Dekalog ... dem Urteil von Nicholson voll" zu[49], bezweifelt, wie wir gesehen haben, jedoch, daß V.22b der dtr. Redaktion zuzuschreiben ist. Er stellt zwar die priesterliche Prägung von V.22aβ fest, das legt für sich u.E. die Zuweisung von V.22b-23 zur P-Redaktion jedoch nicht nahe[50]. Er versucht allerdings die Spätdatie-

---

45   Im Hinblick auf V.24-26 haben wir die Schwierigkeit der These Ch.Dohmens unter 2. 5. 1 erörtert.
46   Zur "Kultuszentralisation" in der P-Schrift siehe E.Sellin/ G.Fohrer, Einleitung, S.201, O.Kaiser, Einleitung, S.117, R.Smend, Entstehung, S.62. Vgl. bes. das von R.Smend herangezogene Beispiel Lev 17,3f.
47   S.o. 4. 2. 1. 1.
48   E.W.Nicholson, aaO, S.430.
49   F.-L.Hossfeld, aaO, S.178.
50   Siehe Ch.Dohmens Kritik an der These F.-L.Hossfelds, aaO, S.162.

rung von V.22b zu beweisen und sagt, daß V.22b unter den Vorstellungen des Dtn *auswähle*[51]. Die Darstellung in Dtn 4,36 verrät u.E. jedoch, daß sie einem weiter entwickelten Stadium der Konzeption als Ex 20,22b angehören muß. In Ex 20,22b hören die Leute die Rede JHWHs direkt "vom Himmel her", und zwar nur die Rede "vom Himmel her". JHWH *läßt* aber andererseits in Dtn 4,36 das Volk "vom Himmel her" seine Stimme *hören* (השמיעך את קלו), und das Volk hört auf der Erde seine Worte *aus dem Feuer*. Das Motiv "aus dem Feuer" in der Schilderung des Sinai-/ Horebgeschehens findet sich auch noch in Dtn 4,11f.15.33; 5,4.22ff. Im Vergleich zu Ex 20,22b handelt es sich hier um eine theologische Präzisierung hinsichtlich des Vorgangs der Offenbarung des transzendenten Gottes[52]. Die von F.-L.Hossfeld als Beispiele vom "Rufen vom Himmel her" genannten Belegstellen Gen 21,17; 22,11.15[53] aber bieten ein etwas malerisches Bild vom "Rufen des Engels vom Himmel her" und verknüpfen es nicht mit dem Anspruch der Transzendenz Gottes. Sie bestätigen also eher die engere Verwandtschaft von Ex 20,22b mit Dtn 4.

Daß Ex 20,22-23 Dtn 4 vorausgehen, nimmt A.Phillips in Auseinandersetzung mit E.W.Nicholson - unabhängig aber von den Erwägungen F.-L.Hossfelds und Ch. Dohmens - an. Für A.Phillips ist es unwahrscheinlich, daß die dtr. Redaktion die Verse Ex 20,22-23 in Verbindung mit dem Dekalog in die Sinaierzählung eingefügt hätte, weil sie damit das der Kultuszentralisation widersprechende alte Altargesetz aktualisierten[54]. Auch in dieser Argumentation erscheint wieder das Problem der Kultuszentralisation. A.Phillips aber findet die Auflösung des Problems nicht in Ex 20,22-26, sondern innerhalb des Dtns. Nicht die im Dtn wiederholt begegnende Konzeption, daß der Dekalog die einzige direkte Offenbarung JHWHs sei, sei in die Sinaierzählung von Ex 19ff übertragen worden[55], sondern es handele sich beim dtr. Bericht der Dekalogoffenbarung um eine eigene Betonung der dtr. Redaktion, um zu verdeutlichen, daß nicht die Gesetze von Ex 20,23ff; 34,11ff, welche gemäß der Sinaierzählung durch Mose gegeben worden sind, sondern ausschließlich der Dekalog das Bundesrecht darstelle. "For the Deuteronomistic redactors the Decalogue, from which the laws in Deut. xii - xxvi are pictured as deduced, is the sole covenant law, obedience to which determines Israel's relationship with her God"[56].

Im Hinblick auf die Beziehung zwischen Ex 20,22f und Dtn 4 findet er in Dtn 4 die Zusammenstellung zweier einfacherer Vorstellungen, und zwar der Rede "vom Himmel her" von Ex 20,22 und der Rede "aus dem Feuer" von Dtn 5. Zudem böten Dtn 4,16ff eine sehr entwickelte Interpretation des 2.Gebots und gehörten zu einer viel späteren Schicht als Ex 20,23, dessen Interesse auf das Material des Bildes begrenzt sei[57]. Die Einleitung Ex 20,22-23 beziehe sich also auf die vor-dtr. Komposition der Sinaierzählung.

---

[51] F.-L.Hossfeld, aaO, S.179.
[52] Vgl. A.Phillips, aaO, S.42. Siehe weiter unten.
[53] F.-L.Hossfeld, aaO, S.179.
[54] A.Phillips, aaO, S.41.
[55] So E.W.Nicholson, aaO, S.426.428.
[56] A.Phillips, aaO, S.46.
[57] A.Phillips, aaO, S.42.

A.Phillips geht weiter davon aus, daß Ex 20,22-23, stilistisch gesehen zur gleichen Redaktionsschicht wie Ex 19,3b-8 und 24,3-8 gehörig[58], als "the basic summary of the covenant law" - analog zu Ex 19,3b-8, die die Bundesschlußerzählung Ex 19-24 summarisch zusammenfaßten - fungierten[59] und als Kritik am goldenen Kalb und am "Altar von Samaria" (vgl. Ex 32-34) dienten und deshalb in Verbindung mit der hiskianischen Reform stünden[60].

Wie wir gesehen haben, ist es sehr wahrscheinlich, daß Ex 20,22-23 Dtn 4 vorausgehen. Ferner ist ihre stilistische Übereinstimmung mit Ex 19,3b-4 zwar unverkennbar, jedoch ist das Problem, auf welches Ereignis sich Ex 20,22b bezieht, damit erneut gestellt, weil die Vorstellung von Ex 20,22b unabhängig vom dtr. Verständnis des Dekalogs keinen inhaltlichen Bezug zum Kontext hat, auch nicht zu Ex 19,3b-4.

Alle obengenannten Untersuchungen gehen davon aus, daß Ex 20,22b in bezug auf den Erzählkontext gestaltet worden ist, sei es daß Ex 20,22-23 als einheitlich betrachtet, sei es daß V.22a und V.22b-23 für getrennt gehalten werden. Von der bisherigen Erörterung her ist es aber wahrscheinlicher, daß Ex 20,22b-23 ursprünglich nicht in Verbindung mit dem Erzählkontext standen. Diese Sätze sind u.E. schon vor der Verknüpfung des Bundesbuches mit der Sinaiperikope gebildet worden.

5.2.1.2   Der Inhalt von Ex 20,22b-23

Ex 20,22b-23 können als einheitlich betrachtet werden. Sie sind im Fünf- oder Sechs-Silben-Rhythmus gebildet, der sich nicht in V.22a und V.24-26 findet[61]:

Ex 20,22b*a*	'attäm re'îtäm	5
22b*β*	kî min haššāmajim + dibbartî 'immākäm	6 + 6
23a	lō' ta'asûn 'ittî	6
23b	'ǟlōhê käsäp + we'lōhê zāhāb + lō' ta'asû lākäm	5 + 5 + 6

Das "nun-paragogicum" in V.23a zeigt, wie Ch.Dohmen mit Recht bemerkt hat, daß dieser Vers nicht von der P-Redaktion herrührt. Daß aber nur תעשׂון in V.23a das "nun-paragogicum" hat und תעשׂו in V.23b dagegen nicht, ist kein Indiz für die literarkritische Trennung beider Sätze[62]. Der ganze Vers 23 hat eine in sich ge-

---

58   A.Phillips, aaO, S.44f, s.o. Anm.14.
59   A.Phillips, aaO, S.51.
60   A.Phillips, aaO, S.48.51, S.282ff, ders, Criminal Law, S.167-179.
61   Zur Theorie des Silbenzahlrhythmus siehe D.N.Freedman, Strophe, bes. S.190-199, C.F.Hyland/ D.N.Freedman, Psalm 29, S.237ff. Wenn wir die Theorie D.N.Freedmans über die älteren poetischen Texte auf Ex 20,22b-23 anwenden und also statt "šamajim" "šāmajm" sowie statt "käsäp" "kasp" lesen und כ streichen, ergibt sich daraus der Rhythmus: 5, 4+6, 6, 4+5+6. Dadurch aber ergibt sich kein wesentlicher Unterschied gegenüber dem Rhythmus des heutigen Textes. Für Rechtssätze aus späterer Zeit ist eine solche Rekonstruktion überhaupt unnötig.
62   Vgl. Ex 3,21; Jdc 7,17; Mal 1,8; Ps 65,12f. In diesen Belegen stehen gleiche Verben mit und ohne "nun-paragogicum" zusammen. Dieser Befund ist u.E. nicht damit zu erklären, "daß jüngere Texte, die wohl älteres Material verarbeiten, durch die Verwendung des nun-paragogicum vielleicht archaisierend wirken möchten" (Ch.Dohmen, aaO, S.164), auch nicht durch die Annahme, daß der Satzteil mit dem "nun-paragogicum" eine ältere Schicht darstellt.

schlossene symmetrische Struktur. Auch in dieser Hinsicht ist Ch.Dohmens These, daß V.23b ursprünglich mit V.24aα verknüpft worden sei, nicht haltbar[63].

Die Vorstellung einer Gottesrede "vom Himmel her" verbunden mit dem Verbot des Götzendienstes betont eindeutig die Einzigartigkeit des Vorgangs der Selbstoffenbarung JHWHs: die Hoheit bzw. die Transzendenz JHWHs nämlich, die sich prinzipiell einer Darstellung durch silberne bzw. goldene Bilder verschließt, soll geschützt werden[64]. Der Stil des Doppelverbots von V.23 drückt zugleich die Bewahrung der Einzigartigkeit der JHWH-Offenbarung (2.Gebot) einerseits und die Ausschließung anderer Götter (1.Gebot) andererseits aus.

Um diesen Zusammenhang zu verdeutlichen, möchten wir hier nur auf eine mögliche Beziehung zu Begriffen bzw. Vorstellungen des Jesajabuches hinweisen. Ch. Dohmen erwähnt Jes 2,20 und 31,7, wo sich eine ähnliche Wendung findet: אלילי כספו und אלילי זהבו. אלילי sei jedoch eine gegenüber אלהי spätere Terminologie[65]. Er erwägt dann, daß V.23b (mit V.24aα zusammen) einen nomadischen Religionstypus repräsentiere, der mit der Religion urbaner Gesellschaft, zu der auch silberne und goldene Kultbilder gehörten, in Streit gelegen habe[66]. Für diese Deutung gibt es aber keinen literarischen Beweis. Wenn auch das soziologische Schema einer "Auseinandersetzung (des Nomadentums: Vf) mit der städtischen Bevölkerung"[67] in bestimmter Hinsicht zutreffend sein mag, kann nicht durchweg behauptet werden, daß die "silbernen und goldenen Götter" gegenüber der Religion Israels die städtische Religion repräsentieren. U.E. ergibt sich eine Interpretationsmöglichkeit von Ex 20,23 nun aber doch aus dem Vergleich mit den Vorstellungen im Jesajabuch, auch wenn zwischen diesen Texten keine literarische Abhängigkeit besteht. Die Ähnlichkeit der Vorstellungen nämlich ist nicht zu übersehen.

Das Nomen regens אלילי in Jes 2,20; 31,7 stellt zunächst keineswegs in jedem Fall eine spätere Terminologie als אלהי dar; der polemische Charakter der Prophetenworte kann ein Werurteil über den Gegenstand enthalten, während das Recht den Gegenstand explikativ und umfassend darstellt.

Jes 2,20 und 31,7 gehören zwar wahrscheinlich zur späteren Schicht des Jesajabuches[68], jedoch auch die frühere Schicht weist eine Polemik gegen die silbernen und goldenen Götzen auf, so z.B. Jes 2,7-8a[69]:

---

63 W.von Soden, Zum Wörterbuch, S.160, teilt V.23 nach dem Silbenrhythmus (11+11) in den Satz
    bis אלהי כסף und in den von ואלהי זהב an ein. Auch B.S.Childs, OTL, S.446f, nimmt zwar diese
    Satzteilung an, betont jedoch auch die Schwierigkeit dieser Lösung (ebd) und die Bedeutung der
    masoretischen Versteilung (aaO, S.465f). Wir denken, daß V.23a.b nicht in zwei Sätze trennbar ist.
64 Vgl. E.W.Nicholson, aaO, S.430, A.Phillips, aaO, S.42f.51f.
65 Ch.Dohmen, aaO, S.160.
66 Ch.Dohmen, aaO, S.169ff. Siehe dazu oben 4. 2. 1. 1.
67 Ch.Dohmen, aaO, S.173 Anm.304.
68 Zu Jes 2,20 vgl. H.Wildberger, BK X/1, S.96 und ders, BK X/3, S.1563. Zu Jes 31,7 vgl. ders, BK
    X/3, S.1244f.1568 und H.Barth, Jesaja-Worte, S.80f.90-92.
69 H.Wildberger, BK X/1, S.100f, BK X/3, S.1552.1557, betrachtet diesen Text als einen Grundbe-
    stand des Jesajabuches, und zwar als einen, der aus der Frühzeit Jesajas - vor dem syrisch-ephrai-
    mitischen Krieg - stamme. Siehe dazu auch H.Barth, aaO, S.222f.

Jes 2,7aα   ותמלא ארצו כסף וזהב
      7aβ   ואין קצה לאצרתיו
      7ba   ותמלא ארצו סוסים
      7bβ   ואין קצה למרכבתיו
      8a   ותמלא ארצו אלילים

Kritisiert wird hier ein Vertrauen auf die staatliche Kriegsbereitschaft, nämlich den Reichtum (V.7aβ) an Silber und Gold (V.7aα) und an Pferden (V.7ba) bzw. Kriegswagen (V.7bβ), der - so meint der Prophet - auf einer synkretistischen Politik basiert (V.8a). V.8a ist V.7aα.7ba parallel formuliert, führt aber keinen V.7aβ.7bβ parallelen Satz ein, so daß V.8a einen Halt in der Rede markiert[70]. Der Schwerpunkt der Rede liegt auf diesem Schlußsatz. Der scharfe Ton der Kritik in V.7 wird in V.8a mit der verspottenden Bezeichnung אלילים explizit. Silber und Gold aber bezeichnen nicht nur den staatlichen Reichtum, sondern sehr wahrscheinlich auch silberne und goldene Schmuckstücke, die wahrscheinlich als Schutzgottheiten gegolten haben[71]. Das Nebeneinander von "Silber und Gold" und "Götzen" in einer inclusio (V.7aα/8a) legt es nahe, daß hier silberne und goldene Götzen gemeint sind. Diese Polemik gegen den Götzendienst berührt sich eng mit der Behauptung der Transzendenz JHWHs gegen den Hochmut der Menschen (Jes 2,12-17). Schon im Hoseabuch findet sich die Kritik an den silbernen und goldenen Götzen (Hos 2,10; 8,4)[72], begleitet aber dort noch nicht die Behauptung der Transzendenz JHWHs.

Die Vorstellung der Theophanie von Jes 2,12-17 stammt ihrerseits aus der "jerusalemische(n) Kultpoesie"[73] und findet eine deutliche Parallele in der Erzählung von der Berufung Jesajas (Jes 6), in der der Jerusalemer Tempel eine wichtige Bedeutung hat[74]. "JHWH sitzt auf dem hohen erhabenen Thron" (Jes 6,1). In dieser Erzählung ist besonders die Formulierung zu beachten, daß Jesaja JHWH gesehen (ראה: Jes 6,1.5) und JHWH mit ihm geredet hat (Jes 6,9ff). Im gesamten AT wird äußerst selten berichtet, daß ein Mensch Gott im Himmel, der mit ihm spricht, auch sieht. Außer der dtr. Darstellung des Vorgangs der Dekalogoffenbarung kommen nur folgende prophetische Berichte in Frage: Jesaja (Jes 6,1ff), Ezechiel (Ez 1,1ff) und Micha Ben Jimla (1Reg 22,19ff). Wenn nun Jesaja im Jerusalemer Tempel diese Theophanie "gesehen" hat, liegt der Offenbarungsvorgang "vom Himmel her", und zwar das "Sehen" des Redens Gottes, nahe. Denn die Vorstellung der Theophanie "vom Himmel her" ist in der Tat im Jerusalemer Tempel denkbar, der den Himmel

---

[70] Vgl. H.Wildberger, BK X/1, S.101f. Die Vermutung, daß es ursprünglich nach V.8a einen
      V.7aβ.7bβ parallelen Satz gegeben hätte (so H.Wildberger, aaO, S.93) ist nicht zwingend.
[71] Es ist möglich, daß die in Jes 2,8.20 und auch in Ex 20,23 genannten Götzen die "Möndchen" und
      "Sönnchen" waren, die in Palästina "alle aus Gold oder Silber" waren, siehe dazu S.Schroer, Bilder,
      S.261. Vgl. Jes 3,18, siehe dazu dies, aaO, S.265 und H.Wildberger, aaO, S.141f.
[72] Vgl. Ch.Dohmen, aaO, S.160.
[73] H.Wildberger, aaO, S.107. Nach H.Wildberger, aaO, S.105, gehört auch der Text Jes 2,12-17 zum
      Grundbestand des Jesajabuches. Vgl. ders, BK X/3, S.1552.1557. Siehe auch H.Barth, aaO, S.222f.
[74] H.Wildberger, BK X/1, S.238.246.

als die Wohnstätte Gottes mit der Erde verbindet[75]. Im Vergleich mit dem Bericht
Ezechiels und Micha Ben Jimlas ist die Hoheit JHWHs in Jes 6 deutlich herausge-
stellt: כסא רם ונשא (Jes 6,1).

Wir müssen wiederholen, daß zwischen Ex 20,22b-23 und dem Jesajatext keine
literarische Abhängigkeit nachweisbar ist; wir suchten nur einen möglichen theolo-
giegeschichtlichen Hintergrund der vorliegenden Vorstellung, der in der atl. Literatur entdeckt werden kann.

Ex 20,22b-23 bezeichnen das Bundesbuch als Ganzes als das Gesetz, das der trans-
zendente Gott gegeben hat, und erinnern die בני ישראל in appellativer Absicht an
das "Sehen" der Offenbarung JHWHs, um von ihnen die Beachtung des Gesetzes zu
fordern.

Wenn Ex 20,22b-23 unabhängig vom Erzählkontext gebildet worden sind, so müßte
V.22a noch später als V.22b hinzugefügt worden sein. Insofern Ex 20,22b-23 zwischen der erzählerischen Einführung (V.22a) und dem Gesetz mit der Anrede in der
2.Pers.Sg. (V.24ff) stehen, ist es unmöglich, daß Ex 21,1 als Befehl an Mose gleichzeitig mit oder später als Ex 20,22b-23 eingefügt worden ist, obwohl im heutigen Text
das "du" in Ex 21,1 nur Mose bezeichnen kann. Ex 19,3b-8 sind wahrscheinlich
stilistisch Ex 20,22-23 nachgebildet worden. Auch die Meinung F.-L.Hossfelds, daß
der Weitergabebefehl an Mose in V.22aβ eine priesterliche Vorstellung widerspiegele[76], ist fragwürdig. Dazu ist nur zu bemerken, daß der Weitergabebefehl in der
P-Schrift inklusive des H-Gesetzes und im Ezechielbuch nicht in der Form כה
תאמרותאמרו אליל gebildet wird[77]. F.-L.Hossfeld behauptet, daß statt des Ausdrucks
כה תאמר אל der אמר-Imp, der der P-Schrift eigentümlich ist, eingesetzt werden
könne[78], erklärt damit aber nicht, warum jener Ausdruck eben in der P-Schrift nicht
gebraucht wird.

5.2.2 Die 2.P.Pl.Sätze in Ex 22,20-26; 23,9

Die 2.P.Pl. Sätze erweitern den Abschnitt Ex 22,20-26 und den Ex 22,20 parallelen
Vers Ex 23,9 um folgende Punkte:
(1) Der Gerschutzbestimmung (Ex 22,20a), die ursprünglich mit dem Begründungssatz von Ex 22,22 verknüpft war, wurde eine neue Begründung hinzugefügt, die an

---

[75] J.J.M.Roberts, Zion, S.100, H.Wildberger, aaO, S.246. Vgl. das Gebet Salomos bei der Weihe des
      Jerusalemer Tempels: IReg 8,30.32.34.36.39.43.45.49 (ואתה תשמע ואל מקום שבתך אל השמים)
      parallel IIChr 6,21.25.27.30.33.35.39 (ואתה תשמע ממקום שבתך מן השמים).
[76] F.-L.Hossfeld, aaO, S.177.
[77] Der Weitergabebefehl wird in der P-Schrift meistens mit דבר pi Imp. gebildet (z.B. Ex 6,29; 12,3;
      14,2.15; 16,12; Lev 1,2; 4,2 usw), dem oft ואמרתותם zugefügt wird. Vgl. dazu R.Kilian, Heiligkeits-
      gesetz, S.4. F.-L.Hossfeld führt als Beleg für כה תאמר ל Ex 3,15 an (aaO, S.177 Anm.72). Dieser
      Redebefehl aber bezieht sich nicht auf V.15b, "der die direkte Jahwerede bringt", sondern auf
      V.15aγ: יהוה אלהי אבתיכם שלחני אליכם, der der Funktion nach einer Botenformel entspricht. Ez
      33,27 stellt eigentlich eine Ausnahme dar. In diesem Text geht es aber um einen Propheten.
[78] F.-L.Hossfeld, aaO, S.177 Anm.72.

den גר-Status Israels in Ägypten erinnert (Ex 22,20b). Auch Ex 23,9a, der eine Parallele zu Ex 22,20a darstellt, wurde durch denselben Begründungssatz (Ex 23,9bβ) -
erweitert um einen zusätzlich belehrenden Begründungssatz (Ex 23,9ba) - ergänzt.
(2) Das Verbot, Witwe und Waise zu bedrücken (Ex 22,21), wurde mit einer Begründung, die den Delinquenten mit einer talionischen Strafe droht (Ex 22,23), in die
ursprüngliche Gerschutzbestimmung eingewoben[79].
(3) Der Eintreibebestimmung (Ex 22,24a) wurde das Zinsverbot (Ex 22,24b) hinzugefügt.

5.2.2.1   Ex 22,20b; 23,9b
Der Einschub des Verbots, die Witwe und die Waise zu bedrücken, trennt die
ursprüngliche Verbindung der Bestimmung von Ex 22,20a mit ihrer Begründung Ex
22,22. Dieser Begründungssatz dient nun folglich als Begründung für das neu einge-
schobene Verbot (V.21). Eine neue Begründung für die Gerschutzbestimmung
mußte eingefügt werden (V.20b), aber nicht nur aus diesem literarischen Grund,
sondern auch aus Gründen der Motivierung, dieses Gebot zu befolgen.
Die Erinnerung an den גר-Status Israels in Ägypten erscheint im ganzen AT vier-
mal in derselben Formulierung: כי גרים הייתם בארץ מצרים; zweimal hier in Ex
22,20b; 23,9bβ und ferner in Lev 19,34aγ; Dtn 10,19b.
In Lev 19,33 findet sich ein Ex 22,20a ähnliches Verbot, den גר zu bedrücken (תונו),
in der direkt anredenden Konditionalform: וכי יגור אתך גר בארצכם לא תונו אתו.
Daran schließt sich das inhaltlich umfassendere Gebot, einen גר wie einen Einheimischen zu behandeln und ihn wie sich selbst zu lieben, an (V.34aaβ). Dieses allgemeine Gebot stellt offensichtlich eine Weiterentwicklung des Verbots von Ex 22,20a;
23,9a dar. An dieses allgemeine Gebot werden die Begründung Lev 19,34aγ und die
dem H eigene Selbstvorstellung JHWHs V.34b angefügt: אני יהוה אלהיכם.
In Dtn 10,17f findet sich der Titel JHWHs als desjenigen, der kein Unrecht tut
(V.17), das Recht der Witwe und Waise verteidigt und einen גר liebt (V.18). Dementsprechend sollen auch die Israeliten einen גר lieben, weil auch sie in Ägypten גר
gewesen sind. Der Schwerpunkt der Begründung des Gebots des גר-Schutzes aber
besteht darin, daß JHWH selbst einen גר liebt. Die Erinnerung an das Leben in
Ägypten trägt sekundären Charakter[80].
Sowohl Lev 19,34 als auch Dtn 10,19 verweisen als Begründung für die Gerschutzbestimmung auf die גר-Erfahrung Israels in Ägypten: ein Element, das in das Bundesbuch erst im Rahmen der Bearbeitung durch die 2.P.Pl.Sätze eingefügt wurde. Im
Hauptteil des Dtns (Dtn 12-26) wird die Begründung gleichen Inhalts an die Forderung angeschlossen, einen Ägypter in die Kultgemeinde aufzunehmen (Dtn 23,8). Als
Begründung für die Gerschutzbestimmung dient demgegenüber nicht die Erinnerung
daran, daß Israel selbst in Ägypten גר gewesen ist, sondern die Erinnerung, daß es in

---

[79]   Daß sich der Begründungssatz V.22 auf den Prohibitiv von V.20 und der Begründungssatz V.23
       auf den Prohibitiv von V.21 bezieht, haben wir oben dargelegt, s.o. 2. 2. 2 unter (1). Im heutigen
       Text dient V.22 als Begründung nicht für V.20a, sondern für V.21. Siehe dazu unten 5. 2. 2. 1.
[80]   Vgl. F.Crüsemann, Fremdenliebe, S.20.

Ägypten "Sklave" gewesen ist (vgl. Dtn 24,18.22)[81]. Der גר-Schutz ist ferner im Hauptteil des Dtns immer mit dem Schutz der Witwe und Waise verbunden (vgl. Dtn 14,29; 16,11.14; 24,17-22; 26,(11).12.13). Die Schutzbestimmung hinsichtlich der Witwe und der Waise aber wurde in Ex 22 erst durch die 2.P.Pl.Sätze eingefügt. Die Schutzbestimmungen bez. גר, Witwe und Waise im Dtn (vgl. die obengenannten Belege), besonders die Bestimmungen in Dtn 24,17-22, stellen im Vergleich mit Ex 22,20f eine sehr entwickelte, ausführliche Behandlung des Problems dar. In Ex 22,20f ist kein dtn. Duktus erkennbar.

Ex 22,20b und 23,9b sind also die ältesten Belege im AT für den Zusammenhang des גר-Schutzes. Sie unterscheiden sich ihrerseits von der Vorstellung des "Exodus" dadurch, daß sie nicht an den Auszug aus Ägypten, sondern an den Aufenthalt in Ägypten erinnern (gegenüber Dtn 5,6.14f; 24,18). Sie appellieren an das Mitgefühl gegenüber den Menschen, in deren Lage auch die Israeliten gewesen sind. Ex 23,9bα drückt das Mitgefühl gegenüber dem גר direkt aus und stellt damit eine Explikation der Begründung von Ex 22,20b//23,9bβ dar. Daß Ex 23,9bα Ex 20,22b parallel formuliert ist, ist besonders zu beachten:

Ex 20,22b   אתם ראיתם כי מן השמים דברתי עמכם
23,9bα   ואתם ידעתם את נפש הגר

Diese Sätze veranlassen die Adressaten, sich selbst zu verstehen als die, die vor der einzigartigen Offenbarung JHWHs stehen, und zugleich als die, die die Stimmung des גר verstehen können.

5.2.2.2   Ex 22,21.23

Wenn auch der Schutz der Witwe und Waise sowie der Armen ein Gemeingut der altorientalischen Rechts- und Weisheitstexte darstellt[82], ist es nicht zu übersehen, daß erst im Jesajabuch die Witwe und die Waise als eine Gruppe der sozial Schwachen in den Vordergrund treten (Jes 1,17.23; 9,16; 10,2)[83]. Bei Amos und Hosea fehlt die Behandlung dieses Problems überhaupt bei all ihrer radikalen Sozialkritik[84]. Nach Jes 1,17.23; 10,2 ist die Bedrückung der Witwe und der Waise als ein

---

81 Für den mündlichen Hinweis auf diesen Punkt bin ich Herrn Prof. N.Lohfink dankbar.
82 Vgl. F.C.Fensham, Widow, S.129-139.
83 Jes 9,16; 10,2 können durchaus dem Propheten Jesaja zugeschrieben werden, vgl. H.Wildberger, BK X/1, S.183.211f, BK X/3, S.1557f, H.Barth, aaO, S.115-117. Abgesehen von der Schwierigkeit, die Redaktionsschicht von Jes 1 zu datieren, können auch die Einzelworte Jes 1,17.23 dem Propheten selbst zugewiesen werden, vgl. H.Wildberger, BK X/1, S.37.58, auch G.Fohrer, Jesaja 1, S.259ff, H.Barth, aaO, S.217-220.
84 Das Wort יתום findet sich zwar in Hos 14,4, bezeichnet dort jedoch die Beziehung zu Gott. In den Sprüchen erscheinen die Witwe in Prov 15,25 und die Waise in Prov 23,10 unabhängig voneinander. In beiden Texten geht es um das Problem unrechtmäßiger Grenzsteinverschiebung (beachte das textkritische Problem von Prov 23,10, vgl. den Apparat von BHS. Die אלמנה könnte ursprünglich auch in Prov 23,10 genannt worden sein). Die Erzählung von der Witwe und ihrem Kind in IISam 14,4-11 oder in IIReg 4,1-7 weist für sich auf kein allgemeines soziales Problem hin, darf also außer Betracht bleiben.

Hauptinhalt der jesajanischen Sozialkritik anzusehen.

Der Begründungssatz von Ex 22,23 für das Verbot, Witwe und Waise zu bedrük-
ken, stellt eine Warnung auf der Grundlage der Talionsvorstellung dar, wie sie sich
im Weisungsteil nur hier findet[85]: "Eure Frauen werden zu Witwen und eure Kinder
zu Waisen werden" (V.23b). Der Ausdruck "mit dem Schwert töten" (V.23aβ) legt die
Vermutung nahe, daß diese Begründung, insofern es hier um eine Talion geht, auf
dem Hintergrund akuter Kriegsgefahr formuliert wurde[86].

Hinzu kommt ferner, daß es als eine Voraussetzung der Teilnahme am JHWH-
Kult gilt, weder Witwe noch Waise bedrückt zu haben. Die Fluchreihe in Dtn 27,14-
26 etwa schließt den, der Witwe und Waise bedrückt, aus der Kultgemeinde aus[87].
Dieser Zusammenhang wird in Jer 7,6 in der sogenannten Tempelrede hervorgehoben und auch in Ez 22,7, wo wahrscheinlich die Jerusalemer Heiligtumstradition im
Hintergrund steht[88]. Jeder dieser Belege hat das dtn. Drei-Gruppen-Schema (גר,
אלמנה und יתום) übernommen[89]. In den wahrscheinlich in spätvorexilischer Zeit
abgefaßten und mit dem Jerusalemer Tempel verbundenen Psalmen 68 und 82[90]
gilt der Schutz der Witwe und der Waise als ein Aspekt der Heiligkeit JHWHs (Ps
68,6; 82,3)[91]. Man kann also damit rechnen, daß die soziale und wirtschaftliche Lage
der Witwe und Waise besonders in der mit dem Jerusalemer Tempel verbundenen
Tradition als ein unübersehbares Problem erachtet wurde.

5.2.2.3   Ex 22,24b

Der Bezug auf die Jerusalemer Heiligtumstradition ist beim Zinsverbot noch
offensichtlicher.

Das Thema "Zins" kommt nur in späteren Texten vor. Selbst Jesaja und Jeremia
behandeln es nicht, obwohl in der Jesajazeit oder schon in der Amoszeit die soziale
Problematik der Verarmung aufgrund des Kreditwesens gegeben war[92].

Auffällig ist aber nicht nur, daß dieses Thema in früheren Texten fehlt, sondern
darüberhinaus auch, daß das Zinsverbot in Verbindung mit dem (Jerusalemer)
Heiligtum eine ganz bestimmte Funktion hat. Abgesehen von Prov 28,8, wo die

---

85 Zum Prinzip der Talion vgl. G.von Rad, Theologie II, S.83.
86 Der Ausdruck הרג בחרב bezeichnet einen militärischen Vorgang. Der Krieg wird oft als Mittel
    göttlicher Strafe verstanden, vgl. O.Kaiser, ThWAT III, Sp.167f und die dort aufgezählten Belege.
    O.Kaiser, ebd, zieht Ex 22,23 mit Lev 26,25.33; Am 7,11.17; 9,10; Jes 1,20; 3,25 u.ö. als Belege für
    den Gebrauch von חרב (Krieg) als Mittel göttlicher Strafe heran.
87 Wir meinen den vorliegenden dtr. Zusammenhang und fragen hier nicht, ob die ארור-Reihe
    einen kultischen Ursprung hat; vgl. W.Schottroff, Fluchspruch, S.217ff.
88 W.Beyerlin, Heilsordnung, S.48, W.Zimmerli, BK XIII/1, S.397ff.
89 Vgl. W.Zimmerli, aaO, S.404, W.Thiel, Jeremia 1-25, S.110.
90 Vgl. die Analyse und Datierung von Ps 82 von J.Jeremias, Kultprophetie, S.120-125. Zu Ps 68 vgl.
    ders, Königtum, S.69-82. In Ps 82,3 kommt aber nur יתום vor.
91 Alle anderen Belege von "Witwe" und/ oder "Waise" in den Psalmen sind in spätere Zeit zu
    datieren: Ps 10,14.18; 78,64; 94,6; 109,9.12; 146,9, vgl. H.-J.Kraus, BK XV/1.2, ad loc.
92 Vgl. D.N.Premnath, Latifundialization: S.49-60, bes. S.52. Schon bei Amos und Hosea ist das
    Problem ungerechter Geschäftemacherei im Blick (Am 8,5f; Hos 12,8f). Kritisiert wird sogar die
    Abgabe auf Getreide, beide thematisieren נשך jedoch nicht.

Zinsnahme nicht rundweg verworfen wird, kommt im AT das Thema "Zins" nur in Ex 22,24b; Lev 25,36f; Dtn 23,20f; Ez 18,8.13.17; 22,12, Hab 2,6b-7 und Ps 15,5 vor. Außer den Rechtstexten wird das Thema noch in vier spätvorexilischen bzw. nachexilischen Texten behandelt (Ez 18; 22; Hab 2,6b-7; Ps 15,5), die eine gemeinsame Wurzel in der Jerusalemer Heiligtumstradition haben[93]. Geld nicht auf Zinsen auszuleihen, gilt hier als eine notwendige Voraussetzung für die Mitgliedschaft in der Kultgemeinde[94].

Auch bei der Formulierung des Zinsverbots von Dtn 23,20f steht die Reglementierung der Teilnahme an der Kultgemeinde im Hintergrund. Insgesamt beinhaltet Dtn 23 keine Miszellen, sondern stellt ein systematisches Kapitel dar, in dem kultische Bestimmungen - Bedingung der Teilnahme an der Kultgemeinde (V.2-9) bzw. Heiligkeit des Heerlagers (V.10-15), Verbotene im Tempel (V.18f) und Gelübde (V.22-24) - und die Bestimmungen über die Schwachen - Schutz geflohener Sklaven (V.16f), Zinsverbot (V.20f) und Früchte der Nächsten (V.25f) - wechselseitig angeordnet sind. Es handelt sich hier um Voraussetzungen der Gestaltung und Erhaltung der Kultgemeinde[95]. Geld nicht auf Zinsen auszuleihen, gilt als eine dieser Voraussetzungen. Sowohl der Adressat des Verbots als auch der durch das Verbot Geschützte gehören zur Kultgemeinde. Betont wird nämlich, daß die Zinsnahme nicht zwischen den Mitgliedern der Kultgemeinde erlaubt ist (לֹא תַשִּׁיךְ לְאָחִיךָ: V.20). Im Hinblick auf die Funktion, die Voraussetzung für die Teilnahme an der Kultgemeinde zu benennen, liegt auch Dtn 23,20f von den Texten in Ez 18; 22 und Ps 15 nicht weit entfernt. Lev 25,36f übernimmt den Zusammenhang von Dtn 23,20f und ver-

---

[93] Zu Ps 15,5 und Ez 18; 22 vgl. W.Beyerlin, aaO, S.42. Er datiert diese beiden Texte in die nachexilische Zeit (aaO, S.99f). Hinter den ethisch-sozialen "Norm"-Elementen dieser Texte erkennt W.Beyerlin eine weisheitliche Tradition (aaO, S.51ff) und meint, daß die Zusammenstellung der weisheitlichen Tradition mit der Heiligtumstradition nur in Jerusalem denkbar sei (aaO, S.68ff). U.E. wird das Zinsverbot nur in der Heiligtumstradition oder am ehesten in einem weisheitlichen Denken in der Heiligtumstradition thematisiert. J.Jeremias, Kultprophetie, S.68, denkt ferner, daß auch Hab 2,6b-7 eine weisheitliche Tradition übernommen hat, und sagt (aaO, S.97): "Freilich hat er durch seine zugefügten Gerichtsankündigungen diese weisheitlichen Worte mit völlig neuem Inhalt gefüllt, die den Bereich der Lehre sprengen. In dieser neuen Form ... (sind diese Worte) ... die einzigen Aussprüche Habakuks, die nicht zwingend den Tempelplatz als Ort ihrer Verkündigung voraussetzen, sondern überall auf den Straßen, Plätzen und in den Toren Jerusalems gesprochen sein könnnen". Die von Habakuk übernommene "weisheitliche" Tradition stellt u.E. eine priesterliche Belehrung dar, wie in Hab 2,4f - (was J.Jeremias selbst sieht, aaO, ebd). Auch wenn die Botschaft Habakuks von Hab 2,6b-19 über den Rahmen des kultischen Bereichs hinausgegangen sein sollte, gehörte er doch zum Umkreis des Jerusalemer Heiligtums (vgl. J.Jeremias, aaO, S.90.138f, siehe weiter unten Anm.96). J.Jeremias weist den Text Hab 2,6b-7 (außer dem Einschub "wie lange noch?") dem Propheten selbst in spätvorexilischer Zeit zu. Dieser Text, der ursprünglich einen Weheruf gegen die Großgrundbesitzer darstellte, sei in exilischer Zeit als Gerichtswort gegen Babylonien verstanden worden, siehe ders, aaO, S.65f.70f.

[94] Dieser Zusammenhang ist in Ps 15 und Ez 18; 22 deutlich (siehe bes. Ps 15,1). Zur Verkündigung Habakuks ist zu bemerken, daß es sich bei der Kultprophetie - so J.Jeremias, aaO, S.128ff - um eine "tiefe Kluft innerhalb Israels" handele (aaO, S.128f) und der Prophet dabei einzelne Frevel auf das Unheil des ganzen Volkes bezogen habe, so daß die Ausrottung der Frevler einen Brennpunkt der Verkündigung darstelle (aaO, S.130.131f und passim).

[95] קהל (Dtn 23,2.3.4.9) ist als "Kultgemeinde" zu verstehen: H.-P.Müller, THAT II, Sp.615.

webt ihn mit dem Zusammenhang des Jobeljahrs. Daher liegt es nahe, daß auch die Ausformulierung des Zinsverbots mit der Institution des Jerusalemer Heiligtums zusammenhängt. Stellt Ex 22,24b (mit Prov 28,8) eine Ausnahme dar?[96]

5.2.3   Ex 22,30 und 23,13

Die formale Parallelität dieser beiden Verse und ihre literarische Funktion, eine neue Gliederung des Rechtsbuches zu gestalten, haben wir bereits deutlich gemacht[97]. Um den Inhalt dieser beiden parallelen Verse zu erklären, wollen wir von Ex 23,13, der nicht nur als Schlußsatz des Abschnittes Ex 23,1-13, sondern auch als Schlußsatz des Hauptteils Ex 21,1 - 23,13 dient, ausgehen.

Der Ausdruck תשמרו ... ב (Ex 23,13a) ist als Gebot im ganzen AT ohne Parallele und unterscheidet sich von dem allgemein gebrauchten paränetischen Ausdruck השמרו/השמר + לכם/לך usw. + אל/מן/פן[98]. V.13a führt nicht die einzelnen Dinge oder Taten auf, in bezug auf die man vorsichtig sein soll, welche im allgemeinen paränetischen Ausdruck durch פן, מן oder אל eingefügt werden, sondern allein den Grundsatz mit ב: "in allem, was ich zu euch gesagt habe". In diesem Vers wird also nicht nur verlangt, im einzelnen Fall die Gesetze JHWHs zu befolgen, sondern auch das ganze Leben am Gesetz JHWHs auszurichten bzw. die Aufmerksamkeit darauf zu konzentrieren. Diese Vorstellung unterscheidet sich also nicht sehr von Dtn 6,4-9.

Daher ist es durchaus sinnvoll, daß sich an diese Paränese das Verbot, den Namen anderer Götter zu nennen, anschließt (V.13b)[99]. Gemeint ist: insofern man auf das Gesetz JHWHs seine Aufmerksamkeit richtet, kann es keinen Raum mehr geben, andere Götter zu verehren. Es geht hier um den Anspruch JHWHs auf die ganze Person und die ganze Lebenseinstellung des Menschen.

---

[96]   Es ist damit zu rechnen, daß "in der spätvorexilischen Zeit weisheitliches Denken bereits eine enge Verbindung mit gottesdienstlichen Vorstellungen eingegangen" sei, so J.Jeremias, aaO, S.138.

[97]   1. 2. 1.

[98]   In den meisten Belegen von שמר niph - außer in Hos 12,14 und Ps 37,28, wo die niph-Form passivisch zu verstehen ist - kommt es in der Form des Imp. mit פן oder מן vor, vgl. Gen 24,6; 31,24.29; Ex (19,12 - vor עלות könnte man מ ergänzen, vgl. Tg.Tg^J -); 34,12; Dtn 4,9.23; 6,12; 8,11; 11,16; 12,13.19.30; 15,9; Jdc 13,2; IIReg 6,9; Jer 9,3 und bedeutet: "sich von den bestimmten (nicht guten) Dingen oder Taten vorsichtig entfernen", also "sich hüten". Dem entspricht eine Formulierungsweise, in der die zu vermeidenden Handlungen mit "אל Juss." eingefügt werden, vgl. (Ex 10,28 - siehe den Apparat der BHS -); Jdc 13,4; Jes 7,4; Jer 17,21; Hi 36,21. In der Form ונשמרתם oder תשמר + "אל Juss.": Dtn 2,4 - "אל Juss." in V.5 -; + פן: Dtn 4,15 - פן-Satz in V.16 -; מן: Dtn 23,10; Jdc 13,13. In der Erzählung: "sich von etwas entfernen": IIReg 6,10. In acht Belegen inklusive Ex 23,13 ist die Wendung positiv gemeint ("sich in acht nehmen"), vgl. Ex 23,13.21; Dtn 24,8; Jos 23,11; ISam 19,2; IISam 20,10; Ma 2,15.16. Unter diesen Belegen begleitet diejenigen, die die Vorsicht einer Handlung betonen, je ein Satz, der mit ו + AK (Ex 23,21), "אל Juss." (ISam 19,2) oder mit ל + Inf.(Dtn 24,8; Jos 23,11) formuliert ist. Die Formulierungen von Ma 2,15.16 sind schwierig zu deuten, können aber mit "euch in acht nehmen unter Einsatz eures Lebens" (ב-pretii) übersetzt werden (BDB, S.1037, W.Rudolph, KAT XIII/4, S.268.270). IISam 20,10 mit ב ist zu übersetzen: "vorsichtig sein gegenüber (ב) ... ".

[99]   Zur Übersetzung von זכר hiph siehe W.Schottroff, Gedenken, S.244ff, bes. S.248f.

Es ist aber auch nicht überraschend, daß sich in dem Ex 23,13 parallelen Vers Ex
22,30 das Gebot findet, heilige Männer zu sein. Ex 22,30a beinhaltet anders als Ex
19,6; Dtn 7,6; 14,2.21; 26,19; 28,9 keine Feststellung der Heiligkeit Israels, sondern
wie Lev 19,2; 20,7.26 (H) und Lev 11,44f; Num 15,40, die Aufforderung, heilig zu
sein. In der P-Schrift sind die Aufforderung, heilig zu sein, und die Aufforderung,
den Befehl JHWHs zu befolgen, parallel gestellt (vgl. Lev 19,2 und 19,19aα; siehe
besonders Num 15,40)[100]. Dabei bezieht sich dieses Gebot JHWHs nicht nur auf die
religiösen Bestimmungen, sondern auch auf die sozialen Weisungen (Lev 19,9-18).
Ex 22,30/ 23,13 deuten in die gleiche Richtung.

Auffällig ist ferner die Bezeichnung אנשי קדש. Anders als die Bezeichnung עם קדוש,
die oft im Dtn vorkommt, und die Bezeichnung גוי קדוש[101] scheint es hier nicht um
Israel als Kollektiv, sondern um den Einzelnen zu gehen. Das Genitivattribut קדש
aber bezieht sich selten auf Menschen, außer auf die Beamten des Heiligtums.
Neben Ex 22,30 kommt קדש als Bezeichnung für Menschen vor in Esr 8,28 (אתם
קדש); Jes 6,13; Esr 9,2 (זרע קדש); Jes 62,12; 63,18; Dan 12,7 (עם נהקדש), die aber
allesamt nachexilische Texte darstellen. Bei diesen nachexilischen Belegen ist das
Nomen regens anders als in Ex 22,30 immer ein Kollektivum. Bemerkenswert ist die
Wendung von קדש für Beamten des Heiligtums: משמרת הקדש oder שרי קדש[102]. Es ist
möglich, Ex 22,30a wortwörtlich zu übersetzen: "Männer des Heiligtums sollt ihr mir
sein". Gemeint wäre dann: "Zum Heiligtum passende Männer sollt ihr mir sein"[103].
Die in der Forschung übliche Annahme, Ex 22,30a stelle eine Begründung bzw.
eine Voraussetzung zu dem eigentlich konkreten Gesetz Ex 22,30b dar[104], trifft u.E.
nicht zu. Der Schwerpunkt von V.30 liegt vielmehr in V.30a.

Ex 22,30 vergleichbare Belege sind Dtn 14,21; Lev 7,24; 11,39f; 17,15f; 22,8; Ez
4,14; 44,31. Dtn 14,21 und Lev 11,39f schließen an die Bestimmungen über die reinen
und unreinen Tiere an (Dtn 14,3-20; Lev 11,1-38)[105] und entsprechen sich in diesem
Bezug. Im P-Schrifttum inklusive Ezechiel - außer den Dtn 14,21 parallelen Versen
Lev 11,39f - finden sich immer die beiden Bezeichnungen des toten (נבלה) und des
gerissenen (טרפה) Tieres, einzeln genannt findet sich in Dtn 14,21 (//Lev 11,39f)
נבלה und in Ex 22,30b טרפה. Das Verbot der P-Gesetze, gerissene oder tote Tiere zu
essen, scheint die entsprechende Formulierung des Dtns und von Ex 22,30b vorauszusetzen.

---

[100] Zur Verbindung der Heiligkeit mit der zwischenmenschlichen Gerechtigkeit siehe J.Muilenburg,
IDB 2, S.622, H.-P.Müller, THAT II, Sp.606, D.Kellermann, TRE XIX, S.701.
[101] S.o. Anm.19.
[102] משמרת הקדש: Num 3,28.32; 18,5; Ez 44,8; 1Chr 23,32, שרי קדש: Jes 43,28; 1Chr 24,5.
[103] J.Morgenstern, Book of Covenant, IV, S.104, versteht V.30a in bezug auf V.30b und denkt, daß
der Ausdruck אנשי קדש "men of taboo", nämlich "die die Tabuaufforderung bewahrenden Männer"
bedeutet. Die Tabuaufforderung steht aber nicht im Zentrum dieses Verses.
[104] Z.B. in der Erklärung von M.Noth, aaO, S.152 wird V.30a selbst nicht behandelt, sondern nur die
Forderung von V.30b. Ähnlich auch B.S.Childs, OTL, S.480. Vgl. J.Halbe aaO, S.425.
[105] An Lev 11,40 aber schließen die weiteren Bestimmungen V.41-44 an, deren Thema "Kriechtier"
schon in V.29-38 behandelt wird.

Auffällig ist, daß im P-Schrifttum der unbedingte Prohibitiv, das tote oder gerissene Tier zu essen, nicht Israel als Ganzem, sondern nur den Priestern gilt[106]. Dtn 14,21 spricht demgegenüber eindeutig Israel als Kultgemeinde an, dessen Gegenüber גר und נכרי sind. Das Verbot bezieht sich hier wahrscheinlich auf die außerkultische Schlachtung, die der Kultuszentralisation entsprechend zugelassen wurde (Dtn 12,13-28). Denn beim Essen des toten Tieres kann das festgelegte Verfahren der Schlachtung (Dtn 12,24) nicht mehr erfüllt werden[107].

Ex 22,30b unterscheidet sich von den Belegen des Dtns und des P-Schrifttums dadurch, daß hier nur der Fall des gerissenen Tieres (טרפה) ins Auge gefaßt und die Geltung nicht auf eine bestimmte Personengruppe beschränkt zu werden scheint. Weshalb das gerissene Tier als unrein gilt, läßt sich nicht mehr ausmachen. Auch hier kann aber darauf abgezielt worden sein, Blutgenuß zu vermeiden[108]. Wer aber wird eigentlich mit "ihr" angeredet? B.Baentsch hält die Menschen überhaupt für die Adressaten, da formuliert werde, daß nur die Hunde טרפה fressen dürften, und schreibt im Blick auf das Dtn, das "den Genuß nur für die Israeliten" verbiete, und auf das H, das das Verbot auf die Priester beschränke: "Es fällt hier einmal auf, dass das Verbot des Genusses der נבלה und טרפה auf immer engere Kreise eingeschränkt wird, und dann, dass der Fremdling in die theokratische Ordnung vielmehr hineingezogen ist ..."[109]. Er vermutet daher eine chronologische Reihenfolge vom Bundesbuch über das Dtn zum H. Ex 22,30bβ: "dem Hund sollt ihr es hinwerfen" markiert u.E. aber nicht die Allgemeingültigkeit von V.30ba, sondern betont nur die Unreinheit des gerissenen Tieres. Vielmehr können wir sagen: Eine bestimmte Adressatengruppe ist bei der Anrede "ihr" vorausgesetzt, also nicht eigens bezeichnet. Wahrscheinlich geht es hier um eine kultische Situation.

F.-L.Hossfeld referiert die These J.Halbes über die Zusammengehörigkeit und Funktion von Ex 22,30 und 23,13 und vermutet sodann - abweichend von J.Halbes These - einen priesterlichen Autor, "der mit dem Wechsel von Injunktiv zu Prohibitiv, von Syndese zu Asyndese Gebotsreihen gruppieren kann und für den der Numeruswechsel stilistische Funktion übernimmt" und führt die folgenden Parallelen aus

---

[106] Lev 22,8 und Ez 44,31 sind an Priester gerichtet. M.Noth, ATD 6, S.139, weist bez. Lev 22,8 darauf hin, daß die heutige Beziehung des Verbots auf die Priester sekundär sei. Die Wendung נבלה וטרפה hat jedoch in anderen p-schriftlichen Belegen ihre Parallele. Daß das "er" von Lev 22,8 sich ursprünglich nicht auf den Priester, sondern auf einen anderen Menschen bezogen habe, kann man nicht sagen, obwohl Lev 22 in seiner heutigen Gestalt eine sehr "lose" Struktur darstellt. Nach Lev 11,39f und 17,15f wird der, der ein totes oder gerissenes Tier gegessen hat, unrein, wenn er aber ("sich": Lev 17,16 und) sein Kleid wäscht, wird er vom Abend an wieder rein sein. Laien dürfen also ein solches Tier essen. Nicht eindeutig sind Lev 7,24 und Ez 4,14. Lev 7,24 ist zwar ein unbedingtes Verbot für ganz Israel, sein Hauptgesichtspunkt ist jedoch nicht das Essen eines toten oder gerissenen Tieres, sondern die Verwendung des Tierfettes. Das Fett des Rindes, des Lammes oder der Ziege zu essen, ist schon in V.23 überhaupt verboten. Ezechiel bekennt JHWH, daß er niemals ein totes oder gerissenes Tier gegessen habe. Es ist dabei aber zu berücksichtigen, daß er nach der Überschrift des Ezechielbuches (Ez 1,3) der Sohn eines Priesters ist.

[107] Vgl. H.-J.Fabry, ThWAT V, Sp.169f, G.Braulik, Neue Echter 15, S.108.

[108] G.Beer, HAT I/3, S.117. Vgl. M.Noth, aaO, S.152, B.S.Childs, aaO, S.480.

[109] B.Baentsch, Bundesbuch, S.114.

dem Heiligkeitsgesetz an: zu Gebotsreihen mit Wechsel von Injunktiv und Prohibitiv: Lev 19,9f; 19,15; 19,17; 23,22; zu Gebotsreihen mit stilistisch bedingtem Numeruswechsel: Lev 19,15; 19,19[110]. Sein Interesse aber richtet sich auf die Beziehung des Bundesbuches zu dessen Kontext, der Sinaiperikope. Er sieht dabei von einem wichtigen Punkt J.Halbes bezüglich der Funktion von Ex 22,30 und 23,13 in der Komposition der Abschnitte Ex 22,20-30 und Ex 23,1-13 ab. Nach J.Halbe dienen Ex 22,30 und 23,13 als Schlußsätze der ihnen je vorangehenden Abschnitte. Das erste Glied (22,30a; 23,13a) verbinde sich syndetisch mit den vorausgehenden Sätzen, und das letzte (30bβ, 13bβ), das asyndetisch - inhaltlich aber fast tautologisch - das zweite Glied aufnehme und dessen Inhalt damit unterstreiche, "setzt 22,30 durch die Position vom folgenden Prohibitiv, 23,13 durch die Negation vom folgenden Gebot ab. Zusammengesehen mit dem syndetischen Anschluß nach rückwärts ergibt sich mit diesem Kontrast jedenfalls, wohin sich beide Elemente im Kontext orientieren: Sie setzen jedes dem Zusammenhang einen Halt, in den sie selbst noch gehören"[111].

Dieser kompositorische Zusammenhang nun löst sich bei F.-L.Hossfeld in die Gattung auf. Unter den von ihm genannten Belegen im H - sie sind nicht nur dreigliedrig, sondern auch vier- oder fünfgliedrig - sind Lev 19,15 und 19,17 keine Schlußsätze und beginnen nicht syndetisch. Lev 19,19 scheint der Schlußsatz des Abschnittes zu sein, besonders die prinzipielle Vermahnung את חקתי תשמרו (Anrede im Plural, Sprecher-Ich) ist auffällig[112]. Das erste Glied dieses Verses aber beginnt asyndetisch, das letzte weist Syndese auf. Diese als ein Abschluß erscheinende Gebots-Verbots-Reihe ist vielmehr ein Anfang (deshalb auch der asyndetische Beginn), weil das erste Glied im Plural dem Schlußsatz "Ich bin JHWH, euer Gott" (V.25) zu entsprechen scheint (vgl. Lev 18,4)[113]. Lev 19,9f und dessen Parallele Lev 23,22 schließen einen Abschnitt ab. Der ihnen je vorausgehende Abschnitt bezieht sich auf das Opfer. Dabei aber stellt das letzte Glied selbst syntaktisch keinen Absatz dar, sondern erst der im H wiederholte Anspruch "Ich bin JHWH, euer Gott" (Lev 19,10; 23,22) schließt den Abschnitt ab. Wenn nur der Wechsel von Injunktiv und Prohibitiv mit der Mischung von Syndese und Asyndese tatsächlich ein Kriterium für die Zusammengehörigkeit von Texten zu einer Tradition ist, kämen andererseits auch im Dtn entsprechende Texte in Frage: Dtn 16,2f (Injunktiv/Syndese - Prohibitiv/Asyndese - Injunktiv: Prohibitiv tautologisch aufnehmend/Asyndese); 16,8 (Injunktiv/Asyndese - Injunktiv/Syndese - Prohibitiv/Asyndese). Bezüglich des Numerus müssen wir darauf aufmerksam machen, daß keiner der von F.-L.Hossfeld genannten Belege im H durchweg wie Ex 22,30 im Plural gebildet worden ist. Das zeigt, daß die Form Injunktiv/Prohibitiv mit der Mischung von Syndese und Asyndese selbst mit der "Hauptredaktion des Heiligkeitsgesetz", die "konsequent die Plural-Anrede

---

[110] F.-L.Hossfeld, aaO, S.184. Belege dort Anm.108. Vgl. oben 1. 2. 1.
[111] J.Halbe, aaO, S.424.
[112] Vgl. J.Halbe, aaO, S.424f.
[113] M.Noth, ATD 6, S.122f, behandelt Lev 19,19 als eine selbständige Einheit. K.Elliger, HAT I/4, S.248f, betrachtet V.19aα als die allgemeine Einleitung des nachfolgenden Abschnittes. Lev 18,4 bindet den Befehl, das Gebot JHWHs zu beobachten (vgl. Lev 19,19aα), und die Selbstvorstellung JHWHs (vgl. Lev 19,25) zusammen.

einsetzt", nichts zu tun hat[114]. F.-L.Hossfelds Argumentation, daß Ex 22,30 und 23,13
der P-Redaktion entstammen, ist nicht überzeugend[115].

5.2.4   Ex 23,21ba

Die Warnung Ex 23,21ba hebt sich nicht nur durch den Numerusunterschied,
sondern auch durch ihren Charakter als Warnung von den in der 2.Pers.Sg. gebildeten Sätzen ab. Während in Ex 23,21a.bβ.22 gefordert wird, in Zukunft dem Boten
JHWHs zu folgen, geht es in V.21ba um das in der Vergangenheit geschehene Vergehen.
Für die Deutung dieses Satzes ist die Bedeutung von פשע entscheidend. R.Knierim
bestimmt die Grundbedeutung von פשע als "das Verbrechen", nämlich als einen
formalen Oberbegriff für verschiedene Arten von Sach- und Personendelikten[116],
und beschreibt die Geschichte der theologischen Aspekte des Begriffes als eine
Entwicklung vom Einzelfall zum Umgreifenden. Diese Entwicklung sei - wie
R.Knierim zusammenfaßt - sichtbar "im Übergang von Wendungen aus einem klar
umgrenzten »profanen« Fall (z.B. Bitte um Vergebung: Gen 50,17; 1Sam 25,28;
Verteidigung: Gen 31,36; 1Sam 24,12; Spr 28,24) in kultische Vorgänge, in denen ein
bestimmtes Vergehen nicht mehr sichtbar ist (1Kön 8,50; Ps 25,7; 51,3; 59,4, wobei
im Kultus mehr bekannt als bestritten wird: Ps 25,7; 32,5; 39,9; 51,3.5 u.ö.). Sie wird
auch sichtbar im Übergang von der Singularform (47 von 93 Belegen) zur Pluralform
(vgl. u.a. Jes 53,5; 59,12; Ez 33,10; Ps 32,5; 39,9; 51,3.5; 65,4; 103,12; Klgl 1,14.22; vgl.
auch die Näherbestimmungen mit kōl »Gesamtheit« und rōb »Vielzahl« Lev 16,21;
1Kön 8,50; Jer 5,6; Ez 14,11; 18,30.31; 37,23; Ps 5,11 u.ö.)". "Der genannten Entwicklung zufolge geht es im theologischen Verständnis von paeša' mehr und mehr um die
Totalität der Verbrechen einer Epoche, des Volkes oder eines Einzelnen, und um
die Totalität ihres Bruches mit Jahwe"[117]. Zu untersuchen ist hier, zu welcher Phase
dieser Entwicklung Ex 23,21ba gehört. Bedeutet פשע in Ex 23,21ba einen Einzelfall
oder das Verbrechen in seiner Totalität? Geht es hauptsächlich darum, daß mit dem
Boten - also mit JHWH - gebrochen werde, oder ist in erster Linie das Verbrechen in
der menschlichen Gemeinschaft, also der profane Fall im Blick, auch wenn sich der
Begriff in jedem Fall "auf alle Arten von verbrecherischen Taten, die rechtlich faßbar
sind"[118], bezieht?
R.Knierim selbst behandelt Ex 23,21ba, besonders die Formel לא ישא traditionsgeschichtlich als eine Gattung der kultischen Paränese, die in Jos 24,19 ihre Parallele
habe und in den Spruch Ex 23,21 sekundär eingefügt worden sei. Wenn die Formel
selbst aus einer alten kultischen Tradition stammte und sich auf die Fremdkultpole-

---

[114] Vgl. F.-L.Hossfeld, aaO, S.183.
[115] Auch die Bezeichnung קדש spricht gegen die Zuweisung dieses Textes zur P-Schrift, in der dieser
       Zusammenhang nur mit קדוש bezeichnet wird.
[116] R.Knierim, Hauptbegriffe, S.177, ders, THAT II, Sp.491.
[117] R.Knierim, THAT II, Sp.494.
[118] R.Knierim, aaO, Sp.493.

mik bezöge, ginge es in der Tat hauptsächlich um das Verbrechen gegenüber JHWH[119]. Geht es aber bei den Belegen des Nomens פשע im AT in erster Linie um das Verbrechen gegenüber JHWH oder um die Totalität, so kommt פשע immer in Verbindung mit anderen "Sünden"-Begriffen vor: z.b. mit חטא oder seinen Derivaten, mit עון oder mit den die Totalität von Verbrechen bezeichnenden Worten: z.B. כל, רב[120]. Demgegenüber bedeutet פשע in isolierter Verwendung eindeutig einzelne zwischenmenschliche Sach- und Personendelikte; in Singularform in Ex 22,8; (Hi 34,6); Prov 10,19; 12,13; 17,9.19; 19,11; 28,2.24; 29,6.16; auch 29,22; in Pluralform in Am 1,3.6.9.11.13; 2,1.4.6; 3,14; 5,12; (Hi 36,9); Prov 10,12; 28,13. Die Geschichte des Begriffs פשע in der Entwicklung vom Einzelfall zum Umgreifenden ist eben die Geschichte der Verknüpfung von פשע mit anderen Begriffen oder mit Näherbestimmungen[121]. Abgesehen von den Belegen im Hiobbuch, wo - insofern es als ein ein-

---

119 R.Knierim, Hauptbegriffe, S.135-141. Seine traditionsgeschichtliche Untersuchung findet sich aaO, S.114-143 und THAT II, Sp.491-493.

120 Zur Verbindung חטא-עון-פשע - siehe R.Knierim, Hauptbegriffe, S.224ff. Belege sind Ex 34,7; Lev 16,21; Num 14,18; Jes 1,2.4 (Verbform=im folgenden "Vb"); 59,12; Jer 33,8 (Vb); Ez 21,29; 33,10.12(עון in V.9); Mi 7,18f; Ps 32,1.5; 51,3f.5-7; 59,4f; Hi 7,20f; 13,23; Dan 9,24. R.Knierim erwähnt Ps 103,12 nicht, aber mit V.10 zusammen muß auch dieser Vers hier eingeschlossen werden. Unter diesen Belegen treten in Ez 33,10.12 die einzelnen Verbrechen gegen den Mitmenschen ziemlich deutlich hervor (siehe Ez 33,14ff). Der Mitmensch selbst kann dabei aber das Verbrechen nicht mehr vergeben, sondern JHWH allein vergibt es.
Mit חטא: Lev 16,16 (siehe auch V.21 mit חטא und עון); Jos 24,19; IReg 8,50 (חטא in Vb siehe V.46); Jes 43,25; 44,22; 58,1; Ez 18,21f; 37,23 (מושבתיהם אשר חטאו); Mi 1,5.13; 3,8; 6,7; Ps 25,7; Hi 8,4 (חטא in Vb); 34,37; 35,6 (חטא in Vb). Hier wird auch klar, daß in Ez 18,21f die einzelnen zwischenmenschlichen Verbrechen zuerst behandelt sind (siehe V.5-18).
Mit עון: Jes 50,1; 53,5.8; Ez 14,10f; 18,28-31 (V.28 auch עול); 39,23f; Ps 65,4; 89,33; 107,17; Hi 14,17; 31,33; 33,9. Die einzelnen zwischenmenschlichen Vergehen: Ez 18,28-31.
Mit כל oder רב (außer den schon genannten Belegen): Ps 5,11; 19,14; 39,9 (+ נבל); Prov 10,12 und 29,22 (beides einzelne zwischenmenschliche Vergehen); Thr 1,5.22 (//רעה); V.14 (Pl) ist auch hier einzuschließen.
Das totale verbrecherische Verhalten wird auch wie folgt ausgedrückt: פשעה (+ ארץ) = das ganze Verbrechen auf dem Land, Jes 24,20 (nachexilisch nach H.Wildberger BK X/2, S.905-911); ילדי פשע זרע שקר: Jes 57,4; הפשע: Dan 8,(12)13; 9,24, zu Dan 8,12 vgl. den Apparat der BHS.
Eindeutig einzelne zwischenmenschliche Verbrechen beinhaltet פשע in Gen 31,36 (mit חטא); 50,17 (mit חטא) und in ISam 24,12 (mit רעה und חטא in Vb); 25,28 (//עון in V.24). Dabei kann der Mitmensch das Verbrechen vergeben.
In Ps 36,2 kommt eine Personifikation von פשע vor, die zwischenmenschliche Delikte meint.
Fragwürdig ist Jes 59,20, wo פשע als das totale verbrecherische Verhalten ohne Verbindung mit anderen ähnlichen Worten vorkommt. Aber erst durch die Verbindung mit dem Nomen regens שבי erhält פשע die Bedeutung der Totalität.

121 Vgl. R.Knierim, THAT II, Sp.494, auch G.Quell, ThWNT I, S.279f. Dabei hat u.E. das Verb פשע qal eine wichtige Rolle gespielt, um פשע als Bezeichnung für einzelne zwischenmenschliche Verbrechen in der Beziehung zwischen Menschen und JHWH zu verwenden. Das Verb beinhaltet meistens das Verbrechen an Höherstehenden, bes. an JHWH: abgesehen von IReg 12,19 (//IIChr 10,19); IIReg 1,1; 8,20.22 (//IIChr 21,8.10), wo das Verbrechen an der Oberherrschaft Israels beschrieben ist, beziehen sich fast alle Belege auf das Verbrechen an JHWH. Einerseits bringt das Verb in Verbindung mit der Präposition ב das Verbrechen an JHWH zum Ausdruck (IReg 8,50; Jes 1,2; 43,27; 59,13; 66,24; Jer 2,8.29; 3,33; 33,8; Ez 2,3; (18,31); 20,38; Hos 7,13; Zeph 3,11), andererseits bezieht es sich in der Partizipform auf das Verbrechen in seiner Totalität (Jes 1,28;

heitliches Literaturwerk zu betrachten ist - פשע mit עון oder חטא parallelgestellt ist, begegnet die isolierte Verwendung von פשע gehäuft nur in Amos und in Prov. Ex 22,8 und 23,21 gehören zu den Ausnahmen[122]. Ex 23,21ba ist zwar, wie R.Knierim meint, Jos 24,19 ähnlich, beide Sätze unterscheiden sich jedoch im Hinblick auf die Verknüpfung mit חטא. Ex 23,21ba steht vielmehr in der Nähe der Verwendungsweise von Amos und den Sprüchen.

Im Amosbuch beinhaltet פשע, von zwischenstaatlichen Delikten (Am 1,3 - 2,3) einmal abgesehen, die Delikte gegen Besitz oder gegen Menschen, auch im Gericht, deren Parallelen sich in Ex 22,20 - 23,9 finden (Am 2,6-8; 5,10-12). Ein ähnlicher Zusammenhang findet sich in Prov 28 und 29. Die Reihe der Antithesen von Prov 28,1.12.28; 29,2.16.27 zeigt, daß die Sprüche in Prov 28 und 29 nach einem Prinzip gesammelt oder formuliert worden sind[123]. Werden die Sprüche über פשע (Prov 28,2.13.24; 29,6.16.22) in diesen Zusammenhang eingefügt, bezieht פשע sich auf die Vergehen, die in Prov 28; 29 behandelt werden (siehe 28,1f.12f; 29,6.16): z.b. Bedrückung der Schwachen (28,3.8 - Zinsen - . 15.16; 29,4.7 - im Gericht -), Diebstahl (28,21.24; 29,24), Mord (28,17; 29,10). In Prov ist ferner auffällig, daß פשע oftmals "verbale Delikte", z.B. Lüge, Widerspruch bezeichnet (Prov 10,12.19; 12,13; 17,9.19; 29,22), während פשע in Ex 22,8 eindeutig besitzrechtliche Delikte meint[124].

Angesichts dieser Belege ist nicht zu bezweifeln, daß פשע in Ex 23,21ba zunächst das einzelne Vergehen gegen das Recht von Ex 21-23 meint, besonders gegen das Recht im Hauptteil Ex 21,1 - 23,13, das hauptsächlich zwischenmenschliche Konflikte behandelt. Wenn sich aber der Terminus פשע von Ex 23,21ba besonders auf den Hauptteil Ex 20,22 - 23,9 bezieht, wird auch der Zusammenhang von Ex 23,21ba mit 22,30 und 23,13 deutlich: der Redaktor, der Ex 22,30 und 23,13a.ba eingefügt und damit Ex 21,1 - 23,13 als den Hauptteil des Bundesbuches gesondert hat, hat in den Schlußteil des Bundesbuches - auch hier neben die Aussage über den Gottesnamen (Ex 21,21bβ wie Ex 23,13b) - die Behauptung der Unvergebbarkeit des Verbrechens gegen das Recht im Bundesbuch - besonders in dessen Hauptteil - eingeführt. Das Verbrechen gegen die Bestimmungen des Bundesbuches soll von JHWH gerichtet werden. Das ist der Sinn von Ex 23,21ba.

46,8; 48,8; 53,12; 66,24; Ez 20,38; Hos 14,10; Ps 37,38; 51,15; Dan 8,23). Auffällig ist, daß die meisten Belege den vorexilisch-exilischen Propheten entstammen. Auf diese Propheten ist wahrscheinlich die Entwicklung von der Bezeichnung zwischenmenschlicher Einzeldelikte zur Bezeichnung einer umfassenden Schuld an JHWH (vgl. R.Knierim, Hauptbegriffe, S.141f) zurückzuführen. Am Anfang bezeichnet das Verb in Am 4,4 das zwischenmenschliche Verbrechen. Amos setzt es jedoch in Beziehung zu JHWH. Interessant in dieser Hinsicht ist Hos 8,1: "das Verbrechen gegen meine Tora", und auch die Wendung in IReg 8,50 und Ez 18,31: "das Verbrechen, das die Menschen an JHWH verüben". In Hosea kommt schon פשע ב vor.

122 H.W.Wolff, BK XIV/2, S.185f, schließt daraus, daß Amos in der sippenweisheitlichen Tradition steht.

123 Zur Beziehung von Prov 28,1.12.28; 29,2.16.27 siehe O.Plöger, BK XVII, ad loc. Zum thematischen Zusammenhang von Prov 28 und 29 siehe aaO, S.331f.

124 R.Knierim, Hauptbegriffe, S.143ff. Siehe auch oben 3. 3. 3. 1.

5.2.5   *Ex 23,25aα.31bα*

Ex 23,25aα und 23,31bα entsprechen sich nur im Hinblick auf ihre grammatische Gestaltung und umrahmen den Komplex von Ex 23,25aβ-31a. V.25aα steht in einem deutlichen Zusammenhang mit dem Privilegrecht JHWHs und muß schon aus diesem Grund zusammen mit dem ebenfalls privilegrechtlichen Abschnitt Ex 20,22b-23 als Rahmen des Bundesbuches im Ganzen verstanden werden. Ex 23,25aα aber ist auffälligerweise nicht ans Ende des Bundesbuches, sondern zwischen die Gebote von Ex 23,24 und 32f* eingefügt worden. Dieser Befund wird nur dann verständlich, wenn man hinzunimmt, daß Ex 23,25aα den Einschub (mindestens eines Teils) von V.25b-31a - V.25aβ scheint V.25aα vorauszusetzen - voraussetzt und ihn mit V.31bα umrahmt. Wir müssen also unten die Redaktion von Ex 23,20-33 insgesamt erörtern und wenden uns hier nur der Untersuchung des Inhalts von Ex 23,25aα und 23,31bα zu.

5.2.5.1   *Ex 23,25aα*
JHWH nennt in Ex 23,25aα sich selbst beim Namen und zwar in der 3.Pers. - sofern vorausgesetzt werden kann, daß der Anredende JHWH selbst ist - , während in den übrigen 2.P.Pl.Sätzen JHWH immer in der 1.Pers. erscheint. Daß JHWH als Anredender sich selbst beim Namen nennt, ist aber nicht unvorstellbar (vgl. Ex 22,27; Ex 34,14b)[125].

Ex 23,25aα ist vielleicht das Zitat eines allgemein bekannten Ausdrucks, der im gottesdienstlichen Zusammenhang gebraucht worden ist (IIChr 30,8; 35,3; Ex 10,8)[126]. In bezug auf den vorangehenden Vers Ex 23,24 handelt es sich auch in Ex 23,25aα um einen gottesdienstlichen Zusammenhang. Das Gebot, יהוה אלהיכם zu dienen (עבד), findet sich zwar häufig in Dtn-Dtr, und es geht dabei "um eine das ganze Leben umfassende religiös-ethische Haltung, die besonders in der gehorsamen Befolgung der Gebote zum Ausdruck kommt"[127], es gibt in Dtn-Dtr jedoch keine formelhafte Entsprechung zu עבד (Imp oder ו + AK.2.Pers.Pl.) + את יהוה אלהיכם[128]. Die nicht-dtn-dtr. Paralleltexte Ex 23,25aα; IIChr 30,8; 35,3 und Ex 10,8 sind also sehr auffällig. Der Schwerpunkt in Ex 23,25aα liegt darauf, nur JHWH allein - nicht anderen Göttern - zu dienen, und nähert sich insofern zwar dem dtn-dtr. Gebrauch. In Ex 23,25aα bezieht sich die Forderung, "JHWH zu dienen",

---

125 In Ex 22,27 nennt sich JHWH, der in der 1.Pers. ("Ich-JHWHs") auftritt, mit seinem Namen אלהים. Die Verwendung der Bezeichnung אלהים hat dabei eine bestimmte Funktion, s.o. 2. 3. 1. 2 und Kap.II Anm.125. In Ex 34,14b wird der Satz in der 3.Pers. gebildet. Die Einheitlichkeit von Ex 34,11b-15a* ist deutlich. Daß JHWH, der in V.11b-12.14a.15a mit dem "Ich-JHWHs" spricht, in V.14b in der 3.Pers. auftritt, bedeutet kein Indiz für literarische Uneinheitlichkeit.

126 In den Belegen (außer Ex 23,25aα) ist das Verb im Imp.Pl. formuliert, und in IIChr 35,3 wird ein weiteres Objekt: ואת עמו ישראל hinzugefügt. Diese Formulierung (ועבדותם את יהוה אלהיהם) kommt im AT nur in diesen vier Belegen vor. Vgl. die Tafeln bei J.P.Floss, Jahwe dienen, S.72f.79.

127 Zitat aus H.Ringgren, ThWAT V, Sp.993.

128 "JHWH dienen": z.B. Dtn 6,13 את יהוה אלהך תירא ואתו תעבד ובשמו תשבע. Siehe weiter J.P.Floss, aaO, S.79f.

jedoch anders als die dtn-dtr. Forderung eigentlich auf den Gottesdienst.
Sofern aber עבד את יהוה אלהיכם eine formelhafte Wendung darstellt, deren Sitz im
Leben sich im Gottesdienst findet, und sofern Ex 23,25a*a* ein Zitat der bekannten
Formulierung ist, könnte zwar Ex 23,25a*a* trotz seiner Pluralform auch der Redaktion durch die 2.P.Sg.Sätze (der Grundschicht oder anderer/n Schicht/en in V.25-33)
zugeschrieben werden, denn die formelhafte Wendung kann von jeder Schicht ohne
Änderung zitiert werden. Ex 23,25a*a* ist jedoch nur in bezug auf Ex 20,22b-23 zu
verstehen. Ex 23,25a*a* hat wie Ex 20,22b-23 einen gottesdienstlichen Hintergrund und
stellt ebenfalls eine prinzipielle, sich auf das 1. und das 2. Gebot beziehende Vorschrift auf. Ex 20,22b-23; 23,25a*a* umrahmen das Bundesbuch als Ganzes, nur steht
Ex 23,25a*a* nicht am Ende, sondern nach Ex 23,24, wahrscheinlich weil V.24 und 32f*
wegen des Einschubs eines Teils von V.25b-31a getrennt wurden, so daß V.25a*a* mit
dem direkt auf den Gottesdienst bezogenen V.24 verknüpft worden ist. Zugleich
bildet V.25a*a* mit V.31ba die Rahmung von V.25-31, scheinbar in der Absicht, den
Abschnitt V.(20)24-33 insgesamt in die Rahmenstruktur mit Ex 20,22b-23 einzubauen.

5.2.5.2   Ex 23,31ba

Ex 23,31ba weist eine Formulierung auf, die die Forschung zur Sprachform des
heiligen Kriegs rechnet, nämlich נתן + Gott als Subjekt (in der 1. oder 3.Pers.) + ביד
[129]. W.Richter definiert die Formel mit dem Subjekt "Gott", dem Verb נתן - meistens in der Stellung qatal-x, die ein "sicheres Futur" bezeichnet - mit einem differen-
zierten Objekt, und nennt die inhaltlich für Israel positive Wendung dieser Formel
die "Übereignungsformel". Ihr Sitz im Leben sei in einer Institution der Gottesbefragung zu suchen[130]. Abgesehen davon, ob sie für Israel positiv verwendet wird, kommt
diese Formel vorwiegend im dtr. Geschichtswerk und in den Prophetenbüchern
vor[131], ist aber u.E. inhaltlich gesehen in zwei unterschiedliche Typen zu differenzie-
ren. Fast alle dtr. Belege nämlich beziehen sich auf einzelne Schlachten bzw. kriegerische Auseinandersetzungen. Dabei ergibt sich aus dem Sieg nicht immer die Herrschaft des siegenden Volkes über das besiegte Volk, während es sich in fast allen
Belegen der Prophetenbücher um eine totale Überlegenheit eines erobernden Volkes über den eroberten Feind handelt. In der prophetischen Unheilsverkündigung
der späteren Zeit dient diese Formel häufig dazu, die totale Unterwerfung Israels
durch die Großmächte als Strafe zu bezeichnen, wobei nicht an eine Niederlage in
einzelnen Kämpfen zu denken ist[132]. Der letzte Typ der Formel kommt im dtr.
Geschichtswerk nur in solchen Texten vor, die summarisch den Landnahmevorgang
oder einen anderen Zeitabschnitt der Geschichte Israels zusammenfassen (Jdc 2,23;
6,1; 13,1; IIReg 13,3; 17,20; 21,14).

---

[129]   Vgl. E.Lipiński, ThWAT V, Sp.699.
[130]   W.Richter, Richterbuch, S.21-25, bes. S.22.
[131]   Die Belege siehe bei E.Lipiński, ebd.
[132]   Jes 47,6; Jer 20,4f; 21,7.10; 22,25; 27,6; 32,3f.28.36.43; 34,2f.20f; 37,17; 38,3.18f; (44,30; 46,24.26:
        Unterwerfung von Ägypten); Ez 7,21; 11,9; 16,39; (21,36: Unterwerfung der Ammoniter); 23,9.28;
        (31,11: von Ägypten); 39,23.

Ex 23,31ba gehört zum letzten Typ, obwohl es sich hier um den für Israel positiven Fall handelt, während nach den Belegen des letzten Typs (in dtr. und prophetischen Texten) Israel nicht der Profitierende, sondern selbst das Opfer dieser Handlung ist. Hier treten einzelne kriegerische Vorgänge in den Hintergrund. Eine Ex 23,31ba ähnliche Formulierung findet sich in IChr 22,18ba: כי נתן בידי את ישבי הארץ. Einen ähnlichen Zusammenhang faßt auch Neh 9,24aγδ ins Auge: ותכנע לפניהם את ישבי הארץ הכנענים ותתנם בידם. Gemeint ist eine totale Unterwerfung der Landesbewohner durch die Hand Davids (IChr 22,18) oder Israels (Neh 9,24). Allerdings beinhalten diese Belege eine Feststellung über die Vergangenheit und keine auf die Zukunft bezogene Verheißung wie Ex 23,31ba.

Die Rede Josuas in Sichem (Jos 24) ist zwar mit Ex 23,25aa.31ba vergleichbar im Hinblick darauf, daß sie den Befehl, JHWH zu dienen (עבד), mit der Feststellung (nicht Verheißung), daß JHWH die Landesbewohner in die Hand Israels gegeben hat, verknüpft. Jos 24 zeigt jedoch im Hinblick sowohl auf die Bedeutung von עבד[133] als auch auf den Typ der Formel נתן ־ ביד den obengenannten dtr. Charakter und ist deshalb von Ex 23,25aa.31ba zu unterscheiden. Jos 24,8 und 24,11 enthalten diese Formel. V.8 verweist auf den Krieg mit den Amoritern und V.11 auf den mit den sieben Völkern, die in Dtn 7,1 genannt werden, und mit den Bewohnern von Jericho. Thematisiert ist hier nicht ein Akt totaler Unterwerfung jener Völker durch Israel, sondern Israels Siege in einzelnen Feldzügen. Das zeigt die Formulierung: וילחמו אתכם/ובכם (V.8aβ.11aγ). Dtn 7,23f andererseits, wo sich die Formel auf die Vernichtung der Könige des Landes bezieht, setzt Ex 23,31ba voraus und bearbeitet ihn[134].

Ex 23,31ba stellt nach der von W.Richter sogenannten "Übereignungsformel" ein sicheres Futur dar, bezieht sich aber nicht auf einen konkreten Kriegsfall in unmittelbarer Zukunft, sondern bezeichnet Israel als den Eroberer oder den Herrscher gegenüber den Landesbewohnern. Dieser Text hat mit einer Gottesbefragung in einem Kriegsfall nichts mehr zu tun, sondern ist, wie die Belege des zweiten Typs, mit dem privilegrechtlichen Anspruch JHWHs eng verbunden[135]. Ex 23,31ba setzt die vorangehende Verheißung des Landes voraus, umrahmt sie mit Ex 23,25aa und stellt an sich eine von V.25aa und darüberhinaus von den Geboten in V.24.32f* unabtrennbare Verheißung dar, nämlich eine Begründung für diese Gebote.

5.2.6   Ergebnis

Aus der bisherigen Inhaltsanalyse der 2.P.Pl.Sätze besonders aus traditionsgeschichtlicher Perspektive ergibt sich: Die 2.P.Pl.Sätze haben das Bundesbuch inhaltlich gesehen in einen Rahmen des Gottesdienstes gestellt: Ex 20,22b-23; 23,25aa. 31ba umrahmen das Bundesbuch und sprechen die Adressaten des Bundesbuches als

---

[133] S.o. 5. 2. 5. 1, bes. Anm.127.
[134] S.u. 5. 3. 3.
[135] Siehe die Begründung der Unterwerfung Israels oder des Mißerfolgs der Eroberung in Jdc 2,22; 6,1; 13,1; IIReg 13,2; 17,19; 21,11.15.

Teilnehmer am Gottesdienst bzw. an der Kultgemeinde an.
Ex 22,30 und 23,13 gestalten die Struktur der 2.P.Sg.Schicht in die dreifach dreigliedrige Struktur um und teilen dabei die sozialen Bestimmungen und die religiösen
Bestimmungen systematisch voneinander ab. Es wäre möglich, daß diese die religiösen von den sozialen Bestimmungen abteilende Systematik entwickelt wurde im
Zusammenhang mit einer Belehrung im Heiligtum, deren Inhalt das Bundesbuch
darstellte. Ex 22,30; 23,13 an sich befehlen den Adressaten, heilige Männer, nämlich
der Heiligkeit des Heiligtums entsprechende Männer zu sein. Dazu paßt, daß Ex
23,21ba die Übertretung einer Bestimmung des Bundesbuches als ein Verbrechen
gegen Gott wertet[136].
   Ex 22,20b//23,9b; 22,21.23.24b verdeutlichen den Charakter der Bearbeitung
durch die 2.P.Pl.Sätze als eine Belehrung am Heiligtum. Weder Witwe noch Waise
zu bedrücken, Geld nicht auf Zinsen auszuleihen, bezeichnen die Voraussetzung der
Teilnahme am Gottesdienst bzw. an der Kultgemeinde. Die Begründungssätze von
Ex 22,20b//23,9b und 22,23 sind zur Belehrung geeignet. Besonders Ex 23,9ba, der
stilistisch Ex 20,22b parallel formuliert worden ist, appelliert an das Selbstbewußtsein
des Gottesdienstteilnehmers.
   Als traditionsgeschichtlicher Hintergrund dieser Bearbeitung kommt sehr wahrscheinlich die Jerusalemer Heiligtumstradition in Frage. Schon die Offenbarungsvorstellung in Ex 20,22b nämlich setzt wahrscheinlich die Jerusalemer Tempeltheologie
voraus. Das Problem von Witwen und Waisen und das Zinsverbot stellen nicht nur
die sozialen Probleme einer späteren Zeit dar, sondern sind auch die der Jerusalemer Heiligtumstradition eigenen Themenbereiche. Die Konzentration der Bearbeitung auf die Bestimmung über die sozial Schwachen (Ex 22,20-26; 23,9) weist auf
eine ernste Auseinandersetzung dieses Traditionsträgers mit sozialen Problemen hin.
   Von der Belehrungsfunktion der 2.P.Pl.Sätze her kann man erörtern, warum die
Zusätze den 2.P.Sg.Sätzen gegenüber in der 2.Pers.Pl. formuliert worden sind. Wird
etwa diese Formulierungsweise verwendet, um die nämlichen Sätze betont als Zusätze gegenüber der vorhandenen älteren Schicht zu markieren? Hat die Anrede im
Plural also gegenüber der im Singular keinen besonderen inhaltlichen Sinn? Das
wäre eine Möglichkeit. Nun setzt jedoch die Anrede im Plural im Bundesbuch einen
bestimmten Kreis bzw. eine Versammlung oder mindestens eine bestimmte Menge
von Menschen voraus. Sie geht überhaupt von einer Situation aus, in der der Anredende und jeder Angeredete die Größe der angesprochenen Gruppe wahrnehmen
kann und sich jeder Angeredete seiner Zugehörigkeit zu dieser Gruppe bewußt ist.
Wenn dagegen jeder angesprochene Einzelne als ein Einzelner - ohne sich des
Anderen bewußt zu werden - die Anrede hören bzw. lesen soll, wird die Singularanrede gebraucht, auch wenn damit nicht mehrere Adressaten ausgeschlossen werden
sollen.

---

[136]   M.Greenbergs Behauptung, daß die Rechtsübertretung in Israel generell als Sünde gegen Gott
       verstanden worden sei (ders, Some Postulates, S.11), trifft in dieser prinzipiellen Hinsicht zu. Daß
       sich aber daraus eine solche für Israel eigentümliche Entscheidung ergab - z.B. die Ausschließung
       einer "menschlichen" Versöhnung bei einem Straffall (aaO, S.12f) -, ist zweifelhaft. S.o. Einl.

Hinsichtlich des Bundesbuches setzt die Betonung der Anrede mit dem Pronomen separatum אתם in Ex 20,22b und 23,9ba eine geschlossene Versammlung oder mindestens eine bestimmte, greifbare Menge an Menschen voraus. Es geht hier nicht in erster Linie um das ganze Volk, sondern um eine Menge von Einzelnen (Ex 22,30: nicht das Volk, sondern die Männer). Nach Ex 20,22b und 22,30 zeichnet sich diese Menge dadurch aus, daß sie gemeinsam die Offenbarung JHWHs erleben kann und heilig sein soll. Wahrscheinlich ist die Versammlung des Gottesdienstes oder eine Menge von (wahrscheinlich Jerusalemer) Tempelbesuchern mit diesem "ihr" gemeint. Der Bearbeiter aber hat die ihm vorgegebenen Rechtssätze nicht überhaupt in 2.P.Pl.Sätze umgestaltet, sondern nur die von ihm eingefügten Sätze in der 2.Pers.Pl. gebildet. Er hat damit die ältere Tradition beibehalten. Seine Bearbeitung aber bezog sich auf den Rahmen und die Gliederungsmittel des Bundesbuches und konnte ohne weitere Änderung im Text die Anrede des ganzen Buches ändern.

Obwohl das Bundesbuch durch die Redaktion der 2.P.Pl. Sätze in den gottesdienstlichen Zusammenhang eingesetzt worden ist und die Pluralanrede eine greifbare Menge von Menschen voraussetzt, ist es nicht eindeutig, ob das Bundesbuch im Kult verlesen wurde[137]. Es ist auch denkbar, daß es irgendwo im Tempelbezirk verlesen worden ist - zu vergleichen wären die Tempelrede Jeremias (Jer 7,1ff; 26,1ff) und die Verlesung der Jeremiaworte von Baruch (Jer 36,1ff). Diese Vermutung aber ist keineswegs zwingend.

Es handelt sich hier um eine vordeuteronomische Bearbeitung. Das ergibt sich zunächst aus dem Unterschied der Offenbarungsvorstellung in Ex 20,22b gegenüber der von Dtn 4; 5 (vgl. auch die viel entwickeltere dtr. Vorstellung von Dtn 4,36). Weiter ist bemerkenswert, daß in Ex 22,20f das dtn-dtr. Drei-Gruppen-Schema גר-יתום-אלמנה erst von der Bearbeitung durch die 2.P.Pl.Sätze gestaltet worden ist, und daß der dtn. Duktus der Schutzbestimmung (vgl. Dtn 24,17-22) in Ex 22,20f nicht erkennbar ist[138]. Das Zinsverbot in Dtn 23,20f gehört zu einer entwickelteren Phase als das von Ex 22,24b. Ex 22,30; 23,21ba.25aa.31ba sind bei all ihrer Ähnlichkeit unverkennbar anders als die entsprechenden dtn-dtr. Vorstellungen. Dtn 7 setzt den die 2.P.Pl.Sätze einbeziehenden Text von Ex 23,20-33* voraus[139].

Der Versuch, die 2.P.Pl.Sätze auf die Sinaiperikope zu beziehen, scheitert an der inhaltlichen Spannung zwischen Ex 20,22b; 22,30a und Ex 19,3b-8, die stilistisch sehr ähnlich sind. Das Bundesbuch wurde in die Sinaiperikope also nicht von dem Bearbeiter durch die 2.P.Pl.Sätze eingefügt. Ex 19,3b-8 wurden wahrscheinlich Ex 20,22b; 22,30a nachgestaltet. Der gottesdienstliche Rahmen des Bundesbuches durch die 2.P.Pl. Sätze muß allerdings eine geschickte Einfügung des Rechtsbuches in die Theophanieerzählung ermöglicht haben.

---

137   W.Beyerlin, Paränese, S.12-25, J.Jeremias, aaO, S.135f, J.Halbe, aaO, S.454f.
138   Siehe auch Kap.II Anm.12.
139   S.u. 5. 3. 3.

5.3   Die Redaktion von Ex 23,20-33

Durch die Einfügung von Ex 23,25-31 wurde die Rahmenstruktur der 2.P.Sg. Schicht aufgelöst, deren äußere Rahmung mit den Geboten von Ex 23,18f und 23,24.32f* und deren Mitte mit der Verheißung der Namensverkündigung JHWHs in Ex 23,21bβ gebildet worden sind[140]. Eine neue Rahmenstruktur erschien in Ex 23,24-33 mit der Rahmung durch die Gebote von V.24.32f und durch die 2.P.Pl.Sätze von V.25aa.31ba. Die paränetische Einheit V.20-23 dient dabei nun als Einleitung zu V.24ff.

Auffällig ist, daß in Ex 23,20-33 mehrere Redaktionsschichten anzunehmen sind, während der übrige Teil des Bundesbuches nach der Komposition der 2.P.Sg.Schicht, die zwei je einheitliche Vorlagen (Ex 34,11-26 und die משפטים) benutzt hat, nur noch die Bearbeitung durch die 2.P.Pl.Sätze erfahren hat. Die unterschiedliche Haltung Israels zu den Landesbewohnern in der Geschichte hat wahrscheinlich mehrere Überarbeitungen dieses Textes notwendig gemacht.

Wir haben als Text der 2.P.Sg.Schicht angenommen: Ex 23,20-21a.21bβ.22-23a. 24.32.33bβ, und als Text der Schicht der 2.P.Pl.Sätze: Ex 23,25aa.31ba. Wir wollen uns nun der Analyse der anderen Schichten zuzuweisenden Texte zuwenden.

5.3.1   Ex 23,23b. 28-31a

Zu beachten sind zunächst die Sätze, die die Landesbewohner im Singular bezeichnen[141]: explizit Ex 23,23b.29a.30a. Die inhaltliche Parallele von V.29 und V.30 ist deutlich. Die Verse sind als einheitlich zu betrachten:

V.29a	לא אגרשנו מפניך בשנה אחת
29ba	פן תהיה הארץ שממה
29bβ	ורבה עליך חית השדה
30a	מעט מעט אגרשנו מפניך
30ba	עד אשר תפרה
30bβ	ונחלת את הארץ

Das Thema "Vertreibung der Landesbewohner" ist hier mit der Sorge um das Land verbunden. Dieser mit der Sorge um das Land verbundene Vertreibungsvorgang gilt mit der Festsetzung der Landesgrenze als abgeschlossen (V.31a)[142]. Die Aussage, daß die Landesbewohner *nicht* in einem Jahr vertrieben werden, setzt andererseits die Verheißung der Vertreibung von V.28 voraus. V.28.29.30 sind durch das Stichwort גרש pi miteinander verbunden. Das Personalpronomen in der 3.Pers.Sg. in

---

140   S.o. 2. 3. 2. 1, 2. 4. 2. 1.
141   S.o. 2. 1. 2. 2, 2. 3. 2. 1, 2. 3. 2. 2.
142   S.o. 2. 3. 2. 2. Vgl. J.Halbe, aaO, S.483f.

V.29.30, das die Landesbewohner bezeichnet, ist ohne die Völkerliste in V.28 unverständlich. V.28-31a sind also als ein einheitlicher Text zu verstehen[143] und gehören im Hinblick auf die Bezeichnung der Landesbewohner in der 3.Pers.Sg. mit V.23b zusammen. Sie unterscheiden sich von V.27 dadurch, daß sie nicht wie V.27 die Landesbewohner (in V.27 in der 3.Pers.Pl.) als Feinde betrachten, sondern nur eine Vertreibung der Bewohner durch die Hand JHWHs thematisieren, und zwar eine allmähliche Vertreibung, ohne eine militärische Maßnahme Israels vorauszusetzen.

V.23b.28-31a ist als ein erster Einschub in den Text der 2.P.Sg.Schicht zu werten. Wenn man im Text der 2.P.Sg.Schicht eine Verheißung der Vertreibung der Landesbewohner in der Landnahmesituation annimmt, und wenn V.27 in diesem Bezug zu verstehen wäre, stellte V.29f eine Theodizee dar angesichts der Tatsache, daß die Landesbewohner auch nach der Landnahme noch im Land verblieben sind oder daß die "Landnahme" überhaupt an dem Exil scheiterte. Wenn es so wäre, wären V.28-31a als ein explizierender Nachtrag nach V.27 eingefügt worden, der die Verheißung des Textes und die geschichtliche Wirklichkeit miteinander ausgleicht[144]. Das aber trifft nicht zu. Die Paränese V.20-23a* setzt voraus, daß Israel in die Völkerwelt treten und darin wohnen wird. Das Bündnisverbot (V.32) ist deshalb sinnvoll an dieser Stelle eingeführt[145]. Diese Paränese benötigt keine Theodizee, selbst wenn die Landesbewohner im Land bleiben oder auch wenn Israel in die Völkerwelt exiliert würde. Erst mit V.23b.28-31a wurde eine Vorstellung von Landnahme in den Zusammenhang eingetragen, die eine Koexistenz nicht vorsieht. In diesem Zusammenhang stellt die militärische Vorstellung von V.27 eine entwickeltere Phase gegenüber V.28ff dar.

Durch die Einfügung von V.23b wurde auch V.23a in eine Verheißung der Vertreibung einbezogen. Ex 23,20-33 sind damit in zwei parallele Abschnitte zu gliedern:

Die Verheißung, einen Boten zu schicken, mit einer Völkerliste	V.20-23a*
Die Verheißung der Vertreibung, die die Landesbewohner im Singular bezeichnet.	V.23b
Gebote	V.24
Die Verheißung, "Furcht" zu schicken, mit einer Völkerliste	V.28
Die Verheißung der Vertreibung, die die Landesbewohner im Singular bezeichnet	V.29-31a
Gebote	V.32f*

Im Zusammenhang mit der Vorstellung von der "allmählichen" Vertreibung der Landesbewohner bleibt das Bündnisverbot sinnvoll. Die Verheißung von V.28-31a ist sogar an dieser Stelle - vor dem Bündnisverbot - sehr passend und fügt dem Bündnis-

---

[143] Vgl. J.Halbe, ebd.
[144] E.Blum, Komposition, S.298f Anm.61, hält V.28-31a für eine nachexilische Theodizee.
[145] S.o. 2.3.2.2 und Kap.II Anm.150.

verbot die neue Perspektive bei, daß die Landesbewohner, mit denen Israel kein Bündnis schließen soll, aus dem Land früher oder später vertrieben werden.

5.3.2   *Ex 23,25aβ-27.31bβ.33a.bα*

Die Analyse der übrigen Texte stellt vor mehrere Schwierigkeiten. Deutlich ist nur, daß Ex 23,25aβ.31bβ die 2.P.Pl.Sätze V.25aα.31bα voraussetzen[146]. Ob die Sätze V.25aβ-27.31bβ.33a.bα eine einzige Schicht bilden, ist kaum beweisbar. Die Sätze von V.25aβ-27 aber können als Segensformulierung einheitlich verstanden werden[147]. Die Verheißung, daß Israel die Landesbewohner vertreiben wird (V.31bβ), kann auch mit V.27 verbunden sein - hier handelt es sich um eine militärische Maßnahme Israels! Auch das Verbot, daß kein Landesbewohner im Land wohnen darf, und seine Begründung V.33a.bα sind in bezug auf V.27 verstehbar.

Um den Inhalt der Zusätze und ihre Datierung zu verdeutlichen, ist ein Vergleich mit den Parallelen in Dtn 7 sinnvoll.

Ex 23,25aβ scheint mit Dtn 7,13 vergleichbar zu sein. Tatsächlich sind diese Texte aber nur deshalb vergleichbar, weil sie beide einen Segen thematisieren und weil sie je vor der parallelen Segensformulierung (Ex 23,25b-26//Dtn 7,14f) stehen. Inhaltlich sind sie völlig verschieden[148]. Der Segen JHWHs über Brot und Wasser kommt im AT nur in Ex 23,25aβ vor. Ein ähnlicher Zusammenhang findet sich noch in Jes 33,16b: לחמו נתן מימיו נאמנים. In Dtn 8,8f ist zwar in der Landesverheißung der Reichtum an Wasser und Brot mitberücksichtigt, erwähnt sind hier jedoch nicht nur Wasser und Brot, sondern auch Weizen, Getreide, Trauben usw[149]. Bei den Propheten wird dagegen der Mangel an bzw. der Raub von Brot und Wasser als Strafe für die Israeliten betrachtet (Jes 3,1; Ez 4,9-17. bes. V.17; Ez 12,18f)[150]. Interessant ist, daß sich die Drohung, Brot und Wasser werden mangeln, und die Verheißung, daß JHWH wieder genügend Brot und Wasser geben werde, bei den Propheten auf die Städte, besonders auf Jerusalem beziehen (Jes 3,1: -"Jerusalem und Juda"; Jes 33,14: -"Zion"; Jes 33,16: -"Hochburg"; Ez 4,16: -"Jerusalem"; Ez 12,19: -"Bewohner Jerusalems").

---

146   Ex 23,25aβ bezeichnet JHWH in der 3.Pers. und entspricht in dieser Hinsicht V.25aα, der JHWH in der 3.Pers.Sg. יהוה אלהיך bezeichnet. V.25aβ aber ruft den Adressaten in der 2.P.Sg. (V.25aα: 2.Pers.Pl) an. V.31bβ weist durch das Personalpronomen מו auf ישבי הארץ in V.31bα hin. Auch V.31bβ redet abweichend von V.31bα den Adressaten in der 2.Pers.Sg. an. Jeder 2.P.Pl.Satz (V.25aα.31bα) ist also durch einen in der 2.Pers.Sg. gebildeten Satz nach hinten hin erweitert worden.

147   Eine einheitliche Auslegung von V.25f bietet N.Lohfink, Arzt, S.50-57. Vgl. auch E.Blum, ebd. Die Zusammengehörigkeit von V.27 ist zwar fraglich, der militärische Erfolg kann jedoch als ein Segen betrachtet werden, vgl. Lev 26,7f.

148   Vgl. G.Schmitt, Keinen Frieden, S.14 (die Vergleichstafel), S.17.

149   Im negativen Sinn ist auch Hos 2,7 zu erwähnen. Aber auch hier werden andere Elemente als Brot und Wasser zugefügt. In Lev 26,4f und Jes 55,10 kommt der Segen nicht über "Wasser und Brot", sondern über "Regen und Brot".

150   Inhaltlich etwas abweichend: Am 8,11. "Regen und Brot": Am 4,6-8.

Der "städtische" Bezug des Segens in Ex 23,25-26 wird im Vergleich zwischen Ex 23,26 und Dtn 7,14 noch klarer. Daß Ex 23,26 anders als Dtn 7,14 kein Tier erwähnt, ist auffällig, obwohl die Bezeichnungen משכלה und עקרה auch die Fehlgeburt und die Unfruchtbarkeit des Tieres beinhalten können. Insgesamt betrachtet fehlen in Ex 23,25-26 die bäuerlichen Elemente, die in Dtn 7,13f vorkommen.

Ex 23,27 hat in Dtn 7 keine Entsprechung. Vergleichbar ist lediglich, daß in Dtn 7,18f - vor der Verheißung, צרעה zu senden (Dtn 7,20; vgl. Ex 23,28) - anstelle der Verheißung JHWHs, "seinen Schrecken (אימתי)" zu senden (vgl. Ex 23,27), die Erinnerung an das Wunder in Ägypten steht.

Ex 23,33a thematisiert einfach die Ablehnung der Landesbewohner im Land bzw. ihre Vertreibung aus dem Land. In Dtn 7,16 geht es demgegenüber um einen Befehl militärischen Inhalts, die Landesbewohner völlig zu vernichten. In dieser Hinsicht scheint Dtn 7,16 zu einer entwickelteren Traditionsphase als Ex 23,33a zu gehören[151]. Während aber in Dtn 7,16 das Verbot, die Götter der Völker zu verehren, nur einfach neben dem Vernichtungsbefehl steht, stellt die Bezugnahme auf die Gefahr der Verehrung anderer Götter in Ex 23,33 die Begründung für die Vertreibung der Völker dar. In Dtn 7 meint die Verheißung bzw. der Befehl der Völkervernichtung überhaupt den Vorgang der Landnahme selbst (7,1f.16a.17-24), neben dem die ausschließliche Verehrung JHWHs befohlen wird (7,3-5.16b.25f). Die Vernichtung der Völker und die ausschließliche JHWHverehrung sind - natürlich verbunden - keineswegs deckungsgleiche Vorgänge. Das JHWH erzürnende Vergehen (V.4) oder die Falle (V.16.25) oder der Greuel (V.25) bezeichnen nicht die Gegenwart der Urbevölkerung selbst, sondern die Verschwägerung mit ihr (V.3) und die Verehrung anderer Götter (V.16) oder den Besitz von Götterbildern (V.25). "Du sollst die Urbevölkerung vernichten, *und* du sollst ihre Götter nicht verehren" (Dtn 7,16). In Ex 23,33 ist demgegenüber die Existenz der Urbevölkerung im Land für sich der Fallstrick für Israel, die Gefahr der Götzenverehrung. Gemeint ist hier: "Die Urbevölkerung soll nicht im Land wohnen, *weil* du vielleicht ihretwegen ihre Götter verehren wirst". Ex 23,33 könnte also Dtn 7,16 gegenüber ein noch entwickelterer späterer Text sein.

Abgesehen von der Einheitlichkeit von Ex 23,25aβ-27.31bβ.33a.ba sind diese Sätze wahrscheinlich nach Dtn 7 formuliert worden. V.33a.ba stellt eine entwickeltere Traditionsphase als Dtn 7,16 dar. Zu V.27 fehlt in Dtn 7 eine Entsprechung. Aus der "städtischen" Segensformulierung "Brot und Wasser" (Ex 23,25f) wurde nicht der hauptsächlich "bäuerliche" Segen (Dtn 7,13-15) entwickelt, sondern jene stellt eine Auswahl aus diesem dar.

---

[151] So G.Schmitt, aaO, S.20f.

5.3.3   Die Redaktion von Ex 23,20-33

In den Text der 2.P.Sg.Schicht Ex 23,20-21a.21bβ.22-23a.24.32.33bβ wurde zuerst eine Verheißung der allmählichen Vertreibung der Landesbewohner durch die Hand JHWHs V.23b.28-31a eingefügt. Die Struktur von Ex 23,20-33 wurde damit in zwei parallele Abschnitte V.20-24*/28-33* gegliedert. Bevor die übrigen Sätze, die wahrscheinlich nach Dtn 7 formuliert worden sind, hier zugefügt wurden, umrahmten die 2.P.Pl.Sätze V.25aα.31bα, die als vor-dtn. Texte zu betrachten sind, die Verheißung von V.28-31a. Ex 23,25aα.28-31a.31bα haben ihre Entsprechung in Dtn 7,16-24 (außer Ex 23,31a, siehe aber Dtn 11,24). Dtn 7,16-24 weist dagegen eine ausführlichere Formulierung auf.

Es ist nämlich nach Dtn 7 Israel, das die Landesbewohner vernichten soll (Dtn 7,2b.16.24), obwohl das Wunder JHWHs vorangeht (Dtn 7,1-2a.16.23). Die צרעה (vgl. Ex 23,28) vernichtet erst nach dem Vernichtungskrieg die übriggebliebenen Landesbewohner (Dtn 7,20)[152]. Die Vorstellung von צרעה ist in Dtn 7 völlig in den Kriegsvorgang eingebaut. Zwischen der Verheißung der Vernichtung der Völker (Dtn 7,20) und der ihrer allmählichen Vernichtung (Dtn 7,22), die in Ex 23 direkt verknüpft sind, steht die Selbstvorstellung JHWHs als großer schrecklicher Gott (Dtn 7,21). In Dtn 7,18f findet sich ein Rückverweis auf den Exodus.

Dtn 7,24 erfuhr gegenüber Ex 23,31bα eine entscheidende Erweiterung. In Dtn 7,23 wird schon die Verwirrung der Urbevölkerung zugesagt mit dem Ausdruck נתן, aber ohne ביד. Ihre Könige werden in die Hand Israels gegeben (V.24). Der Streit mit den Königen (bzw. Städten) ist für dtr. Landnahmetexte charakteristisch (den König bzw. die Stadt in die Hand geben: vgl. Dtn 2,24.30; 3,2f; Jos 6,2; 8,1.7.18; 10,8.19.30.32; Jdc 3,10; 8,7; 11,21).

Zuletzt wurden Ex 23,25aβ-27.31bβ.33a.ba in einer oder in mehreren redaktionellen Eingriffen nach der Abfassung und unter Bezugnahme auf Dtn 7 eingefügt. In dieser Redaktion spiegelt sich die ganze Geschichte der Haltung Israels gegenüber der Urbevölkerung, die von dem Gedanken einer Koexistenz ohne Bündnis (so die 2.P.Sg.Schicht) bis hin zur totalen Vertreibung aus dem Land (so die Endredaktion) reichte. Die Redaktion von Ex 23,20-33 ist wie folgt zusammenzufassen:

---

[152] G.Schmitt, aaO, S.20, auch S.19: "Der Text hat den Gedanken der Austreibung aus Ex 23 übernommen, aber die eigentliche deuteronomistische Auffassung, die von der Ausrottung der Völker, schlägt immer wieder durch".

Die 2.P.Sg.Schicht	Die Redaktionen vor Dtn 7		Die Redaktion(en) nach Dtn 7
	Die Schicht,die die Landesbewohner im Singular bezeichnet	Die Bearbeitung durch die 2.P.Pl. Sätze	
V.20-21a			
		V.21b*a*	
V.21b*β*			
V.22-23a			
	V.23b		
V.24			
		V.25a*a*	
			V.25a*β*
			V.25b-26
			V.27
	V.28-31a		
		V.31b*a*	
			V.31b*β*
V.32			
			V.33a.b*a*
V.33b*β*			

Ergebnis

Das Bundesbuch Ex 20,22b - 23,33 ist in seiner heutigen Gestalt das Endprodukt einer *kompositionsgeschichtlichen* Entwicklung. Es wurde auf der Grundlage einer bestimmten Systematik komponiert und durch die Hände der Bearbeiter jeweils planvoll erweitert und umstrukturiert.

Die kompositionelle Schichtung des Bundesbuches und die Struktur aller seiner Schichten sind in erster Linie auf der Basis von literarischen Strukturregeln bzw. -elementen zu erkennen: wie z.b. unterschiedlicher Rechtssatzstil, Numerus und Person der Anrede, Stichwortbezug, Chiasmus bzw. Rahmenstruktur usw.

Am Ausgangspunkt seiner Kompositionsgeschichte stehen zwei kleinere Rechtsbücher: das religiöse Rechtsbuch von Ex 34,11-26 einerseits und das kasuistische Rechtsbuch Ex 21,1.12 - 22,18* (19) (משפטים) andererseits. Der größte Teil des Bundesbuches wurde durch eine Komposition gebildet, die diese beiden Rechtsbücher verknüpfte (die 2.P.Sg.Schicht): So entstand der Text Ex 20,24-26; 21,1 - 22,18(19); 22,20a.22.24a.25f.27-29; 23,1-8.9a.10-12.13b*.14-17.18f.20-21a.21bβ.22-23a.24.32.33bβ. Das Rechtsbuch משפטים wurde dabei fast unberührt erhalten, während das Rechtsbuch von Ex 34,11-26 völlig umgestaltet und in die Struktur dieser Komposition eingebaut worden ist (Ex 22,27-29; 23,10-12.14-17.18f.20-24*.32f*).

Es darf hier unberücksichtigt bleiben, wie - über die Zusammenfassung zu Rechtsbüchern hinaus - die Vorgeschichte des Textes - etwa seine mündliche Überlieferung - nachzuzeichnen wäre, und wie die Überlieferungsgeschichte von Einzelbestimmungen aussieht. Wichtiger ist, daß jede einzelne Bestimmung eine eigene Bedeutung hat, die nur im Rahmen der Systematik des jeweiligen Rechtsbuches sichtbar wird.

Das Rechtsbuch der משפטים stellt eine systematische Zusammenstellung von Rechtssätzen dar. Das Interesse dieses Rechtsbuches konzentriert sich auf zwei Themenbereiche, auf Delikte gegen das Leben und Delikte gegen das Besitzrecht. Bei dem letzten Themenbereich spielt die Gottesbefragung eine wichtige Rolle. Diese thematische Konzentration entspricht der Aufgabe des Jerusalemer Gerichts (vgl. Dtn 17,8; IIChr 19,10f). Das Rechtsbuch der משפטים bietet die Prinzipien für die Entscheidungs- und Belehrungsakte dieses Gerichts. Das verdeutlicht die Intention einzelner Bestimmungen und erklärt auch das Fehlen bestimmter Themen. Ohne die Intention und die Funktion eines Rechtssatzes für die Institution, in der er fungierte, deutlich zu machen, ist ein sinnvoller Vergleich mit der entsprechenden Bestimmung in den altorientalischen Rechtskorpora unmöglich.

Die Komposition der 2.P.Sg.Schicht stellt eine Verknüpfung des rein religiösen Rechts mit dem rein profanen Recht dar[1]. Die religiöse Identitätsfrage Israels schloß für den Verfasser in seiner Zeit das Problem der sozialen Gerechtigkeit ein. Das bedeutete zugleich die Theologisierung der Behandlung sozialer Problemfelder. Der institutionelle Hintergrund dieses Rechtsbuches ist allerdings nicht klar zu umreißen, obwohl es möglich ist, daß auch dieses Rechtsbuch aus dem Jerusalemer Gericht oder aus seinem Umkreis stammt. Sein historisch-sozialgeschichtlicher Hintergrund dagegen ist durchsichtig. Aus den behandelten Problemen ergibt sich nämlich eine Datierung der Komposition in hiskianisch-nachhiskianische Zeit nach dem Untergang des Nordreichs. Die Komposition steht wahrscheinlich unter dem Einfluß des Amosbuches.

Die Bearbeitung durch die 2.P.Pl.Sätze (Ex 20,22b-23; 22,19?.20b.21.23.24b.30; 23,9b.13a.ba*.21ba.25aa.31ba) gestaltete die Struktur der 2.P.Sg.Schicht um, ohne Formulierung und Reihenfolge der vorgegebenen Bestimmungen zu ändern. Die Struktur wurde als Abfolge von religiösen und sozialen Bestimmungen erneut systematisiert. Das Bundesbuch erhielt damit die zusätzliche Funktion, zur Belehrung der Teilnehmer an einem Gottesdienst oder einer Kultgemeinde verwendet zu werden. Die 2.P.Pl.Sätze stammen wahrscheinlich aus der Jerusalemer Heiligtumstradition und aus der Spätkönigszeit, stellen aber eine vor-dtn. Phase dar.

Im Epilog Ex 23,20-33 sind mehrere redaktionelle Schichtungen erkennbar. V.23b.28-31a wurden zuerst in den Text der 2.P.Sg.Schicht eingefügt. Die 2.P.Pl. Sätze V.25aa.31ba umrahmten dann V.28-31a, um den ganzen Epilog Ex 23,20-33 in die Rahmung des ganzen Bundesbuches durch die 2.P.Pl.Sätze (Ex 20,22b-23/ 23,25aa.31ba) einzubauen. V.25aβ.25b-26.27.31bβ.33a.ba entstanden nach der Abfassung von Dtn 7. Diese vielschichtige Redaktionsgeschichte von Ex 23,20-33 spiegelt die wechselvolle Geschichte der Haltung Israels gegenüber der Urbevölkerung des Landes, berücksichtigt ist die Koexistenz ohne Bündnis, aber auch die völlige Vertreibung der Urbevölkerung.

Eine literarische Verknüpfung des Bundesbuches mit der Sinaiperikope ist trotz der stilistischen Parallelen von Ex 20,22b; 21,1; 22,30a zu Ex 19,3b-8 nicht erkennbar. Es wurde wahrscheinlich erst nach der Vollendung seiner Komposition in die Sinaiperikope eingefügt.

---

[1] Zum rechtsgeschichtlichen Sinn der Verbindung des religiösen mit dem profanen Recht siehe F.Crüsemann, Recht und Theologie, S.42f.62. Die Bezeichnung "profanes Recht" ergibt sich allein aus der Art der in diesen Rechtssätzen behandelten Probleme. Nicht ausgeschlossen ist damit, daß die Lösung der entsprechenden Rechtsfälle auch kultische Vorgänge einschließt (etwa Eid, Gottesbefragung).

Übersetzung

Um die Verseinteilung des Textes übersichtlich darzustellen, ordnen wir den übersetzten masoretischen Text nach Satzteilen getrennt an.

Wir können nicht alle textkritischen Probleme des Bundesbuches behandeln, sondern nur die, die wir für unsere Diskussion für notwendig halten.

Wir halten einen Satz für die Grundeinheit der Rechtssatzanalyse. Falls sich ein אשר-Satz oä. in einen anderen Satz einschiebt, so daß dieser in zwei Teile vor und nach dem אשר-Satz getrennt wird, wird er mit dem אשר-Satz als ein Satz betrachtet (z.B. Ex 20,24b*a*). Der Vers, die Teilung durch אתנח und der Satz werden wie folgt bezeichnet:

1.2.3...	: Vers nach dem MT
a.b	: Teilung durch אתנח
a.β.γ...	: Nominal- oder Verbalsatz

Angabe der Satzform (siehe 1. 2. 2)

Pv	:	Prohibitiv
G	:	Gebot
Vv	:	Vetitiv
D1	:	Direkt anredende Konditionalform 1
D2	:	Direkt anredende Konditionalform 2
K	:	Kasuistische Form
Pt	:	Partizipialform
T	:	Talionsformel
A	:	Aussagesatz
Mit *:		Variante

Ex 20

22b*a*	(A)	Ihr habt selbst gesehen,
β		daß ich vom Himmel her mit euch geredet habe.
23a	(Pv)	Ihr sollt neben mir nicht machen,
b		silberne Götter und goldene Götter sollt ihr für euch nicht machen.

24aα	(G)	Einen Altar von Erde sollst du mir machen,
β	(G)	und du sollst auf ihm deine Brandopfer und deine Abschlußopfer,
		dein kleines Vieh und dein Rind schlachten.
bα	(A)	An jedem Ort, an dem ich meinen Namen nennen lasse,
		will ich zu dir kommen
β		und dich segnen.
25aα	(D1)	Und falls du mir einen Altar von Steinen machen willst,
β		sollst du sie (die Steine) nicht als Quader bearbeiten,
bα	(A)	denn du schwingst doch deinen Meißel über ihn
β		und entweihst ihn.
26a	(Pv)	Und du sollst nicht auf Stufen auf meinen Altar hinaufsteigen,
b	(A)	auf dem nicht deine Schamgegend entblößt werden soll.

Ex 21

1 a	(A)	Und dies sind die Entscheidungen (מִשְׁפָּטִים),
β		die du vor ihnen aufstellen sollst. »Überschrift«
2aα	(D1*)	Wenn du einen hebräischen Sklaven kaufst,
β		soll er sechs Jahre dienen;
b		aber im siebenten soll er als Freigelassener ohne Entschädigung
		fortgehen.
3aα	(K)	Falls er allein gekommen ist,
β		soll er allein fortgehen.
bα	(K)	Falls er Eheherr einer Frau ist,
β		soll seine Frau mit ihm fortgehen.
4aα	(K)	Falls sein Herr ihm eine Frau gibt,
β		und sie ihm Söhne oder Töchter gebiert,
bα		so soll die Frau - und ihre Kinder - ihrem Herrn gehören;
β		und er soll allein fortgehen.
5aα	(K)	Aber, falls der Sklave deutlich sagt:
β		ich habe liebgewonnen meinen Herrn, meine Frau und meine Kinder,
b		ich will nicht als Freigelassener fortgehen,
6aα		dann soll sein Herr ihn zu(m) Gott heranbringen,
β		und er soll ihn zur Tür oder zum Türpfosten heranbringen,
bα		und sein Herr soll sein Ohr mit einem Pfriem durchbohren;
β		und er soll ihm für immer dienen.
7a	(K)	Und wenn ein Mann seine Tochter als Sklavin verkauft,
bα		soll sie nicht fortgehen,
β		wie die Sklaven fortgehen.
8aα	(K)	Falls sie ihrem Herrn mißfällt,
β		der sie (noch) nicht zugewiesen hat,
γ		soll er sie loskaufen lassen;
bα		an Ausländer sie zu verkaufen, ist er nicht befugt,
β	(A)	weil er an ihr treulos handelt.

9a	(K)	Und falls er sie seinem Sohn zuweist,
b		soll er an ihr nach dem Recht der Töchter handeln.
10a	(K)	Falls er für sich eine andere nimmt,
b		soll er ihre Fleischnahrung, ihre Kleidung und ihren sexuellen Verkehr nicht verkürzen.
11a	(K)	Aber, falls er ihr diese drei Dinge nicht gewährt,
b		soll sie ohne Entschädigung, ohne Geld fortgehen.
12	(Pt)	Wer einen Mann schlägt, so daß er stirbt, soll bestimmt getötet werden.
13aα	(D2*)	Wenn er (ihm) aber nicht nachgestellt hat,
β		sondern (der) Gott es seiner Hand hat widerfahren lassen,
bα		so will ich dir einen Ort bestimmen,
β		zu dem er fliehen kann.
14aα	(D2)	Und wenn ein Mann vorsätzlich (יזד = "erhitzt") gegen seinen Nächsten handelt,
β		und er ihn dann durch eine Hinterlist tötet,
bα		sollst du ihn von meinem Altar wegholen,
β		damit er stirbt.
15	(Pt)	Und wer seinen Vater und seine Mutter schlägt, soll bestimmt getötet werden.
16	(Pt)	Und wer einen Mann raubt, sei es daß er ihn verkauft, sei es daß er in seiner Hand gefunden wird, soll bestimmt getötet werden.
17	(Pt)	Und wer seinen Vater und seine Mutter verflucht, soll bestimmt getötet werden.
18aα	(K)	Und wenn sich Männer streiten,
β		und ein Mann seinen Nächsten mit einem Stein oder einer Hacke schlägt,
bα		er aber nicht stirbt,
β		sondern bettlägerig wird;
19aα		falls er aufsteht
β		und sich draußen an seinem Stock ergeht,
γ		so darf der Schläger straflos bleiben;
bα		nur soll er seine Untätigkeit bezahlen,
β		und er soll bestimmt für die Heilung aufkommen.
20aα	(K)	Und wenn ein Mann seinen Sklaven oder seine Sklavin mit dem Stock schlägt,
β		so daß er unter seiner Hand stirbt,
b		soll er bestimmt gerächt werden.
21a	(K)	Nur falls er einen oder zwei Tage am Leben bleibt,
bα		soll er nicht der Rache verfallen;
β	(A)	denn er ist sein Eigentum (כספו).
22aα	(K)	Und wenn Männer (einander) prügeln
β		und eine schwangere Frau stoßen,
γ		so daß ihre Leibesfrüchte abgehen,
δ		aber keine Todesfolge (אסון) eintritt,

b*a*		soll ihm bestimmt eine Geldbuße auferlegt werden,
β		so wie der Eheherr der Frau ihm auferlegt;
γ		er soll sie vor Schiedsrichtern geben.
23a	(D2)	Aber, falls eine Todesfolge (אָסוֹן) eintritt,
b		sollst du Leben für Leben geben.
24a*a*	(T)	Auge für Auge.
β	(T)	Zahn für Zahn.
b*a*	(T)	Hand für Hand.
β	(T)	Fuß für Fuß.
25a*a*	(T)	Brandmal für Brandmal.
β	(T)	Wunde für Wunde.
b	(T)	Strieme für Strieme.
26a*a*	(K)	Und wenn ein Mann das Auge seines Sklaven oder das Auge seiner Sklavin schlägt,
β		und er es zerstört,
b		soll er ihn als Freigelassener entlassen für sein Auge.
27a	(K)	Und falls er einen Zahn seines Sklaven oder einen Zahn seiner Sklavin ausschlägt,
b		soll er ihn als Freigelassener entlassen für seinen Zahn.
28a*a*	(K)	Und wenn ein Rind einen Mann oder eine Frau stößt,
β		so daß er stirbt,
b*a*		soll das Rind bestimmt gesteinigt werden,
β		und sein Fleisch soll nicht gegessen werden;
γ		aber der Besitzer des Rindes darf straflos bleiben.
29a*a*	(K)	Und falls es seit gestern oder vorgestern (= seit einiger Zeit) ein stößiges Rind war,
β		und obwohl sein Besitzer gewarnt worden war,
γ		er es aber nicht bewachte,
δ		so daß es einen Mann oder eine Frau tötet,
b*a*		soll das Rind gesteinigt werden;
β		und auch sein Besitzer soll getötet werden.
30a	(K)	Falls ein Lösegeld ihm auferlegt wird,
b*a*		soll er (es als) Auslösung für sein Leben geben;
β		im ganzen, wie sie ihm auferlegt wird.
31a*a*	(K)	Sei es, daß es einen Sohn stößt,
β		sei es, daß es eine Tochter stößt,
b		soll gemäß diesem Entscheid mit ihm verfahren werden.
32a	(K)	Falls das Rind einen Sklaven oder eine Sklavin stößt,
b*a*		soll er 30 Scheqel Silber dessen Herrn geben;
β		und das Rind soll gesteinigt werden.
33a*a*	(K)	Und wenn ein Mann eine Zisterne öffnet,
β		oder wenn ein Mann eine Zisterne aushebt,
γ		und er sie nicht abdeckt,
b		so daß ein Rind oder ein Esel hineinfällt,

34aa		soll der Besitzer der Zisterne Ersatz leisten;
β		er soll seinem Besitzer Silber erstatten,
b		und das Verendete soll ihm gehören.
35aa	(K)	Und wenn ein Rind eines Mannes ein Rind seines Nächsten stößt,
β		so daß es verendet,
ba		sollen sie das lebende Rind verkaufen
β		und seinen Preis (וכספו) teilen
γ		und auch das Verendete teilen.
36aa	(K)	War es aber bekannt,
β		daß es seit gestern oder vorgestern (= seit einiger Zeit) ein stößiges Rind war,
γ		aber sein Besitzer es nicht bewachte,
ba		soll er bestimmt Ersatz leisten, ein Rind für das Rind;
β		aber das Verendete gehört ihm.
37aa	(K)	Wenn ein Mann ein Rind oder ein Lamm stiehlt,
β		und er es schlachtet
γ		oder verkauft,
ba		soll er fünf Rinder für das Rind ersetzen,
β		und vier Stück Kleinvieh für das Lamm.

Ex 22

1aa	(K)	Falls der Dieb beim Einbruch angetroffen wird
β		und geschlagen wird,
γ		so daß er stirbt,
b		wird es ihm keine Blutschuld sein.
2aa	(K)	Falls die Sonne über ihm aufgegangen ist,
β		wird es ihm Blutschuld sein.
ba		Er soll bestimmt Ersatz leisten.
β	(K)	Falls ihm nichts gehört,
γ		soll er für das von ihm Gestohlene verkauft werden.
3a	(K)	Falls das Gestohlene doch lebendig in seiner Hand gefunden wird, von Rind bis Esel oder bis Lamm,
b		soll er doppelt Ersatz leisten.
4aa	(K)	Wenn ein Mann Feld oder Weinberg abweiden läßt,
β		und er sein Vieh freiläßt
γ		und es das Feld eines anderen abweidet,
b		soll er aus dem besten Teil seines Feldes und durch den besten Teil seines Weinbergs Ersatz leisten.
5aa	(K)	Wenn Feuer ausbricht
β		und auf Dorngestrüpp stößt,
γ		und ein Garbenhaufen oder das stehende Getreide oder das Feld verzehrt wird,
b		soll der den Brand Verursachende bestimmt Ersatz leisten.

6aα	(K)	Wenn ein Mann seinem Nächsten Silber oder Geräte überläßt,
β		um es aufzubewahren,
γ		und es aus dem Haus des Mannes weggestohlen wird,
bα		falls der Dieb ertappt wird,
β		soll er doppelt Ersatz leisten.
7aα	(K)	Falls der Dieb nicht ertappt wird,
β		soll sich der Besitzer des Hauses zu(m) Gott nähern,
b		ob er nicht seine Hand nach dem Besitz seines Nächsten ausgestreckt hat.
8aα	(K*)	In jedem Fall von (Eigentums)delikt, handele es sich um ein Rind, um einen Esel, um ein Lamm, um einen Mantel, um irgendein Vermißtes, von dem er sagt:
β		dieser war es,
γ		soll die Angelegenheit der beiden zu(m) Gott kommen;
bα		wen Gott schuldig spricht,
β		der soll seinem Nächsten doppelt Ersatz leisten.
9aα	(K)	Wenn ein Mann seinem Nächsten einen Esel oder ein Rind oder ein Lamm oder sonst irgendein Tier überläßt,
β		um es aufzubewahren,
bα		und es verendet
β		oder zugrundegeht
γ		oder gefangen wird,
δ		ohne daß jemand es sieht,
10aα		soll ein Schwur bei JHWH zwischen den beiden stattfinden,
β		ob er nicht seine Hand nach dem Besitz seines Nächsten ausgestreckt hat;
bα		und sein Besitzer soll es annehmen,
β		und er soll keinen Ersatz leisten.
11a	(K)	Und falls es ihm wirklich gestohlen wird,
b		soll er seinem Besitzer Ersatz leisten.
12aα	(K)	Falls es wirklich gerissen wird,
β		soll er es als Beweis hineinbringen;
b		das Gerissene soll er nicht ersetzen.
13aα	(K)	Und wenn ein Mann von seinem Nächsten (ein Tier) leiht,
β		und es zugrundegeht
γ		oder verendet,
bα		ohne daß sein Besitzer bei ihm ist,
β		soll er bestimmt Ersatz leisten.
14aα	(K)	Falls der Besitzer bei ihm ist,
β		soll er keinen Ersatz leisten.
bα	(K)	Falls es gemietet worden ist,
β		soll es auf seine Miete kommen.
15aα	(K)	Und wenn ein Mann eine Jungfrau überredet,
β		die noch nicht verlobt ist,
γ		und er ihr beiwohnt,

b		soll er (sie) bestimmt für sich gegen Bezahlung des Brautgeldes als Frau erwerben.
16aα	(K)	Falls sich ihr Vater strikt weigert,
β		sie ihm zu geben,
bα		soll er Geld darwägen,
β		entsprechend dem Brautgeld der Jungfrauen.
17	(Pv*)	Eine Zaubereitreibende sollst du nicht am Leben erhalten.
18	(Pt*)	Jeder, der einem Tier beiwohnt, soll bestimmt getötet werden.
19a	(Pt)	Wer den Göttern opfert, soll mit Bann belegt werden,
b		außer JHWH allein.
20aα	(Pv)	Und einen Flüchtling (גר) sollst du nicht bedrücken,
β	(Pv)	und du sollst ihn nicht bedrängen,
b	(A)	denn ihr seid im Land Ägypten Flüchtlinge (גרים) gewesen.
21	(Pv)	Keine Witwe noch Waise sollt ihr bedrücken.
22a	(A)	Falls du ihn wirklich bedrückst,
bα		ja, falls er laut zu mir schreit,
β		werde ich seinen Schrei sicher erhören.
23aα		Und mein Zorn wird entbrennen,
β		und ich werde euch mit (dem) Schwert töten;
bα		und eure Frauen werden zu Witwen werden
β		und eure Kinder zu Waisen.
24aα	(D1)	Falls du an meinen Volksgenossen, an den Armen bei dir, Geld ausleihst,
β		sollst du ihm nicht wie ein Wucherer sein;
b		ihr sollt ihm keinen Zins auferlegen.
25a	(D1)	Falls du doch wirklich den Mantel deines Nächsten als Pfand nimmst,
bα		bis die Sonne untergeht,
β		sollst du ihm ihn zurückgeben.
26aα	(A)	Denn er ist sein einziges Obergewand,
β		er ist seine Bedeckung für seine Haut.
bα		Womit soll er schlafen?
β		Wenn er zu mir schreit,
γ		werde ich hören,
δ		denn gnädig bin ich.
27a	(Pv)	Gott sollst du nicht als verflucht bezeichnen.
b	(Pv)	Und keinen Führer (נשיא) in deinem Volk sollst du mit einem Fluch belegen.
28a	(Pv)	Deinen vollen Ertrag und deinen Saft sollst du nicht zögernd geben.
b	(G)	Den Erstgeborenen deiner Söhne sollst du mir geben.
29a	(G)	Ebenso sollst du deinem Rind, deinem Kleinvieh tun.
bα	(G*)	Sieben Tage soll es bei seiner Mutter bleiben,
β	(G)	am achten Tag sollst du es mir geben.
30a	(G)	Und heilige Männer sollt ihr mir sein;
bα	(Pv)	und Fleisch, auf dem Feld gerissen, sollt ihr nicht essen,
β	(G)	dem Hund sollt ihr es hinwerfen.

Ex 23

1a	(Pv)	Du sollst keine üble Nachrede üben.
b*a*	(Vv)	Du sollst doch nicht mit einem Übeltäter gemeinsame Sache machen,
β		so daß du ein falscher Zeuge wirst.
2a	(Pv)	Du sollst dich nicht an die Menge anschließen mit üblen Absichten;
b*a*	(Pv)	und du sollst nicht im Rechtsstreit zusammen mit der Menge aussagen,
β		um (das Recht) zu beugen.
3	(Pv)	Und einen Machtlosen sollst du in seinem Rechtsstreit nicht bevorzugen.
4a	(D1)	Wenn du auf ein verirrtes Rind oder einen Esel deines Gegners triffst,
b		sollst du es ihm bestimmt zurückbringen.
5a*a*	(D1)	Wenn du einen Esel deines Feindes unter seiner Last zusammenbrechen siehst,
β		sollst du ihn nicht ohne Beistand lassen;
b		du sollst ihn bestimmt in Ordnung bringen.
6	(Pv)	Du sollst nicht das Recht deines Armen in seinem Rechtsstreit beugen.
7a	(G)	Vom betrügerischen Wort sollst du entfernt sein.
b*a*	(Vv)	Und einen Schuldlosen und einen im Recht Befindlichen sollst du doch nicht töten.
β	(A)	denn ich behandle keinen Schuldigen als unschuldig.
8a	(Pv)	Und keine Bestechung sollst du annehmen,
b*a*	(A)	denn die Bestechung macht Sehende blind
β		und verdreht die Sachen der Gerechten.
9a	(Pv)	Und einen Flüchtling (גר) sollst du nicht bedrängen,
b*a*	(A)	ihr kennt eben selbst die Stimmung des Flüchtlings (נפש הגר),
β		denn ihr seid im Land Ägypten Flüchtlinge (גרים) gewesen.
10a	(G)	Und sechs Jahre sollst du dein Land besäen
b	(G)	und seine Ernte sammeln.
11a*a*	(G)	Aber im siebenten sollst du es brachliegen lassen
β	(G)	und es unbestellt lassen,
γ	(A)	daß die Armen deines Volkes essen können,
δ		was sie übriglassen, soll das Getier des Feldes fressen.
b	(G)	Ebenso sollst du mit deinem Weinberg, deiner Olivenpflanzung tun.
12a*a*	(G)	Sechs Tage sollst du deine Arbeit tun,
β	(G)	und am siebenten Tag sollst du (sie = Arbeit) aufhören,
b*a*	(A)	damit dein Rind - und dein Esel - ausruhen kann
β		und der Sohn deiner Sklavin - und der Flüchtling - sich erholen kann.
13a	(G)	Und in allem, was ich zu euch gesagt habe, sollt ihr euch in acht nehmen;

bα	(Pv)	und den Namen anderer Götter sollt ihr nicht nennen,
β	(Pv*)	er soll in deinem Mund nicht gehört werden.
14	(G)	Dreimal sollst du mir im Jahr Wallfahrtsfeste begehen:
15aα	(G)	Das Fest der Mazzot sollst du halten;
β	(G)	sieben Tage sollst du Mazzen essen,
γ		wie ich dir befohlen habe,
δ		zur bestimmten Zeit des Neumonds Abib,
ε	(A)	denn in ihr bist du aus Ägypten ausgezogen.
b	(Pv)	Und sie sollen vor mir nicht mit leeren Händen erscheinen.
16aα	(G)	Und das Fest der Getreideernte, der Erstlinge deiner Arbeit,
β		mit der du auf dem Feld aussäst,
bα		und das Lesefest am Jahresanfang,
β		bei deinem Einsammeln deines Arbeitsertrags vom Feld.
17a	(G*)	Dreimal im Jahr
b		soll alles, was männlich ist bei dir, vor dem Herrn JHWH erscheinen.
18a	(Pv)	Du sollst das Blut meines Opfers nicht zu Gesäuertem opfern.
b	(Pv*)	Und das Fett meines Festes soll nicht über Nacht bis zum Morgen bleiben.
19a	(G)	Das Beste der Erstlinge deines Ackers sollst du in das Haus JHWHs, deines Gottes, bringen.
b	(Pv)	Du sollst kein Zicklein in der Milch seiner Mutter kochen.
20aα	(A)	Siehe, ich sende einen Boten vor dir,
β		um dich auf deinem Weg zu behüten,
bα		und um dich zum Ort hinzubringen,
β		den ich festgesetzt habe.
21aα		Hüte dich vor ihm
β		und gehorche seiner Stimme,
γ		betrübe ihn doch nicht,
21bα		denn er will euer Verbrechen nicht vergeben,
β		denn mein Name steht in seiner Mitte.
22aα		Denn wenn du seiner Stimme wirklich gehorchst
β		und tust
γ		alles, was ich reden werde,
bα		so werde ich deine Feinde befeinden
β		und deine Bedränger bedrängen.
23aα		Sicher will mein Bote vor dir gehen,
β		und dich hinbringen zum Amoriter und dem Hethiter und dem Perizziter und dem Kanaaniter, dem Hiwwiter und dem Jebusiter;
b		und ich will ihn vertilgen.
24aα	(Pv)	Du sollst dich nicht vor ihren Göttern tief beugen,
β	(Pv)	und du sollst dich nicht ihnen dienen lassen,
γ	(Pv)	und du sollst nicht nach ihren Macharten handeln;
bα	(G)	sondern du sollst sie bestimmt zerstören
β	(G)	und ihre Massebe bestimmt zerschmettern.

25aα	(G)	Und ihr sollt JHWH, eurem Gott, dienen,
β	(A)	dann wird er dein Brot und dein Wasser segnen;
b		und ich will Krankheit aus deiner Mitte wegschaffen.
26a		Es wird in deinem Land keine Fehlgebärende noch Unfruchtbare geben;
b		die Zahl deiner Lebenstage will ich vollmachen.
27aα		Meinen Schrecken will ich vor dir senden,
β		und ich will all das Volk in Verwirrung bringen,
γ		unter das du hineingehst;
b		und ich will machen, daß all deine Feinde vor dir den Rücken zeigen müssen.
28a		Und ich will die Furcht (צרעה) vor dir senden,
b		und sie wird den Hiwwiter, den Kanaaniter und den Hethiter vor dir vertreiben.
29a		Ich will ihn vor dir nicht in einem Jahr vertreiben,
bα		damit nicht das Land zur Verwüstung kommt
β		und sich nicht das Getier des Feldes gegen dich vermehrt.
30a		Nach und nach will ich ihn vor dir vertreiben,
bα		bis du fruchtbar wirst
β		und das Land in Besitz nimmst.
31a		Und ich lege deine Grenze fest vom Schilfmeer bis zum Philistermeer und von der Wüste bis zum Fluß;
bα		sicher will ich in eure Hand die Bewohner des Landes geben,
β		und du wirst sie vor dir vertreiben.
32	(Pv)	Du sollst mit ihnen und mit ihren Göttern keinen Bund (ברית) schließen.
33aα	(Pv*)	Sie sollen nicht in deinem Land wohnen,
β	(A)	damit nicht sie dich gegen mich zur Sünde verführen;
bα		denn du wirst damit ihren Göttern dienen,
β		denn er wird dir zum Fallstrick.

Literaturverzeichnis

1. In dieser Arbeit wird die Literatur mit dem Stichwort zitiert, das hier jeweils in der Klammer angegeben ist.
2. Die Abkürzungen für Zeitschriften, Serien und Lexika folgen dem Verzeichnis von SCHWERTNER,S., TRE Abkürzungsverzeichnis, Berlin/New York, 1976.

Die Abkürzungen, die sich dort nicht finden:
ÄAT: Ägypten und Altes Testament, Wiesbaden.
BBVO: Berliner Beiträge zum vorderen Orient, Berlin.
BN: Biblische Notizen, Bamberg.
ICUP: International Christian Univ. Publication, Tokyo.
JSOT: Journal for the Study of the Old Testament, Sheffield.
SB: Studia Biblica, Leiden.
SBL Sem.Pap.: Society of Biblical Literature Seminar Papers, Missoula.
SJOT: Scandinavian Journal of the Old Testament, Aarhus.

Texte

MT: Biblia Hebraica (Hg. KITTEL,R.), Stuttgart, [7]1951.   (BHK)
      Biblia Hebraica Stuttgartensia (Hg. ELLIGER,K./RUDOLF,W.), Stuttgart, 1977.   (BHS)
Sam: Der hebräische Pentateuch der Samaritaner (Hg. GALL,A.VON) 2.Teil Exodus, Giessen, 1914.
LXX: The Old Testament Greek: According to the Text of Codex Vaticanus (Hg. BROOK,A.E./MCLEAN,N.) I/2 Exodus and Leviticus, Cambridge, 1909.
      Septuaginta (Hg. RAHLFS,A.), Stuttgart, 1935.
Tg: The Pentateuch according to Targum Onkelos (Hg. SPERBER,A.), Leiden, 1959.
Syr: Londoner Polyglotta, 1657.

Texte aus der Umwelt Israels

Ancient Near Eastern Texts Relating to the Old Testament (Hg. PRITCHARD,J.B.), Princeton, [3]1969.   (ANET)

Texte aus der Umwelt des Alten Testaments, Bd I Rechts- und Wirtschaftsurkunden, Historisch-chronologische Texte (Hg. KAISER,O.), Gütersloh, 1982/83/84/85. (TUAT)

Konkordanzen

MANDELKERN,S., Veteris Testamenti Concordanziae Hebraicae atque Chaldaicae, Berlin, 1937.
LISOWSKY,G., Konkordanz zum Hebräischen Alten Testament, Stuttgart, [2]1966.

Lexica

BROWN, F./DRIVER,S.R./BRIGGS,C.A., Hebrew and English Lexicon of the Old Testament, Oxford, 1907, (Repr. mit Korrektur, 1953). (BDB)
HOLLADAY,W.L., A Concise Hebrew and Aramaic Lexicon of the Old Testament, Grand Rapids, [4]1978.
KÖHLER,L./BAUMGARTNER,W., Hebräisches und Aramäisches Lexikon zum Alten Testament, 3.Aufl. (Neu bearbeitet von BAUMGARTNER,W.) Leiden, I (1967), II (1974), III (1983). (K-B[3])
GESENIUS,W., Hebräisches und Aramäisches Handwörterbuch über das Alte Testament 18.Aufl. (Neu bearbeitet von MEYER,R./DONNER,H./ RÜTERSWÖRDEN,U.), Berlin u. a, 1 (1987). (Ges[18])

Sonstige Literatur

AEJMELAEUS,A., What Can We Know about the Hebrew Vorlage of the Septuagint?, ZAW 99 (1987), S.58-89. (Hebrew Vorlage)
AHARONI,M./AHARONI,Y., The Stratification of Judahite Sites in the 8th and 7th Centuries B.C.E., BASOR 224 (1976), S.73-90. (Stratification)
AHARONI,Y., Arad: Its Inscriptions and Temple, BA 31/1 (1968), S.2-32. (Arad)
- The Horned Altar of Beer-sheba, BA 37/1 (1974), S.2-6. (Horned Altar)
AHLSTRÖM,G.W., Oral and Written Transmission, Some considerations, HThR 59/1 (1966), S.59-81.
ALBERTZ,R., Täter und Opfer im Alten Testament, ZEE 28 (1984), S.146-166.
- Die Religionsgeschichte Israels in vorexilischer Zeit, in: LESSING,E.(Hg), Die Bibel, München, 1987, S.285-360.(Religionsgeschichte)
ALLAM,S., Die Rolle der Gottheit im Recht, Altertum 25 (1979),S.103-112.
ALT,A., Die Ursprünge des israelitischen Rechts, in: ders. KlSchr I, München, 1953, S.278-332. (Ursprünge)
- Das Verbot des Diebstahls im Dekalog, in: ders. KlSchr I, München, 1953, S.333-340.

- Zur Talionsformel, in: ders. KlSchr I, München, 1953, S.341-344.
(Talionsformel)
- Eine neue Provinz des Keilschriftrechts, in: ders. KlSchr III, München, 1959, S.141-157.

ALTHANN,R., Unrecognized Poetic Fragment in Exodus, JNWSL 11 (1983), S.9-27.

AMUSIN,J.D., Die Gerim in der sozialen Legislatur des Alten Testaments, Klio 63/1 (1981), S.15-23.

ANBAR,M., The Story about the Building of an Altar on Mount Ebal, the History of its Composition and the Question of the Centralization of the Cult, in: LOH-FINK,N. (Hg), Das Deuteronomium; Entstehung, Gestalt und Botschaft, BEThL 68 (1985), S.304-309. (Story)

ANDERSEN,F.I., The Sentence in Biblical Hebrew, Janua Linguarum, Ser. Practica 231, Mouton, 1974. (Sentence)

AULD,A.G., Amos, Old Testament Guides, Sheffield, 1986. (Amos)

AVISHUR,Y., Psalm XV - A Liturgical or Ethical Psalm, Dor le Dor V/3 (1977), S.124-127.

BACH,R., Gottesrecht und weltliches Recht in der Verkündigung des Propheten Amos, in: SCHNEEMELDER,WILHELM (Hg), Festschr. für Günther Dehn, Neukirchen Kreis Moers, 1957, S.23-34. (Gottesrecht)
- Art. Amoriter, BHH I (1962), Sp.84f.

BAENTSCH,B., Das Bundesbuch, Ex XX 22 - XXIII 33, seine ursprüngliche Gestalt, sein Verhältniss zu den es umgebenden Quellenschriften und seine Stellung in der alt-testamentlichen Gesetzgebung, Halle a/S, 1892. (Bundesbuch)

BAILY,L.R., Exodus 22,21-27 Hebrew:(20-26), Interp 32 (1978), S.286-290.

BARTH,H., Die Jesaja-Worte in der Josiazeit. Israel und Assur als Thema einer produktiven Neuinterpretation der Jesajaüberlieferung, WMANT 48, Neukirchen-Vluyn, 1977. (Jesaja-Worte)

BARTH,H./STECK,O.H., Exegese des Alten Textaments, Leitfaden der Methodik. Ein Arbeitsbuch für Proseminare, Seminare und Vorlesungen, Neukirchen-Vluyn, [10]1984. (Exegese)

BEER,G./GALLING,KURT, Exodus, HAT I/3, Tübingen, 1939. (G.Beer, HAT I/3)

BELLEFONTAINE,ELIZABETH, Customary Law and Chieftainship: Judicial Aspects of 2 Samuel 14.4-21, JSOT 38 (1987), S.47-72.

BERGMAN,J./LUTZMANN,H./SCHMIDT,W.H., Art. דבר dābar, ThWAT II (1977), Sp.89-133. (W.H.Schmidt, ThWAT II)

BEYERLIN,W., Herkunft und Geschichte der ältesten Sinaitraditionen, Tübingen, 1961. (Sinaitraditionen)
- Gattung und Herkunft des Rahmens im Richterbuch, in: WÜRTHWEIN,E./ KAISER,O.(Hg), Tradition und Situation, FS Artur Weiser, Göttingen, 1963, S.1-29. (Gattung)
- Die Paränese im Bundesbuch und ihre Herkunft, in: REVENTLOW, H.GRAF(Hg), Gottes Wort und Gottes Land, FS Hans-Wilhelm Herzberg, Göttingen, 1965, S.9-29. (Paränese)

- Weisheitlich-kultische Heilsordnung, Studien zum 15.Psalm, Biblisch-theologische Studien 9, Neukirchen-Vluyn, 1985. (Heilsordnung)
BLENKINSOPP,J., Wisdom and Law in the Old Testament. The Ordering of Life in Israel and Early Judaism, Oxford, 1983.
BLUM,E., Studien zur Komposition des Pentateuch, Habil.Schr. Heidelberg, (Maschinenschrift) 1988. (Komposition)
BOECKER,H.J., Redeformen des Rechtslebens im Alten Testament, WMANT 14, Neukirchen-Vluyn, ²1970. (Redeformen)
- Recht und Gesetz im Alten Testament und im Alten Orient, Neukirchen-Vluyn, 1976. (Recht und Gesetz)
BOLING,R.G., Judges, AncB, Garden City NY, 1975.
- "In Those Days There Was No King in Israel", in: BREAM,H.N./ HEIM, R.D./MOORE,C.A.(Hg), A Light unto My Path, FS Jacob M.Myers, GTS 4 (1974), S.33-48. (No King)
BOROWSKI,O., The Identity of the Biblical șir'â, in: MEYERS,C.L./ O'CONNER,M.(Hg), The Word of the Lord Shall Go Forth, FS David Noel Freedman, Winona Lake, 1983, S.315-319.
BOTTÉRO,J., Art. Habiru, RLA IV (1972-75), S.14-27.
BOTTERWECK,G.O., Form- und überlieferungsgeschichtliche Studie zum Dekalog, Conc(D) 1 (1965), S.392-401.
BRAULIK,G., Die Ausdrücke für "Gesetz" im Buch Deuteronomium, Bib 51 (1970), S.39-66. (Ausdrücke)
- Deuteronomium 1 - 16,17, Neue Echter Bibel, Würzburg, 1986. (Neue Echter)
BREKELMANS,C., Die sogenannten deuteronomischen Elemente in Gen.-Num. Ein Beitrag zur Vorgeschichte des Deuteronomiums, VT.S 15 (1966), S.90-96.
BRIGHT,J., The Apodictic Prohibition: Some Observations, JBL 92 (1973), S. 185-204. (Prohibition)
BROSHI,M., The Expansion of Jerusalem in the Reigns of Hezekiah and Manasseh, IEJ 24 (1974), S.21-26. (Expansion)
BUDDE,K., Bemerkungen zum Bundesbuch, ZAW 11 (1891), S.99-114. (Bemerkungen)
- Die Gesetzgebung der mittleren Bücher des Pentateuchs, insbesondere der Quellen J und E, ZAW 11 (1891), S.193-234.
BUSS,M.J., The Distinction between Civil and Criminal Law in Ancient Israel, in: SHINAN,A.(Hg), Proceeding of the Sixth World Congress of Jewish Studies Vol.1, Jerusalem, 1977, S.51-62.
CARDASCIA,G., Droits cunéiformes et droit biblique, in: SHINAN,A.(Hg), Proceedings of the Sixth World Congress of Jewish Studies Vol.1, Jerusalem, 1977, S.63-70.
- La place du talion dans l'histoire du droit pénal à la lumière des droits du Proche-Orient ancien, FS Jean Deuvillier, Toulouse, 1979, S.169-183.
CARDELLINI,I., Die biblischen "Sklaven"-Gesetze im Lichte des keilschriftlichen Sklavenrechts. Ein Beitrag zur Tradition, Überlieferung und Redaktion der alttestamentlichen Rechtstexte, BBB 55, Bonn, 1981. ("Sklaven"-Gesetze)

CARMICHAEL,C.M., A Time for War and a Time for Peace: The Influence of the Distinction upon Some Legal and Literary Material, JJS 25/1 (1974), S.50-63.
- A Singular Method of Codification of Law in the Mishpatim, ZAW 84 (1972), S.19-25.
CASPARI,W., Heimat und soziale Wirkung des alttestamentlichen Bundesbuchs, ZDMG 83 (1929), S.97-120.
CASSUTO,U., A Commentary on the Book of Exodus, Engl.Transl. ABRAHAMS,I., Jerusalem, 1967.   (Exodus)
CAZELLES,H., Études sur le Code de l'Alliance, Paris, 1946.   (Études)
- Art. Loi Israélite, DBS V (1957), Sp.497-530.
CHAMBERLAIN,G.A., Exodus 21-23 and Deuteronomy 12-26. A Form-Critical Study, Diss Boston, 1977, DissAb 37, Ann Arbor, 1976/77.
CHIGIER,M., Codification of Jewish Law, The Jewish Law Annual 2 (1979), S.3-32.
CHILDS,B.S., The Book of Exodus, A Critical, Theological Commentary, OTL, Philadelphia, 1974.
CHIRICHIGNO,G., A Theological Investigation of Motivation in Old Testament Law, JETS 24/4 (1981), S.303-313.
CHOLEVINSKI,A., Heiligkeitsgesetz und Deuternomomium, Eine vergleichende Studie, AnBib 66, Rom, 1976.   (Heiligkeitsgesetz)
CODY,A., When Is the Chosen People Called a Gôy?, VT 14 (1964), S.1-6.   (Gôy)
CONRAD,D., Studien zum Altargesetz Ex 20:24-26, Diss Marburg, Marburg/ Lahn, 1968.   (Altargesetz)
- Einige (archaeologische) Miszellen zur Kultgeschichte Judas in der Königszeit, in: GUNNEWEG,A.H.J./KAISER,O.(Hg), Textgemäß, FS Ernst Würthwein, Göttingen, 1979, S.28-32.   (Miszellen)
COOTE,R.B., Amos Among the Prophets. Composition and Theology, Philadelphia, 1981.   (Amos)
CROSS,F.M. Jr., Canaanite Myth and Hebrew Epic. Essays in the History of the Religion of Israel, Cambridge/Ma, 1973.
CRÜSEMANN,F., Bewahrung der Freiheit. Das Thema des Dekalogs in sozialgeschichtlicher Perspektive, Kaiser Traktate 78, München, 1983.
- Recht und Theologie im Alten Testament, in: SCHLAICH,K.(Hg), Studien zu Kirchenrecht und Theologie I, Texte und Materialien der Forschungsstätte der Evangelischen Studiengemeinschaft A/26, Heidelberg, 1987, S. 11-81. (Recht und Theologie)
- "Auge um Auge..." (Ex 21,24f). Zum sozialgeschichtlichen Sinn des Talionsgesetzes im Bundesbuch, EvTh 47/5 (1987), S.411-426.   ("Auge um Auge")
- Fremdenliebe und Identitätssicherung. Zum Verständnis der "Fremden"-Gesetze im Alten Testament, WuD NF 19 (1987), S.11-24.   (Fremdenliebe)
- Das Bundesbuch. Historischer Ort und institutioneller Hintergrund, VT.S 40 (1988), S.27-41.   (Bundesbuch)
DALMAN,G., Arbeit und Sitte in Palästina III, Von der Ernte zum Mehl, Schr. des Deutsch. Palästina-Instituts 6, Gütersloh, 1933.   (Arbeit und Sitte)

DAUBE,D., Studies in Biblical Law, Cambridge, 1947.   (Studies)
- Concerning Method of Bible-Criticism. Late Law in Early Narratives, ArOr 17/1 (1949), S.88-99.
- Direct and Indirect Causation in Biblical Law, VT 11 (1961), S.246-269.
- The Exodus Pattern in the Bible, 1963, reprint, Westport CT, 1979.
- Forms of Roman Legislation, Oxford, 1965.   (Roman Legislation)
- Ancient Jewish Law. Three Inaugural Lectures, Leiden, 1981. (Jewish Law)
DAVID,M., The Manumission of Slaves under Zedekiah (A Contribution to the Laws about Hebrew Slaves), OTS 5 (1948), S.68-79.
- The Codex Hammurabi and Its Relation to the Provisions of Law in Exodus, OTS 7 (1950), S.149-178.
LE DÉAUT,R., Critique Textuelle et Exégèse - Exode XXII 12 dans la Septante et le Targum, VT 22 (1972), S.164-175.
DEEM,A., The Goddess Anath and Some Biblical Hebrew Cruces, JSSt 23 (1978), S.25-30.
DIAMOND,A.S., An Eye for an Eye, Iraq 19 (1957), S.151-155.
DILLMANN,A., Die Bücher Exodus und Leviticus, KEH 12, Leipzig, ²1880.
DOHMEN,C., Das Bilderverbot. Seine Entstehung und seine Entwicklung im Alten Testament, BBB 62, Bonn, 1985.   (Bilderverbot)
DONNER,H., Geschichte des Volkes Israel und seiner Nachbarn in Grundzügen, ATD Ergänzungsreihe 4, Göttingen:
Teil 1, Von den Anfängen bis zur Staatenbildungszeit, 1984.
Teil 2, Von der Königszeit bis zu Alexander dem Großen mit einem Ausblick auf die Geschichte des Judentums bis Bar Kochba, 1986.   (Geschichte)
DRIVER,G.R./MILES,J.C., The Babylonian Laws Vol 1, Legal Commentary, Oxford, 1952.
DULCKEIT,G./SCHWARZ,F./WALDSTEIN,W., Römische Rechtsgeschichte. Ein Studienbuch, München, ⁷1981.
EBELING,E./KOROŠEC,V., Art. Ehe, RLA II (1938), S.281-299.
EISSFELDT,O., Einleitung in das Alte Testament unter Einschluß der Apokryphen und Pseudepigraphen sowie der apokryphen- und pseudepigraphenartigen Qumran-Schriften, Entstehungsgeschichte des Alten Testaments, Tübingen, ³1964.   (Einleitung)
ELLIGER,K., Leviticus, HAT I/4, Tübingen, 1966.
ELLISON,H.L., The Hebrew Slave: A Study in Early Israelite Society, EvQ 45/1 (1973), S.30-35.
EWALD,H., Geschichte des Volkes Israels II, Geschichte Mose's und der Gottherrschaft in Israel, Göttingen, ³1865.   (Geschichte II)
FABRY,H.-J., Art. נבל I nābel I, ThWAT V (1986), Sp.163-170.
FALK,Z.W., Exodus xxi 6, VT 9 (1959), S.86-88.
- Hebrew Legal Terms, JSSt 5 (1960), S.350-354.
- Hebrew Law in Biblical Times. An Introduction, Jerusalem, 1964.
- Hebrew Legal Terms II, JSSt 12 (1967), S.241-244.
- Hebrew Legal Terms III, JSSt 14 (1969), S.39-44.
- Binding and Loosing, JJS 25/1 (1974), S.92-100.

- Addenda to "Hebrew Law in Biblical Times", Diné Israel 8 (1979), S.33-48.
- Werte und Ziele im Jüdischen Recht, in: FIKENTSCHER,W./ FRANKE, H./KÖHLER,O.(Hg), Entstehung und Wandel rechtlicher Tradition, Freiburg/München, 1980, S.355-373.

FENSHAM,F.C., Exodus XXI 18-19 in the light of Hittite Law §10, VT 10 (1960), S.333-335.
- 'd in Exodus XXII 12, VT 12 (1962), S.337-339.
- Widow, Orphan, and the Poor in Ancient Near Eastern Legal and Wisdom Literature, JNES 21 (1962), S.129-139. (Widow)
- The Rôle of the Lord in the Legal Sections of the Covenant Code, VT 26 (1976), S.262-274. (Rôle)
- Transgression and Penalty in the Book of the Covenant, JNWSL 5 (1977), S. 23-41.
- Extra-biblical material and the hermeneutics of the old Testament with special reference to the legal material of the Covenant Code, Oud-Testamentiese Werkgemeenkap van Suid Afrika, Old Testament Essays, 20/21 (1977/78), S.53-65.
- Das Nicht-Haftbar-Sein im Bundesbuch im Lichte der altorientalischen Rechtstexte, JNWSL 8 (1980), S.17-34. (Nicht-Haftbar-Sein)

FEUCHT,C., Untersuchungen zum Heiligkeitsgesetz, ThA 20, Berlin, 1964.

FINKELSTEIN,J.J., Ammiṣaduqa's Edikt and the Babylonian "Law Codes", JCS 55 (1961), S.91-104.

FISHBANE,M., Torah and Tradition, in: KNIGHT,D.A.(Hg), Tradition and Theology in the Old Testament, London, 1977, S.275-300.

FLOSS,J.P., Jahwe dienen - Göttern dienen. Terminologische, literarische und semantische Untersuchung einer theologischen Aussage zum Gottesverhältnis im Alten Testament, BBB 45, Bonn, 1975. (Jahwe dienen)

FOHRER,G., Jesaja 1 als Zusammenfassung der Verkündigung Jesajas, ZAW 74 (1962), S.251-268. (Jesaja 1)
- Das sogenannte apodiktisch formulierte Recht und der Dekalog, KuD 11/1 (1965), S.49-74. (Dekalog)
- Israels Haltung gegenüber den Kanaanäern und anderen Völkern, JSSt 13 (1968), S.64-75.

FREEDMAN,D.N., Strophe and Meter in Exodus 15, in: ders. Pottery, Poetry and Prophecy. Studies in Early Hebrew Poetry, Winona Lake, 1980, S. 187-227. (Strophe)

FREEDMAN,D.N./WILLOUGHBY,B.E., Art. עברי 'ibrî, ThWAT V (1986), Sp.1039-1055.

FRYMER-KENSKY,T., Tit for Tat: The Principle of Equal Retribution in Near Eastern and Biblical Law, BA 43/4 (1980), S.230-234.

GAGARIN,M., Early Greek Law, Berkeley LA, 1986. (Greek Law)

GALLING,K., Art. Altar II, in Israel, RGG³ I (1957), Sp.253-255.

GEMSER,B., The Importance of the Motive Clause in Old Testament Law, VT.S 1 (1953), S.50-66. (Motive Clause)

GERLEMAN,G., Art. דבר dābār Wort, THAT I (⁴1984), Sp.433-443.

GERSTENBERGER,E., Wesen und Herkunft des "apodiktischen Rechts", WMANT 20, Neukirchen-Vluyn, 1965. (Wesen)

GESE,H., Beobachtungen zum Stil alttestamentlicher Rechtssätze, ThLZ 85/ 2 (1960), Sp.147-150.

GESENIUS,W./KAUTZSCH,E., Hebräische Grammatik, Leipzig, [28]1909. (G-K[28])

GEVIRTZ,S., West Semitic Curses and the Problem of the Origins of Hebrew Law, VT 11 (1961), S.137-158.

GILMER,H.W., The If-You Form in Israelite Law, SBL Diss.Ser.15, Missoula, 1975. (If-You Form)

GOTTWALD,N.K., The Tribes of Yahwe. A Sociology of the Religion of Liberated Israel 1250-1050 B.C.E., Maryknoll NY, [3]1985.

GREENBERG,M., Some Postulates of Biblical Criminal Law, in: HARAN,M.(Hg), Studies in Biblical and Jewish Religion, FS Yehezkel Kaufmann, Jerusalem, 1960, S.5-28. (Some Postulates)

-   Art. Crimes and Punishments, IDB I (1962), S.733-744.

-   More Reflections on Biblical Criminal Law, in: JAPHET,S.(Hg), Studies in Bible 1986, ScrHie 31 (1986), S.1-17. (More Reflections)

GRESSMANN,H., Die älteste Geschichtsschreibung und Prophetie Israels, SAT 2-1, Göttingen, [2]1921.

GRINTZ,J.M., Some Observations on the "High Place" in the History of Israel, VT 27 (1977), S.111-113.

GÜTTGEMANNS,E., Offene Fragen zur Formgeschichte des Evangeliums. Eine methodologische Skizze der Grundlagenproblematik der Form- und Redaktionsgeschichte, BEvTh 54, München, 1970. (Offene Fragen)

GUGGISBERG,F., Die Gestalt des Mal'ak Jahwe im Alten Testament, Diss. Neuenburg, 1979.

HAAG,H., Das "Buch des Bundes", in: FELD,H./NOLTE,J. (Hg), Wort Gottes in der Zeit, FS Karl Hermann Schelkle, Düsseldorf, 1973, S.22-30.

HALBE,J., Das Privilegrecht Jahwes Ex 34,10-26. Gestalt und Wesen, Herkunft und Wirken in vordeuteronomischer Zeit, FRLANT 114, Göttingen, 1975. (Privilegrecht)

-   Erwägungen zu Ursprung und Wesen des Massotfestes, ZAW 87 (1975), S.324-346.

-   Gemeinschaft, die Welt unterbricht. Grundfragen und -inhalte deuteronomischer Theologie und Überlieferungsbildung im Lichte der Ursprungsbedingungen alttestamentlichen Rechts, in: LOHFINK,N.(Hg), Das Deuteronomium. Entstehung, Gestalt und Botschaft, BEThL 68 (1985), S.55-75. (Gemeinschaft)

HALS,R.M., Is there a Genre of Preached Law?, SBL Sem.Pap. 109-1 (1973), S.1-12

HARAN,M., Seething a Kid in its Mothers Milk, JJS 30 (1979), S.23-35.

-   Das Böcklein in der Milch seiner Mutter und das säugende Muttertier, ThZ 41 (1985), S.135-159.

HENTSCHKE,R., Erwägungen zur israelitischen Rechtsgeschichte, ThViat 10 (1965/66), S.108-133. (Rechtsgeschichte)

HERRMANN,S., Das "apodiktische Recht". Erwägungen zur Klärung dieses Begriffs, in: ders. GesStud, TB 75, München, 1986, S.89-100.

HERZOG,Z./RAINY,A.F./MOSHKOVITZ,SH., The Stratigraphy at Beer-sheba and the Location of the Sanctuary, BASOR 225 (1977), S.49-58. (Stratigraphy)

HOFTIJZER,J., Ex xxi 8, VT 7 (1957), S.388-391. (Ex xxi 8)

HOLZINGER,H., Exodus, KHC II, Tübingen u a, 1900.

HORN,P.H., Traditionsschichten in Ex 23,10-33 und Ex 34,10-26, BZ NF 15 (1971), S.203-222. (Traditionsschichten)

HORST,F., Der Diebstahl im Alten Testament, in: ders.GesStud (hg. von WOLFF, H.W.), TB 12, München, 1961, S.167-175. (Diebstahl)

HOSSFELD,F.-L., Der Dekalog: Seine späten Fassungen, die originale Komposition und seine Vorstufen, OBO 45, Fribourg/Göttingen, 1982. (Dekalog)

L'HOUR,J., Les interdits to'eba dans le Deutéronome, RB 71 (1964), S.481503. (To'eba)

HOUSE,W., Miscarriage or premature Birth: Additional Thoughts on Exodus 21:22-25, WThJ 41/1 (1978), S.108-123.

HUFFMON,H.B., Exodus 23:4-5: A Comparative Study, in: BREAM,H.N./ HEIM,R.D./MOORE,C.A.(Hg), A Light unto My Path, FS Jacob M.Myers, GTS 4 (1974), S.271-278. (Exodus 23:4-5)

- The Social Role of Amos' Message, in: HUFFMON,H.B./SPINA,F.A./ GREEN,A.R.W. (Hg), The Quest For the Kingdom of God, FS E.Mendenhall, Winona Lake, 1983, S.109-116. (Social Role)

HURVITZ,A., Wisdom Vocabulary in the Hebrew Psalter: A Contribution to the Study of "Wisdom Psalms", VT 38 (1988), S.41-51.

HYLAND,C.F./FREEDMAN,D.N., Psalm 29: A Structural Analysis, HThR 66 (1973), S.237-256. (Psalm 29)

JACKSON,B.S., Theft in Early Jewish Law, Oxford, 1972.

- Essays in Jewish and Comparative Legal History, SJLA 10, Leiden, 1975. (Unter den Aufsätzen in diesem Band sind die folgenden in der Arbeit zitiert worden:)
  Reflections on Biblical Criminal Law, S.25-63. (Reflections)
  The Problem of Exodus 21:22-5 (Ius Talionis), S.75-107. (Ius Talionis)
  The Goring Ox, S.108-152. (Goring Ox)

- A Note on Exodus 22:4 (MT), JJS 27 (1976), S.138-141.

- The Ceremonial and the Judicial: Biblical Law as Sign and Symbol, JSOT 30 (1984), S.25-50.

JAPHET,S., The Relationship between the Legal Corpora in the Pentateuch in Light of Manumission Laws, in: dies(Hg), Studies in Bible 1986, ScrHie 31 (1986), S.63-89.

JENNI,E., Das hebräische Pi'el. Syntaktisch-semasiologische Untersuchung einer Verbalform im Alten Testament, Zürich, 1968. (Pi'el)

JEPSEN,A., Untersuchungen zum Bundesbuch, BWANT III/5, Stuttgart, 1927. (Untersuchungen)

- Israel und das Gesetz, ThLZ 93 (1968), Sp.85-94.

JEREMIAS,J., Kultprophetie und Gerichtsverkündigung in der späten Königszeit Israels, WMANT 32, Neukirchen-Vluyn, 1970. (Kultprophetie)

- Das Königtum Gottes in den Psalmen. Israels Begegnung mit dem kanaanäischen Mythos in den Jahwe-König-Psalmen, Göttingen, 1987.　　(Königtum)
- Amos 3-6. Beobachtungen zur Entstehungsgeschichte eines Prophetenbuches, ZAW 100 Suppl (1988), S.123-138.

JIRKU,A., Das weltliche Recht im Alten Testament. Stilgeschichtliche und rechtsvergleichende Studien zu den juristischen Gesetzen des Pentateuchs, Gütersloh, 1927.

JOHNSTONE,W., Reactivating the Chronicles Analogy in Pentateuchal Studies, with Special Reference to Sinai Pericope in Exodus, ZAW 99 (1987), S.16-37.

JÜNGLING,H.W., "Auge für Auge, Zahn für Zahn". Bemerkungen zu Sinn und Geltung der alttestamentlichen Talionsformeln, ThPh 59 (1984), S.1-38.

KAISER,O., Das Buch des Propheten Jesaja Kapitel 1-12, ATD 17 Göttingen, ^{5}1981.
- Der Prophet Jesaja Kapitel 13-39, ATD 18, Göttingen, ^{3}1983.
- Art. חרב haeraeb, ThWAT III (1982), Sp.164-176.
- Einleitung in das Alte Testament. Eine Einführung in ihre Ergebnisse und Probleme, Gütersloh, ^{5}1984.　　(Einleitung)

KEEL,O., Das Böcklein in der Milch seiner Mutter und Verwandtes. Im Lichte eines altorientalische Bildmotivs, OBO 33, Fribourg/Göttingen, 1980.
- Zeichen der Verbundenheit. Zur Vorgeschichte und Bedeutung der Forderungen von Deuteronomium 6,8f und Par., in: CASETTI,P./KEEL,O./ SCHENKER,A.(Hg), FS Dominique Barthélmy, OBO 38 (1981), S.159-240.　　(Zeichen)
- Die Welt der altorientalischen Bildsymbolik und das Alte Testament. Am Beispiel der Psalmen, Neukirchen-Vluyn, ^{4}1984.　　(Bildsymbolik)

KELLERMANN,D., Art. Heiligkeit II (Altes Testament), TRE XIV (1985), S. 697-703.

KESSLER,M., The Law of Manumission in Jer 34, BZ NF 15 (1971), S.105-108.

KILLIAN,R., Literarkritische und formgeschichtliche Untersuchung des Heiligkeitsgesetzes, BBB 19, Bonn, 1963.　　(Heiligkeitsgesetz)
- Apodiktisches und kasuistisches Recht im Licht ägyptischer Analogien, BZ NF 7 (1963), S.185-202.

KLINE,M.G., Lex Talionis and the Human Fetus, JETS 20 (1977), S.193201.

KLINGENBERG,E., Das israelitische Zinsverbot in Torah, Mišnah und Talmud, Mainz, 1977.　　(Zinsverbot)

KNAUF,E.A., Zur Herkunft und Sozialgeschichte Israels, "Das Böcklein in der Milch seiner Mutter", Bib 69 (1988), S.153-169.

KNIERIM,R., Exodus 18 und die Neuordnung der mosaischen Gerichtsbarkeit, ZAW 73 (1961), S.146-171.
- Die Hauptbegriffe für Sünde im Alten Testament, Gütersloh, 1965.　　(Hauptbegriffe)
- Old Testament Form Criticism Reconsidered, Interp 27 (1973), S.435-468.　　(Form Criticism)
- Art. פשע paeša' Verbrechen, THAT II (3 1984), Sp.488-495.

KNIGHT,D.A., The Understanding of "Sitz im Leben" in Form Criticism, SBL Sem.Pap. 110-1 (1974), S.105-125.　　("Sitz im Leben")

KOCH,K., Der Spruch "Sein Blut bleibe auf seinem Haupt" und die israelitische Auffassung vom vergossenen Blut, VT 12 (1962), S.396-416.

- Die Entstehung der sozialen Kritik bei den Propheten, in: WOLFF,H.W.(Hg), Probleme biblischer Theologie, FS Gerhard von Rad, München, 1971, S.236-257. (Kritik)

- Reichen die formgeschichtlichen Methoden für die Gegenwartsaufgaben der Bibelwissenschaft zu?, ThLZ 98/11 (1973), Sp.801-814.

KOCH,K. und Mitarbeiter, Amos untersucht mit den Methoden einer strukturalen Formgeschichte, AOAT 30, Neukirchen-Vluyn, 1976. (Amos)

KÖHLER,L., Der hebräische Mensch. Eine Skizze, Tübingen, 1953.

KORNFELD,W., Studien zum Heiligkeitsgesetz, Wien, 1952. (Heiligkeitsgesetz)

KOSCHAKER,P., Rechtsvergleichende Studien zur Gesetzgebung Hammurapis König von Babylon, Leipzig, 1917. (Studien)

KOSMALA,H., The So-Called Ritual Dekalogue, ASTI 1 (1962), S.31-61. (Ritual Decalogue)

KRAPF,T., Traditionsgeschichtliches zum deuteronomischen Fremdling-Waise-Witwe-Gebot, VT 34 (1984), S.87-91.

KRAUS,H.-J., Psalmen 1-50, BK XV/1, Neukirchen-Vluyn, ^{5}1978.

Psalmen 60-150, BK XV/2, Neukirchen-Vluyn, ^{5}1978.

KUTSCH,E., ...am Ende des Jahres. Zur Datierung des israelitischen Herbstfestes in Ex 23,16, ZAW 83 (1971), S.15-21.

- Art. פרר prr hi. brechen, THAT II (^{3}1984), Sp.486-488.

LAAF,P., חג שבעות, Das Wochenfest, in: FABRY,H.-J.(Hg), Bausteine biblischer Theologie, FS G.Johannes Botterweck, Köln/Bonn, 1977, S.169-183.

LÄMMERT,E., Zum Auslegungsspielraum von Gesetzestexten, in: BRACKERT, H./STÜCKRATH,J.(Hg), Literaturwissenschaft Grundkurs 1, rororo, Hamburg, 1981, S.90-105. (Auslegungsspielraum)

LANDSBERGER,B., Die babylonischen Termini für Gesetz und Recht, in: FRIEDRICH,J./LAUTNER,J.G./MILES,J. (Hg), Symbolae ad iura orientis antiqui pertinentes, FS Paul Koschaker, Leiden, 1939, S.219-234.

LANG,B., Sklaven und Unfreie im Buch Amos (II 6 VIII 6), VT 31 (1981), S.482-488.

- The Social Organization of Peasant Poverty in Biblical Israel, JSOT 24 (1982), S.47-63. (Organization)

- Persönlicher Gott und Ortsgott. Über Elementarformen der Frömmigkeit im Alten israel, in: GÖRG,M.(Hg), Fontes atque Pontes, FS Hellmut Brunner, ÄAT 5 (1983), S.271-301.

LANGLAMET,F., Israel et l'habitant du pays. Vocabulaire et formules d'Ex XXXIV,11-16, RB 76 (1969), S.321-350.

LEEMANS,W.F., King Hammurapi as judge, in: ANKUM,J.A./FENSTRA,R./ LEEMANS,W.F. (Hg), Symbolae iuridicae et historiae, FS Martino David, Leiden, 1968, S. 107-129.

LEIBOWITZ,N., Studies in Shemot, Part 1 (Shemot - Yitro), Part 2 (Mishpatim - Pekudei), Engl.trasl. NEWMAN,A., Jerusalem, 1976.

LEMAIRE,A., Vengeance et justice dans l'ancien Israel, in: VERDIER/ POLY (Hg), La vengeance. Études d'ethnologie, d'histoire et de philosophie, Vol.3, Paris, 1984, S.13-33.

LEMCHE,N.P., The "Hebrew Slave". Comments on the Slave Law Ex xxi 211, VT 25 (1975), S.129-144. ("Hebrew Slave")

- The Manumission of Slaves - The Fallow Year - The Sabbatical Year - The Jobel Year, VT 26 (1976), S.38-59. (Manumission)

- ANDURARUM and MIŠARUM: Comments on the Problem of Social Edicts and Their Application in the Ancient Near East, JNES 38/1 (1979), S.11-22.

- The Hebrew and the Seven Year Cycle, BN 25 (1984), S.65-75. (Seven Year Cycle)

LENHARD,H., Die kultischen Anordnungen Gottes im Zusammenhang mit den übrigen Gesetzen des Alten Testaments, ZAW 97 (1985), S.414-423.

LEWY,I., Dating of Covenant Code Sections on Humaneness and Religiousness, VT 7 (1957), S.322-326.

LIEDKE,G., Gestalt und Bezeichnung alttestamentlicher Rechtssätze. Eine formge-schichtlich-terminologische Studie, WMANT 39, Neukirchen-Vluyn, 1971. (Gestalt)

LIPINSKI,E., L'"Esclave Hébreu", VT 26 (1976), S.120-124.

- Art. מהר mohar, ThWAT IV (1984), Sp.717-724.

- Sale, Transfer, and Delivery in Ancient Semitic Terminology, in: KLENGEL, H.(Hg), Gesellschaft und Kultur im alten Vorderasien, SGKAO 15 (1982), S.173-185.

LIPINSKI,E./FABRY,H.-J., Art. נתן nātan, ThWAT V (1986), Sp.693-712. (E.Lipiński, ThWAT V)

LOCHER,C., Wie einzigartig war das altisraelitische Recht?, Jud 38/3 (1982), S.130-140.

- Die Ehre einer Frau in Israel. Exegetische und rechtsvergleichende Studien zu Deuteronomium 22,13-21, OBO 70, Fribourg/Göttingen, 1986. (Ehre einer Frau)

LOEWENSTAMM,S.E., The Phrase "X (or) X plus one" in Biblical and Old Orien-tal Laws, Bib 53 (1972), S.543.

- Exodus XXI 22-25, VT 27 (1977), S.352-360. (Exodus XXI 22-25)

LOHFINK,N., Das Hauptgebot. Eine Untersuchung literarischer Einleitungsfragen zu Deuteronomium 5-11, AnBib 20, Rom, 1963. (Hauptgebot)

- Beobachtungen zur Geschichte des Ausdrucks עם יהוה, in: WOLFF,H.W.(Hg), Probleme biblischer Theologie, FS Gerhard von Rad, München 1971, S.275-305.

- Die Sicherung der Wirklichkeit des Gotteswortes durch das Prinzip der Schrift-lichkeit der Tora und durch das Prinzip der Gewaltenteilung nach den Ämter-gesetzen des Buches Deuteronomium (Dt 16,18 - 18,22), FTS 7 (1971), S.143-155.

- "Ich bin Jahwe, dein Arzt" (Ex 15,26). Gott, Gesellschaft und menschliche Gesundheit in einer nachexilischen Pentateuchbearbeitung (Ex 15,25b.26), in:

ders. u.a, "Ich will euer Gott werden". Beispiele biblischen Redens von Gott, SBS 100, Stuttgart, 1981, S.11-73. (Arzt)

- Art. חפשׁי ḥopšî, ThWAT III (1982), Sp.123-128.
- Zur deuteronomischen Zentralisationsformel, Bib 65 (1984), S.297-329. (Zentralisationsformel)

LONG,B.O., Recent Field Studies in Oral Literatur and the Question of *Sitz im Leben*, Semeia 5 (1976), S.35-49.

LORETZ,O., Habiru - Hebräer. Eine sozio-linguistische Studie über die Herkunft des Gentilizismus 'ibrî vom Appelativum habiru, BZAW 160, Berlin, 1984. (Habiru)

LUST,J., Remarks on the Redaction of Amos V 4-6, 14-15*, OTS 21 (1981), S.129-154. (Redaction)

McCARTHY,D.J., Compact and Kingship: Stimuli for Hebrew Covenant Thinking, in: ISHIDA,T.(Hg), Studies in the Period of David and Solomon and Other Essays, Papers Read at the International Symposium for Biblical Studies Tokyo 1979, Tokyo, 1982, S.75-92.

McKAY,J.W., Exodus XXIII 1-3,6-8: A Decalogue for the Administration of Justice in the City Gate, VT 21 (1971), S.311-325. (Exodus XXIII 1-3,6-8)

McKEATING,H., The Development of the Law on Homicide in Ancient Israel, VT 25 (1975), S.46-58.

- Sanctions against Adultery in Ancient Israelite Society. With Some Reflections on Methodology in the Study of Old Testament Ethics, JSOT 11 (1979), S.57-72.
- A Response to Dr Phillips, JSOT 20 (1981), S.25f.

MACKENZIE,R.A.F., The Formal Aspect of Ancient Near Eastern Law, in: McCULLOUGH,W.S. (Hg), The Seed of Wisdom, FS T.J.Meek, Toronto, 1964, S.31-44.

MACHOLZ,G.C., Die Stellung des Königs in der israelitischen Gerichtsverfassung, ZAW 84 (1972), S.152-182.

- Zur Geschichte der Justizorganisation in Juda, ZAW 84 (1972), S.314-340. (Justizorganisation)

MALONEY,R.P., Usury and Restrictions on Interest-Taking in the Ancient Near East, CBQ 36 (1974), S.1-20.

MARGALIT,B., Ugaritic Contributions to Hebrew Lexicography (With Special Reference to the Poem of Aqht), ZAW 99 (1987), S.391-404.

MEIER,W., "...Fremdlinge, die aus Israel gekommen waren...". Eine Notiz in 2 Chronik 30,25f, aus der Sicht der Ausgrabungen im Jüdischen Viertel der Altstadt von Jerusalem, BN 15 (1981), S.40-43. (Fremdlinge)

MEINHOLD,J., Zur Sabbatfrage, ZAW 36 (1916), S.108-110. (Sabbatfrage)

MENDENHALL,G.E., Ancient Oriental and Biblical Law, BA 17/2 (1954), S. 26-46.

- Covenant Forms in Israelite Tradition, BA 17/3 (1954), S.50-76.

MENES,A., Die vorexilischen Gesetze Israels. Im Zusammenhang seiner kulturgeschichtlichen Entwicklung, Vorarbeiten zur Geschichte Israels Heft 1, BZAW 50, Berlin, 1928.

MERENDINO,R.P., Das deuteronomische Gesetz. Eine literarkritische, gattungs- und überlieferungsgeschichtliche Untersuchung zu Dt 12-26, BBB 31, Bonn, 1969.   (Gesetz)
- Dt 27,1-8. Eine literarkritische und überlieferungsgeschichtliche Untersuchung, BZ NF 24 (1980), S.194-207.   (Dt 27,1-8)
MERX,A., Die Bücher Moses und Josua. Eine Einführung für Laien, RV 2. Ser. 3.I-II (1907).   (Moses)
MEYER,R., Hebräische Grammatik
I   Einleitung, Schrift- und Lautlehre, Berlin, [3]1966.
II   Formenlehre, Flexionstabellen, Berlin, [3] 1969.
III   Satzlehre, Berlin, [3]1972. (Grammatik)
MICHAELI,F., Les livres des chroniques, d'Esdras et de Néhémie, CAT XVI Neu- châtel, 1967.
MILGROM,J., The Biblical Diet Laws as an Ethical System, Interp 17 (1963), S.288-301.
- The Legal Terms ŠLM and BR'SW in the Bible, JNES, 35/4 (1976), S.271-273.
MINETTE DE TILLESSE,G., Sections "tu" et sections "vous" dans le Deutéronome, VT 12 (1962), S.29-87.   (Sections)
MITTMANN,S., Deuteronomium 1,1 - 6,3, literarkritisch und traditionsgeschichtlich untersucht, BZAW 139, Berlin, 1975.   (Deuteronomium)
MOLIN,G., Art. Jebus, BHH II (1964), Sp.806.
MORGENSTERN,J., The Book of the Covenant:
      Part 1, HUCA 5 (1928), S.1-151.
      Part 2, HUCA 7 (1930), S.19-258.
      Part 3 - The Huqqim, HUCA 8/9 (1931/32), S.1-150. Suppl. S.741-746.
      Part 4 - The Miṣwôt, HUCA 33 (1962), S.59-105. (Book of the Covenant)
MÜHL,M., Untersuchungen zur altorientalischen und althellenischen Gesetzge- bung, Klio.B XXIX NF Heft 16 (1963), Neudruck der Ausgabe 1933 vermehrt um ein Nachwort der Verfassers zu sumerischen Kodifikationen.
MÜLLER,H.-P., Art. קדש qdš heilig, THAT II ([3]1984), Sp.589-609.
- Art. קהל qāhāl Versammlung, THAT II ([3]1984), Sp.609-619.
MUILENBURG,J., Art. Holiness, IDB II (1962), S.616-625.
NA'AMAN,N., Habiru and Hebrews: The Transfer of the Social Term to the Lite- rary Sphere, JNES 45/4 (1986), S.271-288. (Habiru)
NAMIKI,K., Community and People in the Book of the Covenant, ICUP Asian Cul- tural Studies 11 (1979), S.151-165 (jap).
NEUFELD,E., The Prohibitions against Loans at Interest in Ancient Hebrew Laws, HUCA 26 (1955), S.355-412.   (Loans)
- Insects as Warfare Agents in the Ancient Near East (Ex.23:28; Deut.7:20; Josh.24:12; Isa.7:18-20), Or 49 (1980), S.30-57.
NICHOLSON,E.W., The Decalogue as the Direct Address of God, VT 27 (1977), S. 422-433.   (Decalogue)
- God and His People. Covenant and Theology in the Old Testament, Oxford, 1986.   (God and His People)

NIEHR,H., Rechtsprechung in Israel. Untersuchung zur Geschichte der Gerichtsorganisation im Alten Testament, SBS 130, Stuttgart, 1987.   (Rechtsprechung)
NIELSEN,E., Oral Tradition. A Modern Problem im Old Testament Introduction, SBT, London, 1954.
NORTH,R., Flesh, Covering and Response, Ex.xxi 10, VT 5 (1955), S.204206.
-   The Hivites, Bib 54 (1973), S.43-62.
NOTH,M., Das System der zwölf Stämme Israels, BWANT 4.F 1, Stuttgart, 1930 (Neudruck Darmstadt, 1966).   (System)
-   Die Gesetze im Pentateuch. Ihre Voraussetzungen und ihr Sinn, in: ders. Ges-Stud TB 6, München, ³1966, S.9-141.
-   Überlieferungsgeschichtliche Studien, Tübingen, 1943, ³1957.   (Ü-Studien)
-   Das zweite Buch Mose, Exodus, ATD 5, Göttingen, 1959.
-   Das dritte Buch Mose, Leviticus, ATD 6, Göttingen, 1962.
OSUMI,Y., Brandmal für Brandmal. Eine Erwägung zum Talionsgesetz im Rahmen der Sklavenschutzbestimmungen, in: HARDMEIER,C./ KESSLER,R. (Hg), "Ihr sollt eine Befreiung ausrufen im Land" (Lev 25,10), FS Frank Crüsemann, (unveröff.), 1988, S.73-92.   (Brandmal)
OTTO,E., Das Mazzotfest in Gilgal, BWANT 107 (VI/7), Stuttgart, 1975.   (Mazzotfest)
-   Kultus und Ethos in Jerusalemer Theologie. Ein Beitrag zur theologischen Begründung der Ethik im Alten Testament, ZAW 98 (1986), S.161-179.
-   Sozial- und rechtshistorische Aspekte in der Ausdifferenzierung eines altisraelitischen Ethos aus dem Recht, Osnabrücker Hochschulschriften, FBIII, Bd 9 (1987), S.135-161.   (Aspekte)
-   Rechtssystematik im altbabylonischen "Codex Ešnunna" und im altisraelitischen "Bundesbuch", Eine redaktionsgeschichtliche und rechtsvergleichende Analyse von CE §§ 17; 18; 22-28 und Ex 21,18-32; 22,6-14; 23,1-3.6-8, UF 19 (1987), S.175-197.   (Rechtssystematik)
-   Wandel der Rechtsbegründungen in der Gesellschaftsgeschichte des antiken Israel. Eine Rechtsgeschichte des "Bundesbuches" Ex XX 22 - XXIII 13, SB 3, Leiden, 1988.   (Begründungen)
-   Interdependenzen zwischen Geschichte und Rechtsgeschichte des antiken Israels, Rechtshistorisches Journal 7 (1988), S.347-368.   (Interdependenzen)
-   Die rechtshistorische Entwicklung des Depositenrechts in altorientalischen und altisraelitischen Rechtskorpora, ZSRG.R 105 (1988), S.1-31. (Depositenrecht)
-   Rechtsgeschichte der Redaktionen im Kodex Ešnunna und im «Bundesbuch», Eine redaktionsgeschichtliche und rechtsvergleichende Studie zu altbabylonischen und altisraelitischen Rechtsüberlieferungen, OBO 85, Fribourg/ Göttingen, 1989.   (Rechtsgeschichte)
OTTOSSON,M., Art. גבול, ThWAT I (1973), Sp.896-901.
PATON,L.B., The Original Form of the Book of the Covenant, JBL 12 (1893), S.79-93.   (Original Form)
PATRICK,D., Casuistic Law Governing Primary Rights and Duties, JBL 92 (1973), S.180-184.   (Primary Rights)

- The Covenant Code Source, VT 27 (1977), S.145-157.   (Source)
- I and Thou in the Covenant Code, SBL Sem.Pap. 114-1 (1978), S.71-86.
PAUL,S.M., Exod.21:10. A Threefold Maintenance Clause, JNES 28 (1969), S.48-53.
- Studies in the Book of the Covenant in the Light of Cuneiform and Biblical Law, VT.S 18, Leiden, 1970.   (Studies)
- Unrecognized Biblical Legal Idioms in the Light of Comparative Akkadian Expressions, RB 86 (1979), S.231-239.
PERLITT,L., Bundestheologie im Alten Testament, WMANT 36, Neukirchen-Vluyn, 1969.   (Bundestheologie)
PETSCHOW,H., Zu den Stilformen antiker Gesetze und Rechtsammlungen, ZSRG.R 82 (1965), S.24-38.   (Stilformen)
- Zur Systematik und Gesetzestechnik im Kodex Hammurabi, ZA NF 23 (1965), S.146-172.   (Codex Hammurabi)
- Zur "Systematik" in den Gesetzen von Eschnunna, in: ANKUM.J.A./ FEENSTRA,R./LEEMANS,W.F.(Hg), Symbolae iuridicae et historicae, FS Martino David, Leiden, 1968, S.131-143.   (Eschnunna)
PFEIFFER,R.H., The Transmission of the Book of the Covenant, HThR 24 (1931), S.99-109.
- Introduction to the Old Testament, New York/London, [5]1941.
PHILLIPS,A., Ancient Israel's Criminal Law. A New Approach to the Decalogue, Oxford, 1970.   (Criminal Law)
- Some Aspects of Family Law in Pre-Exilic Israel, VT 23 (1973), S.349-361.
- Another Look at Murder, JJS 28/2 (1977), S.105-126.
- Another Look at Adultery, JSOT 20 (1981), S.3-25.
- A response to Dr McKeating, JSOT 22 (1982), S.142f.
- Prophecy and Law, in: COGGINS,R./PHILLIPS,A./ KNIBB,M.(Hg), Israel's Prophetic Tradition, FS Peter R.Ackroyd, Cambridge, 1982, S.217232.   (Prophecy)
- The Decalogue - Ancient Israel's Criminal Law, JJS 34 (1983), S.1-20.
- The Laws of Slavery: Exodus 21,2-11, JSOT 30 (1984), S.51-66.
- A Fresh Look at the Sinai Pericope:
  Part 1, VT 34/1 (1984), S.39-52.
  Part 2, VT 34/3 (1984), S.282-294.   (A Fresh Look)
PITARD,W.T., Amarna ekēmu and Hebrew nāqam, Maarav 3/1 (1982), S.5-25.
VAN DER PLOEG,J., Studies in Hebrew Law:
  I.   The Terms, CBQ 12 (1950), S.248-259.
  II.   The Style of the Laws, CBQ 12 (1950), S.416-427.
  III. Systematic Analysis of the Contents of the Collections of Laws in the Pentateuch, CBQ 13 (1951), S.28-42.
  IV.   The Religious Character of the Legislation, CBQ 13 (1951), S.164-171.
  V.   Varia. Conclusion, CBQ 13 (1951), S.296-307.
PLOEGER,O., Sprüche Salomos (Proverbia), BK XVII, Neukirchen-Vluyn, 1984.
PONS,J., L'oppression dans l'Ancien Textament, Paris, 1981.(L'oppression)
PREMNATH,D.N., Latifundialization and Isaiah 5.8-10, JSOT 40 (1988), S.49-60.   (Latifundialization)

PREUSS,H.D., Verspottung fremder Religionen im Alten Testament, BWANT 92 (5F 12), Stuttgart, 1971.

PRIEST,J.E., Governmental and Judicial Ethics in the Bible and Rabbinic Literatur, New York, 1980.

QUELL,G., Art. αμαρταιω αμαρτημα αμαρτια, A. Die Sünde im AT, ThWNT I (1933), S.267-288.

RABINOWITZ,J.J., Exodus XXII 4 and the Septuagint Version Thereof, VT 9 (1959), S.40-46. (Exodus XXII 4)

RAD,G. VON, Deuteronomium-Studien, in: ders. GesStud II TB 48, München, 1973, S.109-153.   (Deuteronomium-Studien)
-   Der Heilige Krieg im alten Israel, AThANT 20, Zürich, 1951.
-   Theologie des Alten Testaments:
    I   Die Theologie der geschichtlichen Überlieferungen Israels, München, ⁴1962.
    II Die Theologie der prophetischen Überlieferungen Israels, München, ⁴1965.   (Theologie)
-   Das fünfte Buch Mose, Deuteronomium, ATD 8, Göttingen, 1964.

RAMSEY,G.W., Speech-Forms in Hebrew Law and Prophetic Oracles, JBL 96 (1977), S.45-58.

REICHERT,A., Art. Altar, BRL (²1977), S.5-10.   (BRL²)

RENDTORFF,R., Studien zur Geschichte des Opfers im Alten Israel, WMANT 24, Neukirchen-Vluyn, 1967.

REVENTLOW,H. GRAF, Das Heiligkeitsgesetz, formgeschichtlich untersucht, WMANT 6, Neukirchen-Vluyn, 1961.   (Heiligkeitsgesetz)
-   Kultisches Recht im Alten Testament, ZThK 60 (1963), S.267-304.

REVIV,H., The Traditions Concerning the Inception of the Legal System in Israel: Significance and Dating, ZAW 94 (1982), S.566-575.

RICHTER,W., Traditionsgeschichtliche Untersuchungen zum Richterbuch, BBB 18, Bonn, 1963.   (Richterbuch)
-   Recht und Ethos. Versuch einer Ortung des weisheitlichen Mahnspruches, StANT 15, München, 1966.   (Recht und Ethos)
-   Exegese als Literaturwissenschaft. Entwurf einer alttestamentlichen Literatur-theorie und Methodologie, Göttingen, 1971.   (Exegese)
-   Grundlagen einer althebräischen Grammatik. Arbeiten zu Text und Sprache im Alten Testament:
    1. A Grundfragen einer sprachwissenschaftlichen Grammatik, B Die Beschreibungsebenen, I Das Wort, St.Ottilien, 1978.
    2. B II Die Wortfügung (Morphosyntax), St.Ottilien, 1979.
    3. B III Der Satz (Satztheorie), St.Ottilien, 1980.   (Grammatik)

RINGGREN,H., Art. אח, ThWAT I (1973), Sp.205-210.
-   Art. בער ThWAT I (1973), Sp.727-731.

RINGGREN,H./RÜTERSWÖRDEN,U./SIMIAN-YOFRE,H., Art. עבד 'abad, ThWAT V (1986), Sp.982-1012.

ROBERTS,J.J.M., Zion in the Theology of the Davidic-Solomonic Empire, in: ISHIDA,T.(Hg), Studies in the Period of David and Solomon and Other

Essays, Papers Read at the International Symposium for Biblical Studies, Tokyo 1979, Tokyo, 1982, S.93-108. (Zion)

ROBERTSON,E., The Altar of Earth (Exodus xx,24-26), JJS 1 (1948/9), S.1221.

ROBINSON,A., Process Analysis Applied to the Early Traditions of Israel: A Preliminary Essay, ZAW 94 (1982), S.549-566.

ROBINSON,G., The Origin and Development of the Old Testament Sabbath. A Comprehensive Exegetical Approach, Diss.Hamburg, 1975. (Sabbath)

RÖSSLER,O., Verbalbau und Verbalreflexion in den Semitohamitischen Sprachen. Vorstudien zu einer vergleichenden Semitohamitischen Grammatik, ZDMG 100 (1950), S.461-514.

- Die Präfixkonjugation Qal der Verba I^{ae} Nûn im Althebräischen und das Problem der sogenannten Tempora, ZAW 74 (1962), S.125-141. (Präfixkonjugation)

ROFE,A., Family and Sex Laws in Deuteronomy and the Book of Covenant, BetM Vol.1 (68), 1976, S.19-36, Engl.Summ. S.156.155. (Family and Sex Laws)

- The History of the Cities of Refuge in Biblical Law, in: JAPHET,S.(Hg), Studies in Bible 1986, ScrHie 31 (1986), S.205-239.

ROST,L., Das Bundesbuch, ZAW 77 (1965), S.255-259.

RUDOLF,W., Chronikbücher, HAT I/21, Tübingen, 1955.

- Haggai - Sacharja 1-8 - Sacharja 9-14 - Maleachi, KAT XIII/4, Gütersloh, 1976.

RYLAARSDAM,J.C., The Book of Exodus, IntB, New York, 1952.

SANDERSOND,J.E., An Exodus Scroll from Qumran 4Q paleo Exod^m and the Samaritan Tradition, Atlanta, 1986. (Scroll)

SAN NICOLO,M., Art. Blutrache, RLA II (1938), S.57f.

- Art. Brandstiftung, RLA II (1938), S.61.

SARNA,N., Zedekiah's Emancipation of Slaves and the Sabbatical Year, AOAT 22 (1973), S.143-149.

SAUER,G., Art. Grenze, BHH I (1962), Sp.608.

- Art. Pherisiter, BHH III (1966), Sp.1450.

SEELIGMANN,I.L., Zur Terminologie für das Gerichtsverfahren im Wortschatz des biblischen Hebräisch, VT.S 16 (1967), S.251-278.

SEGERT,S., Form and Function of Ancient Israelite, Greek and Roman Legal Sentences, AOAT 22 (1973), S.161-165.

- Genres of Ancient Israelite Legal Sentences: 1934 and 1974, WZKM 68 (1976), S.131-142.

SEITZ,G., Redaktionsgeschichtliche Studien zum Deuteronomium, BWANT 93 (V/13), Stuttgart, 1971. (Deuteronomium)

SELLIN,E./FOHRER,G., Einleitung in das Alte Testament, Heidelberg, ^{12}1979. (Einleitung)

SELMS,A. VAN, The Goring Ox in Babylonian and Biblical Law, ArOr 18 (1950), S.321-330.

SETERS,J. VAN, The Terms "Amorite" and "Hitite" in the Old Testament, VT 22 (1972), S.64-81.

SEYBOLD,K., Das Gebet des Kranken im Alten Testament. Untersuchungen zur

Bestimmung und Zuordnung der Krankheits- und Heilungspsalmen, BWANT 99, Stuttgart, 1973.

SILVERMAN,M.H., Syntactic Notes on the Waw Consecutive, AOAT 22 (1973), S.167-175.

SMEND,R., Das Gesetz und die Völker. Ein Beitrag zur deuteronomistischen Redaktionsgeschichte, in: WOLFF,H.W.(Hg), Probleme biblischer Theologie, FS Gerhard von Rad, München, 1971, S.494-509.
- Die Entstehung des Alten Testaments, ThW 1, Stuttgart, [3]1984.(Entstehung)
- Art. Altar 1. im AT, BHH I (1962), Sp.63-65.

SMITH,M., Palestinian Parties and Politics that Shaped the Old Testament, New York/London, 1971.
- East Mediteranian Law Code of the Early Iron Age, ErIs 14 (1978), S.38*-43*.

SNAITH,N., Exodus 23:18 and 34:25, JThS NS 20 (1969), S.533f.

SODEN,W. VON, Zum hebräischen Wörterbuch, UF 13 (1981), S.157-164. (Zum Wörterbuch)
- LORETZ,O., Habiru (Buchbesprechungen), UF 16 (1984), S.364-368 (Habiru)

SOGGIN,J.A., Le livre des Juges, CAT Vb, Neuchâtel, 1987.

SÖLLNER,A., Einführung in die römische Rechtsgeschichte, 3.Aufl. von "Römische Rechtsgeschichte (Freiburg, 1971), München, 1984(1985?).

SONSINO,R., Motive Clauses in Hebrew Law. Biblical Forms and Near Eastern Parallels, SBLDS 45, Ann Arbor, 1980. (Motive Clauses)

SPIECKERMANN,H., Juda unter Assur in der Sargonidenzeit, FRLANT 129, Göttingen, 1982. (Juda unter Assur)

SPINA,F.A., Israelite as gerîm, 'Sojouners', in Social and Historical Context, in: MEYERS,C.L./O'CONNER,M.(Hg), The Word of the Lord Shall Go Forth, FS David Noel Freedman, Winona Lake, 1983, S.321-335.

STAMM,J.J., Sprachliche Erwägungen zum Gebot Du sollst nicht töten, ThZ 1 (1945), S.81-90.
- Zum Altargesetz im Bundesbuch, ThZ 1 (1945), S.304-306.
- Dreißig Jahre Dekalogforschung, ThR NF 27 (1961), S.189-239.281-305.

STEUERNAGEL,C., Deuteronomium und Josua. und Allgemeine Einleitung in den Hexateuch, HK I/3, Göttingen, 1900. (HK[1])
- Lehrbuch der Einleitung in das Alte Testament mit einem Anhang über die Apokryphen und Pseudepigraphen, Tübingen, 1912. (Einleitung)

STOLZ,F., Jahwes und Israels Kriege. Kriegstheorien und Kriegsverfahrungen im Glauben des Alten Israel, AThANT 60, Zürich, 1972.

STRACK,H., Die Bücher Genesis, Exodus, Leviticus und Nummeri, KK AI, München, 1894.

STROBEL,A., Art. Maße und Gewichte, BHH II (1964), Sp.1159-1169.

STRÖMHOLM,S., Allgemeine Rechtslehre, UTB 619, Tübingen, 1976.(Rechtslehre)

SUZUKI,Y., The Numeruswechsel in Deuteronomy, Diss Claremont, 1982. (Numeruswechsel)

SCHÄFER-LICHTENBERGER,C., Stadt und Eidgenossenschaft im Alten Testament. Eine Auseinandersetzung mit Max Webers Studie Das antike Judentum, BZAW 156, Berlin, 1983.   (Stadt)
- Exodus 18 - Zur Begründung der königlichen Gerichtsbarkeit in Israel-Juda, DBAT 21 (1985), S.61-85.
SCHARBERT,J., Jahwe im frühisraelitischen Recht, in: HAAG,E.(Hg), Gott, der einzige, Zur Entstehung des Monotheismus in Israel, Freiburg im Breisgau/ Basel/Wien, 1985, S.160-183.
- Art. ברך, ThWAT I (1973), Sp.808-841.
SCHENKER,A., kōper et expiation, Bib 63 (1982), S.32-46.
SCHMIDT,W.H., Die deuteronomistische Redaktion des Amosbuches. Zu den theologischen Unterschieden zwischen dem Prophetenwort und seinem Sammler, ZAW 77 (1965), S.168-193.
- Einführung in das Alte Testament, Berlin/New York, 21982.
SCHMIDT,W.H./ BERGMAN,J./ LUTZMANN,H.S./ BERGMAN,J./ LUTZMANN,H./ SCHMIDT,W.H./ SCHMITT,G., Du sollst keinen Frieden schließen mit den Bewohnern des Landes. Die Weisungen gegen die Kanaanäer in Israels Geschichte und Geschichtsschreibung, BWANT 91 (V/11), Stuttgart, 1970.   (Keinen Frieden)
- Ex 21,18f und das rabbinische Recht, Theok 2 (1970-72), S.7-15.   (Ex 21,18f)
- Der Ursprung des Levitentums, ZAW 94 (1982), S.575-599.
SCHMÖKEL,H., Biblische "Du sollst"-Gebote und ihr historischer Ort, ZSRG.K. 36 (1950), S.365-390.
SCHÖNFELDER,H., Deutsche Gesetze. Sammlung des Zivil-, Straf- und Verfahrenrechts, 14-67.Aufl., München, 1987.   (Deutsche Gesetze)
SCHOTTROFF,W., 'Gedenken' im Alten Orient und im Alten Testament. Die Wurzel zākar im semitischen Sprachkreis, WMANT 15, Neukirchen-Vluyn, 1964.   (Gedenken)
- Der altisraelitische Fluchspruch, WMANT 30, Neukirchen-Vluyn, 1969.   (Fluchspruch)
- Zum alttestamentlichen Recht, VF 22/1 (1977), S.3-29.
SCHROER,S., In Israel gab es Bilder. Nachrichten von darstellender Kunst im Alten Testament, OBO 74, Fribourg/Göttingen, 1987.   (Bilder)
SCHULZ,H., Das Todesrecht im Alten Testament. Studien zur Rechtsform der Mot-Jumat-Sätze, BZAW 114, Berlin, 1969.   (Todesrecht)
- Leviten im vorstaatlichen Israel und im mittleren Osten, München, 1987.
SCHWIENHORST,L., Art. נגע nāgaʿ, ThWAT V (1986), Sp.219-226.
TANGBERG,K.A., Die Bewertung des ungeborenen Lebens im Alten Israel und im Alten Orient, SJOT 1 (1987), S.51-65.
TATE,M.E., The Legal Tradition of the Book of Exodus, RExp 74/4 (1977), S.483-509.
THIEL,W., Die deuteronomistische Redaktion von Jeremia 1-25, WMANT 41, Neukirchen-Vluyn, 1973.   (Jeremia 1-25)
- Die deuteronomistische Redaktion von Jeremia 26-45. Mit einer Gesamtbeur-

teilung der deuteronomistischen Redaktion des Buches Jeremia, WMANT 52, Neukirchen-Vluyn, 1981.

- Die soziale Entwicklung Israels in vorstaatlicher Zeit, Neukirchen-Vluyn, ²1985.

TOV,E., The Text-Critical Use of the Septuagint in Biblical Research, Jerusalem, 1981. (Text-Critical Use)

TROMP,N.J., Amos V 1-17, Towards a Stylistic and Rhetorical Analysis, OTS 23 (1984), S.56-84.

VANNOY,J.R., The Use of the Word hā'ᵉlōhîm in Exodus 21:6 and 22:7,8, in: SKILTON,J.H.(Hg), The Law and the Prophets, FS Oswald Thompson Allis, Nutley, 1974, S.225-241.

VAUX,R.DE, Das Alte Testament und seine Lebensordnungen, I (Dt.Transl. HOLLERBACH,L.), II (Dt.Transl. SCHÜTZ,U.), Freiburg im Breisgau, 1960. (Lebensordnungen)

VEIJOLA,T., Verheißung in der Krise. Studien zur Literatur und Theologie der Exilszeit anhand des 89.Psalms, AASF Ser.B 220, Helsinki, 1982. (Verheißung)

VERMEYLEN,J., Du Prophète Isaie à l'Apocalyptique, Isaie, I-XXXV, miroir d'un demi-miliénaire d'expérience religieuse en Israel, Paris, I, 1977, II, 1978. (Isaie)

VESCO,F.J.-L., Amos de Teqoa, Défenseur de l'homme, RB 87 (1980), S.481-513. (Amos)

WAARD,J.DE, The Chiastic Structure of Amos V 1-17, VT 27 (1977), S.170-177. (Chiastic Structure)

WAGNER,S., Art. טרף tārap, ThWAT III (1982), Sp.375-383.

WAGNER,V., Zur Systematik in dem Codex Ex 21,2-22,16, ZAW 81 (1961), S. 176-182. (Systematik)

- Rechtssätze in gebundener Sprache und Rechtssatzreihen im israelitischen Recht. Ein Beitrag zur Gattungsforschung, BZAW 127, Berlin, 1972. (Rechtssätze)

WALDOW,H.E. VON, Social Responsibility and Social Structure in Early Israel. Social Responsibility in the Older OT Law Tradition, CBQ 32 (1970), S.182-204.

WALKENHORST,K.-H., Der Sinai im liturgischen Verständnis der deuteronomistischen und priesterlichen Tradition, BBB 33, Bonn, 1969.

WAMBACQ,B.N., Les Maṣṣôt, Bib 61 (1980), S.31-54.

WANKE,G., Art. "Bundesbuch", TRE VII (1981), S.412-415.

WARD,E.F.DE, Superstition and Judgement: Archaic Methods of Finding a Verdict, ZAW 89 (1977), S.1-19.

WEINFELD,M., Deuteronomy and the Deuteronomic School, Oxford, 1972.

- The Origin of the Apodictic Law. An Overlooked Source, VT 23 (1973), S. 63-75.

- The Term Šoter, Its Meaning and Functions, BetM Vol.71 (4), 1977, S.417-420, Engl.Summ. S.530.

- 'Justice and Righteousness' in Ancient Israel against the Background of "Social Reforms" in the Ancient Near East, in: NISSEN,H.-J./RENGER,J.(Hg), Mesopotamien und seine Nachbarn; politische und kulturelle Wechselbeziehungen im Alten Vorderasien vom 4. bis 1. Jahrtausend v.Chr. Teil 2, BBVO 1 (1982), S.491-519(520?).

- The Extent of the Promised Land - the Status of Transjordan, in: STREK-KER,G.(Hg), Das Land Israel in biblischer Zeit, Jerusalem-Symposium 1981, GTA 25 (1983), S.59-75.

WEIPPERT,H., Art. Gewicht, BRL (^{2}1977), S.93f. (BRL^2)

WEISS,M., The Bible From Within. The Method of Total Interpretation, Jerusalem, 1984. (From Within)

WELLHAUSEN,J., Die Composition des Hexateuchs und der historischen Bücher des Alten Testaments, Berlin, ^{3}1899.

WELTEN,P., Geschichte und Geschichtsdarstellung in den Chronikbüchern, WMANT 42, Neukirchen-Vluyn, 1973. (Geschichte)

WENHAM,G.J., Legal Forms in the Book of the Covenant, TynB 22 (1971), S. 95-102.

- B^{e}tûlah 'A Girl of Marriageable Age', VT 22 (1972), S.326-348.

- Leviticus 27,2-8 and the Price of Slaves, ZAW 90 (1978), S.264f. (Price of Slaves)

WESTBROOK,R., Biblical and Cuneiform Law Codes, RB 92 (1985), S.247-264. (Law Codes)

- Lex Talionis and Exodus 21,22-25, RB 93 (1986), S.52-69. (Lex Talionis)

WESTERMANN,C., Genesis 2.Teilband, Genesis 12-36, BK I/2, Neukirchen-Vluyn, 1981.

WETTE,W.M.L. DE, Kritik der israelitischen Geschichte, in: ders, Beiträge zur Einleitung in das Alte Testament I-II, Halle a/S, 1806/7, Repro.Darmstadt, 1971. (Beiträge)

- Lehrbuch der historisch-kritischen Einleitung in die kanonischen und apokryphen Bücher des Alten Testaments, sowie in die Bibelsammlung überhaupt, Neu Bearbeitet von SCHRODER,E., Berlin, ^{8}1869. (Lehrbuch)

WHITELAM,H.W., The Just King. Monarchical Judicial Authority in Ancient Israel, JSOT Suppl. 12, Sheffield, 1979.

WHITLEY,C.F., Covenant and Commandment in Israel, JNES 22 (1963), S.37-48.

WILDBERGER,H., Jesaja 1. Teilband, Jesaja 1-12, BK X/1 (^{2}1980).

2. Teilband, Jesaja 13-27, BK X/2 (1978).

3. Teilband, Jesaja 28-39. Das Buch, der Prophet und seine Botschaft, BK X/3 (1982), Neukirchen-Vluyn.

WILLI,T., Thora in den biblischen Chronikbüchern, Jud 36 (1980), S.102-105.148-151.

WILLIAMS,J.G., Concerning One of the Apodictic Formulas, VT 14 (1964), S.484-489.

- Addenda to "Concerning One of the Apodictic Formulas", VT 15 (1965), S. 113-115.

WILLIAMSON,H.G.M., 1 and 2 Chronicles, NCeB, Grand Rapids/London, 1982.

WILLIS,J.T., Ethics in a Cultic Setting, in: CRENSHAW,J.L./WILLIS,J.T.(Hg), Essays in Old Testament Ethics, New York, 1974, S.145-169.

WILMS,F.-E., Das Jahwistische Bundesbuch in Exodus 34, StANT 32, München, 1973. (J-Bundesbuch)
WILSON,R.R., Israel's Judicial System in the Preexilic Period, JQR 74 (1983), S.229-248.
- Enforcing the Covenant: The Mechanisms of Judicial Authority in Early Israel, in: HUFFMON,H.B./SPINA,F.A./GREEN,A.R.W.(Hg), The Quest for the Kingdom of God, FS George E.Mendenhall, Winona Lake, 1983, S.59-75.
WOLFF,H.W., Amos' geistige Heimat, WMANT 18, Neukirchen-Vluyn, 1964. (Amos' Heimat)
- Anthropologie des Alten Testaments, München, 41984.
- Dodekapropheton 2 Joel und Amos, BK XIV/2, Neukirchen-Vluyn, 31985.
YADIN,Y., Beer-sheba: The High Place Destroyed by King Josiah, BASOR 222 (1976), S.5-17. (Beer-sheba)
YADIN,R., Biblical Law: Prolegomena, in: JACKSON,B.S.(Hg), Jewish Law in Legal History and the Modern World (Suppl. to the Jewish Law Annual), Leiden, 1980, S.27-44.
ZENGER,E., Die Sinaitheophanie. Untersuchungen zum jahwistischen und elohistischen Geschichtswerk, FzB, Würzburg, 1971. (Sinaitheophanie)
ZIMMERLI,W., Das Gesetz im Alten Testament, ThLZ 85/7 (1960), Sp.481-498.
- Ezechiel 1.Teilband, Ezechiel 1-24, BK XIII/1, Neukirchen-Vluyn, 21978.

Stellenregister

Folgende Stellenangaben bleiben unberücksichtigt:
(1) Das Bundesbuch Ex 20,22(b) - 23,33 als Ganzes,
(2) die "משפטים" Ex 21,1 - 22,16(19) als Einheit in Kap.III,
(3) die Stellen unter 1. 2. 2 (1)-(8), 3. 2. 1. 1 und in den Kapiteln "Ergebnis" und "Übersetzung" sowie in denjenigen Tabellen, in denen alle Verse des Bundesbuches, des Mischpatim- oder des Weisungsteiles aufgeführt wurden,
(4) diejenigen Stellen, die lediglich in Form von Konkordanzarbeit für die Untersuchung von Wortbedeutungen beigezogen wurden, ohne selbst näher analysiert zu werden (siehe bes. Kap.IV Anm.57.98.99.108, Kap.V Anm.120.121. 132),
(5) diejenigen Stellen, die nur erwähnt, aber nicht näher erörtert wurden, z.B. Ex 24,3.7 auf S.15.

Genesis

4,23	117
9,3ff	8
31,36	205
31,39	125
42,4	113
42,38	113
44,29	113
49,5.6	36
50,17	205

Exodus

3,15	195
10,8	207
12ff	77
12,14-24	44
12,25	38, 44ff
13	77
13,2	45
13,5	38, 44ff
13,6-10	44
13,11f	38, 45
13,12f	45, 60
13,12a	45
13,12b	45
13,13	45, 58
19 - 24	159, 192
19,3b-8	186, 187, 192, 195, 211, 220
19,3b-4	185ff, 192
19,3b	186, 188
19,4	160, 186, 188
19,6f	186
19,6	201
19,6a	186f
19,6b	186
19,7	189
19,7b	186
20,1-17	15
20,4	72
20,5	41
20,18	188
20,22 - 23,19	17, 68

Deuteronomium

2,24.30	216
3,2f	216
4 - 5	188, 190, 211
4	191f
4,11f	191
4,15ff	188
4,15	191
4,16ff	191
4,24	41
4,33	191
4,36	188, 190, 211
4,44	189
5 - 11	39, 44f
5	39, 191
5,1aγ-5	40
5,4	191
5,6	197
5,8	72
5,9	41
5,14f	197
5,22ff	191
6,4-9*	40, 200
6,9	162ff
6,10ff	38
6,(10)12-19	41
6,10f	41
6,10	45
6,12	41
6,13	41, 207
6,14	41
6,15	41
6,16	41
6,17	41
6,17b	41
7,1ff	38, 46f, 65
7,1-2(a)	215f
7,1	45ff, 209
7,2	46, 75
7,2b	68, 216
7,2bβ	47
7,3-5	215
7,3	215
7,4	32f, 215

7,5	47, 73-75, 159
7,6	201
7,8	209
7,11	209
7,13-15	215
7,13	214f
7,14f	214
7,14	215
7,16(17)-24	215f
7,16	215f
7,16a	215
7,16b	215
7,18f	215f
7,20	215f
7,21	216
7,22	216
7,23f	209
7,23	216
7,24	216
7,25f	215
7,25	215
8	42
8,7ff	38
8,7-10	43
8,7	45
8,8f	214
9	39
10,17-19	196
10,17f	196
10,19	196
11,10-12(17)	41-43
11,17	32f
11,24	216
11,29f	38
11,29	45
11,31f	38, 44f
11,31	45
12 - 26	40, 45, 196
12,1-12	40f
12,1γ	41
12,9bβ	41
12,13-28	202
12,24	202
12,29ff	38, 45f
12,30	46

14,2	201	23,10-15	199
14,21	201	23,16	199
14,29	197	23,18f	199
15,1	163	23,20f	199, 211
15,2	55	23,22-24	199
15,9	163	23,25f	199
15,12-18	162f	24,10f	55
16,2f	203	24,17-22	197, 211
16,8	203	24,18	!97
16,11	197	24,22	197
16,14	197	26,11	197
16,18	143	26,12	197
17,8-13	141f, 178	26,13	197
17,8-12	143	26,19	201
17,8	142, 143, 149,	27,2ff	38, 45, 47
	219	27,1-8	47
17,10	143	27,5f	161
18,9ff	38, 44f	27,14-26	198
18,9	44ff	28,9	201
18,10f	44f	29,26	32
18.10-12a	45	31,17	32f
18,12ff	44		
18,12b	45		
18,14-22	160	Josua	
19,1ff	38, 45f		
19,16-21	118	6,2	216
19,19a	118	8,1.7.18	216
19,21	118	8,31	160f
19,21b	118f	10 - 19	158f
21,1-9	143	10,8.19.30.32	216
21,5	143	23,16	32f
21,10-14	99	24,8.11	209
21,10-13	99	24,19	204, 206
21,14	99		
22,9	58		
22,13-21	99	Judices	
22,13-19	99		
22,13f	99	1	157f
22,20f	99	1,1	158
22,22-29	139	2,1-5	157f, 160
22,23-26	99	2,1b-3	157
22,28f	139	2,1a	157
23	199	2,1b	159
23,2-9	199	2,2aβ	159
23,8	196	2,2ba	158

Moderne Rechtstexte

Ehegesetz (BRD)

Personenstandsgesetz

ORBIS BIBLICUS ET ORIENTALIS

Bd. 33 OTHMAR KEEL: *Das Böcklein in der Milch seiner Mutter und Verwandtes*. Im Lichte eines altorientalischen Bildmotivs. 163 Seiten, 141 Abbildungen. 1980.

Bd. 34 PIERRE AUFFRET: *Hymnes d'Egypte et d'Israël*. Etudes de structures littéraires. 316 pages, 1 illustration. 1981.

Bd. 35 ARIE VAN DER KOOIJ: *Die alten Textzeugen des Jesajabuches*. Ein Beitrag zur Textgeschichte des Alten Testaments. 388 Seiten. 1981.

Bd. 36 CARMEL McCARTHY: *The Tiqqune Sopherim and Other Theological Corrections in the Masoretic Text of the Old Testament*. 280 Seiten. 1981.

Bd. 37 BARBARA L. BEGELSBACHER-FISCHER: *Untersuchungen zur Götterwelt des Alten Reiches im Spiegel der Privatgräber der IV. und V. Dynastie*. 336 Seiten. 1981.

Bd. 38 MÉLANGES DOMINIQUE BARTHÉLEMY. *Etudes bibliques offertes à l'occasion de son 60ᵉ anniversaire*. Edités par Pierre Casetti, Othmar Keel et Adrian Schenker. 724 pages, 31 illustrations. 1981.

Bd. 39 ANDRÉ LEMAIRE: *Les écoles et la formation de la Bible dans l'ancien Israël*. 142 pages, 14 illustrations. 1981.

Bd. 40 JOSEPH HENNINGER: *Arabica Sacra*. Aufsätze zur Religionsgeschichte Arabiens und seiner Randgebiete. Contributions à l'histoire religieuse de l'Arabie et de ses régions limitrophes. 347 Seiten. 1981.

Bd. 41 DANIEL VON ALLMEN: *La famille de Dieu*. La symbolique familiale dans le paulinisme. LXVII–330 pages, 27 planches. 1981.

Bd. 42 ADRIAN SCHENKER: *Der Mächtige im Schmelzofen des Mitleids*. Eine Interpretation von 2 Sam 24. 92 Seiten. 1982.

Bd. 43 PAUL DESELAERS: *Das Buch Tobit*. Studien zu seiner Entstehung, Komposition und Theologie. 532 Seiten + Übersetzung 16 Seiten. 1982.

Bd. 44 PIERRE CASETTI: *Gibt es ein Leben vor dem Tod?* Eine Auslegung von Psalm 49. 315 Seiten. 1982.

Bd. 45 FRANK-LOTHAR HOSSFELD: *Der Dekalog*. Seine späten Fassungen, die originale Komposition und seine Vorstufen. 308 Seiten. 1982. Vergriffen.

Bd. 46 ERIK HORNUNG: *Der ägyptische Mythos von der Himmelskuh*. Eine Ätiologie des Unvollkommenen. Unter Mitarbeit von Andreas Brodbeck, Hermann Schlögl und Elisabeth Staehelin und mit einem Beitrag von Gerhard Fecht. XII–129 Seiten, 10 Abbildungen. 1991. 2. ergänzte Auflage.

Bd. 47 PIERRE CHERIX: *Le Concept de Notre Grande Puissance (CG VI, 4)*. Texte, remarques philologiques, traduction et notes. XIV–95 pages. 1982.

Bd. 48 JAN ASSMANN/WALTER BURKERT/FRITZ STOLZ: *Funktionen und Leistungen des Mythos*. Drei altorientalische Beispiele. 118 Seiten, 17 Abbildungen. 1982. Vergriffen.

Bd. 49 PIERRE AUFFRET: *La sagesse a bâti sa maison*. Etudes de structures littéraires dans l'Ancien Testament et spécialement dans les psaumes. 580 pages. 1982.

Bd. 50/1 DOMINIQUE BARTHÉLEMY: *Critique textuelle de l'Ancien Testament*. 1. Josué, Juges, Ruth, Samuel, Rois, Chroniques, Esdras, Néhémie, Esther. Rapport final du Comité pour l'analyse textuelle de l'Ancien Testament hébreu institué par l'Alliance Biblique Universelle, établi en coopération avec Alexander R. Hulst †, Norbert Lohfink, William D. McHardy, H. Peter Rüger, coéditeur, James A. Sanders, coéditeur. 812 pages. 1982.

Bd. 69   RAPHAEL VENTURA: *Living in a City of the Dead*. A Selection of Topographical and Administrative Terms in the Documents of the Theban Necropolis. XII–232 Seiten. 1986.

Bd. 70   CLEMENS LOCHER: *Die Ehre einer Frau in Israel*. Exegetische und rechtsvergleichende Studien zu Dtn 22, 13–21. XVIII–464 Seiten. 1986.

Bd. 71   HANS-PETER MATHYS: *Liebe deinen Nächsten wie dich selbst*. Untersuchungen zum alttestamentlichen Gebot der Nächstenliebe (Lev 19,18). XIV–196 Seiten. 1986. Vergriffen. Neuauflage in Vorbereitung.

Bd. 72   FRIEDRICH ABITZ: *Ramses III. in den Gräbern seiner Söhne*. 156 Seiten, 31 Abbildungen. 1986.

Bd. 73   DOMINIQUE BARTHÉLEMY/DAVID W. GOODING/JOHAN LUST/EMANUEL TOV: *The Story of David and Goliath*. 160 Seiten. 1986.

Bd. 74   SILVIA SCHROER: *In Israel gab es Bilder*. Nachrichten von darstellender Kunst im Alten Testament. XVI–553 Seiten, 146 Abbildungen. 1987.

Bd. 75   ALAN R. SCHULMAN: *Ceremonial Execution and Public Rewards*. Some Historical Scenes on New Kingdom Private Stelae. 296 Seiten, 41 Abbildungen. 1987.

Bd. 76   JOŽE KRAŠOVEC: *La justice (Ṣdq) de Dieu dans la Bible hébraïque et l'interprétation juive et chrétienne*. 456 pages. 1988.

Bd. 77   HELMUT UTZSCHNEIDER: *Das Heiligtum und das Gesetz*. Studien zur Bedeutung der sinaitischen Heiligtumstexte (Ez 25–40; Lev 8–9). XIV–326 Seiten. 1988.

Bd. 78   BERNARD GOSSE: *Isaïe 13,1-14,23*. Dans la tradition littéraire du livre d'Isaïe et dans la tradition des oracles contre les nations. 308 pages. 1988.

Bd. 79   INKE W. SCHUMACHER: *Der Gott Sopdu - Der Herr der Fremdländer*. XVI–364 Seiten, 6 Abbildungen. 1988.

Bd. 80   HELLMUT BRUNNER: *Das hörende Herz*. Kleine Schriften zur Religions- und Geistesgeschichte Ägyptens. Herausgegeben von Wolfgang Röllig. 449 Seiten, 55 Abbildungen. 1988.

Bd. 81   WALTER BEYERLIN: *Bleilot, Brecheisen oder was sonst?* Revision einer Amos-Vision. 68 Seiten. 1988.

Bd. 82   MANFRED HUTTER: *Behexung, Entsühnung und Heilung*. Das Ritual der Tunnawiya für ein Königspaar aus mittelhethitischer Zeit (KBo XXI 1 – KUB IX 34 – KBo XXI 6). 186 Seiten. 1988.

Bd. 83   RAPHAEL GIVEON: *Scarabs from Recent Excavations in Israel*. 114 Seiten, 9 Tafeln. 1988.

Bd. 84   MIRIAM LICHTHEIM: *Ancient Egyptian Autobiographies chiefly of the Middle Kingdom*. A Study and an Anthology. 200 Seiten, 10 Seiten Abbildungen. 1988.

Bd. 85   ECKART OTTO: *Rechtsgeschichte der Redaktionen im Kodex Ešnunna und im « Bundesbuch »*. Eine redaktionsgeschichtliche und rechtsvergleichende Studie zu altbabylonischen und altisraelitischen Rechtsüberlieferungen. 220 Seiten. 1989.

Bd. 86   ANDRZEJ NIWIŃSKI: *Studies on the Illustrated Theban Funerary Papyri of the 11th and 10th Centuries B.C.* 488 Seiten, 80 Seiten Tafeln. 1989.

Bd. 87   URSULA SEIDL: *Die babylonischen Kudurru-Reliefs*. Symbole mesopotamischer Gottheiten. 236 Seiten, 33 Tafeln und 2 Tabellen. 1989.

Bd. 88   OTHMAR KEEL/HILDI KEEL-LEU/SILVIA SCHROER: *Studien zu den Stempelsiegeln aus Palästina/Israel*. Band II. 364 Seiten, 652 Abbildungen. 1989.

Bd. 89   FRIEDRICH ABITZ: *Baugeschichte und Dekoration des Grabes Ramses' VI*. 202 Seiten, 39 Abbildungen. 1989.

Bd. 90   JOSEPH HENNINGER SVD: *Arabica varia*. Aufsätze zur Kulturgeschichte Arabiens und seiner Randgebiete. Contributions à l'histoire culturelle de l'Arabie et de ses régions limitrophes. 504 Seiten. 1989.

Bd. 91   GEORG FISCHER: *Jahwe unser Gott*. Sprache, Aufbau und Erzähltechnik in der Berufung des Mose (Ex. 3–4). 276 Seiten. 1989.

Bd. 92   MARK A. O'BRIEN: *The Deuteronomistic History Hypothesis*: A Reassessment. 340 Seiten. 1989.

Bd. 93   WALTER BEYERLIN: *Reflexe der Amosvisionen im Jeremiabuch*. 120 Seiten. 1989.

Bd. 94   ENZO CORTESE: *Josua 13–21*. Ein priesterschriftlicher Abschnitt im deuteronomistischen Geschichtswerk. 136 Seiten. 1990.

Bd. 95   ERIK HORNUNG (Herausgeber): *Zum Bild Ägyptens im Mittelalter und in der Renaissance*. *Comment se représente-t-on l'Egypte au Moyen Age et à la Renaissance*. 268 Seiten. 1990.

Bd. 96   ANDRÉ WIESE: *Zum Bild des Königs auf ägyptischen Siegelamuletten*. 264 Seiten. 1990.

Bd. 97   WOLFGANG ZWICKEL: *Räucherkult und Räuchergeräte*. Exegetische und archäologische Studien zum Räucheropfer im Alten Testament. 372 Seiten. 1990.

Bd. 98   AARON SCHART: *Mose und Israel im Konflikt*. Eine redaktionsgeschichtliche Studie zu den Wüstenerzählungen. 296 Seiten. 1990.

Bd. 99   THOMAS RÖMER: *Israels Väter*. Untersuchungen zur Väterthematik im Deuteronomium und in der deuteronomistischen Tradition. 664 Seiten. 1990.

Bd. 100   OTHMAR KEEL/MENAKHEM SHUVAL/CHRISTOPH UEHLINGER: *Studien zu den Stempelsiegeln aus Palästina/Israel*. Band III. Die Frühe Eisenzeit. Ein Workshop. XIV–456 Seiten. XXII Tafeln. 1990.

Bd. 101   CHRISTOPH UEHLINGER: *Weltreich und «eine Rede»*. Eine neue Deutung der sogenannten Turmbauerzählung (Gen 11,1–9). XVI–654 Seiten. 1990.

Bd. 102   BENJAMIN SASS: *Studia Alphabetica*. On the Origin and Early History of the Northwest Semitic, South Semitic and Greek Alphabets. X–120 Seiten. 16 Seiten Abbildungen. 2 Tabellen. 1991.

Bd. 103   ADRIAN SCHENKER: *Text und Sinn im Alten Testament*. Textgeschichtliche und bibeltheologische Studien. VIII–312 Seiten. 1991.

Bd. 104   DANIEL BODI: *The Book of Ezekiel and the Poem of Erra*. IV–332 Seiten. 1991.

Bd. 105   YUICHI OSUMI: *Die Kompositionsgeschichte des Bundesbuches Exodus 20,22b–23,33*. XII–284 Seiten. 1991.

UNIVERSITÄTSVERLAG FREIBURG SCHWEIZ

Zum vorliegenden Buch:

Für die Auslegung eines alttestamentlichen Rechtssatzes spielt die Berücksichtigung seines Kontextes eine entscheidende Rolle. Dabei kommen die historische, politische und soziale Situation der Gesetzgebung, die Absicht des Gesetzgebers und die verschiedenen Rechtssysteme der altorientalischen Umwelt in Betracht.

Vor allem aber ist die Erklärung der Systematik des Rechtskorpus, in das ein bestimmter Rechtssatz eingebettet ist, also der Kontext im eigentlichen Sinne, unentbehrlich.

In der vorliegenden Untersuchung wird die Systematik des Bundesbuches (Ex 20,22b–23,33) sowie der ihm zugrundeliegenden Rechtskorpora mit Hilfe von literarischen Strukturregeln beschrieben.

Ausgehend von dieser Analyse rekonstruiert der Autor die Kompositionsgeschichte des Bundesbuches im ganzen. Dabei kommt dem gelernten Juristen die breite Kenntnis rechtlicher Literatur zugute.